네트워크 국가론

미래 세계정치 연구의 이론적 기초

네트워크 국가론
미래 세계정치 연구의 이론적 기초

2021년 2월 17일 초판 1쇄 인쇄
2021년 2월 25일 초판 1쇄 발행

엮은이 김상배
지은이 김상배·표광민·박성우·차태서·김준석·이정환·윤정현·이승주·양종민

펴낸이 윤철호·고하영
펴낸곳 (주)사회평론아카데미
편집 김천희
디자인 김진운
마케팅 최민규
등록번호 2013-000247(2013년 8월 23일)
전화 02-326-1545
팩스 02-326-1626
주소 03993 서울특별시 마포구 월드컵북로6길 56
ISBN 979-11-89946-96-8 93340

이 저서는 2016년 대한민국 교육부와 한국연구재단의 지원을 받아 수행된 연구임(NRF-2016S1A3A2924409); 이 저서는 2019년 서울대학교 국제문제연구소의 지원으로 연구를 수행하였음.

네트워크 국가론

미래 세계정치 연구의 이론적 기초

김상배 엮음

김상배·표광민·박성우·차태서·김준석·이정환·윤정현·이승주·양종민 지음

사회평론아카데미

책머리에

이 책은 2010년 9월부터 2020년 8월까지 10년 동안 한국연구재단의
지원을 받아 진행한 연구 프로젝트 한국사회기반연구사업(일명 SSK,
Social Science Korea)을 마무리하면서 그 동안의 연구 결과들을 되돌
아보고 평가하려는 목적으로 기획되었다. 2010년부터 두 개의 소형 연
구팀('동아시아 네트워크 세계정치: 네트워크 이론으로 보는 동아시아 세
계정치'와 '한국 국익론, 이론, 역사, 실천: 절대선으로서 한국 국익의 기
원과 형성')으로 시작하여, 2013년 중형연구사업단('네트워크 국가의
세계정치: 네트워크로 보는 국가이익의 형성과 확장 및 변환')을 거쳐서
2016년부터 2020년까지 진행된 대형연구센터인 서울대학교 미래세계
정치센터의 '세계정치의 변환과 한국의 외교전략: 신흥권력의 부상과
중견국 미래전략'에 이르기까지 10년 동안의 연구를 관통했던 대표 어
젠다인 '네트워크 국가'를 이론·사상 시각과 지역연구 시각 및 이슈별
시각에서 검토한 아홉 편의 논문을 담았다.

　이 책은 크게 세 부로 구성되었다. 제1부는 이론·사상 시각에서
본 네트워크 국가에 대한 논의를 펼쳤다. 제1장 "네트워크 국가론: 미
래 세계정치 연구의 이론적 기초"(김상배)는 네트워크 세계정치이론의
맥락에서 본 네트워크 국가론을 다루었다. 21세기 세계정치는 다양한

네트워크의 부상을 경험하고 있다. 근대 국제정치를 주도해온 국가 행위자들의 다층적인 네트워킹이 활성화되고 있으며, 국가의 경계를 넘어서 활동하는 초국적 네트워크 형태의 행위자들이 새로이 세계정치의 전면에 나서고 있다. 이러한 과정에서 이들 국가 및 비국가 행위자들이 벌이는 권력정치의 메커니즘은 전통적으로 우리가 알고 있던 군사력과 경제력의 게임을 넘어서 복합적인 형태로 변화하고 있다. 이러한 와중에 근대 국제체제와 같은 행위자 기반의 단순계 시각에서는 제대로 이해할 수 없는 새로운 세계질서의 출현이 예견된다. 이러한 문제의식을 바탕으로 제1장은 네트워크 이론의 성과를 원용하여 기존의 주류 국제정치이론이 설정했던 국가와 권력 및 질서에 대한 기본가정을 넘어서려는 이론적 시도를 벌였다. 이를 통해서 제1장은 국민국가를 넘어서는 미래 국가모델로서 '네트워크 국가(network state)'에 대한 이론적 논의를 제안하였다.

제2장 "네트워크 권력 개념의 등장 배경: 주권 개념 너머의 권력을 향해"(표광민)는 최근의 정치구조 변화에 대한 다양한 논의를 근대국가와 주권의 시대적 전환 속에서 파악함으로써, 현대/탈근대의 국가 변환에 관한 담론들이 주권의 변화가 아닌, 주권을 넘어서는 권력에 대한 모색임을 주장하였다. 주권은 흔히 국가권력과 동일시되어 온 것이 사실이다. 그러나 이러한 동일시는 국가를 오직 근대국가로 한정할 때에만 가능하다. 주권은 근대 정치의 산물로서, 근대국가의 국가권력을 의미하기 때문이다. 근대 이전에도, 즉 근대국가의 형성 이전에도 인간은 정치공동체를 구성해 왔고, 권력은 그러한 정치공동체의 운명을 결정하는 핵심적 역할을 수행해 왔다. 근대 국민국가가 아닌 국가 역시 존재했으며, 따라서 주권이 아닌 국가권력 역시 존재했음은 당연하다. 제2장은 물론 전근대적 권력 개념에 대한 향수(鄕愁) 또는 정당화를

목적으로 하지는 않는다. 오히려 근대국가의 변화, 즉 앞으로의 권력구조 전환이 가져올 미래적 모습에 관심을 가진다. 정보통신혁명이 가져온 시대적 변화는 국가권력의 구조는 물론, 국가 자체를 변화시키고 있다. 이러한 변화는 주권 이후의 권력개념을 탐구해야 하는 핵심적 요인이 되고 있다. 권력구조의 향후 변환 방향을 분석하기 위한 실마리는 정치의 방식에 대한 보편적 이해에 있다. 주권이라는 근대적 권력개념의 인식론적 틀을 벗어나 인간의 정치공동체와 그 권력의 구성과 작동방식에 내재한 보편적 원리를 도출할 때, 항구적인 정치의 역동적 모습을 포착할 수 있을 것이다.

제3장 "고대 그리스의 국제정치사상: 전쟁론, 정의론, 국익론"(박성우)은 국제정치사상의 시각에서 국가의 변환을 탐색하였다. 현대 국제정치에서 나타나는 새로운 현상들로 인해, 근대적 주권 개념 그리고 그로부터 도출된 '국제'라는 개념은 점차 실효성을 잃어가고 있다. 제3장은 이에 대한 하나의 대응으로서, 근대와는 전혀 다른 방식으로 '국제'를 규정하고 있는 고대 그리스의 국제정치사상을 그 대안으로 제시하였다. 고대 그리스의 사상가들에게 '국제'는 단순히 국가들 간의 관계로 규정되지 않는다. 이들에게 '국제'는 개인의 영혼을 출발점으로 국가, 세계, 자연의 유기적인 연속성 안에 존재하는 개념이다. 제3장은 이러한 독특한 의미의 '국제' 개념을 바탕으로 고대 국제정치사상에서 전개되고 있는 전쟁론, 정의론, 국익론을 검토하였다. 특히 고대 국제정치사상을 대표하는 세 사상가들인 플라톤, 투키디데스, 아리스토텔레스가 각각 영혼-국가-국제-자연의 네트워크 안에서 전쟁, 정의, 국익을 각각 어떻게 해석하고 있는가를 분석하였다. 이러한 분석을 토대로 제3장은 오늘날 새롭게 전개되고 있는 국제정치의 양상을 이해하고, 이에 적절히 대처할 수 있는 이론틀 모색을 제고하고자 했다.

　　제2부는 지역연구의 시각에서 네트워크 국가에 대한 논의를 펼쳤다. 제4장 "아메리카 합중국과 동아시아 지역 아키텍처의 변환: 네트워크 국가론의 시각"(차태서)은 아메리카 합중국의 독특한 네트워킹적 정치실험 혹은 조직원리 변환 프로젝트에 주목했다. 원래 네트워크 국가, 네트워크 권력 등의 용어는 21세기 지구화의 시공간적 맥락에서 근대국가와 근대국제질서의 탈근대적 변환을 설명하기 위해 고안된 개념들이다. 반면, 제4장에서는 ① 위계적 근대국가모델의 대안으로서 아메리카 합중국의 복합공화국 모델을 설명하고, ② 미국의 주류외교전통인 자유 국제주의와 그것이 구현된 형태인 전 지구적 동맹체제를 네트워크적 관점에서 재해석하며, ③ 조직원리 권력 또는 설계권력을 발휘해온 패권국가 미국이 어떻게 베스트팔렌 문제틀(Westphalian problématique) 자체에 변환을 획책해왔는지 등을 분석하였다. 또한 미국의 네트워킹 전략의 구체적 사례로서 동아시아 동맹시스템의 역사적 변환 과정을 양극 시대, 단극 시대, 탈단극 시대 등으로 시기 구분하여 탐구하고, 이것이 한국의 외교정책에 지니는 함의를 다루었다.

　　제5장 "유럽통합의 위기와 네트워크 국가"(김준석)는 현재 유럽연합이 처한 유로존 위기와 난민의 대량유입, 브렉시트 등 삼중의 위기가 네트워크 국가로서의 유럽연합에 어떤 영향을 미칠지 살펴보았다. 2016년 6월에 실시된 국민투표에서 영국 국민들은 브렉시트를 결정했다. 2020년 1월 31일 영국은 가입 47년 만에 유럽연합을 공식 탈퇴했다. 2015년 여름부터는 중동과 아프리카로부터 수십만 명의 난민이 유럽에 유입되었다. 유럽연합 회원국들은 이 중 약 16만 명의 난민을 분할 수용하기로 합의했지만 일부 동유럽 회원국들은 이와 같은 결정에 반발하고 있다. 유로존 위기의 경우 안정화 국면에 접어든 것으로 보이지만 근본적인 해결책은 요원한 현실이다. 이러한 위기 속에서 유럽

연합의 '해체'에 관한 논의들이 눈에 띄게 늘어나고 있다. 하지만 유럽연합은 해체의 길에 접어들었다기보다는 '분화'의 과정을 겪고 있다고보는 것이 더 적절하다. 유럽연합은 지리적, 정책적 차원에서 분화하고 있는데, 이러한 분화의 과정이 네트워크 국가로서의 유럽연합의 성격에 큰 변화를 가져올 것으로 예상된다. 특히 현재 유럽연합의 분화가통합에 '덜' 참여하거나 부분적으로 혹은 전적으로 '탈퇴'하려는 국가들에 의해 추동됨에 따라 네트워크 내에서의 '중심성'을 힘의 원천으로 보는 기존 네트워크 이론에 대한 재고가 필요하다는 점 역시 제기된다.

제6장 "동아시아 지역주의와 네트워크 국가: 제도적 균형의 성격변화"(이정환)는 동아시아 지역 차원에서 본 네트워크 국가를 탐구했다. 동아시아 지역주의 연구에서 '네트워크' 용어는 매우 오래전부터사용되어 왔지만, 지역화 단계에서 '네트워크' 표현은 은유적 성격에머물러 있었다. 일본 경제력 확산에 초점을 두었던 당시 네트워크 용어사용은 은유로서의 성격을 넘지 못했다. 하지만, 일본 자본의 해외직접투자와 해외대출을 넘어서 글로벌 생산 네트워크화의 진전과 2000년대 금융통화, 투자무역 부문에서의 동아시아 지역 차원의 제도 발전은동아시아 지역주의에 네트워크 국가론을 적용하는 것을 유효하게 만들었다. 네트워크화의 진전 속에 동아시아 지역주의 발전은 역내 강대국과 중견국의 네트워크 구조 속의 위상과 제도설계를 둘러싼 경쟁을야기하는 한편, 미래 동아시아 지역주의의 양상 자체가 역내 국가들의네트워크 권력 경쟁에 의해 영향을 받는다. 네트워크 권력 경쟁의 무대가 된 동아시아 지역주의 제도화에서 2000년대에는 중국과 일본 간의제도적 균형 게임이 중심적 동학으로 작동하였다. 2000년대 말을 기점으로 동아시아 지역주의 제도화는 미국과 중국의 글로벌 차원의 경쟁

의 무대가 되었다. 중국과 일본 중심의 제도적 균형 게임은 포섭적 성격이 강했지만, 미중 사이의 제도적 균형 게임은 확연하게 배타적 성격이 강하다. 미중 간 배타적 성격의 제도적 균형 게임은 동아시아 지역주의 제도화의 정체를 야기하고 있다. 하지만, 글로벌 차원의 미중 경쟁 속에서 숨 쉴 공간을 추구하는 중견국에게 동아시아 지역주의 제도화의 무대는 글로벌 차원의 미중 경쟁의 직접적 파고를 완화시켜 줄 방파제가 될 가능성을 지니고 있다.

제3부는 이슈별 시각에서 본 네트워크 국가에 대한 논의를 펼쳤다. 제7장 "불확실성 시대의 초국가적 난제와 네트워크 거버넌스"(윤정현)는 안보 분야에서 나타나는 네트워크 국가를 살펴보았다. 탈근대 시대의 도래와 지구화 현상의 심화는 초연결 사회의 편익을 증진시키고 있는 반면, 예상치 못했던 새로운 형태의 위험들을 촉발시키고 있다. 이들 위험들은 직·간접적인 연계 이슈와 맞물리며 전혀 예상치 못한 재난을 초래하기도 하며, 사회·정치적 휘발성을 가진 중대사건으로 귀결되기도 한다. 특히, 위험의 확산 과정에서 국가 간, 정부와 민간, 그리고 글로벌 수준에서 이해관계자 간의 첨예한 갈등을 낳는 등 전통적인 국가 중심 위기관리시스템으로는 해결이 어려운 '초국가적 난제(wicked problems)'의 특징을 보인다. 이러한 변화는 우리로 하여금 전통적인 위험요소에 대한 인식의 틀을 확장하는 것을 넘어 '신흥안보(emerging security)' 관점에서 새로운 도전 요인들을 재정의하고, 이에 부합하는 효과적인 거버넌스의 모색이 시급함을 일깨우고 있다. 그러나 신흥안보 위험의 관리를 국제정치적 관점에서 고찰하고자 하는 연구는 미진한 실정이다. 또한, 신흥안보 난제가 가진 복잡성과 비정형적 특징에도 불구하고, 기존의 공식적인 정부 단위에서의 문제해결형 접근 방식과 효과를 기대하는 시각이 여전히 지배적이다. 이러한 맥락

에서 제7장은 21세기의 신흥안보 환경을 고려한 새로운 대응 양식으로서 네트워크 거버넌스에 주목했다. 하나의 정답이 존재하지 않는 신흥안보 위험의 난제에 대비하기 위해서는 적절한 권한의 조정과 위임을 통해 협력의 메커니즘을 작동시키는 메타거버넌스적 역량이 요구된다. 높은 불확실성과 파급력을 가진 다양한 신흥안보 위험에 대한 국가의 대응역량이야말로 탈근대 시대의 진화된 네트워크 지식국가 모델이 나아가야 할 방향이라 할 수 있을 것이다.

제8장 "지구적 가치 사슬의 변화와 네트워크 국가의 두 얼굴"(이승주)은 지구적 가치 사슬(GVCs)의 변화를 검토함으로써 21세기 네트워크 국가의 성격을 재조명했다. 네트워크 국가는 네트워크 내에서 핵심적인 위치를 확보하여 국가 간 협력을 촉진하는 역할을 하는가 하면, 네트워크 내의 핵심적 위치를 자국의 배타적 국익을 추구하는 수단으로 활용하는 양면성을 보이고 있다. 네트워크 국가는 권력 이동(power shift)과 권력 확산(power diffusion)으로 상징되는 21세기적 현상 속에서 도전과 기회에 직면하고 있다. 보호무역 강화, 상호의존의 무기화, 자국 우선주의가 도전 요인이라면, 기술 및 산업 능력의 업그레이드, GVCs 내 유리한 위치 확보, 미국과 중국 사이에서 분리되고 있는 공급 사슬 간 연계 가능성 등은 기회 요인이라고 할 수 있다. GVCs의 변화는 네트워크 국가의 양면성에 대한 새로운 해석을 필요로 하게 되었다. 전통적인 자유주의 설명에 따르면 세계 경제의 통합과 네트워크화의 진전은 국가 간 경쟁을 완화시키고 제도적 협력을 증진시키는 효과를 낳을 것으로 기대되었다. 세계 경제의 네트워크화가 진전됨에 따라, 주요국들이 네트워크 내에서 중요한 위치를 국가 전략으로 활용하는 경향이 대두되었다. 특히 2000년대 중반 이후 네트워크 국가의 양면성이 가시화되었다. 미국, 중국, 일본 등 주요국들이 메가

FTA를 추진하면서 FTA를 경제적 이익의 실현과 상대국 견제의 수단으로 활용하는 경향이 강화되었다. 더 나아가 2010년대 이후 주요국들이 상호의존과 네트워크의 비대칭성을 상대국에 대한 위협과 제재의 수단으로 활용하기 시작하면서 '상호의존의 무기화(weaponization of interdependence)' 현상이 대두되었다.

제9장 "안보와 문화영역의 국가변환: 문화네트워크와 미디어 커뮤니케이션, 디지털 외교, 공공외교, 샤프파워"(양종민)는 지난 10여 년간 네트워크 국가변환에 대한 한국 국제정치학계의 고민이 안보와 문화영역에서 어떻게 진행됐는지 그 동향과 특징을 파악하고 비판적으로 검토하였다. 구체적으로, 문화네트워크와 미디어 커뮤니케이션에서는 문화영역을 중심으로 행위자 자체, 행위자들이 만들어내는 네트워크 차원의 변환을 볼 수 있고, 디지털 외교에서는 환경 변화로서 정보화, 디지털화에 따라 전통 외교/안보 기능을 독점적으로 담당하던 근대 국민국가가 네트워크 국가의 모습으로 변모하고 있다. 디지털 외교의 확장된 영역으로서 공공외교는 국가의 네트워크적 변화로 인해 나타나는 영향력이 민간영역으로 확장되고 있음을 보여주며, 샤프파워는 민주주의 레짐의 네트워크적 취약성을 공격하는 권위주의 레짐의 네트워크적 대응으로 그려진다. 더불어, 한국 국제정치학계에서는 서구 강대국의 입장에 기반한 소프트 파워 이론을 비판적으로 받아들이며, 단순히 선진국의 모델을 따라가는 차원을 넘어 중견국인 한국의 실정에 맞는 네트워크 국가 전략, 네트워크 국가 권력 기제의 이론적 틀을 제기하고 있다. 하지만 더욱 심화된 연구를 위해서는 포괄적이고 통합적인 프레임워크가 우선 만들어지고, 네트워크 국가변환의 입체적이고 분석적인 수준이 정리되어야 할 필요가 있다. 중견국의 층위를 더해야만 하는 한국 국제정치학의 현실은 한국의 특수를 '특수'로

서 단지 구별하는 차원을 넘어, '보편'이라는 이름으로 강대국을 비롯한 서구 학계를 '설득'해야 하는 과제가 더불어 남아있다고 하겠다.

　이 책이 나오기까지 많은 분들의 도움을 얻었다. 무엇보다도 다년간의 공동연구로 진행된 프로젝트에 참여하신 연구진 선생님들께 감사드린다. 특히 사실상의 공동연구책임자로서 끝까지 같이해 주신 이승주 교수께 깊은 고마움을 전하고 싶다. 또한 이 책의 연구는 다양한 경로를 통해서 관련 연구에 참여해 주신 여러 선생님들의 덕택에 결실을 보게 되었음도 밝히고 싶다. 이 책의 연구가 진행되는 동안 여러 대학원생들의 도움을 받았다. 특히 교정과 편집의 마무리 작업을 맡아준 이수연 씨에게 감사한다. 끝으로 성심껏 이 책의 출판을 맡아주신 사회평론아카데미 관계자들에 대한 고마움도 전한다.

2020년 12월 26일
김상배

차례

제2부 지역연구 시각

제4장 아메리카 합중국과 동아시아 지역 아키텍처의 변환: 네트워크 국가론의 시각 차태서

제5장 유럽통합의 위기와 네트워크 국가 김준석

제6장 동아시아 지역주의와 네트워크 국가: 제도적 균형의 성격 변화 이정환

제3부 이슈별 시각

제1부　　　이론·사상 시각

제1장   네트워크 국가론:
          미래 세계정치 연구의 이론적 기초

김상배(서울대학교)

I. 머리말

오늘날 세계정치에서 국경을 넘나들며 초국적으로 활동하는 비국가 행위자들이 늘어나고 있다. 주로 글로벌 네트워크의 형태를 띠는 이들의 영향력이 국가 행위자들의 기성 권력에 도전하는 경우도 발생하고 있다. 다국적 기업이나 금융자본, 초국적 테러 네트워크나 글로벌 시민사회 네트워크 등이 그러한 사례들이다. 이 밖에도 다양한 형태의 글로벌 싱크탱크와 지식 네트워크, 국제문화교류의 네트워크, 이민자 네트워크 등의 활동도 부쩍 눈에 띈다. 국가 수준을 넘어서 활동하는 국제기구나 지역기구 등의 확대도 빼놓을 수 없다. 이러한 초국적 네트워크들이 부상하는 이면에는 정보통신혁명 또는 4차 산업혁명의 전개에 힘입어 구축되어 작동하고 있는 글로벌 차원의 디지털 커뮤니케이션 네트워크가 있다.

이러한 변화에도 불구하고 기존 국제정치에서 주도적인 역할을 담당해 온 국가 행위자들이 순순히 물러난 것은 아니다. 국내외적으로 다양한 정책 수단을 동원하여 다국적 기업들의 팽창을 견제할 뿐만 아니라 초국적으로 발생하는 안보 위협과 시스템 불안에 대응하여 국제적 공조를 펼치기도 한다. 여기서 더 나아가 최근에는 미-중-일-러로 대변되는 강대국들이 나서서 초국적 네트워크 행위자들이 주도해 왔던 지구화에 역행하는 행보를 보이고 있다. 이들 국가의 국내정치가 보수화 및 권위주의화되는 경향을 보이는 가운데, 자국의 이익 보호를 추구하며 보호무역주의를 내세우면서 국가 간의 통상마찰이 늘어나고 있다. 이른바 '지정학(geopolitics)의 부활'이 거론되는 것은 바로 이러한 이유 때문이다.

이러한 시각에서 보면 미래 세계정치에서도 국가 행위자는 여전히 중요한 역할을 담당할 것으로 보인다. 그렇지만 미래의 국가는 예전의 근대 국제정치에서 군림했던 국민국가의 모습은 아니다. 국민국가를 넘어서는 미래 국가모델로서 '네트워크 국가(network state)'에 대한 논의가 출현하는 것은 바로 이 대목이다. 네트워크 국가의 부상은, 한편으로 국가가 자신의 기능과 권한을 적절하게 국내의 하위 단위체에게 분산·이전시킴으로써 그 구성원들로부터 정당성을 확보하고, 다른 한편으로 개별 국가 차원에 주어지는 도전에 효과적으로 대처하기 위해서 영토적 경계를 넘어서 국제적이고 지역적이며 경우에 따라서는 초국적 차원의 제도적 연결망을 구축하는 과정에서 발생한다.

　이러한 네트워크 국가들의 권력게임도 새로운 시각에서 이해할 필요가 있다. 여전히 (고전)지정학적 시각에서 본 물질적 자원권력의 구축이 중요하겠지만, 이를 넘어서는 새로운 권력정치의 메커니즘을 적시해야 한다. 군사력과 경제력이 행사되는 과정에서 기술, 정보, 지식, 문화 등과 같은 비물질적 권력자원의 중요성이 커졌다. 행위자들이 형성하는 관계적 맥락에서 작동하는 구조적 권력이나 제도적 권력, 그리고 상대방을 설득하고 동의를 구하며, 더 나아가 가치관과 정체성에도 영향을 미치는 구성적 권력도 만만치 않은 힘을 발휘하고 있다. 좀 더 포괄적인 의미에서 보면, 새로운 행위자로서 네트워크 국가가 벌이는 권력게임은 행위자 자체의 속성보다는 이들이 몸담고 있는 네트워크의 맥락에 기대어 전개되는 양상이다.

　이렇게 전개되는 미래 세계정치는 기존 국제정치이론의 연구대상이었던 국민국가들 간의 정치, 즉 국제정치(國際政治, international politics)의 반경을 넘어설 것으로 보인다. 오히려 미래 세계정치는 네트워크들 간의 정치, 즉 망제정치(網際政治, internetwork politics)로 개념화되어야 할 것이다. 네트워크들 간의 망제정치는 국가 행위자뿐

만 아니라 다양한 비국가 행위자들이 다층적인 네트워크를 형성하면
서 경합하는 모습으로 전개된다. 게다가 이러한 경합의 이면에는 사이
버 공간을 배경으로 하여 작동하는 디지털 네트워크가 있다. 부연컨대,
기존의 국제정치가 국가라는 노드 행위자들 간의 '점대점(點對點) 정
치'였다면, 미래 세계정치는 다양한 네트워크 행위자들 간의 '망대망
(網對網) 정치'로 보아야 할 것이다.

이렇듯 망제정치에는 행위자의 성격이나 네트워크의 구성원리와
작동방식 등의 측면에서 각기 다른 상이한 네트워크들이 경합한다. 게
다가 21세기 세계정치의 네트워크 경합은 '단일 종목'의 경기가 아니
라 여러 분야에서 동시에 경합을 벌이는, 올림픽 게임과도 같은, '종합
경기'이다. 따라서 경우에 따라서는 경쟁과 협력을 분별하기 어렵고,
승자와 패자를 가리기 힘든 일종의 '비대칭 망제정치'의 양상을 보이
기도 한다. 따라서 이러한 과정에서 발생하는 세계정치의 구조변동은
기존 이론이 상정했던 바와 같이 '세력전이'의 단순한 형태가 아닐 수
있다. 실제로 최근 강대국들이 벌이는 패권경쟁의 양상은 여러 분야에
걸쳐서 다양한 행위자들이 경쟁하면서도 협력하는 복합적인 양상을
보이고 있다.

이른바 복잡계 환경을 배경으로 진행되는 망제정치의 현상은 기
존의 국제정치이론이 설정하고 있던 이론적 가정의 범위를 넘어서 발
생한다. 따라서 세계정치의 미래를 이해하려는 시도를 기존 주류 국제
정치이론인 현실주의의 기본가정 안에 가두어 둘 수는 없다. 다시 말
해, 국민국가들이 벌이는 자원권력의 경쟁, 그리고 그 결과로서 파생
되는 무정부 질서(anarchy)에 대한 이론적 가정에만 입각해서는 더 이
상 오늘날의 세계정치를 제대로 볼 수가 없다. 20세기 초엽에 그 진용
을 갖춘 현대 국제정치학의 렌즈만으로는 네트워크 국가의 부상과 이

들이 벌이는 네트워크 권력게임, 그리고 여기서 파생되는 새로운 네트워크 질서로 대변되는 변화의 실체를 또렷이 파악할 수 없음은 오히려 당연하다.

이러한 문제의식을 바탕으로 이 글은 기존의 주류 국제정치이론을 넘어서는 새로운 이론을 개발하기 위한 시도를 펼쳤다. 특히 기존 이론이 설정했던 국가와 권력 및 질서에 대한 가정을 넘어서려는 시도를 벌였다. 이러한 과정에서 이 글이 새로이 원용한 것은 네트워크 이론의 시각이다. 네트워크 이론을 국제정치학에 원용하는 작업은 글로벌 차원의 보편성을 품으면서도 동아시아의 특수성을 반영하려는 문제의식을 바탕으로 한다. 또한 강대국이 처한 세계정치의 현실과 전략의 지평을 넘어서 한국과 같은 중견국이 모색할 실천적 문제의식을 담고자 했다. 이를 바탕으로 이 글은 네트워크 국가론의 이론적 배경과 구성 및 과제 등을 살펴보고, 이를 적용해서 진행할 21세기 세계정치 연구의 플랫폼을 마련하고자 했다.

II. 네트워크 시각의 이론적 도전

1. 기존 국제정치이론의 한계

21세기 세계정치의 변환이 보여주는 현란함에 비해서 기존 국제정치이론들의 대응은 다소 무디게 나타나고 있다(김상배 2008; Kahler ed. 2009; Hafner-Burton, Kahler and Montgomery 2009; Goddard 2009; Maoz 2010; 김상배 2014). 기존의 국제정치 연구는 주요 행위자로서 국민국가 간의 양자 또는 다자 관계를 탐구하는 데 주안점을 두어 왔

다. 네트워크 이론의 용어를 빌려서 표현하자면, 이들이 관심을 둔 연
구대상은 주로 국민국가를 노드로 하는 '노드 간의 정치(inter-nodal
politics)'였다고 할 수 있다. 네트워크에 대한 논의를 담고 있더라도 그
이론적 논의를 본격적으로 펼치지 못했다. 이러한 이론의 빈곤이 발생
한 이유는 이들이 공통적으로 근대 국민국가라는 노드 행위자에 기반
을 둔 이론이기 때문이다.

현실주의 국제정치이론은 전형적으로 노드의 발상에 기반을 둔
'행위자 기반 이론'이라고 할 수 있다. 현실주의는 국제정치의 지배적
행위자로서 국가가 이익의 극대화를 추구하기 위해 상호 경쟁하는 무
정부 질서의 국제정치 상을 상정한다(Morgenthau 1948). 이러한 연속
선상에서 보면, 국가 간 세력균형(balance of power)은 현실주의의 주
요 관심사이다. 세력균형이란 언뜻 보기에는 행위자들 간의 '관계'를
탐구하는 것 같지만, 기본적으로는 행위자 차원으로 환원되는 노드의
속성이나 보유자원 기반의 발상에서 시작하는 개념이다. 신현실주의
국제정치이론도 노드들 간의 물질적 권력의 분포에 의해서 형성되는
'구조(structure)'를 탐구한다는 점에서 기본적으로 세력균형의 발상에
머물고 있다(Waltz 1979).

자유주의 국제정치이론은 현실주의에 비해서 상대적으로 '과정
기반 이론'의 유연한 발상을 드러냈다. 자유주의는 국제정치에 있어서
국가 이외에도 비국가 행위자들에 주목하고, 이들이 다원적인 목표를
추구하는 가운데 협력함으로써 창출되는 협력과 제도형성의 과정을
중시한다(Keohane and Nye 1977). 그러나 국제정치의 주요 행위자로
서 국민국가를 여전히 논의의 중심으로 삼는 것은 마찬가지이다. 다만
노드의 속성이나 노드가 보유하고 있는 물질적 자원이 아닌 관계적 맥
락에서 우러나오는 권력에 관심을 둔다(Nye 2004). 또한 국제레짐 또

는 국제제도가 중요해지고 나름대로의 자율성을 갖게 되는 차원을 탐
구한다는 점에서 탈노드적 면모를 보여주었다(Keohane 1984; 2002).

구성주의 국제정치이론도 관념(idea) 변수에 의해서 이익
(interest) 변수가 구성되는 국제정치의 일 단면을 밝혀내려 하지만, 그
기본 단위는 여전히 국가 행위자이다(Wendt 1999). 구성주의가 이러
한 경향을 보이는 것은 국가 행위자라는 노드에 시각을 고정한 신현실
주의의 몰(沒) 사회이론으로의 문제점을 이론적 공격의 대상으로 삼다
보니까 생겨난 당연한 귀결인지도 모르겠다. 웬트의 유명한 문구인 '무
정부 질서란 국가들이 만드는 것(anarchy is what states make of it)'을
연상하면 되겠다(Wendt 1992). 이러한 한계에도 불구하고 구성주의가
지니는 잠재력은 행위자 간의 간주관적(inter-subjective) 상호작용에
의해서, 즉 노드 간의 '링크(link)'의 양상에 의해서 노드의 정체성이
구성되는 과정을 설명한다는 점에서 발견된다.

이렇듯 기존의 주류 국제정치이론 진영을 이루는 현실주의, 자유
주의, 구성주의 국제정치이론은, 약간의 편차는 있지만, 대체적으로 여
전히 노드의 시각에 머무르는 한계를 안고 있다. 노드에 고착된 기존의
시각을 넘어서려는 시도들이 간간히 엿보이지만, 여전히 부분적이거
나 또는 암묵적인 차원에서만 탈노드적 시각을 채택하고 있을 뿐이다.
따라서 노드의 물질적 권력을 기반으로 하는 평면적인 세력균형의 발
상을 넘어서지 못하고 있다. 간혹 소프트 파워의 메커니즘이나 국제정
치에서 관념 변수의 역할을 논하는 경우에도 여전히 노드로서의 국가
행위자에 주목하고 있기 때문에 그들 간의 평면적 관계에 시야가 고정
될 수밖에 없다.

한편 마르크스주의 국제정치이론은 기존의 주류 이론에 비해서
일찍부터 '구조 기반 이론'의 성향을 보여주었다. 특히 세계체제론은

근대 자본주의체제라는 체제 수준의 분석단위를 설정하고 그 구조 내에서 작동하는 개별 국가의 역할을 설명한다(Wallerstein 1980; 1995). 그러나 세계체제론이 탈노드적인 것은 사실이지만, 체제 내의 노드 간 관계를 중심과 주변이라는 '위계적 아키텍처'로 그리고 있다. 이러한 점에서 세계체제론의 체제 수준의 발상은 여전히 단순계의 차원에 머물고 있으며, 복잡계에 기반을 둔 본격적인 네트워크 발상에는 이르지 못하고 있다. 더군다나 국제정치의 작동메커니즘에 대한 세계체제론의 발상은 물질적 자원으로서 이해되는 자본이라는 물질적 권력자원에 머무는 한계를 지니고 있다.

2. 복합 프레임 개발의 과제

행위자와 구조 및 과정의 어느 하나에 분석적 우선성을 두는 기존 이론들과는 달리, 네트워크의 시각을 원용하는 논의의 장점은 이들 세 차원을 모두 하나의 이론적 구도 안에 품을 수 있다는 데 있다. 예를 들어 현실주의 국제정치이론이 국민국가라는 행위자를 중심으로 국제정치의 연구주제를 프레임했다면, 네트워크 시각은 행위자뿐만 아니라 행위자들끼리 관계를 맺어 가는 과정, 그리고 이러한 과정에서 생성되는 구조를 모두 포괄하는 방식으로 연구주제를 프레임하는 복합적 시도에 도움을 준다. 이러한 복합 프레임에 대한 이해를 돕기 위해서 행위자와 구조 및 과정의 변환을 연극의 '배우'와 '무대' 및 '연기'의 변환에 비유해서 살펴보자(하영선 2007; 김상배 2014, 제3장).

첫째, 21세기 연극을 제대로 이해하기 위해서는 주연배우의 연기뿐만 아니라 무대에 등장하는 모든 배우들의 연기와 이들 상호 간의 관계를 둘러보는 안목이 필요하다. 주연배우의 연기가 중요하지 않다는 것이 아니라 주연급 조연배우의 역할이나 엑스트라의 동원 규모, 그리고 이들 간의 역할 배분 등이 모두 오늘날 연극에서는 흥미로운 볼거리이기 때문이다. 넓게 보면, 연극에 출현하는 배우 그 자체의 역할만큼이나 '배역'의 캐스팅이 어떻게 되었는가를 보는 것이 중요한 관람 포인트라고 할 수 있다. 이러한 배우와 연기의 복합론은 세계정치에서 발생하는 행위자와 권력정치의 복합성에도 적용 가능하다. 제3절에서 다룬 기존의 네트워크 이론 중에서 행위자-네트워크 이론은 이러한 복합성을 이해하는 데 도움을 준다. 행위자-네트워크 이론은 행위자들이 네트워크를 형성해 가는 과정을 권력정치의 관점에서 탐구하며, 이러한 과정이 전개되는 구체적인 단계에 대한 가이드라인을 제시하고 있다.

둘째, 21세기 연극을 제대로 이해하기 위해서는 무대의 앞뿐만 아니라 무대의 뒤, 즉 '구조'를 포괄적으로 보는 입체적 안목이 필요하다. 무대 앞에서 벌어지는 배우들의 연기뿐만 아니라 무대 뒤에서 제공되는 작가의 대본, 감독의 연출, 그 밖에 배우와 무대를 연결하는 제작진의 다양한 기술, 더 나아가 극단주가 발휘하는 수완까지도 연극의 성패를 좌우하는 중요한 요소들이다. 이는 구조를 밝히는 것인 동시에 행위자-구조의 상호작용을 보는 것을 의미한다. 이렇게 무대의 뒤를 배려하고 무대 앞과 뒤의 복합성을 이해하는 데 있어, 제3절에서 언급하다시피, 기존의 네트워크 이론 중에서도 소셜 네트워크 이론이 기여할 수 있는 부분이 많다. 특히 네트워크 흐름과 관련된 데이터 분석은 막연하게만 떠올리던 네트워크의 구조를 가시적으로 그려내는 힘이 있다. 그 네트워크 속에서 어느 노드가 차지하는 '구조적 위치'를 확인할 수 있다면, 이는 행위자-구조의 상호작용을 파악하는 데 도움이 된다.

끝으로, 구조에 대한 관심을 더 확장하는 차원에서 무대의 위와 무대의 밑/밖이 어떻게 연결되는지를 파악하는 안목도 필요하다. 최근 무대와 객석의 오프라인 교감뿐만 아니라, 관객과 비평가들의 온라인 품평이 중요시되고 있다. 이는 연극이라는 범주 안의 주체들(주연-조연-엑스트라-감독-작가-제작진)과 그 밖의 객체들(관객-인터넷-비평가)의 복합이다. 예전에는 이들을 따로 분리된 존재로 간주하고 주체로부터 객체로 일방적 흐름만을 논했다면, 이제는 이들 간의 쌍방향 소통을 염두에 두지 않고서는 연극의 성공을 보장하기 힘들다. 이러한 시각에서 보면, 최근 벌이지는 세계정치의 변환을 제대로 이해하기 위해서는, '상부구조'로서 세계정치의 변환 과정에 영향을 미치는 '물적 토대'의 역할에 주목할 필요가 있다. 다시 말해, 이러한 물적 토대에 해당하는 정보통신혁명 또는 4차 산업혁명의 변수를 더 이상 블랙박스 안에 가두어 놓을 수는 없다. 제3절에서 다룬, 네트워크 조직 이론의 시각은 세계정치 행위자의 변환과 그 기저의 물적·지적 조건이 벌이는 구성적 상호작용을 이해하는 데 도움을 준다.

요컨대, 행위자와 구조를 아우르는 이론화의 문제는 기존 국제정치이론 진영에서 오랫동안 제기되어 왔던 과제였다. 네트워크 시각은 오랫동안 국제정치학에서 지적되었던 이론적 난제를 해결하는 데 중요한 실마리를 제공한다. 특히 네트워크 이론이 지니고 있는 내재적 장점은 행위자와 구조, 그리고 과정을 아우르는 이론의 개발에 활용될 충분한 소지를 제공한다. 다시 말해, 제3절에서 소개한 바와 같이, 네트워크의 개념을 행위자인 동시에 구조와 과정으로 보는 복합적 접근은, 한편으로는 구조의 속성으로부터 행위자의 역할이 추출되고, 다른 한편으로는 행위자의 전략으로부터 구조의 패턴이 형성되는, 21세기 세계정치의 동태적 과정에 대한 분석틀을 개발하는 데 유용하다. 이러한 유용성을 좀 더 구체적으로 살펴보자.

3. 네트워크 시각의 유용성

우선, 네트워크 시각을 국제정치학에 원용하는 작업의 장점 중의 하나
는 행위자들이 관계 맺기를 하는 구체적인 네트워킹의 과정을 보여준
다는 데 있다. 특히 네트워크의 논리를 따라서 발생하는 권력게임에서
어떤 행위자는 성공적으로 네트워크를 치고, 어떤 행위자는 그렇게 하
지 못하는 차이를 이해하는 분석틀을 제공한다. 좀 더 구체적으로 말
해, 인간 행위자들이 주위의 인간 및 비인간(non-human) 행위자들을
활용하여 네트워크를 형성해 가는 과정에 대한 일반론적인 지침을 세
우는 데 도움을 준다. 이러한 문제와 관련하여, 행위자-네트워크 이론
가인 미셸 칼롱의 논의는, 막연하게만 떠올렸던 네트워크 전략에 대한
논의를 구체화하는 데 기여하였다(Callon 1986). 칼롱이 제시하고, 김
상배(2014)가 외교전략 분야의 특성을 반영하여 개작한, 네트워크 전
략의 네 단계에 대한 논의, 즉 프레임 짜기, 맺고 끊기, 내편 모으기, 표
준 세우기는 네트워크 국가가 펼치는 전략을 이해하는 분석틀로 널리
활용되고 있다.

또한 네트워크 시각을 원용하는 작업의 유용성은 다양한 행위자
들이 만들어내는 '보이지 않는 구조'를 드러내는 데서도 발견된다. 사
실 우리가 구조라고 부르는 것은 추상 개념이어서 눈으로 보거나 손으
로 잡을 수 있는 실체가 아니다. 그런데 네트워크 이론에서 상정하는
바와 같이 구조를 행위자들이 상호작용을 통해서 형성하는 관계의 구
도로 이해하면 이를 가시화하는 것이 불가능하지 않다. 실제로 소셜 네
트워크 이론에서 사용하는 사회연결망분석(social network analysis,
이하 SNA)은 광범위한 데이터의 수집과 정교한 통계적 기법을 사용하
여 소시오그램을 그림으로써 네트워크상에서 발생하는 패턴화된 관계

의 구도를 보여준다. 물론 SNA는 데이터의 가용성이라는 제약요인으로 인해서 현실의 네트워크 전체보다는 어느 일부분만을 그려내는 데 만족해야 하는 경우가 많다. 그럼에도 국제정치학에서 추상적으로만 상상하던 보이지 않는 관계의 패턴을 직접 보여주는 힘이 있다.

아울러 네트워크 시각의 유용성은 세계정치의 물적·지적 조건에 대한 이론적 이해를 돕는다는 데 있다. 이는 21세기 세계정치의 분석에 있어서 정보통신혁명 또는 4차 산업혁명이라는 변수를 독립변수의 위치로 끌어올리는 문제와 관련된다. 사실 최근 우리 주변에서 발생하는 국내외 정치변환의 기저에는 이른바 ICT변수, 즉 인터넷이나 소셜 미디어가 창출하는 디지털 정보 커뮤니케이션의 네트워크가 핵심적인 요소로서 자리 잡고 있다. 그러나 여태까지 국제정치이론은 이러한 ICT변수를 외재적으로 주어진 것으로 보고 적극적으로 이론화의 일부에 포함시키지 않았다. 네트워크 조직 이론의 정보주의(informationalism)에 대한 논의(Castells 2004)나 행위자-네트워크 이론의 비인간 행위자에 대한 논의는 세계정치의 변환 과정에서 발생하는 두 가지 층위, 즉 세계정치라는 '상부구조'에서 나타나는 사람들의 네트워크와 그 '물적 토대'에 해당하는 디지털 인프라의 층위를 엮어서 보는 이론적 자원을 제공한다.

요컨대, 네트워크 시각은 기존 국제정치이론에서 난제로 여겨졌던 '행위자-과정-구조의 복합 프레임' 개발의 단초를 열 것으로 기대된다. 이러한 과정에서, 제3절에서 설명할, 네트워크의 개념 그 자체가 복합 프레임을 모두 엮는 일종의 '메타 프레임'의 기능을 한다. 네트워크의 개념을 자세히 살펴보기에 앞서 강조하고 싶은 것은, 네트워크 이론을 수용하면서도 국제정치 분야의 고유한 특수성을 놓치지 않으려는 문제의식의 필요성이다. 물리학이나 사회학과 달리 국제정치학에서는 행위자들이 형성하는 네트워크만큼이나 국가라는 행위자들이 보유한 속성과 자원이 여전히 중요하게 여겨진다. 이러한 맥락에서 이 글은 네트워크의 개념을 권력이나 국가, 구조(또는 질서)와 같은 기존 국제정치학의 개념들과 접맥하려는 시도를 펼쳤다.

III. 네트워크로 보는 미래 세계정치

1. 네트워크를 어떻게 볼 것인가?

이 글이 제안하는 21세기 세계정치의 변환을 보는 '잣대'는 '네트워크'이다. 네트워크의 가장 기초적인 정의는 "상호 연결되어 있는 노드들의 집합"이다(Castells 2004). 말을 바꾸면, 노드들이 서로 연결되어 만드는 관계이다. 우리의 삶은 모두 이러한 노드들 간의 관계를 전제로 한다. 우리가 네트워크라고 부르는 관계는 어쩌다 한두 번 마주치는 관계가 아니라 뭔가 규칙적인 만남이 있는 관계이다. 그 관계는 노드들이 서로 뗄 수 없을 정도로 결합된 관계를 의미하는 것은 아니고 개별 노드들이 각자의 독자성을 유지하는 범위 내에서 형성되는 느슨한 관계이다. 이런 관계들은 필요할 때 급조할 수 있는 것이 아니기 때문에 평상시에 이미 구축해 놓고 있어야 한다. 느닷없이 연락해도 어색하지 않을 정도의 상시적 교류가 있는 관계이며, 이러한 관계는 그 용도가 이미 지정되어 있을 필요는 없다. 평상시에는 잠재적 관계를 유지하다가 필요할 때 활성화되는 종류의 관계인 경우가 많기 때문이다. 이렇게 네트워크로 부르는 관계의 쉬운 사례로는 혈연, 지연, 학연 등을 들 수 있다.

　　사회과학에서 말하는 네트워크는 단순히 이런 관계의 존재를 넘어서, 특정한 '패턴'을 지닌 관계를 의미한다. 네트워크라고 말할 때는, 행위자들이 관계를 맺어서 구성되는, 다른 형태의 사회조직과 구별되는 독특한 패턴이 있음을 의미한다. 예를 들어, 관계의 아키텍처라는 면에서 네트워크란 수직질서와 수평질서의 중간에 설정된다. 네트워크로 설정되는 관계의 아키텍처는 위계질서(hierarchy)처럼 수직적이지 않다. 그렇다고 시장질서나 무정부질서(anarchy)처럼 완전 수평적이지도 않다. 한편 관계의 작동방식이라는 면에서도 네트워크는 집중 방식과 분산 방식의 중간에 설정된다. 네트워크는 완전히 집중된 것도 아니고 반대로 완전히 분산적으로 작동하는 것도 아니다. 실제로 네트워크에서는 다른 노드들보다 상대적으로 규모가 큰 노드, 즉 허브(hub)가 존재하고 그 허브가 다른 노드들에 비해서 상대적으로 중요한 기능을 담당하는, 즉 중심성(centrality)을 행사하는 복합적인 아키텍처와 작동방식이 발견된다.

　　이렇게 보면 네트워크란 단순한 위계질서와 집중 방식의 조합을 한편으로 하고, 단순한 시장질서와 분산 방식의 조합을 다른 한편으로 하는 스펙트럼의 중간지대에 설정할 수 있는 복합적인 패턴의 관계를 지칭한다. 그런데 이러한 설정은 네트워크의 개념적 외연을 구별하는 데는 도움이 되지만, 그 개념적 내포를 밝히는 데는 미흡하다. 다시 말해 현실에서 나타나는 너무 많은 관계들을 네트워크라는 말 안에서 뭉뚱그리게 된다. 현실을 좀 더 효과적으로 묘사하기 위한 은유의 차원에서 네트워크의 개념을 쓸 수 있을지언정, 네트워크로 대변되는 관계의 패턴을 설명하기 위한 분석적인 개념으로 쓸 수가 없다. 네트워크 개념을 분석적으로 가공하기 위해서는 그 아키텍처와 작동방식의 상이한 조합들이 만들어내는 관계의 유형에 대한 좀 더 정교한 구분의 노력이 필요하다. 네트워크 이론에서 네트워크의 하위 유형에 대한 논의가 이루어지는 것은 바로 이러한 이유 때문이다(김상배 2014, 제2장).

네트워크의 개념을 은유의 차원을 넘어서 분석적으로 사용하는 것은 쉬운 일이 아니다. 네트워크라는 말은 개념적 혼란의 여지를 안고 있기 때문이다. 특히 네트워크는 어느 단일한 실체가 아닌 여러 가지 중첩된 존재를 지칭하는 경우가 많다. 또한 네트워크는 그 개념적 외연과 내포가 명확하지 않은 대표적인 용어이다. 간혹 모든 것을 다 네트워크로 설명하려는 '개념적 확장(conceptual stretching)'이 발생하기도 하고, 그렇기 때문에 네트워크로 아무것도 설명할 수 없는 상황이 발생하기도 한다. 결국 네트워크의 개념을 행위자들의 관계에 대한 단순한 은유나 묘사의 차원을 넘어서 분석의 도구나 해석의 틀로 활용하기 위해서는, 사회과학적으로 네트워크를 논하는 개념적 층위를 구별해서 보려는 노력이 필요하다. 그런데 네트워크 이론은 그 인식론이나 방법론의 기준으로 보았을 때 한 가지가 아니고 매우 다양하다.

2. 세 가지 네트워크 이론의 원용

기존의 네트워크 이론들은 각기 주안점으로 삼고 있는 개념적 층위가 조금씩 다르다. 앞서 언급한 바와 같이, 네트워크라는 것이 하나의 고정된 실체로서 파악되는 종류의 것이 아니기 때문이다. 어느 각도에서 관찰하느냐가 네트워크의 개념을 이해하는 변수가 된다. 다시 말해 분석적 층위를 어디에 고정시키느냐에 따라서 네트워크라는 존재는 다르게 이해될 수 있다. 국제정치학에 주는 의미도 염두에 두면서, 지난 10여 년 동안 사회학, 물리학, 역사학(주로 과학사) 등에서 다루어 온 네트워크의 개념을 보면 크게 세 가지 층위로 나누어 볼 수 있다. 이러한 구분은 인식론과 방법론의 차원에서 행위자와 구조 및 과정의 구분을 따르는 것이기도 하고, 네트워크 논의가 국제정치학과 인연을 맺게 된 연구사의 변천과도 어느 정도 맥이 닿는다(김상배 2014, 제1장).

첫째, 네트워크를 하나의 행위자(actor)로 보는 이론이다. 네트워크는 그 자체가 하나의 행위자이다. 네트워크는 특정한 속성, 즉 위계조직 모델도 아니고 경쟁시장 모델도 아닌 속성을 지닌 주체라는 차원에서 이해된다. 네트워크는 특정한 경계를 갖는 노드와 링크의 집합을 의미하며, 네트워크 그 자체가 분석의 단위이자 행위의 단위이다. 노드라는 단위 차원보다는 한 차원 위에서 노드와 노드, 그리고 그들 사이에 형성되는 링크 전체를 모아서 하나의 행위자로서 네트워크를 본다. 이렇게 네트워크를 보는 이론 진영의 대표 격은 경제학과 사회학 분야의 조직이론에서 원용하는 네트워크 조직 이론(network organization theory)이다. 이들 이론의 전제는, 이른바 '개방체계(open system)'로 파악되는 네트워크 형태의 사회조직은 동서고금을 막론하고 존재하였지만, 지구화, 정보화, 민주화 시대를 맞이하여 좀 더 두드러지게 부상하고 있다는 것이다(Castells 1996).

둘째, 네트워크를 하나의 동태적 과정(process)으로 이해하는 이론이다. 여기서 네트워크란 어느 노드가 그 주위의 다른 노드들과 관계를 맺어가는 부단한 과정 그 자체를 의미한다. 이렇게 과정으로 파악된 네트워크의 개념은, 행위자와 구조로 구분하는 차원을 넘어서, 노드들이 서로 관계를 맺어 네트워크를 형성해가는 '자기조직화'의 과정이다. 과학기술 사회학 분야에서 주로 원용되는 행위자-네트워크 이론(actor-network theory, 이하 ANT)은 이러한 과정으로서 네트워크에 주목한다. ANT에 의하면 과정으로서 네트워크는 인간 행위자뿐만 아니라 그 주위의 물질적 환경에 해당하는 비인간(non-human) 행위자

들까지도 참여하는 과정, 즉 ANT의 용어로는 '번역(translation)'의 과
정이다. ANT에서 행위자란 노드와 같이 개체론의 시각에서 파악되는
행위자는 아니고, 오히려 행위자와 구조가 상호작용하면서 구성하는,
'행위자인 동시에 네트워크'인 존재이다(Latour 2005).

끝으로, 네트워크를 하나의 구조(structure)로 보는 이론이다. 여기
서 네트워크란 노드로서의 중견국의 행동에 영향을 미치는 일종의 구
조이다. 네트워크의 구도가 어떻게 짜이느냐에 따라서 그 안에서 행동
하는 단위로서 노드들의 활동조건들이 달라진다. 네트워크는 노드들
의 활동의 결과이기도 하지만 일단 형성된 네트워크는 노드의 활동에
영향을 미치는 구조적 환경이다. 소셜 네트워크 이론(social network
theory)은 네트워크를 일종의 구조로 보고 그 특징을 밝히거나, 이러
한 네트워크 구조의 효과를 분석한다. SNA는 구조로서 네트워크의 아
키텍처와 작동방식을 실증적으로 밝히는 데 크게 기여했다. 최근 국
제정치학 분야에서도 국가 및 비국가 행위자들이 구성하는 다양한 네
트워크에 대한 구조분석이 이루어지고 있다(Wellman and Berkowitz
1988).

3. 네트워크로 보는 미래 세계정치

이상에서 살펴본 바와 같이 행위자이자 과정이면서 동시에 구조인 복
합적인 존재로서 네트워크를 이해하는 시각은 21세기 세계정치의 변
환에 맞게 기존 국제정치이론을 수정·보완하는 데 유용한 이론적 자
원을 제공한다. 특히 이렇게 복합적으로 설정된 네트워크 이론의 시각
은 주로 노드의 관점에서 이론화를 전개하고 있는 기존 이론의 편향을
지적하고 교정하는 데 기여한다. 좀 더 구체적으로 말해, 네트워크 이

론은 기존의 주류 국제정치이론에서 주로 근대 국민국가 행위자를 염두에 두고 개발하였던 주요 논제들, 예를 들어 국가, 권력, 구조 등의 개념을 재구성하는 데 유용하다(Waltz 1979).

첫째, 네트워크 조직 이론이 제시하는 네트워크 행위자의 개념은 국민국가 행위자를 중심으로 보는 기존 국제정치이론의 전제를 수정·보완하는 데 유용하다. 신현실주의 국제정치이론에서는 주권과 영토성의 원칙을 기반으로 하여 작동하는 국민국가를 주요 행위자로서 파악하였다. 이에 비해 네트워크 이론의 시각은, 국가의 존재를 완전히 무시하지는 않지만, 기존의 국민국가가 그 경계의 안과 밖으로 변환되면서, 그 역할과 형태가 변화하는 '개방체계(open system)'로서의 새로운 국가의 부상에 주목한다. 이러한 국가는 새로운 환경에 적응하는 과정에서 비국가 행위자들과의 관계를 새롭게 설정한다. 또한 국가 그 자체도 더 이상 일사불란한 모습으로 움직이는 위계조직이 아니며, 국가기구 내의 여러 하위 행위자들의 수평적 관계가 활발해지는 개방형 조직형태로 변화한다. 이러한 맥락에서 보면, 네트워크 시각에서 주목하는 국가는 '네트워크 국가'라고 부를 수 있을 것이다.

둘째, 행위자-네트워크 이론이 제시하는 네트워크 전략은 자원권력의 추구를 기본적인 전략 게임으로 보는 기존 국제정치이론의 전제를 수정·보완하는 데 유용하다. 국제정치이론의 주류를 이루고 있는 현실주의 국제정치이론이 염두에 두고 있는 권력 개념은 주로 행위자의 속성론이나 자원론의 관점에서 국제정치의 핵심 노드인 국가가 보유하고 있는 물질적 자원, 특히 부국강병을 보장하는 군사력이나 경제력의 보유라는 관점에서 파악된다. 그러나 21세기를 맞아 변화하는 세계정치의 맥락에서 이해되는 권력 개념은 이렇게 파악되기보다는 상황에 따라서 그리고 다른 행위자와의 관계나 구체적인 사안에 따라서 다르게 인식되어야 하는 새로운 면모를 내보이고 있다. 이러한 맥락에서 네트워크 이론에서 주목하는 권력은 노드로서의 국가 행위자의 속성이나 보유자원에서 비롯되는 고정된 개념이 아니라 노드와 노드들이 맺는 관계의 구조라는 맥락에서 생성되는 권력이다. 이러한 권력은 주로 네트워크 맥락에서 발생하는 권력이라는 점에서, 통칭하여 '네트워크 권력(network power)'이라고 부를 수 있다.

끝으로, 소셜 네트워크 이론이 제시하는 구조의 개념은 신현실주의의 고정적 구조 개념을 수정·보완하는 데 유용하다. 국민국가를 주요 행위자로 하는 국제체제에서 국가들 간의 힘의 분포는 신현실주의 국제정치이론이 말하는 '구조'이다. 그러나 국제정치에서 구조를 이렇게 거시적 구조로만 보는 것은 제한적이다. 자원권력 게임의 양상을 넘어서 다양한 행위자들이 관여하는 21세기 세계정치에서 신현실주의가 말하는 세력분포로서의 '구조'나 또는 세계체제론이 말하는 자본주의 체제의 '구조'와 같은 지정학적 구조라는 관점에서만 '구조'를 이해할 수는 없다. 국가 행위자뿐만 아니라 다양한 형태의 비국가 행위자들이 다양한 이슈영역에서 기존 국가의 경계를 넘나들며 형성하는 관계의 구조를 적극적으로 개념화할 필요가 있다. 이러한 맥락에서 소셜 네트워크 이론이 제시하는 구조는, 자원권력의 분포라는 맥락에서 이해된 세력균형의 구조라기보다는, 행위자들 간의 관계구도(relational configuration)라는 맥락에서 본 세력망(勢力網, network of power, NoP)으로 개념화된다.

이렇게 수정·보완된 국가와 권력 및 구조에 대한 이론적 논의는 지구화, 정보화, 민주화의 시대를 맞이하여 근대 국제정치와는 질적으로 다른 양상으로 변환을 겪고 있는 21세기 세계정치를 분석하고 이해하는 데 도움을 준다. 특히 현실주의 국제정치이론의 세 가지 기본

가정, 즉 국가 중심의 가정, 권력추구의 가정, 무정부 질서의 가정 등에 대한 비판의 작업을 수행하는 의미를 갖는다. 그러나 이 글은 현실주의의 세 가지 기본가정을 폐기하기보다는 이러한 비판을 통해서 네트워크 시대의 세계정치 변화에 걸맞게 수정·보완하여 네트워크 국가, 네트워크 권력, 네트워크 질서의 세 가지 가정을 새로이 제시하는 시각을 취하였다.

IV. 네트워크 국가론의 이론적 구성

1. 국민국가에서 네트워크 국가로

지구화와 정보화 시대의 네트워크 환경에서 국민국가는 가장 효율적인 행위자, 즉 적자(適者)는 아니다. 오히려 새로운 환경에서 적응의 능력을 갖고 정보와 지식이라는 새로운 목표를 추구하기에 적합한 행위자는 국민국가의 경계를 넘나들며 초국적 네트워크 형태로 작동하는 비국가 행위자들이다. 그렇지만 새로운 네트워크 환경에서 국가 행위자가 비국가 행위자들에 의해 대체되어 완전히 도태된다고 볼 수는 없다. 아무리 국가 이외의 다양한 행위자들이 부상하고 이에 따른 복합의 현상이 발생한다고 할지라도 국가는 사라지지 않고 역할과 형태의 변환을 겪으면서도 미래 세계정치에서 여전히 중요한 역할을 담당하고 있는 것으로 파악된다. 변화하는 환경에서도 공공재를 제공하는 국가의 고유 영역은 여전히 존재할 것이다. 예를 들어 글로벌 정보 격차를 해소하는 문제라든지 초국적 네트워크의 안정성과 보안성을 제공하는 문제, 그리고 다양한 행위자들의 사적 이해관계를 조율하는 공익 보장의 기능 등을 들 수 있다. 결국 세계정치의 변화는 국가의 소멸보다는 부단한 조정의 과정을 통해서 일정한 정도로 국가의 형태가 변화하는 방식으로 귀결될 가능성이 크다. 국민국가가 그 경계의 안과 밖에서 네트워크의 형태로 변환을 겪는 가운데 출현하는 '네트워크 국가'에 대한 논의가 등장하는 것은 바로 이 대목이다. 네트워크 국가란 대내적으로는 위계적 관료국가, 대외적으로는 영토적 국민국가의 모습을 하는 기존의 국가모델이 지구화와 정보화 및 네트워크 시대의 변화하는 환경에 맞추어 자기변화와 조정을 해나가는 국가이다. 네트워크 국가의 부상은, 한편으로 국가가 자신의 기능과 권한을 적절하게 국내의 하위 단위체에게 분산·이전시킴으로써 그 구성원들로부터 정당성을 확보하고, 다른 한편으로 개별 국가 차원에 주어지는 도전에 효과적으로 대처하기 위해서 영토적 경계를 넘어서 국제적이고 지역적이며 경우에 따라서는 초국적 차원의 제도적 연결망을 구축하는 과정에서 발생한다(Carnoy and Castells 2001; Ansell and Weber 1999; Ansell 2000; 하영선·김상배 편 2006; 김상배 2014, 제6장).

네트워크 국가는 대내외적으로 몇 가지 층위에서 그 구체적인 모습을 드러내고 있다. 대내적으로는 정치경제학 차원에서 본 정부-기업 관계의 재조정, 정치사회학적 차원에서 본 지배 엘리트 연합과 관료제의 변환, 정치·행정학적 차원에서 본 중앙-지방 관계(국가연합 또는 연방 등)의 재정비 등으로 나타난다. 대외적으로는 글로벌 사안을 놓고 공조하는 정부 간 협의체(예를 들어, G20), 국가 행위자뿐만 아니라 국제기구와 다국적 기업, 글로벌 시민사회 등이 모두 참여하여 운영하는 글로벌 거버넌스, 공간지리적인 차원에서 영토국가의 단위를 넘어서 지역 차원에서 형성되는 지역통합체의 부상 등과 같은 형태를 띤다. 21세기 세계정치에서 이러한 네트워크 국가의 출현은 국가별 또는 지역별로 그 진행 속도와 발현 형태가 다르게 나타나고 있다. 현재는 여러 가지 유형의 네트워크 국가들이 서로 경합을 벌이면서 새로운 거버넌스의 방식을 모색하는 것으로 그려진다.

이러한 네트워크 국가가 그 기능을 제대로 발휘하기 위해서 요구되는 역할은 중심성의 제공이다. 쉽게 말해, 이러한 중심성의 제공은 다양한 행위자들의 이해관계를 조정하고 협력을 이끌어내는 중개자(broker)로서의 역할과 밀접히 관련된다. 이러한 네트워크 국가의 중개자 역할은 밥 제솝이 주장하는 메타 거버넌스(meta governance)의 개념과 맥을 같이한다(Jessop 2003). 메타 거버넌스는 다양한 거버넌스 메커니즘들 사이에서 상대적 균형을 모색함으로써 그들 간의 우선순위를 조정하는 관리양식을 의미한다. 제솝에 의하면, 시장의 무정부질서(anarchy), 국가통제의 위계질서(hierarchy), '거버넌스'의 다층질서(heterarchy) 중 어느 하나의 메커니즘만으로는 권력관계의 완전한 균형과 이익의 형평을 달성하는 데 한계가 있다고 한다. 다시 말해, 사회체계의 복잡성, 구조적 모순, 전략적 딜레마, 양면적인 목표의 존재 등으로 인해서 시장 메커니즘이나 국가통제 또는 거버넌스의 자기조직화에 모두 실패할 가능성이 존재한다는 것이다(Ansell 2000, 309).

이러한 맥락에서 이들의 실패를 보정하기 위해서 일종의 '거버넌스의 거버넌스(the governance of governance)'로서 메타 거버넌스의 필요성이 제기된다. 제솝에 의하면, 새로운 거버넌스를 행하는 국가는, 다양한 행위자들이 활동하는 장을 마련하고, 상이한 거버넌스 메커니즘의 호환성과 일관성을 유지하며, 정책공동체 내에서 대화와 담론 형성의 조직자 역할을 담당하고, 정보와 첩보를 상대적으로 독점하며, 거버넌스 관련 분쟁을 호소하는 장을 제공하고, 시스템 통합과 사회적 응집을 목적으로 권력격차의 심화를 조정하고, 개인과 집단 행위

자의 정체성·전략적 능력·이해관계를 조정하고, 거버넌스가 실패하는
경우 정치적 책임을 지는 등의 메타 거버넌스 역할을 담당한다고 한다
(Jessop 2003, 242-243). 메타 거버넌스는 국가가 사안에 따라 그 개입
의 수준을 적절하게 조절하는 방식으로 여러 가지 거버넌스를 동시에
운용하는 관리양식으로 정의할 수 있다. 요컨대 이러한 메타 거버넌스
는 변화하는 세계정치의 환경 속에서 네트워크 국가가 담당하는 역할
을 보여준다.

2. 자원권력에서 네트워크 권력으로

오늘날 세계정치에서는 기존의 자원권력을 넘어서는 새로운 권력의
부상이 주목을 받고 있다. 이는 주로 경제적 상호의존, 기후변화, 에너
지, 원자력, 보건·질병, 바이오, 식량, 이주·난민, 인권, 개발협력, 빅데
이터, 인공지능 등과 같은 새로운 이슈영역에서 관찰된다. 특히 사이버
공간에서 벌어지는 권력게임이 기존의 국제정치와는 다른 양상을 보
이고 있다. 네트워크 환경에서 발생하는 이들 분야의 권력은 행위자들
이 보유한 자원이나 속성보다는 행위자들이 벌이는 상호작용의 맥락
에서 작동한다는 특징을 지닌다. 다시 말해, 단순히 군사력과 경제력과
같은 자원권력에 의지하는 게임이 아니라, 기술·정보·지식·문화·커
뮤니케이션 등과 같은 비물질적 자원을 기반으로 하여 행위자들이 구
성하는 네트워크를 통해서 작동하는 권력, 즉 '네트워크 권력' 게임의
양상이 나타난다.

　네트워크 권력이란 행위자들 간에 형성되는 관계 또는 이러한 관
계들을 형성하는 네트워크의 속성을 활용하거나, 더 나아가 네트워크
전체를 창출하고 변경시키는 과정에서 발생하는 권력을 의미한다. 네

트워크 권력의 개념이 지니는 의미는 행위자의 내재적 속성에서 비롯
되는 권력과 행위자 밖의 구조적 요소로부터 발생하는 권력을 복합적
으로 파악한다는 데서 발견된다. 또한 네트워크 권력의 개념은 상대적
으로 고립된 노드 행위자들이 서로 위협하고 강제하는 권력 행사방식
을 넘어서, 밀접한 상호의존의 관계를 형성하고 있는 행위자들 사이에
서 발생하는 복합적인 권력의 행사방식을 이해하는 데 매우 유용하다.
다시 말해 네트워크 권력은 서로 경쟁하면서도 협력하고, 협력하면서
도 권력을 행사하려는 권력게임의 복합 현상을 드러내 주는 개념이다.
이러한 특성은 새로운 권력 환경으로 설정한 네트워크 공간이 제로섬
게임의 공간인 동시에 비(非)제로섬 게임의 공간이기 때문에 발생한다
(김상배 2014, 제5장).

　　이러한 개념적 복합성을 분석적으로 드러내기 위해서 이 글은 행
위자와 과정, 그리고 구조 차원에서 작동하는 세 가지 네트워크 권력
의 메커니즘에 주목하였다. 가장 쉽게 이해하면 네트워크에서 비롯되
는 권력은 네트워크를 구성한 노드들의 집합인 행위자가 발휘하는 집
합권력(collective power)이다. 둘째, 네트워크 권력은 특정 노드 또는
노드군(群)이 네트워크상에서 어느 특정한 구조적 위치를 차지함으로
써 발휘하는 위치권력(positional power)이다. 그런데 이러한 위치권
력은 주로 네트워크상에서 특정 노드와 노드 또는 군집과 군집 사이에
서 '중개자'의 역할을 발휘된다는 점에서 중개권력(brokerage power)
과도 통한다. 끝으로, 네트워크 권력은, 행위자와 구조를 구별하기 힘
든 네트워크의 속성을 고려할 때, 행위자와 구조를 모두 포괄하는 체제
차원의 개념으로 이해될 수도 있다. 즉 네트워크 권력은 체제로서의 네
트워크를 프로그래밍하는 과정에서 발휘되는 설계권력(programming
power)이다.

이러한 네트워크 권력이 작동하는 과정은 다양한 노드들을 조정함으로써 상호작동성과 호환성 및 정체성 등을 제공하는 것을 목적으로 한다. 이는 표준설정의 메커니즘을 연상시킨다(Grewal 2008, 97). 기술 분야뿐만 아니라 언어나 화폐, 법률과 문화적 관행에 이르기까지 다양한 종류의 표준은 이질적인 성격의 노드들로 구성된 네트워크가 원활하게 작동케 하는 조정기능을 제공한다. 그런데 이러한 표준의 조정기능은 중립적으로 이루어지는 것이 아니고 항시 권력현상을 수반한다. 이러한 표준설정의 권력은 어느 노드가 물질적 자원을 많이 보유하고 있다고 해서 생겨나는 종류의 것이 아니다. 오히려 물질적 권력은 빈약하더라도 노드 차원을 넘어서 작동하는 네트워크의 속성을 제대로 이해하는 노드가 표준설정의 권력을 행사할 가능성이 높다. 이러한 표준권력의 작동 메커니즘은 네트워크 권력정치의 대표적인 사례이다.

이 글은 네트워크 권력정치의 사례로서 세 가지 차원의 표준경쟁에 주목한다. 우선, 표준경쟁은 주로 기술과 시장에서 벌어지는 경쟁의 형태를 띤다. 기술의 관점에서 본 표준경쟁이란 시스템을 구성하는 단위들 간의 상호작동성과 호환성을 돕는 규칙이나 기준, 즉 표준을 선점하기 위해서 벌이는 '기술표준경쟁'이다. 둘째, 표준경쟁을 기술과 산업 분야에서만 논하라는 법은 없다. 실제로 언어나 화폐, 정책과 제도, 규범, 법률과 문화적 관행에 이르기까지 다양한 분야에서 '제도표준경쟁'의 양상이 나타난다. 제도표준경쟁은 이른바 '제도모델'의 표준을 놓고 벌이는 경쟁이다. 끝으로, 가장 추상적인 의미에서 표준경쟁은, 기술과 제도의 차원을 넘어서, 생각과 담론, 더 나아가 이념과 가치관 등의 표준을 놓고 벌이는 경쟁, 통칭해서 '담론표준경쟁'으로 이해할 수 있다. 요컨대, 네트워크 권력을 놓고 벌이는 21세기 세계정치의

게임은 이러한 세 가지 차원에서 파악된 복합적인 표준경쟁으로 이해
할 수 있다.

3. 세력전이에서 세력망 재편으로

국제정치학에서 행위자 차원을 넘어서 작동하는 '구조'를 구체적으
로 무엇으로 개념화할 것이냐에 대해서는 국제정치 이론가들마다 각
기 의견을 달리해 왔다. 그럼에도 불구하고 기존의 국제정치이론들은
암묵적으로 '행위자들의 내적 속성(categorical attributes)으로부터 도
출되는 실체'로서 '구조'를 이해하는 공통점이 있다. 이러한 인식을 바
탕으로 국제정치의 구조는 무정부 질서의 조건이나 권력의 상대적 분
포, 또는 규제적이고 구성적인 규범이나 제도의 집합 등으로 개념화되
어 왔다. 그런데 이들 개념화가 지니는 특징이자 단점은 국제정치에서
구조를 형성하는 요소를, 행위자들이 벌이는 상호작용의 관계적 맥락
그 자체가 아니라, 행위자들의 내적 속성이라는 단위 수준으로 환원해
서 설명한다는 데 있다. 따라서 행위자의 속성을 초월하여 발생하는 상
호작용의 패턴을 논하면서도 정작 행위자의 상호작용 그 자체와는 유
리된 그 무엇으로 구조를 파악한다는 지적을 받아 왔다(Nexon 2009,
24).

마찬가지로 신현실주의 국제정치이론의 구조 개념도 유사한 비판
을 받았다. 신현실주의는 국가 간의 세력분포와 세력균형의 시각에서
국제정치의 구조를 단극-양극-다극체제 등으로 대별해서 파악한다.
그런데 이러한 신현실주의 개념은 국제정치에서 나타나는 '물질적 구
조'의 전반적인 윤곽을 드러내는 데에는 유용한 반면, 기본적으로 구
조의 개념을 행위자가 보유한 자원이나 속성의 차원으로 환원시켜서

파악하는 문제점을 안고 있다. 이러한 이유로 신현실주의의 구조 개념
은 행위자가 선택하는 전략과 국제정치의 구조 사이에서 형성되는 구
체적 상관관계나 행위자-구조 간의 동태적 변화를 밝혀내기에는 너무
추상적이고 거시적인 접근법을 취하고 있다는 지적을 면치 못했다. 이
러한 신현실주의 시각에 기반을 두는 구조변동에 대한 논의로서 세력
전이론도 단순계에서의 자원권력 게임과 그 결과로서 발생하는 자원
권력의 중심이동, 즉 전이(transition)를 논한다(Organski and Kugler
1980).

이에 비해 소셜 네트워크 이론의 구조 개념은 행위자들의 지
속적인 상호작용을 통해서 생성되는 '관계적 구도(relational
configuration)'라는 맥락에서 이해된다(Nexon and Wright 2007;
Nexon 2009). 다시 말해 행위자들의 상호작용 과정에서 창출되는 관
계적 구도, 즉 네트워크 그 자체를 구조로 보는 것이다(Wellman and
Berkowitz 1988). 이러한 방식으로 이해된 구조의 개념을 국제정치 분
야에 도입하면, 구조의 개념을 단위 수준으로 환원하지 않고도, 행위자
들 간의 동태적인 상호작용이 만들어내는 규칙적인 패턴으로부터 국
제정치의 구조를 개념화할 수 있다. 다시 말해 구조의 개념을 행위자의
내적 속성으로 환원되는, 상대적으로 고정된 실체로 인식하는 차원을
넘어서 행위자들 사이에 존재하거나 또는 이를 가로지르는 사회적 관
계의 맥락에서 이해할 수 있게 된다. 신현실주의가 논하는 거시적 구조
의 개념에 대비해서 볼 때 일종의 '중범위(meso) 구조'라고 할 수 있겠
다. 이렇게 중범위에서 파악된 구조의 개념은 거시적 구조의 내용을 반
영하면서도 행위자의 선택과 상호작용하는 구조의 변화를 탄력성 있
게 담아내는 데 유용하다.

이러한 개념화는 국가 행위자들이 추구하는 자원권력 전략의 맥

락에서 이해하던 기존의 세력균형에 대한 논의를 넘어선다. 사실 세력
균형에 대한 논의는 행위자 차원에서 벌어지는 자원권력 게임을 국제
정치의 구조에서 파악하려는 시도인 것이 맞다. 그러나 세력균형의 논
의는 본격적으로 구조의 논의를 담지 못하고, 구조 그 자체의 차원에
서 설명되어야 할 대부분의 문제를 행위자 차원, 즉 행위자의 속성이
나 보유자원으로 환원하는 문제점을 안고 있었다. 이는 신현실주의 국
제정치이론이 제시하고 있는 국제정치의 '구조' 개념에 대해서 가해
진 비판의 핵심이었다. 따라서 자원권력, 즉 행위자의 속성이나 보유
한 자원에서 파악된 권력에 대한 논의를 보완하면서 행위자와 구조
의 차원에서 권력의 동학을 동시에 파악하는 개념이 필요하다. 이러
한 맥락에서 소셜 네트워크 이론에서 말하는 '관계구도'로서의 구조,
즉 세력망의 개념이 유용하다. 이러한 시각을 원용해서 보면 21세기
세계정치의 구조변동은 네트워크 권력을 기준으로 한 세력망의 재편
(reconfiguration)으로 이해된다.

　가장 추상적인 의미에서 네트워크 국가들이 구성하는 세계질서
의 이미지는 기존의 현실주의 국제정치이론이 개념화하고 있는 무정
부 질서(anarchy)보다는 좀 더 복합적인 모습일 것이다. 네트워크 국
가들이 구성하는 질서는 현실주의가 그리는 것처럼 무정부 질서의 국
제체제도 아니고 세계체제론에서 말하는 것처럼 어느 국가가 다른 국
가의 상위 권위로서 군림하는 위계질서도 아니다. 또한 개인의 상위
에 정부가 존재하는 국내사회와도 다르다. 네트워크 국가들이 구성하
는 체제는 무정부 질서와 위계질서의 중간에 설정되는 '네트워크아키
(networkarchy)' 또는 '네트워크 질서(network order)' 정도로 볼 수
있다. 이러한 네트워크 질서는 상이한 구성원리를 가지고 있는 몇 가지
유형의 질서가 복합된 질서가 될 가능성이 크다. 기존의 국가 노드들이

벌이는 국제정치, 새로운 네트워크 행위자들이 벌이는 네트워크 세계
정치, 그리고 노드 행위자와 네트워크 행위자들 간에 벌어지는 망제정
치(網際政治) 등을 모두 포괄하는 질서일 가능성이 크다(김상배 2014,
제7장).

V. 네트워크 국가론의 이론적 과제

1. 네트워크 국가론의 이론적 위상

이상에서 제시한 네트워크 국가론, 또는 좀 더 넓은 의미에서 보면 네
트워크 세계정치이론이 기존 국제정치이론의 논의 구도 속에서 지니
는 의미와 위상은 무엇인가? 네트워크 국가론은 단지 새로운 분석틀
인가, 아니면 독자적인 체계를 갖춘 새로운 이론인가, 그리고 여기서
더 나아가 독자적인 사상적 기반까지도 갖춘 새로운 패러다임을 제시
할 수 있는 수준의 것인가? 특히 기존의 국제정치이론과 질적으로 구
별되는 테제를 제시하고 있는가? 이러한 질문의 연속선상에서 가령
현실주의, 자유주의, 구성주의 등과 대칭되는 의미로 '네트워크주의
(networkism)'라는 말을 쓸 수 있을까? 이러한 질문에 대한 대답은 이
론을 무엇이라고 정의하느냐에 따라서 달라질 것이다.
　만약에 이론을 중요한 사건들에 대한 원인과 결과를 탐구하는 설
명체계, 즉 단선적 인과관계를 밝히는 좁은 의미의 단순계적 이론으로
정의한다면, 네트워크 국가론의 묘미는 오히려 이러한 이론의 정의를
극복하려는 데 있다. 만약에 이론의 의미를 독자적인 인간관과 세계관
과 철학을 구비한 넓은 의미의 사상체계로까지 확장한다면, 네트워크

국가론은 기존의 현실주의나 자유주의 또는 구성주의 패러다임에 도
전해서 이를 대체하려는 거창한 사상체계를 제시하려는 것은 아니다.
네트워크 국가론은 오랫동안 국제정치 분야에서 패러다임의 위치를
차지했던 주류 이론에 도전하는 것은 사실이지만 인간 본성론에서부
터 이들을 완전히 다른 방식으로 대체하려는 시도는 아니기 때문이다.

　네트워크 국가론의 지향점은, 단순한 분석틀의 개발을 넘어서, 좁
은 의미의 이론과 넓은 의미에서 본 사상체계로서의 이론의 중간 지
대에 있다. 다시 말해, 네트워크 국가론은 인과관계를 탐구하는 엄격
한 실증주의 사회과학 이외에도 이해와 해석을 중시하는 탈실증주의
(post-positivist) 사회과학을 추구한다. 그러나 네트워크 국가론은 기
본적으로 이론적 탐구를 경험적인 작업으로 이해한다는 점에서 포스
트모더니즘이나 몇몇 비판이론처럼 인식론적 상대주의로 흐르는 것은
아니다. 객관적 현실은 '저기' 있지만, 불충분한 정보나 인간 인식의 한
계로 인해서 그것을 객관적으로 분석하는 것이 어렵다는 입장이다.

　이러한 취지에서 네트워크 국가론은 복잡계 이론(complexity
theory)의 인식론을 원용함으로써, 단순계 패러다임에 기반을 두고 있
는 기존 국제정치이론의 인식론을 넘어서고자 시도한다. 다시 말해 고
정된 노드와 노드들 간의 실재론적인 인과관계를 탐구하는 '단순 인식
론'을 넘어설 것을 제안한다. 무엇보다도 (복합)네트워크의 개념 자체
를 이해하기 위해서 단순계의 발상을 넘어서는 새로운 인식론이 필요
하다. 앞서 살펴보았듯이, 네트워크는 미시적 수준에서는 노드들이 서
로 연결되는 '과정'인 동시에, 이러한 과정을 통해서 생성되는 '구조'이
며, 좀 더 거시적 수준에서 보면 노드들로 구성되는 네트워크 그 자체
가 하나의 '행위자'로 인식될 수 있기 때문이다(김상배 2014, 제3장).

　복잡계 패러다임을 바탕으로 네트워크 국가론은 세계정치의 동

학, 행위자, 정체성, 관련 이슈 등에 대한 이론적 주장을 펼친다. 앞서 살펴보았듯이, 이렇게 노드와 구조의 복합적 과정으로 파악되는 네트워크의 개념은 '실체 개념'이라기보다는 일종의 '메타 개념'이다. 그 과정에서 네트워크 국가론은 기존 국제정치이론들이 지닌 개별 이론적 장점을 인정하면서도 이들을 아우르는 인식론적 발상을 추구한다. 이러한 맥락에서 보면, 네트워크 국가론을 '이론'이라고 부를 수 있을지라도, 이는 현실주의나 자유주의, 또는 구성주의와 같은 층위의 이론이 아니다. 오히려 이들 이론을 메타이론의 시각에서 보완하는 '이론' 이다.

특히 네트워크 국가론은 기존의 현실주의 패러다임을 메타이론적으로 수정·보완하는 '현실주의 네트워크 세계정치이론'을 지향한다. 구성주의 이론가인 알렉산더 웬트가, 신현실주의 이론가인 케네스 월츠가 그의 저서에서 제목으로 제시했던, 국제정치의 이론(Theory of International Politics, TIP)을 넘어서 '국제정치의 사회이론'(Social Theory of International Politics, STIP)을 제안했다. 이와 비슷한 맥락에서 이 글은 네트워크의 시각을 원용하여 '국제정치의 이론'과 '국제정치의 사회이론'을 넘어서 '세계정치의 네트워크 이론'(Network Theory of World Politics, NTWP)을 제시한다. 앞서 밝혔듯이 여기서 월츠나 웬트가 채택했던 '국제정치'라는 말이 아니라, 새로이 '세계정치'라는 말을 쓴 이유는 국가뿐만 아니라 비국가 행위자들도 참여해서 벌이는 복합적인 권력정치의 뉘앙스를 담기 위해서였다. 이러한 점에서 이 글이 현실주의 국제정치이론의 기본가정을 수정·보완·발전시키는 시도를 펼쳤더라도, 이는 단순 네트워크의 발상에 머물고 있는 전통적인 버전의 현실주의보다는 복합 네트워크의 발상에 기반을 두고 있는 새로운 버전의 '현실주의'이다.

2. 보편-특수의 이론적 과제

네트워크 국가론의 모색을 통해서 세계정치의 변환을 살펴본 이 글의 작업은 보편이론의 개발이라는 차원에서 일차적인 의미가 있다. 사실 국내 학계는 물론이고 해외 학계에도 이러한 문제의식을 제기하고 본격적으로 진행한 연구는 많지 않기 때문이다. 그러나 이 글이 의도한 것은 동아시아 세계정치이론의 개발이라는 차원에서 21세기 세계정치의 변화를 '남의 렌즈'가 아닌 '우리의 렌즈'로 읽어내려는 데 있다. 사실 여태까지 동아시아 국제정치학자들은 동아시아의 경험을 설명할 개념과 가설이 없는 상태에서 현실주의, 자유주의, 구성주의 등과 같은 외래이론을 도입하여 적용하는 데 주로 머물러 있었다. 서구와 동아시아 지역의 국제정치가 얼마나 같고 얼마나 다른지를 구별하지 않고 서구의 경험에서 기원한 보편이론을 동아시아의 특수현실에 적용했던 것이다.

따라서 이 글에서 제기된 문제의식이 좀 더 '현실적인' 논의의 형태로 발전하기 위해서는 앞으로 동아시아 현실과 이론적 관심사를 반영하는 특수이론으로의 치환 작업이 필요할 것이다. 혹시라도 보편이론이라는 명목하에 동아시아의 상황과는 거리가 있는 경험적 현실에서 추상된 이론을 동아시아의 현실에 무조건적으로 적용할 수는 없기 때문이다. 실제로 강대국 차원에서는 '객관적 현실'로 인식되는 네트워크 세계정치일지라도 동아시아에서 감지하는 '주관적 현실'로서의 네트워크 세계정치와는 편차를 보일 가능성이 있다. 마찬가지로 동아시아의 현실에서 볼 때는 중심적인 문제이지만 보편이론의 틀 안에서는 주변적인 문제로 경시될 가능성도 있다(전재성 2011).

이러한 문제의식의 연속선상에서, 주류 국제정치이론의 정확한 유용성을 파악하고, 이론들 간의 관계구도 속에서 동아시아 이론의 위치를 적절히 설정하는 것이 필요하다. 현 단계에서 동아시아 이론 진영 내에서 가장 큰 문제로 제기되고 있는 것은, 동아시아 이론이 기존 서구 이론을 다양하게 비판해왔음에도 불구하고 여태까지는 현실을 새롭게 설명하는 자체적인 분석이론을 제시하지는 못했다는 점이다. 이러한 지적을 수용하고 동아시아 이론의 문제의식을 좀 더 구체화하기 위해서 이 글은 행위자와 구조 및 과정의 차원을 동시에 포괄하는 연구 주제들의 개발 필요성을 네트워크 권력과 네트워크 국가, 그리고 네트워크 질서 가정의 연속선상에서 제안하고자 한다.

첫째, 자원권력을 추구하는 전통적인 전략의 맥락에서 이해하던 세력균형을 넘어서 위치권력 또는 네트워크 권력을 추구하는 전략의 연속선상에서 파악되는 동아시아 세력망의 작동메커니즘에 대한 연구가 필요하다. 둘째, 국민국가 행위자들이 주도하는 '국제정치'의 메커니즘뿐만 아니라 비국가 행위자들이 부상하는 '탈(脫)국제정치'의 메커니즘까지도 포괄하는 동아시아 네트워크 국가의 복합 거버넌스에 대한 연구가 필요하다. 끝으로, 근대 주권의 원칙에 기반을 둔 근대 국제질서의 비전을 넘어서 전통-근대-탈근대를 거치면서 복합적인 형태로 '변형된 주권'에 기반을 둔 동아시아 네트워크 질서의 구성원리에 대한 연구가 필요하다. 이상의 세 가지 연구주제들은 상호 분리된 개별 주제가 아니라 세 가지 측면에서 본 단일한 주제로 이해되어야 할 것이다(김상배 2014, 결론).

동아시아 세계정치의 현실은 네트워크 세계정치 일반의 추세와 크게 다르지 않다. 동아시아의 국가 행위자들은 다른 여느 국가들보다도 좀 더 많이, 그리고 좀 더 촘촘히 네트워크를 치려는 '네트워크 전략의 경쟁'을 벌이고 있다. 21세기 동아시아에서는 기존의 국가 행위자들이 추구하는 네트워크와 새롭게 부상하는 비국가 행위자들의 네트워크 간에 벌어지는 '네트워크 간의 경합'도 관찰된다. 지역질서의 차원에서도 동아시아에서는 근대적 주권원칙을 기반으로 한 무정부 질서의 요소가 존속되는 가운데, 지구화와 정보화로 인한 탈근대 질서의 부상과 미국과 중국이 경쟁적으로 주도하는 패권적 질서의 전망이 겹쳐지는 양상이 나타나고 있다. 요컨대, 동아시아에서 발견되는 네트워크 간의 경합은 전통적인 의미에서 이해되는 '노드의 국제정치'와 이를 넘어서려는 '탈(脫)노드의 세계정치'가 경합하는 망제정치의 양상을 보인다.

그러나 네트워크 세계정치의 보편적 측면을 탐구하려는 노력과 함께 동아시아 네트워크 세계정치의 사례가 지닌 특수성에도 주목하지 않을 수 없다. 무엇보다도 동아시아 네트워크 세계정치에서는 '협력의 게임'보다는 여전히 '경쟁의 게임'을 우선시하는 현실주의 국제정치 이론의 비전이 유럽이나 북미의 경우보다 득세하고 있다. 특히 최근 동아시아 세계정치를 보면 비국가 행위자들의 네트워크로 대변되는 탈근대 현실이 기존 국제정치의 근대적 현실을 대체한다고 보기는 어렵다. 오히려 새로이 부상하는 초국적 네트워크들의 활동을 견제하려는 국가 행위자들의 힘이 건재하고 있는 모습을 보게 된다. 마찬가지로 북핵 문제나 동아시아 국가들의 영토 분쟁 등의 사례를 보더라도 여전히 냉전질서나 근대 국제질서의 이미지에 사로잡혀 있음을 엿볼 수 있다.

이러한 동아시아의 현실은 이 글이 현실주의 버전의 네트워크 국가론의 개발에 관심을 갖게 하는 계기가 된다. 예를 들어, 이 글이 '네트워크'라는 용어와 '권력'이라는 용어를 조합하여, 네트워크상에서의 비대칭적 관계에 포착하는 '네트워크 권력'이라는 개념을 고안한 배경에는 동아시아에서 나타나는 특수성을 포착하려는 의도가 은연중에

작용하였다. 게다가 행위자의 주도권이라는 측면에서 볼 때, 유럽이나 북미에 비해서 동아시아에서는 여타 세계정치 행위자들보다는 국가의 역할이 큰 비중을 차지한다. 이도 역시 현실주의 국제정치이론과 맥을 같이하는 대목으로서 이 글이 '네트워크 국가'라는 '변환된 국가 행위자'에 주목한 이유이기도 하다. 이러한 맥락에서 보면, 변환을 겪고 있는 주권원칙이나 여기서 비롯되는 복합질서의 형태도 모두 상대적으로 국가의 그림자가 짙게 드리운 상태에서 동아시아 세계정치가 전개되고 있다고 볼 수 있다. 강조컨대, 이러한 점에서 이 글이 네트워크 국가론에 의거하여 동아시아의 사례를 인식하는 기본적인 정향은 '현실주의적'이다.

3. 중견국의 실천이론 모색의 과제

분석이론의 차원에서 제기한 네트워크 국가론의 논의들은 자연스럽게 네트워크 세계정치의 현실을 헤쳐 나가는 실천론의 문제로 연결된다. 기존의 국제정치이론과 비교했을 때, 네트워크 국가론은 얼마나 새로운 실천적 처방을 제시하는가? 현실주의자들은 군사력과 경제력을 기르든지 동맹을 맺으라는 처방을 내릴 것이다. 자유주의적 제도주의자들은 국제기구나 국제레짐을 강화하자고 주장할 것이다. 구성주의가 제시하는 처방은 관념과 정체성의 공유를 강조할 것이다. 이에 비해 네트워크 국가론이 제시하는 처방은 네트워크를 치라는 것이다. 그리고 상황에 따라서는 새로이 네트워크를 치지 못하면 기존의 네트워크를 활용하라는 것이고, 더 나아가 행위자 자신의 모습이 네트워크를 닮으라는 것이다.

　여기서 '네트워크'라고 말하는 것은 다양하고 다층적이다. 여러 가지 복합적인 처방이 네트워크라는 한 마디 용어에 응축되어 있다고 보아야 할 것이다. '네트워크'를 추구함에 있어 무엇보다도 먼저 필요한 것은 기존의 주류 국제정치이론이 딛고 서 있는 행위자 기반의 발상에서 벗어나는 것이다. 시각을 노드 단위에 고착시키는 것과 그 노드들이 형성하는 관계, 즉 네트워크에 주목하는 것은 매우 중요한 차이를 낳는다. 이러한 발상의 변환을 바탕으로 자신의 주위에 네트워크를 치는 새로운 권력게임을 벌여야 한다. 좀 더 구체적으로 말해, 프레임을 짜고, 맺고 끊고, 내편을 모음으로써, 표준을 세울 수 있다는 것이다. 이러한 전략을 좀 더 효율적으로 추구하려면 그 자신부터 네트워크의 형태로 변신해야 함은 물론이다.

이러한 실천전략의 방도를 모색하는 이 글의 목적은 강대국이 아닌 중견국의 관점을 투영하는 데 있다. 사실 기존의 주류 국제정치이론은 지금까지 강대국 중심으로 벌어지는 국제정치를 분석의 대상으로 삼아왔다. 이러한 시각에서 보면 강대국 대 약소국, 혹은 약소국 대 약소국의 관계는 제대로 다뤄지기 어렵다. 그렇지만 네트워크의 시각에서 보면 크고 작은 행위자들의 설자리가 넓어진다. 거미줄이 복잡해지면 작은 행위자들도 거미줄 구조의 영향을 상대적으로 덜 받으면서 동시에 거미줄을 복합적으로 칠 수 있게 된다. 비록 행위자 자체의 규모와 능력은 크지 않더라도 주위의 네트워크가 어떻게 짜이느냐에 따라서 약소국이나 중견국일지라도 나름대로 담당할 역할이 발생하게 된다.

새롭게 벌어지는 네트워크 권력의 게임도 역시 기존의 강대국들이 주도하고 있기는 마찬가지이다. 실제로 네트워크 권력게임 자체가 전통적인 자원권력의 게임에서 한계를 느낀 강대국(특히 미국)이 주도하는 게임규칙의 변경과 이를 기반으로 한 기성 권력의 정교화 과정을 의미한다고 볼 수 있다. 그럼에도 네트워크라는 렌즈를 통해서 보면 자원권력이 풍부한 강대국뿐만 아니라 자원권력 면에서는 빈약한 비강대국들도 일정한 기회를 얻을 수 있다는 기대를 갖게 되는 것 또한 사실이다. 특히 네트워크 환경이 지니고 있는 비(非)제로섬 게임으로서의 성격으로 인해서 아무리 패권 세력이라도 모든 것을 석권할 수는 없다. 이러한 점에서 네트워크는 기존에 권력을 장악하고 있던 세력뿐만 아니라 이에 도전하는 세력 모두에게 권력을 행사할 기회를 제공한다.

사실 한국 같은 중견국의 시각에서 접근하면 똑같은 네트워크 전략이라도 강대국의 경우와 다를 수밖에 없다. 실천전략의 차원에서 볼 때, 한국이 추구할 네트워크 전략의 핵심은 네트워크 외교전략, 네트워크 통일전략, 네트워크 지역전략의 삼중 구도로 요약된다. 한반도 주변 국가들에 대한 다층적인 연결망의 구축과 이를 바탕으로 한 소수자 연대의 모색 전략은 중견국 한국의 네트워크 외교가 추구할 일차적인 방향이다. 또한 네트워크 전략을 추구하는 과정에서 한반도가 처한 남북한 분단 상황과 통일의 과제는 무시할 수 없는 변수이다. 동아시아 지역질서에서 중견국으로서 한국이 처한 구조적인 위상을 정확히 파악하는 것도 마찬가지로 중요하다.

이러한 상황에서 중견국 한국은 한반도 주변의 4망(網), 즉 주위에 형성된 미국, 중국, 일본, 러시아 등이 형성하는 네트워크들 사이에서 의미 있는 역할을 찾아야 할 것이다. 한국의 네트워크 외교에서 강대국들이 주도하는 세계질서의 빈틈을 파고드는 발상과 전략을 익히는 것은 매우 중요하다. 상대방을 물질적 힘으로 압도할 수 없는 중견국의 처지에서는 '실리외교'를 넘어서는 '규범외교'에도 눈을 돌려야 한다. 게다가 21세기 세계정치의 복합적인 현실은 중견국 한국으로 하여금 예전보다 좀 더 입체적인 중개의 전략을 고민할 것을 요구하고 있다.

21세기 네트워크 세계정치에 대해서 독자적인 인식론을 가지고 고유한 존재론의 문제를 탐구해야 하는 이유는, 바로 이러한 실천론의 특수성 때문이라고 할 수 있다.

VI. 맺음말

21세기 세계정치는 다양한 네트워크 형태로 변환을 겪고 있다. 근대 국제정치를 주도해온 국가 행위자들의 다층적인 네트워킹이 활성화되고 있으며, 국가의 경계를 넘어서 활동하는 초국적 네트워크 형태의 행위자들이 새로이 세계정치의 전면에 나서고 있다. 이러한 과정에서 이들 국가 및 비국가 행위자들이 벌이는 권력정치의 메커니즘은, 전통적으로 우리가 알고 있던 군사력과 경제력의 게임을 넘어서, 행위자들이 구성하는 다양하고 다층적인 네트워크를 배경으로 하여 발생하는 복합적인 형태의 권력을 추구하고 있다. 이러한 와중에 근대 국제체제와 같은 노드 기반의 단순계의 시각에서는 제대로 이해할 수 없는 새로운 세계질서의 출현이 예견된다. 이러한 맥락에서 이 글은 네트워크 이론을 원용하여 기존의 주류 국제정치이론의 전제에 도전하는 새로운 세 가지 가정을 제시하였다.

첫째, 네트워크 국가의 가정이다. 네트워크 세계정치의 주요 행위자는 여전히 국가이다. 그러나 예전과 같은 국민국가가 아니라 거미처럼 자신의 주위에 네트워크를 치는 새로운 국가이다. 최근 미국을 비롯한 주요 선진국들이 추구하는 새로운 권력게임은 네트워크 국가의 새로운 전략을 엿보게 한다. 네트워크 국가의 전략은 세계정치의 관계적 맥락과 구조적 환경을 적극적으로 인식하고 이를 입체적으로 활용한다. 이러한 거미줄 치기의 전략은 권력게임의 변환뿐만 아니라 행위자 자체의 변환도 야기한다. 21세기 세계정치의 주요 행위자는 국민국가에서 네트워크 국가로 변신을 겪고 있다. 21세기 국가는 그 기능적 성격과 존재적 형태 및 권력 메커니즘을 변환시키고 있다. 이러한 변환의 이면에는 국가의 경계를 넘나들며 초국적으로 활동하는 비국가 행위자들의 약진이 있다. 비국가 행위자들의 네트워크는 거미줄보다는 꿀벌들의 집짓기를 연상시킨다. 강대국이 아닌 국가들의 네트워크 권력게임도 거미보다는 꿀벌의 이야기에 친화적이다. 이러한 맥락에서 보면, 오늘날 새로운 주체로서 네트워크 국가들이 벌이는 세계정치에서는 거미줄 치기와 벌집 짓기가 복합적으로 얽혀서 나타난다.

둘째, 네트워크 권력의 가정이다. 네트워크의 시각에서 새로이 개념화된 세계정치의 권력게임은 전통적으로 우리가 알고 있는 그것은 아니다. 다시 말해 국가의 속성(즉 지정학적 위치나 영토의 크기 등)이나 보유자원(예를 들어 군사력이나 경제력 또는 각종 부존자원 등)을 기반으로 해서 행사되는 물질적 권력게임은 아니다. 오히려 새로운 권력게임은 세계정치 행위자들이 자신들의 주위에 네트워크를 쳐나가며 영향력을 행사한다. 이런 게임에서는 무엇보다도 네트워크 전체를 설계하는 발상과 능력이 중요하다. 게임의 규칙이 정해지고 나면 싸우지 않고도 얻는 경우가 많기 때문이다. 이미 짜인 네트워크 구도 안에서 유리한 위치를 차지하여 자신의 역할을 발휘하고 위상을 제고하는 것도 중요하다. 네트워크 권력게임에서 권력자원을 많이 보유하고 있는 것만큼이나 유리한 '위치'를 잡는 것이 중요시되는 이유는 바로 여기에 있다. 이러한 구도에서 네트워크 권력게임의 핵심은 내편이 될 수 있는 행위자들을 가능한 한 많이 자신의 주위로 모아서 네트워크상에서 통용되는 '표준'을 세우는 것이다.

끝으로, 네트워크 질서의 가정이다. 네트워크 국가들이 네트워크 권력게임을 벌이는 과정에서 출현하는 세계질서를 어떻게 이해해야 할까? 행위자와 구조 및 과정을 아우르는 네트워크 이론의 취지를 살리려면, 기존 주류 이론처럼 세계질서에 대한 논의를 행위자 차원으로 환원해서는 안 된다. 다시 말해, 네트워크 국가들이 벌이는 네트워크 권력게임이라는 행위자 차원의 분석이 자동적으로 구조(또는 체제) 차원의 세계질서 분석을 보장하는 것은 아니다. 이러한 맥락에서 볼 때, 네트워크 세계정치이론의 또 하나의 과제는 행위자 수준에서 시작된 네트워크 국가론을 행위자와 구조 수준을 모두 포괄하는 개념으로 확장하는 데 있다. 이러한 방식으로 개념화된 네트워크 질서의 모습은 노드형의 국민국가들이 만드는 단순계와 구별되는 일종의 복잡계이다. 이러한 복잡계의 질서는 무정부 질서도 아니고 위계질서도 아닌 그 중간 지대에서 설정되는 네트워크 질서이다. 이러한 네트워크 질서는 여러 유형의 네트워크들이 모두 합쳐지는 복합질서인 동시에, 서로 상이한 네트워크들이 중첩하여 새로운 구성원리를 생성하는 망중망의 질서이다. 이러한 네트워크 질서의 성격을 밝힘에 있어서 유의할 것은 서로 상이한 형태로 나타나고 있는 네트워크들 각각의 구성원리를 밝히는 동시에 이들 다수의 네트워크들이 작동하는 과정을 관통해서 엮어내는 일종의 '메타 구성원리'를 밝히는 데 있다.

궁극적으로 향후 네트워크 국가론의 이론적 작업은 보편성과 특수성의 요구를 동시에 만족시키는 방향으로 진행되어야 할 것이다. 그런데 이러한 맥락에서 제기되는 가장 중요한 과제는 세계정치를 실증적으로 파악하기 위한 경험적 작업이 병행되어야 한다는 점이다. 다시 말해, 세계정치에 대한 생산적인 결론을 도출하는 길은 추상적인 이론의 정교화 작업만으로는 부족하고, 다양하고 구체적인 사례연구를 통해서 이론적·경험적 지평을 계속 넓혀나가는 작업을 통해서만 가능하다. 네트워크 국가론에 대한 이론적 논의를 검증하기 위해서 동원되는 사례들이 앞서 언급한 보편성과 특수성의 요구를 모두 만족시키는 것이어야 함을 잊지 말아야 할 것이다. 네트워크 세계정치의 이론적·경험적 연구를 통해서 21세기 국제정치학계의 세계표준을 만들어가는 '또 하나의 세계정치'가 벌어지고 있는지도 모르겠다.

참고문헌

김상배. 2008. "네트워크 세계정치이론의 모색: 현실주의 국제정치이론의 세 가지 가정을 넘어서." 『국제정치논총』 48(4): 35-61.

_____. 2014. 『아라크네의 국제정치학: 네트워크 세계정치이론의 도전』. 한울.

전재성. 2011. 『동아시아 국제정치: 역사에서 이론으로』. 동아시아연구원.

하영선. 2007. "세계정치의 변환과 한반도." 하영선·남궁곤 편. 『변환의 세계정치』. 을유문화사. 12-31.

하영선·김상배 편. 2006. 『네트워크 지식국가: 21세기 세계정치의 변환』. 을유문화사.

Ansell, Christopher K. 2000. "The Networked Polity: Regional Development in Western Europe." *Governance* 13(3): 303-333.

Ansell, Christopher K. and Steven Weber. 1999. "Organizing International Politics: Sovereignty and Open Systems." *International Political Science Review* 20(1): 73-93.

Callon, Michel. 1986. "Some Elements of a Sociology of Translation: Domestication of the Scallops and the Fishermen of St. Brieuc Bay." John Law ed. Power, *Action and Belief: A New Sociology of Knowledge*. London: Routledge and Kegan Paul. 196-233; 미셀 칼롱. "번역의 사회학의 몇 가지 요소들: 가리비와 생브리외 만(灣)의 어부들 길들이기." 홍성욱 편. 『인간·사물·동맹: 행위자네트워크 이론과 테크노사이언스』. 이음. 2010. 57-94.

Carnoy, Martin, and Manuel Castells. 2001. "Globalization, the Knowledge Society, and the Network State: Poulantzas at the Millennium." *Global Networks* 1(1): 1-18.

Castells, Manuel. 1996. *The Rise of the Network Society*. Oxford: Blackwell.

_____. 2004. "Informationalism, Networks, and the Network Society: A Theoretical Blueprint." Manuel Castells. ed. *The Network Society: A Cross-cultural Perspective*. Cheltenham, UK: Edward Elgar. 3-48.

Goddard, Stacie E. 2009. "Brokering Change: Networks and Entrepreneurs in International Politics." *International Theory* 1(2): 249-281.

Grewal, David Singh. 2008. *Network Power: The Social Dynamics of Globalization*. New Haven & London: Yale University Press.

Hafner-Burton, Emilie M., Miles Kahler, and Alexander H. Montgomery. 2009. "Network Analysis for International Relations." *International Organization* 63(3): 559–592.

Jessop, Bob. 2003. *The Future of the Capitalist State*. Cambridge, UK: Polity Press.

Kahler, Miles. ed. 2009. *Networked Politics: Agency, Power, and Governance*. Ithaca and London: Cornell University Press

Keohane, Robert O. 1984. *After Hegemony: Cooperation and Discord in the World*

Political Economy. Princeton: Princeton University Press.

Keohane, Robert O. 2002. *Power and Governance in a Partially Globalized World*. London and New York: Routledge.

Keohane, Robert O. and Joseph S. Nye, Jr. 1977. *Power and Interdependence: World Politics in Transition*. Boston: Little, Brown.

Latour, Bruno. 2005. *Reassessing the Social: An Introduction to Actor-network Theory*. Oxford and New York: Oxford University Press.

Maoz, Zeev. 2010. *Networks of Nations: The Evolution, Structure and Impact of International Networks, 1816-2001*. Cambridge and New York: Cambridge University Press.

Morgenthau, Hans J. 1948. *Politics among Nations: The Struggle for Power and Peace*. New York: Alfred A. Knopf.

Nexon, Daniel. 2009. *The Struggle for Power in Early Modern Europe: Religious Conflict, Dynamic Empires, and International Change*. Princeton, NJ: Princeton University Press.

Nexon, Daniel and Thomas Wright. 2007. "What's at Stake in the American Empire Debate?" *American Political Science Review* 101(2): 253-271.

Nye, Joseph S. 2004. *Soft Power: The Means to Success in World Politics*. New York: Public Affairs.

Organski, A.F.K. and Jack Kugler. 1980. *The War Ledger*. Chicago: University of Chicago Press.

Wallerstein, Immanuel. 1980. *The Modern World-System I: Capitalist Agriculture and the Origins of the European World-Economy in the Sixteenth Century*. Academic Press.

_____. 1995. *Historical Capitalism with Capitalist Civilization*. London: Verso.

Waltz, Kenneth N. 1979. *Theory of International Politics*. New York: Random House.

Wellman, Barry and S.D. Berkowitz, 1988. Social Structures: A Network Approach. Cambridge: Cambridge University Press.

Wendt, Alexander. 1992. "Anarchy is What States Make of It: the Social Construction of Power Politics." *International Organization* 46(2): 391-425.

_____. 1999. *Social Theory of International Politics*. Cambridge: Cambridge University Press.

제2장   네트워크 권력 개념의 등장 배경:
         주권 개념 너머의 권력을 향해

표광민(중앙대학교)

마르코 폴로는 다리를, 돌 하나하나를 묘사했다.

"그런데 어느 돌이 다리를 지탱하느냐?"

쿠빌라이 칸이 물었다.

"다리는 하나의 돌이 떠받치는 것이 아닙니다."

마르코가 대답했다.

"돌들이 모여 이루는 아치가 다리를 지탱합니다."

– 이탈로 칼비노, 『보이지 않는 도시들』에서

I. 연구의 주제 및 목적

이 연구는 현재 인간 사이의 대화에 기반한 네트워크 권력에 대한 이론적 논의가 심화되고 있으며, 이는 궁극적으로 근대 주권 개념을 넘어서는 대안적 권력의 모색임을 주장하려 한다. 세계화와 함께 근대국가의 퇴조가 본격적으로 논의되기 시작하였으며, 국가의 통제를 넘어서는 개인 간, 시민사회 간의 상호작용이 활발해지고 있다. 이처럼 국경을 넘어서 작동하는 세계정치의 현상을 설명하기 위해 글로벌 거버넌스(Global governance), 세계 시민성(Global citizenship) 등의 개념들이 등장한 바 있다. 이러한 새로운 개념들의 등장과 사용은 오늘날 세계정치가 주권 일변도의 관념으로부터 벗어나 다양한 권력 개념을 모색하고 있음을 함의한다. 물론 세계화와 상호의존의 심화로 주권이 사라지리라는 예측은 섣부른 판단이었음이 최근 드러나고 있다. 보편적 세계질서의 확장은 테러와의 전쟁으로 타격을 받았으며, 이어서 난민 급증으로 인한 극우정치의 대두, 코로나 바이러스 팬데믹으로 인한 국제교류의 급격한 냉각으로 위기에 봉착해 있다. 반면, 세계화로 인해 힘을 잃어가는 듯했던 근대국가적 주권은 포퓰리즘, 민족주의, 인종주의의 부흥과 더불어 오히려 강화되고 있는 양상이다. 이러한 상황에서 이 연구는 대안적 권력 개념과의 비교를 통해 주권에 대한 현재의 담론들을 새로운 관점에서 분석하려 한다. 기존의 논의들이 국가 단위 정치공동체의 권력을 주권으로만 사고하는 것과는 달리, 주권과는 다른 권력 개념이 정치학 전통 속에서 끊임없이 이어져 왔다. 이 연구는 대화와 소통을 통한 네트워크 권력의 구성에 대한 최근의 담론들이 이러한 대안적 정치권력의 전통 속에 위치함을 주장하려 한다. 즉 권력구조의 변동에 대한 최근의 연구들은 새로운 국가권력에 관한 담론을 의미한다는 것이다. 개인과 국제기구, 세계시민사회 등 새로운 행위자들에 의해 근대 주권국가의 영향력이 감소하면서, 주권 이외의 권력에 대한 담론들이 주목받고 있다. 비록 주권 개념이 견고하게 기존 정치학의 권력 개념을 대표함에 따라 인식되지 못하고 있으나, 주권의 변화에 대한 이러한 연구들은 궁극적으로 주권이 아닌 대안적 정치권력의 형성을 지향하고 있다.

　대화로부터 형성되는 대안적 권력 논의는 오로지 기능적, 탈근대적 시도만은 아니며, '본질로서의 권력'을 거부하는 '관계로서의 권력'에 대한 모색의 전통 속에서 그 연원을 찾을 수 있다. 정치에 관한 사유의 전통 속에는 권력을 본질이 아닌 관계로서 바라보는 대안적 관점이 지속되어 왔다. 개인 사이의 관계 속에서 권력의 형성을 발견하는 이러한 연구들은 기존의 지배적인 주권 개념에 비해 주목받지 못해 왔으나, 권력의 핵심적 속성에 대한 중요한 논의들을 제공하고 있다. 그러므로 주권이 국가권력의 동의어이거나 권력에 대한 일반적 개념이 아니라고 할 때, 주권 이외의 다양한 권력 형태를 생각할 수 있을 것이다. 나아가 주권과 탈주권적 권력을 구분하는 기준을 통해 권력의 속성 자체에 대한 논의를 심화시키는 데 기여할 것이다.

따라서 이 글은 학술적으로는 근대 주권적 권력을 넘어서는 대안 권력의 형성에 대한 최근의 네트워크 권력에 대한 담론들을 정치학적 전통 속에 위치시킨다는 목적을 지닌다. 냉전 해체 이후부터 본격화된 세계화와 함께 국가주권을 넘어서는 네트워크 권력에 대한 관심은 급격히 증대했다. 근대국가의 주권 개념으로 더 이상 세계화 시대의 국제정치를 설명할 수 없게 되었기 때문이다. 국가 내부와 외부 모두에서 국가주권을 초월하여 형성되는 권력을 포착하기 위해 거버넌스(governance)라는 용어와 함께 네트워크 역시 자주 활용되기 시작했다. 이 가운데 대외적인 측면에 초점을 둔 연구들은, 상호의존의 심화로 인해 국제적 네트워크가 형성되었으며, 이 네트워크 안에서 주권국가의 자율성은 대폭 약화되었음을 강조했다(Rosenau and Czempiel 1992; Rosenau and Singh 2002; Aydinli and Rosenau 2005). 국가 내부에서도 시민들 사이의 네트워크가 활성화됨으로써 위계질서적 주권에 대한 대안적 권력의 가능성이 점쳐지기도 했다. 이러한 시민 네트워크는 국경을 초월한 국제적 연대를 모색함으로써 국제정치의 새로운 주체로서 국제비정부기구(International Non-Governmental Organization, INGO)가 등장한 것은 물론, 세계 시민사회의 형성 가능성이 전망되기도 했다(Knoke 1990; Rosenau 1997; 2006). 이에 발맞추어 국내 학계에서도 국내외적 네트워크를 통해 형성되는 대안적 권력에 대한 관심이 증대되었다. 그러나 네트워크 권력에 대한 대다수의 연구들은 기능적 접근에 집중함에 따라 주권을 넘어서는 대안적 권력으로서 네트워크 권력의 본질을 인식하지는 못했다는 한계를 지닌다. 그럼에도 몇몇 연구들은 변화하는 국내외적 환경 속에서 주권과 대비되는 네트워크 권력의 속성을 성찰함으로써 국제정치에서 권력의 변화 양상에 대한 주요한 통찰을 제공한 바 있다(Hardt and Negri 2000; 민병원 2005; 하영선 편 2006; 하영선·김상배 편2006; 김상배 2008a; 2008b). 이러한 지적 연원 속에서 "신흥권력의 부상과 중견국 미래전략" SSK 대형연구는 네트워크 권력에 대한 논의를 담은 다양한 연구 성과를 발표할 수 있었다. 이 연구 성과들은 네트워크 권력 개념을 확장시켜 세계정치의 변환 속에서의 국가전략, 아시아 지역질서의 전망, 국제정치에서 담론의 역할은 물론 권력 개념의 철학적 기반에 대한 성찰을 시도하였다(김상배 2014; 2015; 이승주 2015; 2016; 조동준 2015; 박성우 2014; 2016).

II. 탈주권적 권력에 대한 최근의 모색

구조적인 차원에서 바라볼 때, 주권을 넘어서는 권력 개념에 대한 모색은 '시장'이 추구하는 경제적 합리성이 정치를 잠식하는 데 따른 반향이라 할 수 있다. 근대국가는 국민의 정치적 의지가 집결된 통합적 권력, 바로 주권을 통해 대내적 최고성과 대외적 독립성을 행사한다. 사회계약론은 국민이 주권자로서 합의와 동의를 통해 국가를 수립하며 주권을 행사한다는 기본 구조를 제시하였고, 이러한 내러티브는 프랑스 혁명 등의 시민혁명을 통해 실현되었다. 근대국가(nation-state)는 국가 성립 이전의 인민(people)이 혁명과 같은 정치적 방식의 의사표출을 통해 스스로를 국민(nation)으로 정의하고 자신들의 정치적 의지를 주권으로 집약하여 표출할 때 수립된다는 모델이 성립된 것이다. 프랑스 혁명의 국면에서 시에이에스(Emmanuel Joseph Sieyès)가 "제3계급이란 무엇인가?"라는 질문에 "모든 것"이라고 대답한 것은 집단적 국민이 국가 그 자체임을 의미한다(Sieyès 1789, 3). 그리고 내부의 다른 권력을 제거한 주권이 국가의 유일한 권력으로 독점적 지위를 차지하는 표준적 모델에 따라, 근대국가와 국민, 주권의 일대일 대응관계가 성립된 것이다. 그러나 세계화의 진전으로 인해 근대국가의 퇴조 현상이 나타남에 따라, 국가-국민-주권 사이의 일대일 대응관계는 붕괴되기 시작했다. 상호 의존의 증대, 민주주의의 지구적 확산, 글로벌 거버넌스의 등장 및 강화, 지구화와 정보화의 심화 등 1970년대 이래 세계 정치에는 근본적 변동이 진행되고 있다. 개인 및 민간 영역의 국제적 활동이 증가함에 따라 주권은 더 이상 대외적으로 국가를 독점적으로 대표할 수 없게 되었다. 개인은 한 국가의 국민이라는 정체성에 더 이상 종속되지 않으며, 경제적 이익 및 계층과 문화, 규범적 가치 등의 다양한 정체성을 지니게 되었다. 그 결과 국가-국민-주권 사이의 일체성이 대폭 약화되었다.

이러한 포스트-웨스트팔리아(post-westphalia) 국면에서 근대국가의 주권은 기능화하거나 포퓰리즘화한다. 주권이 더 이상 국가의지, 국민의지의 총체적 단위로서 존재하지 않게 된 것이다. 국가와 국민 모두를 더 이상 온전히 대표할 수 없는 상황에서, 주권은 한편으로 시장의 활동을 보조하며 기능화된다. 냉전의 해체 이후 자유주의는 신자유주의로 극단화되었다. 외부의 압제에 대항하여 개인의 자유를 우선시하는 자유주의는 경제 영역에서 정부의 민간 경제 영역 개입 금지와 개인의 이익추구 활동에 대한 존중을 특히 강조한다. 신자유주의는 이러한 경제적 자유주의의 원리를 정치 영역 전반으로 확장시켜, 경제적 효율성과 합리성을 정치에 적용시키려 한다. 이로 인해 국가의 정책을 결정하는 과정에서 주권은 시민들의 대중적 의지가 아닌, 지배 엘리트의 이익을 관철시키는 수단으로 기능화했다는 비판을 받게 된다(Falk 1997; Crouch 2004, 29-30; Rancière 2005, 60-61). 주권은 다른 한편으로 포퓰리즘화하며 대내외적 배타성을 표출하고 있다. 포퓰리즘은 두 가지 대립하는 집단인 '순수한 국민(pure people)'과 '타락한 엘리트(currupt elite)'를 구분하며, 이 가운데 순수한 국민들만이 일반의지(volonté générale)의 대변자인 정당한 주권자임을 주장한다(Mudde 2004, 543). 이러한 '민중주의적' 입장은 포퓰리즘이 단순히 민주주의를 억누르거나 거부하는 흐름이라기보다는, 민주주의의 근본원리인 인민의 통치로부터 파생된 현상임을 함의한다(Mudde 2016, 303). 포퓰리즘 세력의 입장에서, 기존 제도를 장악한 엘리트들은 신자유주의적 경제개혁, 자유무역 등을 추진하며 국가의 주권을 스스로 약화시키고 있다. 세계화가 국가의 주권을 침식시키는 상황에 대한 반발로서 포퓰리즘은 국민을 두 집단으로 분리함으로써 주권자 국민의 정체성을 강화하려는 것이다. 이로 인해 대내적으로 국민적 정체성에 반하는 소수 집단 등은 자연스레 배제된다. 단일한 주권자로서의 "인민(the people)"을 출현시켜야 하기 때문이다(Müller 2016, 26-28; 2017, 595). 대외적으로는 국가 주권을 제한할 수 있는 국제협력, 국제규범 등의 초국가적 질서가 거부된다. 포퓰리즘 세력에게 세계화는 자연스러운 현상이 아니라 기존의 엘리트들에 의해 추진된 정치적 행위로 여겨진다. 세계화는 외부 경제에 국가를 종속시킴으로써 국가 주권을 약화시키는 것은 물론, 전통적인 사회질서와 가치체계를 파괴하는 현상으로 비판받는다(Zaslove 2008, 174). 이처럼 포퓰리즘은 '진정한 민주주의'를 자임하며 기존의 제도를 뛰어넘어 보다 직접적, 즉각적으로 인민의 의

지를 관철시키려 한다.

그러나 기존의 정치학 담론은 한계를 맞은 주권의 대안으로 다시 주권을 제시한다. 세계화의 파고(波高) 속에서 근대국가의 전환은 피할 수 없는 현실이 되었고, 앞서 살펴본 바대로 이에 따라 국가-국민-주권의 일체성은 해체되고 있다. 현재 정치공동체가 겪고 있는 변화의 양상들은 주권을 기능화하거나 급진화하는 등, 주권 개념에 본질적 위기를 초래하고 있다. 근대국가 질서의 붕괴 상황 속에서 주권 개념 역시 더 이상 유효할 수 없다는 인식이 확산되고 있음은 주지의 사실이다. 그럼에도 불구하고 기존의 정치학 담론들은 주권 개념에 대한 대안을 여전히 주권 개념 내부에서 논의하고 있다. 주권의 대안을 마련하기 위해 주권을 다시 해석하는 순환론적 방법을 답습하고 있는 것이다. 변화된 현실에 대응하기 위해 constitutional sovereignty, popular sovereignty, transnational sovereignty, postmodern sovereignty 등과 같은 변형된 주권을 찾는 시도에 집중하는 것이다. 지배적인 주류 정치학의 담론들은 이와 같이 새로운 시대에 적합한 주권이란 무엇인가를 찾는, '진정한 주권 찾기'의 방식으로 주권의 붕괴 상황에 대처하려 한다. 이는 결국 주권 개념에 대한 현대 정치학의 의존성을 보여주고 있다(Walker 2003, 15; Kalmo and Skinner 2010, 2). "주권의 조종(弔鐘)이 울렸다"(Leibholz 1965, 234)라는 단정적 표현과 이와는 상반되는, 변화된 세계에서도 주권은 새로운 형태로 유지될 것이라는 전망(Sassen 1996)이 공존하고 있다.

주권에 대한 대안을 주권에서 찾는 대표적 사례로 스테판 크래스너(Stephen D. Krasner)의 주장을 들 수 있다. 그는 세계화 시대에 주권이 약화되고 있다는 논의들에 대해, 주권은 그 성립 시기부터 외부와 영향을 주고받아 왔다고 지적한다. 그는 국제정치는 체스 게임과는 다르다며, 고정적 권력 개념을 고수할 필요가 없다고 말한다. 크래스너의 주장에 따르면, 몰타 기사단(Order of Malta), 20세기 초 영국 제국(British Empire) 등 기존의 주권 개념에는 포함되지 않았던 다양한 국가권력의 구성방식을 대안적 주권 개념으로 정립하는 것이 가능해진다(Krasner 1999, 223-237). 이는 주권이라는 기표(記標)를 근대 서유럽 민족국가의 국가권력이라는 기의(記意)로부터 해방시키고, 본래적 의미에서 주권에 대립되었던 여타의 권력 개념들까지 포함하려는 시도이다. 즉, 주권 개념의 위기 상황에서 주권이 지닌 확장성을 활용하여, 다시 주권을 되살리려는 시도라 할 수 있다. 주권을 넘어서는 새로운 권력 개념을 찾으려 하는 대신, 주권 속에서 주권의 대안을 찾으려는 순환론적 방법은 앞서 말했듯이, 현재 주권에 대한 지배적인 담론을 형성하고 있다. 이러한 담론은 국가권력의 약화 속에서도 인간의 정치공동체 자체는 유지될 것이므로, 정치공동체와 동일시되는 주권 역시 지속될 것이라는 관념에 기반해 있다. 파두아의 마르실리우스가 『평화의 수호자(*Defensor pacis*)』(1324)에서 근대적 주권 개념을 제시한 지 700년이 지났음에도 주권 개념의 견고함은 주권 너머의 권력에 대한 사고를 거부하고 있다. 오히려 700여 년 전통의 힘을 바탕으로, 주권의 속성 및 의미가 변하더라도 주권 개념은 유지되리라 믿는 것이다(Grimm 2015, 3-4). 총체화된 국가의 형태가 전면적으로 해체되는 상황에서 "단일화된 국가에 전통적으로 밀착되어 있는 주권 개념 역시 해체될 것"이 예상됨에도 불구하고, 기존의 정치학 담론들은 주권 개념으로부터 벗어나야 한다는 인식 대신, "주권의 속성을 달리 개념화하는 것을 요구한다"는 결론을 도출하고 있다(Slaughter 2004, 266).

　　이러한 주권 개념의 견고성을 초래한 근본적인 원인은 주권이 국가권력을 가리키는 보편적 용어로 인식되기 때문이다. 주권이란 개념은 국가의 권력이라는 의미로 보통명사화되어 있는 것이다. 얀스 바텔슨이 말하듯이, 주권은 그 안에 다양한 의미를 내포하고 있는 "스펀지 개념(sponge concepts)"의 속성을 지닌다(Bartelson 1995, 237). 주권은 대내적으로는 배타적인 독점적 권력행사 및 통치, 대외적으로는 외부 세력에 대한 종속으로부터 자유를 추구하는 등 특정한 방식으로 작동하는 권력행사 방식이라 할 수 있다(Tully 1995, 195). 그러나 서유럽 근대국가의 중앙집권적 최고권력을 가리키는 명백한 개념적 근원에도 불구하고, 주권은 모든 정치공동체의 권력을 가리키는 말로 사용되고 있다. 서유럽 근대국가 모델의 세계적 확산이 역사적 필연으로 이해됨에 따라 근대국가의 주권 역시 마찬가지로 국가권력 자체로 일반화된 것이다(Volk 2019). 주권 개념의 확장성 또는 애매성으로부터 주권=국가권력=정치의 삼위일체(三位一體) 공식이 당연시됨에 따라, 주권은 사실상 아무 의미를 지니지 않은 중립적 개념으로 인식되고 있다. "주권은 정치적 행위의 단순한 이름일 뿐이다. … 주권이란 특정한 형태의 조직에만 해당되는 것이 아니다. 주권은 인간이 공유하는 정치적 삶 자체에 속해 있는 것이다"라는 콜링우드의 말은 주권 개념을 인간의 모든 정치 조직에 해당하는 보편적 현상으로 받아들이는 관점을 드러내고 있다(Collingwood 1928, 173-174).

물론 주권의 대안으로 주권을 찾는 기존의 지배적인 정치학 담론을 거부하고 주권 개념의 견고함에 도전하는 대안적 연구들이 시도되고 있다. 주권 개념의 견고성으로 인해 절대 다수의 정치학 연구들은 여전히 주권을 권력의 일반적 현상으로 파악함에도 불구하고, 탈근대적(postmodern) 해체, 세계화, 개인주의 등의 흐름이 주권을 넘어서는 국가권력을 요구하고 있다는 점이 포착되고 있는 것이다. 앞서 살펴보았듯이 주권은 흔히 국가가 대내외적으로 행사하는 권력을 가리키는 말로 인식되는 등 국가권력과 동의어로 사용되어 왔다. 그러나 주권은 근대국가의 도입과 함께 등장한 배타적 권력의 일종으로, 국가가 행사하는 권력의 일반적 행사방식이 아닌 특정한 권력양태를 의미한다. 조르지오 아감벤(Giorgio Agamben)은 주권 개념에 내재한 억압적 요소를 비판하는 대표적인 학자라 할 수 있다. 철학적 분석을 통해 그는 근대국가의 권력행사 방식인 주권이 인간의 생명을 대상으로 작동하고 있으며, 이로 인해 근대 주권은 인간의 삶을 "호모 사케르(homo sacer)"의 "벌거벗은 삶(bare life)"으로 격하시킨다고 비판한다(Agamben 1998). 보다 구체적으로 근대국가들이 스스로 주권을 제한함으로써 형성된 유럽연합(EU)의 권력구조를 고찰함으로써 대안적 권력 개념을 도출하는 연구들도 발표된 바 있다(MacCormick 2010; Praet 2010). 국내 학계에서도 주권 개념을 당연한 국가의 발전단계로 파악하는 몰역사적인 시각에서 탈피하여, 근대 유럽에서 주권이 수립되는 역사적 과정을 재고찰하는 연구가 진행되고 있다. 이들 연구들은 근대 주권 개념의 형성 과정을 통해 궁극적으로 주권 이후의 권력 개념에 대한 성찰을 지향하고 있다(김준석 2011; 2018; 전재성 2019). 본 연구는 앞선 대안적 연구들을 기반으로 하여, 보다 근본적 차원에서 주권과 주권 너머의 네트워크 권력에 관해 다루려 한다. 주권 개념은 '본질(substance)'에 대한 추구를 핵심으로 함으로써, 정치권력을 획득의 대상으로 사고하게 만든다. 이에 비해 대안적 권력 개념은 권력이 토론과 논쟁, 타협, 동의와 같은 대화 속에서 '생성'된다고 주장하며, 권력의 핵심을 본질이 아닌 관계 속에서 찾으려 한다.

III. 본질로서의 근대 주권 개념

주권 개념이 견고히 유지되고 있는 근원에는, "정치 공동체에는 최종
적이고 절대적인 정치적 권위가 존재해야 한다는 사고"가 자리하고 있
다(Hinsley 1986, 25-26). 정치에서 이러한 최종적 권위로서의 본질을
찾으려는 관념은 고대부터 당연시되어 왔다. 서구의 사상체계에서 세
계를 지배하는 것은 초월적 진리로 여겨져 왔으며, 정치는 초월적 진리
라는 본질(substance)을 인간 세계에서 구현하는 역할을 담당하는 것
으로 생각되었던 것이다. 이러한 관점에서, 정치에 본질이 존재한다는
사고를 원형적으로 제시한 것은 플라톤이다. 그에 따르면 본질적 가치
는 감각할 수 있는 인간의 세계 너머, 즉 이데아의 세계에 존재하며 이
는 현실의 모든 피상적 반영(反影) 뒤에서 근원적 진리로 존재하고 있
다. 진리라는 본질이 존재하고 이것이 철학자 왕(philosopher king)의
통치를 통해 정치 공동체에서 절대적 지위를 누려야 한다는 사유가 제
시된 것이다(Platon 1971, 433). 신의 섭리가 초월적 가치를 지녔던 중
세에는 정치가 추구해야 할 최종적 권위 역시 신의 권능으로부터 도출
되었다. 철학자 왕의 뒤를 이어 교황이 진리의 본질을 인간 세계에 구
현하는 역할을 담당하게 된 것이다. 교황 레오 1세(440-461 재위)가 말
한 대로, 교황은 천상의 신을 지상에서 대리하는 자로서 세계를 다스
리는 절대적 권력(plenitudo potestatis)을 스스로에게 부여했다(Leo I
1846, 671). 세속권력이 교황으로부터 최종적 권위를 가져오려는 시도
와 함께 중세 질서는 붕괴되기 시작했다. 단테는 교황뿐 아니라 신성
로마제국 황제 역시 동일하게 신의 섭리라는 궁극적 본질에 접근할 수
있다고 주장했다(*Monarchia* III, 15, 11). 또한 황제가 아닌 군주들 역
시 최종적 권위를 보유할 권리를 주장했으며, 이 과정에서 프랑스 법

학자들에 의해 주권 개념이 본격적으로 논의되었다. 근대에 들어 철학적, 신학적 담론의 외피를 사용했던 최종 권위에 대한 추구가 정치권력과 직접 연관되어 논의되기 시작했으며, 이 과정에서 주권 개념이 핵심으로 등장했던 것이다. 13세기에 활동했던 필립 드 보마누아는 "각각의 영주들은 자신의 영지에서 주권자이다(chaque baron est souverain en sa baronnie)"라는 말로 교황과 황제에 대한 군주의 독립적 권위를 옹호했다(Beaumanoir 1842, xxxviij). 주권 개념은 라틴어 어원인 "superanus"이 의미하는 대로 "절대적이고 무제한적인 권력"으로 이해되며 최종적, 절대적 권위를 가리키는 용어로 확립된 것이다(Bodin 1981[1576], 205).

근대 시민혁명은 정치적 최종권위의 근원을 신과 군주의 권능으로부터 시민들의 정치적 의지로 옮겨왔으며, 이를 통해 국가-국민-주권의 일체성을 완성시켰다. 앞서 말했듯이 권력은 궁극적 본질로부터 유래한다고 사고하는 정치학 전통은 절대적 전권 개념을 고안하였다. 이 전권을 두고 교황, 황제, 군주 등이 각축을 벌였으며, 이들의 투쟁 과정에서 중세의 끝 무렵이자 근대의 초기에 주권 개념이 등장하였다. 정치권력의 본질로 자리매김한 주권은 근대 시민혁명을 통해 최종적으로 국민들에게 주어진 것이다. 이와 같이 고대 철학적 진리와 중세 신의 섭리로부터 벗어나 근대적 본질로서의 주권 개념에 접근한 이는 홉스(Thomas Hobbes)였다. 그는 정치적 최종권위를 대중들의 집단적 폭력에서 발견하며, 이를 보유한 주권자를 유대-기독교 전통의 괴물 '리바이어던(Leviathan)'에 빗대어 묘사한다. 1651년 『리바이어던』 초판본의 표지에는 욥기의 한 구절 "Non est potestas Super Terram quae Comparetur ei"(지상의 어떠한 권력도 그와 비교할 수 없다)는 구절 아래 거대한 거인의 모습을 한 괴물 리바이어던이 등장한다. 홉스는 사람들이 상호 간의 규약(covenant)을 통해 공동체(Commonwealth)를 수립하며, 이를 통치하는 절대적 권력을 주권자에게 부여한다는 개념적 가설, 즉 사회계약론을 제안했다(Hobbes 1994, 109). 주권은 개인의 집합으로부터 형성되어, 개인을 초월하는 집단의 정치적 최종권위를 확보하게 된다. 개인들의 집단적 동의는 정치에 있어 궁극적 본질의 지위를 차지하게 되었으며, 경쟁하는 여타의 권력을 배제함으로써 주권의 독점적 위상이 확립되었다. 주권과 국민, 국가 사이의 일체성은 루소에 의해서도 다시 확인된다. 그는 홉스와 마찬가지로 정치의 본질이 되는 최종적 권위를 인민의 집단적 의지, 즉 "일반의지"(volonté générale)에서 찾았다. 개인들의 의지가 융합된 일반의지는 주권의 본질을 형성하며, 법률 등을 통해 표현됨으로써 정치 공동체를 통치하는 절대적 위상을 가진다(Rousseau 1856, 590-591). 정치적 권위라는 본질이 존재하며, 그 본질을 주권이 담지한다는 이론적 주장은 근대 시민혁명을 통해 구현된다. 특히 프랑스 혁명 과정에서 제기된 '제헌권력'(pouvoir constituant) 개념은 권력을 특정 본질(substance)로 사유하는 관념을 체계화함으로써 주권의 절대성에 논리적 타당성을 부여했다. 시에이에스는 국가권력의 근원이 제3계급인 절대다수 인민(peuple)의 의지에 있음을 주장하며, 이는 국가 법질서의 근간인 헌법을 형성하는 원천이 된다고 선언했다. 헌법 수립 이전부터 존재하는 인민들의 권력이 제헌권력으로서 헌법을 명문화한다고 주장한 것이다. 이러한 가정에 따라 헌법을 포함한 일반적 법률들은 제헌권력, 즉 국민의 의지에 의해 작성된 제헌된 권력(pouvoir constitué)에 해당한다. 이는 제헌권력을 모든 국가질서 체계의 근간으로 구조화함으로써 제헌권력과 그 주체인 주권자 국민에게 최종적 권위를 부여한 것이라 할 수 있다.

궁극적 진리로서의 정치적 본질을 찾으려는 사고는 국가-국민-주권의 일체화를 추구하며, 정치의 핵심 내용을 정당한 국민, 정당한 주권자는 누구인가를 찾는 과정, 즉 '주권자 찾기의 게임'으로 환원시킨다. 이 게임을 전면화시킨 것은 프랑스의 혁명가들이었다. 혁명 직후의 공포정치(La Terreur) 동안 혁명의 주동자들은 각자 스스로 주권의 대변자임을 자임했다. 그리고 주권을 장악함으로써, 자신들의 반대파를 인민의지에 반대하는 국가와 혁명의 '적'으로 규정하여 제거할 수 있었다. 자코뱅파(jacobins)에 의한 지롱드파(girondins)의 숙청, 이후 자코뱅 세력의 주도자 마라, 당통, 로베스피에르 역시 차례로 제거당하는 권력투쟁 등은 모두 국민의 의지를 대변하는 정당한 주권자를 찾으려는 과정 속에 전개되었다. 주권자를 찾으려는 혼돈의 과정은 결국 나폴레옹이 "내가 제헌권력이다(Je suis le pouvoir constituant)"라고 선언함으로써 종료되었다(Arato 2017, 292). 프랑스 혁명을 비판적으로 바라본 한나 아렌트는 제헌권력에 대한 추구가 혁명을 파괴했다고 말한다. 그녀에 따르면, 프랑스 혁명은 진정한 주권자를 찾는 권력 게임에 몰두함으로써 혁명 국면에서 등장했던 다양한 시민들의 자발적 결사를 금지했다. 프랑스 혁명의 지도부는 중앙집권적 통치를 강화하기 위해 위원회(councils), 혁명회(sociétés révolutionnaires), 평의회(soviets) 등의 조직들을 해체했다. 일반의지를 강조한 루소적 전통 속에 서 있던 프랑스 혁명의 지도자들은 배타적 주권의 형성을 추구했다. 이 과정에서 혁명을 가능케 했던 핵심동력이었던 시민들의 자발적 정치단체들은 주권에 의해 배제되었던 것이다. 프랑스 혁명이 일반의지의 대변자임을 자처하는 세력들 사이의 '진정한 주권자 찾기' 게임이 되면서, 혁명은 자코뱅 독재를 거쳐 나폴레옹 독재로 귀결될 수밖에 없었던 것이다. 그러나 인민의 의지를 완벽하게 대표하는 세력이 누구인지 알 수 없다는 근원적 한계로 인해, 진정한 주권자를 찾는 시도는 필연적으로 실패하게 된다. 국민의지의 대변자를 특정하기 어렵다는 문제점 이전에, 국민의 정치적 의지가 무엇인지, 애초에 그러한 단일한 의지가 존재하는지를 확인하는 것마저 불가능하다. 아렌트는 국민의 지란 "매일매일, 매분마다" 변화한다며 이러한 본질적 한계를 지적한 다(Arendt 1963, 212). 이런 관점에서 아렌트는 허상과도 같은 국민의 지를 파악하려 하고, 그 위에 스스로를 수립하려는 주권 개념을 비판한 다. 주권은 마치 "유사"(流沙, quicksand) 위에 지어진 것과 같이 불안 정할 수밖에 없다는 것이다(Arendt 1977, 164-165). 시시각각 변화하 는 주권자의 의지 위에 세워진 정치는, 자신의 정당성을 증명하기 위해 반대파를 인민의 적으로 규정할 수 있을 뿐이다. 주권은 주권자를 찾고 주권의 적대세력을 제거하려는 끊임없는 투쟁, 주권자 찾기의 권력게 임에 함몰되고 만다.

    프랑스 혁명 이후 과격화된 '진정한 주권자' 찾기 게임은 헤겔에 의해 역사적 정당성까지 부여받게 된다. 주권 개념이 역사적으로 신성 화된 것이다. 헤겔은 역사철학을 통해 주권자를 찾는 과정을 인간의 역사 전체로 확장시켰다. 그의 역사철학은 과거, 현재, 미래 가운데 어 느 시대를 지향하는지에 따라 역사를 세 가지로 분류한다. 과거를 지 향하는 역사는 과거에 일어났던 개별적 사안들에 집중한다. 현재에 대 한 역사는 과거의 일들을 현재와 관련시켜 다루게 되는데 민족사, 예술 사, 종교사 등 특정 집단 및 단위의 역사에 관한 내용을 담는다. 세 번 째인 철학적 역사는 미래를 향한 역사로서, 인간 세계의 본질인 정신 (Geist)이 발전해 가는 과정을 철학적으로 기술하는 역사서술을 의미 한다(Hegel 1970a, 11-20). 이에 따르면, 역사는 일상적 용어인 과거의 사건들이나 그에 대한 기록을 의미하는 것이 아니라 인간 전체가 장차 경험하게 될 미래를 다루는 작업을 의미한다. 이런 의미에서 헤겔은 인간의 역사를 정신이 시간의 흐름 속에서 전개(Auslegung)되는 과정이라고 정의한다(Hegel 1970a, 96-97). 헤겔의 관념적 역사철학에서 인간 공동체에 존재하는 최종적 권위는 바로 추상적인 정신으로서, 정신이라는 본질이 세계사를 추동하는 근원적 동력이라고 규정된다. 그는 자유의 확대가 정신의 내용을 구성한다고 주장하며, 이러한 자신의 관념에 근거하여 인간의 역사를 자유의 확대 과정이라고 정의한다(Hegel 1970b, 134-141). 그런데 이러한 정신이 세계 단위에서 세계정신(Weltgeist)으로 실현되는 과정은, 세계를 이루는 개별 국가들의 국민정신(Volksgeist)이 완성됨으로써 가능해진다. '세계'란 개념적 집단으로 개별 국가들이 역사적 완성 단계에 이르렀을 때, 세계 인류 전체역시 역사적 완성 단계에 진입한다는 것이다. 물론 헤겔은 국가정신이란 프랑스 혁명과 같은 근대 시민혁명을 통해 인민들이 국가의 주권자로 등장함으로써 실현된다고 보았다. 군주정, 귀족정 등을 타도하고 혁명을 통해 전체 인민(Volk)이 주권자가 됨으로써 자유가 가장 확대되었으므로, 국가정신이 완성되었다고 생각했기 때문이다. 헤겔의 철학전반은 만물이 변증법을 거쳐 그에 내재해 있는 본질의 최종적 완성상태에 이른다는 관념으로 요약된다. 그는 자신의 변증법을 인간의 역사에 투영시켜, 인류 공동체 모두에 해당되는 본질을 정신이라고 주장했다. 그리고 이 정신을 현실에서 구현하는 주체로서 국가의 주권을 지목함으로써, 주권에 역사적 가치와 정당성을 부여했던 것이다.

이처럼 정치에 최종적 권위를 지닌 절대적 본질이 존재한다고 믿는 관념은 정치를 진정한 주권자를 찾는 과정으로 환원시켰으며, 헤겔이후에는 이 주권자 찾기 과정에 역사적 정당성이 부여되었다. 역사가자유 또는 다른 특정한 가치를 향해 발전해 나간다는 헤겔식의 철학적 관념론은 오늘날에도 여전히 유효하며, 이와 함께 역사적으로 정당한 진정한 주권자를 찾으려는 모색 역시 지속적으로 시도되고 있다. 헤겔의 역사구조를 받아들여 정당한 주권자를 찾으려 했던 대표적인 시도는 마르크스주의라 할 수 있다. 마르크스는 헤겔의 관념적 역사구조를 그대로 유지하면서도, 인간 세계의 최종적 본질을 정신이 아닌, 계급 없는 평등사회라고 주장했다. 그리고 진정한 주권자로서 역사적 책무를 지닌 프롤레타리아가 공산주의 사회를 구현하기 위해 독재를 시행해야 한다는 "프롤레타리아 독재(Diktatur des Proletariats)" 개념을 제시했다(Marx 1987, 28). 헤겔의 관념론을 차용한 마르크스의 역사구조는 인민의 지배와 이를 위한 주권의 행사를 절대시하였으며, 이러한 관점은 프랑스 혁명과 파리 코뮌, 러시아 혁명을 주권자 인민(le Peuple)이 권력을 장악하는 일련의 과정으로 이해하는 역사해석으로 나타나기도 했다(Furet 1978, 21-22). 냉전의 종식 이후에도 역사적 정당성에 부합하는 진정한 주권자를 찾으려는 시도는 계속되고 있다. 이 가운데 주목할 만한 것은 이른바 '슈미트 르네상스'로서, 주권을 유지하려는 관념은 좌우의 이념적 대립을 넘어서는 보다 근원적인 사고임을 보여준다. 좌파 성향의 학자들에 의한 극우 정치사상가 칼 슈미트의 부활을 가리키는 슈미트 르네상스는 경제적 합리성에 따라 정치질서가 해체되는 것에 반발하며, 정치와 주권의 필요성을 역설한다. 이러한 주장을 뒷받침하는 것이 적과 동지, 즉 우리와 타자 사이의 대립은 정치의 핵심을 구성한다는 슈미트의 테제이다. 슈미트 르네상스를 주도한 샹딸 무페는 기존 질서로부터의 해방을 위해 경제적 지배에 대항하는 주권자 '우리'를 새로이 구성할 것을 제안한다. 그녀는 소수자 집단에 해당하는 여성, 노동자, 흑인, 동성애자, 생태주의자 등이 각자의 집단적 이해관계를 넘어 상호 연대를 통해 정치의 주체가 되어야 함을 주장하는 것이다(Mouffe 1993, 69). 신자유주의적 경제개혁에 저항했던 "우리가 99퍼센트이다"(Kain 2011)라는 구호 역시 정당한 주권자 찾기라는 문제의식을 현재화한 것이다. 한편으로 난민 유입에 반대하는 독일 시민들의 구호 "우리가 국민이다(Wir sind das Volk)" 역시 정당한 주권자임에도 현재 억압당하고 있는 시민들이 주권을 쟁취해야 한다는 사고를 함의한다(Vorländer et al. 2018, 2). '우리가 99퍼센트이다', '우리가 국민이다' 와 같은 구호들의 기저(基底)에는 부당하게 억압받는 다수가 억압하는 소수로부터 국가권력을, 즉 주권을 가져와야 한다는 인식이 자리하고 있다. 다수의 정당한 지배라는 정치의 최종권위에 대한 강렬한 열망이 계속되고 있는 것이다.

IV. 대화로부터 생성되는 권력

주권 개념이 스스로의 견고함을 끊임없이 확인하고 있음에도, 주권을 넘어서는 대안적 권력을 모색하는 움직임 역시 진행 중이다. 주권이 경제를 보조하는 역할로 기능화하거나 배타적 통치를 향해 급진화하는 현실에 대한 대안으로 다른 형태의 국가권력에 대한 모색이 시도되는 것이다. 서두에서 비판한 바대로 주권의 변형을 통해 주권을 재적용하려는 전략이 여전히 주권 개념의 스펙트럼 속에 머물러 있는 데에 비해, 주권에 대한 근본적인 대안들은 정치에 궁극적 본질이 존재한다는 관념 자체를 거부한다. 정치에서 최종적 권위가 존재한다고 믿는 사고는 주권 개념의 근간을 이루는 것으로, 특정한 물건과 같이 권력을 소유의 대상으로 여긴다. 물론 통상적으로 폭력, 부(富), 지식 등이 권력을 이루는 본질로서 지목되며 이들의 획득과 유지가 정치 그 자체로 인식되는 것 또한 사실이다. 주권에 대한 대안적 모색은 권력이 관계로부터 '생성된다'(generate)는 사고에 기반해 있다. 정치 공동체가 존재하는 한, 권력은 존재할 것이다. 이 권력이 특정한 본질로부터 도출된다는 관점이 주권 개념을 형성하는 데에 비해, 대안적 사유는 권력이 인간 사이의 관계로부터 창출됨을 주장한다. 고대의 철학적 진리, 중세의 신학적 섭리는 그 자체로서는 초월성을 지닐 뿐, 권력을 직접적으로 만들어낼 수는 없다. 정치 공동체 속에서 권력을 생성하는 것은 오히려 지배-피지배, 동의와 반대 등 인간관계 속에서의 활동들이다. 홉스와 루소는 근대적 주권 개념을 제시하였음에도 불구하고, 개인들 상호 간 동의와 합의를 통해 공동의 의지가 형성됨을 스스로 설명하고 있다. 국가의 권력이 오직 주권으로만 이해되었던 것은, 근대에 들어 주권 개념이 압도적 우위를 점하며 국가권력의 유일한 방식으로서 정치이론의 중심적 지위를 차지했기 때문이다(Dillon 2013, 79). 그로 인해 관계로부터 생성되는 권력 개념은 아렌트가 말하듯, 잊혀진 유산이 된 셈이다. 프랑스 혁명을 기점으로 자유와 권리를 향한 변혁운동이 단지 주권을 추구한 것으로 받아들여짐에 따라, 정치이론은 주권의 형성을 정통적인 정치발전의 과정으로 법칙화했다. 그러므로 주권에 대한 대안적 권력을 모색하는 시도는 주권 개념이 지워버린 또 다른 정치의 전통을 개념적으로 발굴하는 과정이라 할 수 있다(Arendt 1990, 221-224).

정치학에는 정치권력을 특정 본질이 아닌, 인간 사이의 관계에서 도출하려는 대안적 전통이 존재한다. 관계로서의 정치에 대한 사유는 고대 그리스의 민주주의, 로마 공화정, 근대 초기 이탈리아 중북부 도시국가들, 미국 독립혁명으로 이어지는 흐름 속에서 발견된다. 이러한 대안적 전통이 오늘날의 네트워크 권력 개념까지 도출할 수 있는 사상적 근거라 할 수 있다. 물론 권력과 주권, 폭력과 지배 등이 혼용되어 이해되어 온 정치학 역사 속에서 관계로부터 형성되는 권력 이해를 발굴하는 것은 어려운 작업이다. 앞서 최종적 본질을 찾으려는 시도의 원형을 제공한 플라톤은 물론, 아리스토텔레스 역시 정치체제를 권력을 장악한 주체에 따라 구분한 바 있다. 1인 지배체제인 군주정(Monarchy)과 폭군정(Tyranny), 다수에 의한 귀족정(Aristocracy)과 금권정(Oligarchy), 다수가 지배하는 혼합정(Polity)과 민주정(Democracy)은 주권 개념과 마찬가지로 권력을 획득의 대상으로 보았던 고대적 관점을 보여준다(Aristotle 1959, 281-283). 이때, 대안적 권력 개념의 전통은 이들 권력주체에 따른 체제들을 융합하는 방식에서 드러난다. 폴리비우스는 플라톤, 아리스토텔레스가 순차적으로 열거한 정치체제들이 융합해 혼합정체를 이루게 될 때, 각각의 장점을 모은 최선의 정체에 도달할 수 있다고 말했다(Polybius 1979, 273-277). 혼합정체는 특정 세력이 주권과 같은 배타적 권력을 행사할 가능성을 차단하며, 다양한 세력들의 권력분점을 제도화함으로써 정치적 안정에 다다를 수 있음을 제시했다. 군주정, 과두정, 민주정 각각은 독자적으로 생성된 권력에 기반함으로써, 전체적인 관점에서는 각 세력들이 국가 전체의 권력을 나누어 가지게 되는 것이다. 이러한 권력분립, 권력공유의 개념은 폴리비우스 이후 지속적으로 이어져왔으며 근대 이후에는 주권 개념의 압도적 위상에도 불구하고, 주권의 배타성을 억제하는 대안으로 제시되어 왔다. 대표적으로 몽테스키외는 국가권력을 입법권(la puissance législative)과 행정권(la puissance exécutrice)으로 분리함으로써 대외적 위협으로부터 정치공동체를 수호할 권력을 유지하면서도, 대내적으로 시민의 자유를 보장할 수 있다고 주장했다(Montesquieu 1844, 88-89). 권력을 나눌 수 있다는 표면적 방식이 함의하는 것은 권력이 도처에서 생성될 수 있다는 근원적 이해이다. 그리고 이는 어떤 권력도 절대적 위상, 궁극적 본질로서의 지위를 차지할 수 없음을 의미한다. 권력의 생성에 대한 비주권적 이해의 전통은 미국 건국을 통해 실제로 구현되었다. 건국의 아버지들(Founding Fathers) 가운데 한 사람이자 미국 4대 대통령인 제임스 메디슨은 대통령, 상원과 하원, 지방정부 등이 각각의 권력을 보장받는 헌정체제를 구상했다(Madison 1911, 134).

현대 정치사상에서 주권을 거부하는 대안적 권력 개념을 본격적으로 제시한 이는 한나 아렌트이다. 그녀는 정치사상적 전통 속에서 반주권적 권력이라는 요소를 적극적으로 조명함과 동시에, 정치의 공간을 비가시적인 "인간관계의 망(the web of human relationship)"(Arendt 1998, 184)으로 정의내림으로써 현대의 네트워크 권력을 근원적으로 이해할 수 있는 시각을 제공한다. 그녀의 출세작이라 할 수 있는 『전체주의의 기원』은, 정치가 사회 전 영역을 장악한 듯이 보이는 전체주의 체제가 실은 오히려 정치가 '실종'된 상태에 해당한다고 주장한다. 아렌트가 전체주의의 등장 원인으로 지목하는 것은 폭민(暴民, Mob)의 출현이다. 개인으로 이루어져 있지만, 개인의 독립적인 의견을 허용하지 않는 이들 폭민은 동일한 목소리를 내는, 하나의 덩어리로 융합된 존재라 할 수 있다. 이들은 과격한 구호를 외치며 마치 적극적으로 정치에 참여하는 듯해 보이지만, 실제로는 정치적 과제를 스스로 담당하려는 아무런 의지도 없이 그저 위대한 독재자가 등장하여 모든 문제를 일거에 해소해 주기만을 바란다(Arendt 1973, 106-107). 아렌트의 정치 이해에 따르면, 정치는 인간의 행위로서 서로 다른 인간의 다양한 의견들이 정치의 내용을 구성하게 된다. 그러므로 개인 간의 대화와 토론, 논쟁, 타협과 동의 없이 지도자의 의견을 단순히 반복하며 동질성을 강화하는 대중운동은 정치를 소멸시킨다고 할

제2장 네트워크 권력 개념의 등장 배경 **87**

수 있다. 따라서 아렌트는 권력(power)의 본질을 함께 행동하는 것에서 찾음으로써, 독단적인 행사가 가능한 폭력(violence)으로부터 정치를 구분한다. 경찰관이 행사하는 공권력은 물리적인 관점에서는 범법자가 행하는 폭력과 유사하다고 할 수 있다. 경찰관의 공권력 행사를 범법자의 폭력행위와 구분 짓는 것은 공권력에 내재해 있는 권력 때문이다. 이 권력은 헌법을 통해 구현되는 시민들의 동의와 합의에 의해 그 정당성을 부여받게 된다(Arendt 1970, 38-45). 이처럼 권력을 폭력과 구별하는 아렌트의 권력 개념은 몽테스키외, 메디슨, 칸트 등의 사유 속에서 지적 연원을 찾을 수 있다. 또한 메이플라워 서약(Mayflower Compact)에서 시작하여 타운홀 미팅(town hall meeting)으로 이어진 토론과 합의의 전통에서 미국 민주주의의 기원을 발견한 토크빌 역시 이러한 전통의 연장선상에 서 있다. 이로부터 아렌트는 시민들 사이의 대화로부터 권력이 형성된다는 점을 도출할 수 있었다(Lloyd 1995, 35-37). '소통'이라는 개념을 중심으로, 대화에서 권력이 형성되는 과정을 추적한 위르겐 하버마스의 연구 역시 아렌트의 권력 개념에 기반해 있다. 하버마스는 막스 베버, 탈콧 파슨스 등과의 비교를 통해 아렌트의 권력 개념은 아리스토텔레스의 '실천(praxis)' 개념을 현재화한 것이며, 정치권력의 근원을 의사소통(communications)으로부터 도출한다고 주장했다(Habermas 1977, 7). 이러한 이론적 연원에 기초하여 하버마스는 『의사소통 행위이론(*Theorie des kommunikativen Handelns*)』을 통해 권력은 의사소통, 즉 대화로부터 형성된다는 주장을 발표함으로써, 오늘날까지 강조되는 민주적 소통에 관한 주요한 담론을 제공했다(Habermas 1981).

이러한 사상적 흐름의 연장선 속에서 주권 개념 너머의 권력을 향한 이론적 모색들이 이루어지고 있다. 그리고 주권에 대한 대안적 관점의 근원에는 정치의 본질이 결국은 대화일 수밖에 없다는 인식이 깔려 있다. 개인이 자신의 의사를 표출하는 토론, 논쟁 등의 대화가 바로 정치를 구성한다는 것이다. 서두에서 비판적으로 검토한 바대로, 기존의 연구들은 네트워크 형태의 권력에 대해 기능적 고찰만을 제공하는 한계를 가진 것은 사실이다. 그럼에도 이들 연구들은 주권에 대한 대안으로서 네트워크 권력 개념이 지니는 주요 속성들을 감지하고 있다. 그러한 속성들의 핵심을 이루는 것은 "비영토성"이라 할 수 있다. 주권국가의 물리적 실체를 제공해 왔던 근대적 영토 개념이 의문시되고 있다는 오늘날의 현실은 대안적 권력 개념 형성의 징후라 할 수 있다. 국가는 물론 여전히 중요한 국제정치의 행위자로 존재하고 있다. 그럼에도 국가는 베스트팔렌 조약이 부여했던 독점적 지위를 더 이상 유지할 수는 없다. 국경을 초월하고 침투하여 조직되는 다양한 기구들과 조직들의 국제적 네트워크들이 국가의 근대적 절대성을 용납하지 않기 때문이다. 다층적 수준에서 형성되고 있는 국제적 네트워크들은 경제는 물론 인권, 환경, 기술 등의 여러 분야에서 자신들의 의제를 추진함으로써 국제사회의 규범적 담론을 생성하고 있다(Zacher 1992, 99; Rosenau 2006, 13). 국제적 네트워크가 형성하고 있는 세계 시민사회는 단순히 국가와 경쟁하거나 국가정책의 보조적인 수준에 그치지 않으며, 현재 세계정치의 대안적 존재론과 패러다임 자체를 형성하고 있다. 네트워크에 기반한 권력은 영토질서에 기반한 근대국가의 위계적 구조와 대립하며 "국가하부적, 초국적, 비정부적 수준(subnational, transnational, and nongovernmental levels)으로 권위의 이동"을 촉진하는 것이다(Rosenau 1997, 29). 국가의 물리적 영토에 대비되는 세계 차원의 비영토적 담론공간 형성은 정치공간에 대한 아렌트의 통찰과 직접 연결된다. 아렌트는 정치의 본질을 행위와 언어에서 찾으며, 이들은 눈에 보이지 않는 과정으로서 존재한다는 특성을 지닌다. 눈에 보이지 않는 정치의 활동들은, 그러나 눈에 보이는 지리적 영토와 물질적 자원 못지않게 현실로서 존재하며 정치의 내용을 구성한다(Arendt 1998, 183).

V. 맺음말: 대안적 권력모델과 새로운 정치

인간 사이의 의사소통은, 개인들이 함께 모여 개인보다는 더 큰 공동체를 형성해야 하는 정치의 과정에서 핵심적 역할을 수행한다. 물론 오랫동안 정치의 본질은 대화가 아니라 오히려 지배와 폭력, 즉 폭력을 통한 지배로 이해되어 온 것이 사실이다. 폭력을 근간으로 다양한 정당성의 명분을 조합시킨 구조물이 바로 유럽의 근대가 성취해낸 주권 개념이라 할 수 있다. 주권 개념으로 수렴하는 기존의 지배적인 권력담론들은 권력을 특정한 본질로 파악하는 관점을 취하고 있다. 특정한 물질로서 권력의 원천이 존재하며, 이를 장악할 때, 권력자가 되는 것으로 이해하는 것이다. '권력을 장악하다'는 말은 이러한 관점에 따른 표현이며, '권력은 총구에서 나온다'는 마오쩌둥의 말 역시 권력의 본질을 폭력으로 생각하는 지배적 인식을 표현하고 있다. 그러나 최근 들어 근대국가의 한계와 더불어 주권을 넘어서는 대안적 권력에 대한 관심이 증대하고 있다. 탈근대적 정치에 대한 이러한 논의들은 주권 너머의 국가권력에 대한 모색으로 수렴되고 있으며, 그 귀결점에는 정치의 본질로서 대화를 안정적으로 제도화하려는 노력이 자리하고 있다. 주권 이전부터 존재했던, 혹은 주권과의 경쟁 과정에서 잊혀진 권력 개념들은 정치란 대화, 토론, 타협 등 인간 상호 간의 관계로부터 형성된다는 근원적 성찰을 제공하고 있다. 권력을 특정한 물질로 파악하고 이를 획득하고 유지하는 것을 정치의 내용으로 보았던 주권 개념은 오늘날의 세계 정치를 이해하는 데에 한계를 지닐 수밖에 없다. 주권에 대한 대안적 권력 개념은 인간 사이의 대화와 소통에 기반한 네트워크로부터 생성되는 권력으로부터 등장하고 있는 것이다.

참고문헌

김상배. 2008a. "네트워크 권력의 세계정치: 전통적인 국제정치 권력이론을 넘어서."
『한국정치학회보』 42(4): 387-408.

_____. 2008b. "네트워크 세계정치이론의 모색: 현실주의 국제정치이론의 세 가지 가정을 넘어서." 『국제정치논총』 48(4): 35-61.

김상배 편. 2014. 『네트워크 시대의 외교안보: 중견국의 시각』. 서울: 사회평론아카데미.

_____. 2015. 『네트워크와 국가전략: 세계정치의 변환과 연속성』. 서울: 사회평론아카데미.

김준석. 2011. 『근대국가』. 서울: 책세상.

_____. 2018. 『국제정치의 탄생 근세 초 유럽 국제정치사의 탐색, 1494-1763』. 성남: 북코리아.

박성우. 2014. "국익의 철학적 토대와 철학적(소크라테스적) 국익 추구의 가능성: 플라톤의 〈알키비아데스〉를 중심으로." 『국제정치 논총』 54(3): 9-43.

_____. 2016. "플라톤의 〈국가〉에 나타난 국제정치사상: 정의의 국제정치적 확장 가능성." 『21세기정치학회보』 26(1): 91-115.

이승주. 2015. "아시아 패러독스(Asia Paradox)를 넘어서: 경제적 상호의존과 제도화의 관계에 대한 비판적 검토." 『한국정치외교사논총』 36(2): 167-198.

_____. 2016. "동아시아 지역협력과 아세안의 리더십 전략." 『평화연구』 24(1): 43-79.

전재성. 2019. 『주권과 국제정치: 근대 주권국가체제의 제국적 성격』. 서울: 서울대학교 출판문화원.

조동준. 2015. "사회세력과 담론 간 이합집산: 19세기 영국 노예제 금지 논쟁을 중심으로." 『21세기정치학회보』 25(1): 25-52.

민병원. 2005. 『복잡계로 풀어내는 국제정치』. 서울: 삼성경제연구소.

하영선 편. 2006. 『21세기 한국외교 대전략: 그물망국가 건설』. 서울: 동아시아연구원.

하영선·김상배 편. 2006. 『네트워크 지식국가: 21세기 세계정치의 변환』. 서울: 을유문화사.

Aydinli, Ersel and James N. Rosenau (ed.). 2005. *Globalization, Security, and the Nation-State Paradigms in Transition*. Albany, NY: State University of New York Press.

Agamben, Giorgio. 1998. *Homo sacer: sovereign power and bare life*. Stanford: Stanford University Press.

Arato, Andrew. 2017. *The Adventures of the Constituent Power*. Cambridge: Cambridge University Press.

Arendt, Hannah. 1963. *Über die Revolution*. München: Piper.

_____. 1970. *On Violence*. New York: Harcourt Brace Jovanovich.

_____. 1973. *The Origins of totalitarianism*. New York: Harcourt Brace.

_____. 1977. "What is freedom?" in Hannah Arendt, *Between past and future: Eight Exercises in Political Thought*. New York: Penguin Books.

_____. 1990. *On Revolution*. London: Penguin Books.

_____. 1998. *The Human condition*. Chicago: The University of Chicago Press.

Aristotle. 1959. *Politics*. Cambridge, Mass.: Harvard University Press.

Bartelson, Jens. 1995. *A Genealogy of Sovereignty*. Cambridge: Cambridge University Press.

Beaumanoir, Philippe de. 1842. *Les coutumes de Beauvoisis*. Vol. 1. Paris: Jules Renouard.

Bodin, Jean. 1981[1576]. *Sechs Bücher über den Staat*. München: C. H. Beck.

Collingwood, Robin George. 1928. "Political Action." *Proceedings of the Aristotelian Society*. New Series 29: 155-176.

Crouch, Colin. 2004. *Post-democracy*. Cambridge: Polity Press.

Dante Alighieri. 2007. *Monarchia*. Stuttgart: Reclam.

Dillon, Michael. 2013. "The Sovereign and the Stranger." in *Deconstructing International Politics*, edited by Michael Dillon, 79-94. New York: Routledge.

Falk, Richard. 1997. "State of Siege: Will Globalization Win Out?" *International Affairs* 73(1): 123-136.

Furet, François. 1978. *Penser la Revolution française*. Paris: Gallimard.

Grimm, Dieter. 2015. *Sovereignty: the origin and future of a political and legal concept*. translated by Belinda Cooper. New York: Columbia University Press.

Habermas, Jürgen. 1977. "Hannah Arendt's Communications Concept of Power." *Social Research* 44(1): 3-24.

_____. 1981. *Theorie des kommunikativen Handelns*. Frankfurt am Main: Suhrkamp.

Hardt, Michael, and Antonio Negri. 2000. *Empire*. Cambridge, Mass: Harvard University Press.

Hegel, Georg Wilhelm Friedrich. 1970a. *Vorlesungen über die Philosophie der Geschichte*. Frankfurt am Main: Suhrkamp.

_____. 1970b. *Grundlinien der Philosophie des Rechts oder Naturrecht und Staatswissenschaft im Grundrisse*. Frankfurt am Main: Suhrkamp.

Hinsley, Francis Harry. 1986. *Sovereignty*. Cambridge: Cambridge University Press.

Hobbes, Thomas. 1994. *Leviathan*. Indianapolis: Hackett Publishing Company.

Kain, Erik. 2011. "Outside of Wonkland, 'We are the 99%' Is a Pretty Good Slogan." *Forbes* (Oct 12). https://www.forbes.com/sites/erikkain/2011/10/12/outside-of-wonkland-we-are-the-99-is-a-pretty-good-slogan/#2e9dbdf96b29 (검색일: 2020. 2. 17.)

Kalmo, Hent and Quentin Skinner. 2010. "Introduction: a concept in fragments." in *Sovereignty in Fragments: The Past, Present and Future of a Contested Concept*, edited by Hent Kalmo and Quentin Skinner, 1-25. Cambridge: Cambridge University Press.

Knoke, David. 1990. *Political networks: the structural perspective*. Cambridge:

Cambridge University Press.

Krasner, Stephen D. 1999. *Sovereignty: organized hypocrisy*. Princeton, N.J.: Princeton University Press.

Leibholz, Gerhard. 1965. "Sovereignty and European Integration." in *Politics and Law*, 214-234. Leiden: A. W. Sijthoff.

Leo I., 1846. "Epistula." in *Patrologia Latina: Sancti Leonis Magni Romani pontificis opera omnia*, edited by J.-P. Migne. tomus LIV. Parisiis: Migne.

Lloyd, Margie. 1995. "In Tocqueville's Shadow: Hannah Arendt's Liberal Republicanism." *The Review of Politics* 57(1): 31-58.

MacCormick, Neil. 2010. "Sovereignty and After." in *Sovereignty in Fragments: The Past, Present and Future of a Contested Concept*, edited by Hent Kalmo and Quentin Skinner, 151-168. Cambridge: Cambridge University Press.

Madison, James. 1911, "Letter: James Madison to Thomas Jefferson." *The Records of the Federal Convention of 1787*, edited by Max Farrand. New Haven: Yale University Press.

Marx, Karl. 1987. "Kritik des Gothaer Programms." in *Werke*. Band 19. Berlin: Dietz.

Montesquieu, Charles de. 1844. *L'esprit des lois, suivi de La défense de l'esprit des lois*. Paris: Lavigne.

Mouffe, Chantal. 1993. *The Return of the Political*. London: Verso.

Mudde, Cas. 2004. "The Populist Zeitgeist." *Government and Opposition* 39(4): 541-563.

_____. 2016. "Populist Radical Right Parties in Europe Today." in *Transformations of Populism in Europe and the Americas: History and Recent Tendencies*, edited by John Abromeit, Bridget Maria Chesterton, Gary Marotta and York Norman, 295-307. London: Bloomsbury Academic.

Müller, Jan-Werner. 2016. *What is populism?* Philadelphia: University of Pennsylvania Press.

_____. 2017. "Populism and Constitutionalism." in *The Oxford handbook of populism*, edited by Cristóbal Rovira Kaltwasser, Paul Taggart, Paulina Ochoa Espejo and Pierre Ostiguy, 590-606. Oxford: Oxford University Press.

Platon. 1971. *Der Staat*. Darmstadt: Wissenschaftliche Buchgesellschaft.

Polybius. 1979. *The histories*. Cambridge, Mass: Harvard University Press.

Praet, Patrick. 2010. "Prolegomena to the post-sovereign Rechtsstaat." in *Sovereignty in Fragments: The Past, Present and Future of a Contested Concept*, edited by Hent Kalmo and Quentin Skinner, 169-185. Cambridge: Cambridge University Press.

Rancière, Jacques. 2005. *La haine de la démocratie*. Paris: La Fabrique.

Rosenau, James N. 1997. *Along the domestic-foreign frontier: exploring governance in a turbulent world*. Cambridge: Cambridge University Press.

_____. 2006. *The Study of World Politics. Volume 2: Globilization and Governance*. New York: Routledge.

Rosenau, James N. and Ernst Otto Czempiel (ed.). 1992. *Governance without government: order and change in world politics.* New York: Cambridge University.

Rosenau, James N., and J. P. Singh (ed.). 2002. *Information technologies and global politics: the changing scope of power and governance.* Albany, NY: State University of New York Press.

Rousseau, Jean-Jacques. 1856[1762]. "Du contrat social ou principes du droit politique." In *Œuvres complètes de J.-J. Rousseau,* t. 2, edited by Charles Lahure, 578-661. Paris: Hachette.

Sassen, Saskia. 1996. *Losing Control?: Sovereignty in an Age of Globalization.* New York: Columbia University Press.

Sieyès, Emmanuel Abbé. 1789. *Qu'est-ce que le tiers état?* Paris. https://data.bnf. fr/fr/13171007/emmanuel-joseph_sieyes_qu_est-ce_que_le_tiers-etat_/ (검색일: 2020. 5. 24.)

Slaughter, Anne-Marie. 2004. *A new world order.* Princeton: Princeton University Press.

Tully, James. 1995. *Strange Multiplicity: Constitutionalism in an Age of Diversity.* Cambridge: Cambridge University Press.

Volk, Christian. 2019. "The Problem of Sovereignty in Globalized Times." *Law, Culture and the Humanities.* Feb.: 1-23.

Vorländer, Hans, Maik Herold and Steven Schäller. 2018. *PEGIDA and New Right-Wing Populism in Germany.* Cham: Palgrave Macmillan.

Walker, Neil. 2003. "Late Sovereignty in the European Union." in *Sovereignty in Transition,* edited by Neil Walker, 3-32. Oxford and Portland: Hart.

Zacher, Mark W. 1992. "The decaying pillars of the Westphalian temple: implications for international order and governance." in *Governance without government: order and change in world politics,* edited by James N. Rosenau and Ernst Otto Czempiel. New York: Cambridge University.

Zaslove, Andrej. 2008. "Exclusion, Community, and a Populist Political Economy: The Radical Right as an Anti-Globalization Movement." *Comparative European Politics* 6(2): 169-189.

제3장   고대 그리스의 국제정치사상: 전쟁론, 정의론, 국익론

박성우(서울대학교)

I. 서론: 근대적 "국제" 개념의 한계와 고대 국제정치사상의 소환

일반적으로 "국제"라는 개념은 근대의 독특한 역사적 맥락에서 형성된 것으로 이해된다. "국제"란 근대적 주권 개념에 기초한 근대 국가들 간의 관계로 정의되기 때문이다. 주지하는 바와 같이 근대적 주권이란 대내적으로 최고의 권위이며, 대외적으로는 어떠한 간섭과 개입도 부정하는 배타적인 권력을 의미한다. 이와 같은 근대적 주권을 가진 국가들 간의 관계로 규정된 "국제" 개념은 근대 이래 지금까지 나라 밖의 제 현상을 분석하고 진단하는 기본틀이 되어 왔다.

그러나 근대적 "국제" 개념은 이제 21세기의 지구화된 세계의 복합적이고 다면적인 현상을 이해하고, 이와 연관된 문제를 해결하는 데에 한계에 도달한 듯하다. 예컨대, 21세기의 국제관계는 국가의 생존만을 우선시했던 전통적인 안보 개념과는 구별되는 신안보 개념의 필요성을 강력히 요청하고 있다. 국가 안보와는 구별되는 개인 안보의 중요성이 부각될 뿐 아니라, 기후 및 환경 안보, 식량 안보, 보건 안보, 사이버 안보, 에너지 안보와 같이 다양한 차원의 안보 개념이 부상하고 있다. 국익 개념과 관련해서도, 과거 전통적인 군사적, 경제적 이익에 기초한 하드 파워로서의 국익이 압도적이었던 것에 비해, 문화적, 종교적, 규범적 차원의 소프트 파워로서의 국익의 중요성이 점차 높아지고 있다. 정의 담론에 있어서도 주목할 만한 변화가 나타나고 있다. 기후 변화에 의해 초래될 대재난에 대한 위기 의식이 확산하면서, 국내적 틀에만 묶여 있던 정의 담론이 글로벌 영역으로 확장되고 있다. 다양한 국제사회의 공간에서 이른바 글로벌 정의 담론이 부상하고 있다. 이제 글로벌 정의 담론은 기후 변화뿐 아니라, 세계 빈곤, 대량 학살, 극심한 경제적 불평등, 인권 유린 등 지구적 문제를 개선하기 위한 이론틀로

주목받고 있다. 한편, 9/11이후 본격적으로 "재부상"하고 있는 종교의
역할을 주목하지 않을 수 없다. 근대 주권국가가 출현한 이래, 종교는
정치 영역에서 후퇴했고, 세속주의와 정교 분리의 원칙에 의해 사적 영
역이나 비정치적 영역에만 한정되어 있던 것으로 간주되어 왔다. 그러
나 이제 종교는 명실상부하게 국내정치와 국제정치를 설명하는 핵심
적인 변수로 떠오르고 있다.

현대 국제정치에서 목격되는 이러한 새로운 현상은 근대적 주권
개념 그리고 그로부터 도출된 "국제" 개념의 재고를 요청하고 있다. 이
에 대한 대응으로 일부의 국제정치이론가들은 근대 이전에 존재했던,
보다 융통성 있고, 포섭적인 중세적 주권 개념을 주목하기도 한다. 중
세적 주권 개념에의 관심은 경직된 근대적 주권 개념을 비판적으로 검
토하는 데 유용한 측면이 있다. 그러나 중세적 주권 개념은 상대적으
로 오랫동안 기정사실로 받아들여 온 근대적 가정들을 해체하고, 21세
기 국제정치의 제 문제를 새롭게 접근할 수 있는 이론틀을 제시하기에
는 한계가 있다. 이 글은 이러한 문제의식에서, 근대와는 전혀 다른 방
식으로 "국제"를 이해하고 있는 고대 그리스의 국제정치사상을 시론
적으로 제시해 보고자 한다. 고대 그리스의 사상가들에게 "국제"는 단
순히 국가들 간의 관계로 규정되지 않는다. 다소 생소하게 들릴지 모르
지만 이들에게 "국제"는 개인의 영혼을 출발점으로 국가, 세계, 자연의
유기적인 연속성 안에 존재하는 개념이다. 본고는 이러한 독특한 의미
의 "국제" 개념을 바탕으로 전개되는 고대 국제정치사상의 전쟁론, 정
의론, 국익론을 살펴보고, 아울러 이러한 고대적 이론틀이 갖는 현대적
유용성에 대해서 검토해 보고자 한다.

당위론적이지만, 고대 그리스의 국제정치사상은 근대적 주권 개
념의 틀 속에 갇혀 있지 않다. 본론에서 살펴보게 될 투키디데스, 플라

톤, 아리스토텔레스의 국제정치사상은 국가(폴리스)의 위상을 매우 독
특한 방식으로 자리매김한다. 이들에게 국가라는 공간은 다른 삶의 영
역과 분리된 고유한 영역이라기보다, 안으로는 국가를 구성하는 인간
개개인과 밖으로는 자연과 우주 전체를 매개하는 역할로서 의의를 갖
는다. 즉, 세계는 작게는 개인의 영혼의 부분들로부터[1] 국가, 국제, 자
연, 우주 전체로 이어지는 동심원적 구조를 갖고 있으며, 국제는 이러
한 동심원적 네트워크의 일부분이다. 영혼, 국가, 국제, 자연이 어떤 방
식으로 연계되어 있고, 이 동심원적 네트워크 가운데 어떤 부분이 가장
핵심적인가에 대해서는 고대 사상가들 간에도 차이를 보인다. 예컨대,
플라톤은 영혼과 국가의 네트워크에 초점을 뒀다면, 투키디데스는 국
가와 자연의 네트워크에 초점을 뒀다고 할 수 있다. 그러나 세 사상가
들은 공히, 유기적으로 연결되어 있는 네트워크 전체를 총체적으로 고
려할 때, 우리 삶의 본질(그것이 전쟁의 문제이든, 정의의 문제이든 혹은
국익의 문제이든 간에)에 접근할 수 있다는 입장을 갖고 있다.

이 논문은 이러한 관점에서 고대 국제정치사상을 대표하는 세 사
상가들인 플라톤, 투키디데스, 아리스토텔레스가 각각 영혼-국가-국
제-자연의 네트워크를 어떻게 이해하고 있으며, 이러한 이해는 이들
의 전쟁론, 정의론, 국익론에 어떻게 반영되어 있는가를 분석할 것이
다. 이러한 분석을 토대로 오늘날 새롭게 전개되고 있는 국제정치의
양상을 이해하고, 이에 적절히 대처할 수 있는 이론틀을 모색해 보고
자 한다.

---

1   예컨대, 영혼은 이성과 욕망으로 나뉘진다고 가정한다.

II. 투키디데스의 전쟁론: 퓌시스와 노모스의 대화[2]

고대 그리스 세계의 전쟁론을 대표할 만한 사상가로 투키디데스를 주목하는 것은 그리 새로운 일은 아니다. 주지하는 바와 같이 투키디데스는 아테네와 스파르타 간의 패권 경쟁, 그리고 이를 배경으로 그리스세계 전체가 양 진영으로 나뉘어 27년간 치른 전쟁의 역사를 기록한역사가이다. 오히려 놀라운 사실은 2,500년 전의 역사가인 그가 20세기 국제정치학이 태동한 이래 고전적 현실주의 이론의 창시자로, 혹은신현실주의의 선구자로, 심지어 21세기 미중 패권전이론의 예언자로주목받고 있다는 사실이다.[3] 투키디데스에 대한 20세기의 평가는 합당한 것인가?

1. 어떤 퓌시스, 누구의 노모스인가?: 휘브리스를 경계하며

20세기 이래 국제정치학계는 투키디데스를 현대 국제정치의 본질을간파한 이론적 선구자로 간주해 왔다. 그가 최초로 국제정치를 도덕이나 규범이 아닌 "자연"의 법칙이 통용되는 공간으로 이해한 인물이라는 이유에서다. 이러한 견해는 기본적으로 국제정치는 퓌시스(φύσις), 즉 자연의 영역이고, 노모스(νόμος), 즉 인간적인 약속이나 도덕, 규범, 법이 개입할 수 없는 영역이라는 가정에 따른 것이다.

투키디데스의 펠로폰네소스 전쟁사 곳곳에는 국제정치를 노모스

2　이 절은 필자의 이전 논문(박성우 2008)의 일부 내용을 요약 정리한 것이다.
3　고전적 현실주의, 신현실주의, 패권전이이론의 선구자로서의 투키디데스에 대한 비판적검토에 대해서는 박성우(2008)를, 최근 앨리슨이 미중경쟁의 미래를 "투키디데스 함정"으로 경고한 것에 대한 비판적 검토에 대해서는 김지훈(2020)을 참조.

의 영역이 아닌, 퓌시스의 영역이라고 이해하는 대목이 발견된다. 그러나 좀 더 자세히 들여다보면, 이러한 이해가 곧바로 투키디데스라는 역사가(歷史家) 본인의 이해라고 단정하기는 어렵다. 보다 정확하게 사실을 말하자면, 투키디데스가 기록한 전쟁사에는 국제정치를 퓌시스의 배타적인 영역이라고 확신하는 이들이 이러한 가정에 동의하지 않는 이들을 상대로 (말이나 힘으로) 이를 입증해 보이려는 일련의 노력이 나타날 뿐이다.

그럼에도 불구하고, 20세기 국제정치학은 투키디데스 역시 당연히 그러한 가정에 동의했다고 해석한다. 20세기 국제정치학자들은 투키디데스의 전쟁사에서 종종 "멜로스 대담"이라는 에피소드를 주목한다. 이들은 투키디데스가 멜로스 대담을 기록함으로써, 국제정치가 노모스가 아닌 퓌시스의 영역이라는 가정을 확인시켜 줬다고 해석한다. 국제정치를 노모스의 영역으로 보고 있는 멜로스인들과 국제정치를 퓌시스의 영역으로 보고 있는 아테네인들 간의 대립에서 투키디데스는 멜로스인들의 파멸을 적나라하게 보여줬기 때문이다. 그러나 투키디데스의 전쟁사 전체가 국제정치는 곧 퓌시스의 배타적인 영역이라는 것을 확인시켜 주고 있는가에 대해서는 다분히 의심스럽다. 무엇보다 투키디데스의 전쟁사는, 국제정치의 퓌시스적 본질을 줄곧 주장해 온 아테네가 결국 전쟁에서 패퇴한 역사를 담고 있다는 사실을 상기할 필요가 있다. 물론 이런 사실만으로 투키디데스가 국제정치의 영역을 노모스의 영역으로 규정했다고 단정할 수는 없다. 다만, 투키디데스의 전쟁사는 국제정치를 퓌시스의 영역이라고 확신하고, 이를 노골적으로 주장해 온 아테네인들이 패배했다는 역사를 기록하고 있다는 것을 과소평가해서는 안 된다는 것이다.

투키디데스의 전쟁사 기술을 통해서 우리는 어떤 교훈을 얻어야 하는가? 투키디데스는 자신이 전쟁사를 기술한 목적이 후대에 영원히 남길 만한 교훈을 주는 것이라고 했는데(Thuc.1. 22), 그가 남기고자 했던 영원한 교훈이란 무엇인가? 자신을 역사가로 인식한 투키디데스는 자신이 남기고자 한 교훈을 명시적으로 드러내진 않았다. 대신 그는 전쟁의 기록을 통해서 후대의 독자로 하여금 영속적인 문제에 관한 교훈을 깨달을 수 있도록 유도하고 있다. 특히, 투키디데스는 퓌시스와 노모스의 관계에 대한 교훈을 남기고자 한 것으로 보인다. 사실 국제정치나 전쟁이 퓌시스의 영역인가, 아니면 노모스의 영역인가의 문제는 2,500년 전 펠로폰네소스 전쟁을 치렀던 아테네인이나, 스파르타인뿐 아니라, 21세기를 사는 현대인들에게도 여전히 의문으로 남아 있다. (국제정치학에서 현실주의적 전쟁관이 팽배해 있는 것과 동시에 정전론이 활발하게 전개되고 있는 현실이 이를 뒷받침하지 않는가.) 그러면, 퓌시스와 노모스의 대립을 전제로, 국제정치의 본질과 관련된 투키디데스의 영속적 교훈은 무엇인가?

우선, 고대 그리스적 맥락에서 퓌시스와 노모스의 의미부터 살펴보자. 퓌시스는 총체적인 성격의 자연을 의미한다. 자연은 현실에 존재하는 것들의 생성과 성장을 일으키는 근본 법칙이며, 기본원리로 이해된다. 반면 노모스는 제도적, 사회적 환경에 적응하는 모든 관습적인 행위 양식이다. 따라서 노모스는 지배계급이 자신들의 지배의 수단으로 사용한 실정법뿐 아니라 '야만인들'과 구별되는 문명인으로서 그리스인들만의 관습법적 체계를 모두 일컫는다(Kerferd 1981, 18; Dodds 1951, 181-183; Saxonhouse 1978).[4] 투키디데스의 전쟁사 기술에는 퓌

---

4   퓌시스와 노모스 관계에 대한 이해는 사실 투키디데스뿐 아니라 고대 그리스 사상을 지배하는 중요한 분석틀이다. 소피스트들이 노모스의 현실적 우위를 주창한 사람들이라면, 소크라테스 이전 철학자들, 즉 자연철학자들은 퓌시스 탐구의 필요성을 주창한다. 이

시스의 요소가 자주 등장한다. 전쟁 중 예기치 않았던 지진, 가뭄, 기근, 잦은 일식, 역병 등은 인간의 힘으로 통제할 수 없으면서, 전쟁에 엄청난 영향을 미치는 퓌시스의 힘으로 묘사된다. 그러나 퓌시스는 이런 가시적인 자연현상의 형태로만 존재하는 것이 아니다. 아테네인들이 그들의 제국을 정당화하기 위해 사용했던 '두려움, 명예, 이익'이라는 아테네 제국 성장의 세 가지 요소도 다름 아닌 퓌시스에 대한 호소였고, 멜로스 대담에서 약자는 강자에게 복종해야 한다는 아테네인들의 주장 역시 인간 본성(ἡ ἄνθρωπεια φύσις), 즉 인간사(人間事) 안에서 발견되는 '인간적인 퓌시스'(human nature)를 근거로 한 주장이었다.

자연현상으로서의 퓌시스와 인간 본성과 관련된 퓌시스 사이에는 분명 차이가 발견된다. 역병이나 지진과 같은 자연현상은 인간이 도저히 사전에 통제할 수 없는, 즉 설명하거나 예견할 수 없는 퓌시스다. 반면, 아테네인들이 그들의 제국을 정당화하기 위해 내세운 인간적인 퓌시스, 즉 인간 본성은 그것이 퓌시스라는 것을 다른 인간들에 의해 인정받아야 하는 특징을 갖는다. 인간 본성은 인간과 독립적으로 존재하는 것이 아니라 인간을 매개로 규정된다. 이런 관점에서 인간 본성이란 인간이 그 내적 충동을 좀처럼 거스를 수 없다는 측면에서 퓌시스의 성격을 띠지만, 동시에 인간들 사이의 관계를 통해서 규정된다는 측면에서 노모스의 성격도 갖는다.[5]

투키디데스가 전쟁이나 국제관계에 간여하고 있다고 보는 퓌시스

후 플라톤과 아리스토텔레스 역시 이 양자 관계의 정립이 그들 철학의 주요한 구성요소가 된다.

5 퓌시스와 노모스의 관계에 대해서는 대부분의 현실주의자들을 비롯해 일부 고전학자들도 투키디데스가 퓌시스의 가치를 항상 우위에 놓는다고 해석하고 있다(Croix 1972, 29; Saxonhouse 1978, 461-487). 사실 퓌시스가 노모스보다 우위에 있다는 주장은 소피스트 이래 지금까지 면면히 우리에게 호소력을 지닌다.

중 우리의 관심을 끄는 것은 자연현상으로서의 퓌시스보다는 인간 본성으로서의 퓌시스다. 앞서 언급한 바와 같이 아테네인들이 주장하고 있는 퓌시스란 국제관계에서 강자가 약자를 지배하고(Thuc. 1.76, cf. 3.45; 3.82; 3.84), 강한 지배욕으로 충만해 있는 인간 본성을 의미한다. 아테네인들은 이와 같은 퓌시스에 기초한 국제 관계의 현실이, 관습이나 도덕, 법과 같은 노모스에 기초한 국제 규범 혹은 질서보다 우선한다고 주장한다.[6]

앞서 언급한 바와 같이 이 주장에 대한 검증은 펠로폰네소스 전쟁 중 멜로스와 아테네가 겪게 되는 운명을 통해 극적(劇的)으로 드러난다. 퓌시스를 무시하고 정의와 경건성(piety)과 같은 노모스를 선택한 멜로스의 파멸은 국제정치에서 퓌시스의 우월성을 입증한 것으로 보인다. 그러나 보다 시야를 넓혀보면, 퓌시스의 우위를 강조하며 멜로스를 파괴했던 아테네 제국 역시 쇠퇴의 길을 걸었다는 역사적 사실이 들어 온다. 이런 사실을 전하고 있는 투키디데스는 퓌시스와 노모스의 관계에 대해 어떤 메시지를 전하고 있는 걸까?[7] 퓌시스의 우위를 강조한 아테네 제국이 궁극적으로 파멸한 것은 국제정치에서 퓌시스보다 오히려 노모스가 우위에 있음을 의미하는 것일 수 있다. 그것이 아니라면, 아테네인들이 주장하는 퓌시스의 내용이 사실 진정한 퓌시스가 아닐 가능성도 있다. 퓌시스의 우위를 부인할 수 없는 당시의 지적 맥락을 고려할 때, 투키디데스는 전자보다 후자의 가능성에 무게를 뒀을 가

6　퓌시스의 우위를 주장한 대표적인 소피스트는 플라톤의 『국가·정체』에서 "정의는 강자의 이득"이라고 주장한 트라시마코스다(Republic, 338c).

7　투키디데스는 펠로폰네소스 전쟁이 완전히 끝나는 시점(기원전 403년)이 아닌 411년까지만 기록하고 있다. 그럼에도 불구하고 많은 학자들은 투키디데스가 멜로스에서 보여준 아테네의 오만함(hubris)과 아테네 제국 쇠퇴의 결정적 계기가 되는 시실리 원정에서의 실패를 깊이 연관시키고 있다고 본다(Strauss 1978; Orwin 1994; Ober 1998).

능성이 크다.

아테네인들이 가정한 퓌시스가 정확한 것이 아니라면, 투키디데스가 보는 퓌시스, 즉 진정한 인간 본성은 무엇인가? 인간 본성에 관한 투키디데스의 대표적인 기술은 아테네 역병과 케르키라 내전을 설명하는 과정에서 발견된다. 우선 2권에 나오는 아테네 전역에 번진 역병을 설명하는 대목에서 투키디데스는 역병으로 인해 사람들이 자신의 미래가 어떻게 될지 몰라 가장 기본적인 윤리마저도 위태롭게 되었다고 서술하고 있다. 불법과 무법이 설칠 뿐 아니라, 사람들은 그들의 생명이나 부가 허망한 것이라고 느끼고, 뭐든지 금방 소비하고 쾌락만을 즐기며, 인간의 법에 대한 두려움뿐 아니라 신에 대한 두려움도 잃었다고 한다(Thuc. 2.53). 이러한 투키디데스의 설명은 상황이 주어지면 인간은 누구나 노모스를 무시하게 된다는 기왕의 아테네인들의 주장을 다시 한 번 확인시켜 준다.

투키디데스는 케르키라 내전의 서술에서도 역시 내전으로 폴리스의 정치적 통합이 붕괴됨은 물론 사적인 증오가 확산되어 사회적 관습이나 도덕, 즉 노모스가 완전히 붕괴되었음을 묘사한다. 민주파와 과두파로 나뉜 내전에서 극단적으로는 아들이 아버지에 의해 살해당하고, 신전에서 살해되거나 제단에서 끌려 나간다. 이러한 묘사 후 투키디데스는, 혁명이나 내전을 뒤따르게 되는 이런 고통은 상황에 따라 좀 더 심하거나 온건해질 수는 있지만 인간 본성이 동일하게 유지되는 한 늘 벌어지게 되는 일이라고 설명한다(Thuc. 3.82). 역병에 관한 앞의 기술과 마찬가지로 케르키라 내전에 대한 투키디데스의 코멘트 역시 인간 본성의 비관적 특성이 보편성을 띤다는 것으로 해석될 여지가 있다.

그런데 투키디데스는 이런 비관적인 인간 본성을 암시하면서 중요한 단서를 달고 있다. 평화와 번영의 시기에는 도시와 개인들 모두 더 "고상한 감정"(ἀμείνους τὰς γνώμας [ἔχουσι])으로 서로를 대할 수 있으나 "전쟁이 잔혹한 선생" 노릇을 한다(ὁ πόλεμος...βίαιος διδάσκαλος, Thuc. 3.82)는 것이다. 이는 인간 본성이 필연적으로 저속한 성향을 띠는 것이 아니라, 전쟁이라는 극한 상황 속에서 인간 본성이 특정한 성향을 띠게 됐다는 것을 의미한다. 같은 단락에서 투키디데스는 이와 같은 저속한 인간 본성을 보이는 인간들이 전부가 아니라 "대부분"이라고 기술하고 있는데, 이것 역시 내전 상황에서도 어떤 인간들은 여전히 고상함을 간직하고 있었음을 암시한다. 비슷한 맥락에서, 아테네에 역병이 발생했을 때에도 대부분의 사람들은 자신들의 안전만을 생각했지만, 이런 자신들을 부끄럽게 여겨 역병의 위험을 무릅쓰고 가족을 잃어 망연자실하는 친구들을 방문하는 덕을 중시하는 사람들도 있었다고 투키디데스는 언급한다(Thuc. 2.51).

이렇게 보면, 투키디데스가 파악하고 있는 인간 본성은 서로 모순적인 성향을 동시에 갖고 있긴 하지만 절대적으로 사악한 것만은 아니다. 확실한 것은 투키디데스의 인간 본성은 고정적이지 않다는 점이다. 이보다 더 주목할 만한 것은 만약 인간 본성, 즉 인간적인 퓌시스가 이처럼 고정적이지 않고 가변적이라면 인간의 영역보다 훨씬 범위가 큰, 총체로서의 퓌시스는 더욱 파악하기 어려워진다는 사실이다. 이런 사정을 감안할 때, 퓌시스 전체는 물론이고 인간 본성이 무엇인지도 제대로 모름에도 불구하고 자신 있게 인간 본성을 단정해 버린 아테네인들은, 인간으로서의 한계를 모른 채 자신의 견해를 절대시하는, 휘브리스(ὕβρις)를 드러낸 인간의 전형이다.[8]

---

8 휘브리스란 유한한 능력을 가진 인간이 신과 자연에 대해 모든 것을 알 수 있고, 또 할 수 있다는 오만함을 의미한다. 소포클레스 비극의 주인공 중 하나인 오이디푸스가 이런 휘브리스를 가진 대표적인 인물이다. 보다 일상적인 의미로는 자신의 지식과 권력을 믿고

플라톤의 대화편 『고르기아스』에서 칼리클레스가 주장하듯이 동물의 세계에서 강한 것이 약한 것을 지배하는 것을 보면 아테네인들이 주장하는 강자 지배의 원칙이 분명 퓌시스의 일부인 것은 사실이다(Gorgias 483d). 그러나 이 동물 세계의 퓌시스를 인간사에 적용하는 것이 총체적인 퓌시스에 부합하는 것이라고 단정할 수 없다. 인간에게는 신을 두려워 할 수 있는 지각 능력도 있고, 동물에게 없는 '말', 즉 로고스(λόγος)를 사용할 수 있어서 말이 되는 것, 혹은 이치에 맞는 것을 서로 따져 물을 수 있는 능력도 있기 때문이다. 따라서 퓌시스의 원칙을 제시할 때는 전쟁 중에 아테네인들이 취했던 방식보다 훨씬 겸허한 자세를 가져야 한다. 특히 인간사에 퓌시스를 적용할 때에는, (소크라테스 이전 철학자들처럼 완전히 퓌시스를 이해하기 전에는 정치적인 일에 전혀 간여하지 않겠다는 입장까지는 아니더라도), 적어도 휘브리스에 빠지지 않도록 조심스럽게 퓌시스에 접근해야 한다. 퓌시스가 인간들에 의해 만들어진 노모스보다 분명 우위에 있는 것은 사실이지만, 우리는 퓌시스의 일부분에만 (그것도 오류 가능성을 배제하지 못한 채) 접근할 수 있고 퓌시스 자체의 진정한 의미에 완벽하게 도달할 수는 없기 때문이다.

만약 어떤 노모스가 퓌시스의 본질을 보다 많이 닮아 있다고 한다면 그 노모스는 그렇지 않은 노모스보다 더 지속적일 것이며, 장기적으로 우월한 지위를 누릴 것이다. 이런 관점에서 보면 노모스와 퓌시스는 서로 배타적인 개념이 아니다. 어떤 노모스가 진정한 퓌시스를 보다 많이 닮았느냐가 관건이 될 것이다. 인간은 가능하면 진정한 퓌시스를 최대한 닮은 노모스를 만들어 사회를 구성하는 것이 목표이지만, 인간

다른 사람에게 무례를 행하는 것을 의미한다.

으로서 퓌시스의 본질을 온전히 이해하는 것은 불가능하다. 투키디데
스가 이런 관점에서 펠로폰네소스 전쟁사를 기술하고 있다면, 퓌시스
의 내용을 속단하고 이것을 타자에게 강요까지 한 아테네인들은 명백
한 오류를 범한 것이다. 멜로스인들의 노모스가 진정한 퓌시스를 보다
닮은 것일 수 있고, 아테네인들이 내세운 퓌시스는 실상 총체적인 퓌시
스와 거리가 있는 것일 수 있기 때문이다. 따라서 국제정치에서 도덕
이나 정의를 배제하는 것이 반드시 퓌시스에 부합하는 것이라고 볼 수
없고, 현실에서 반드시 선호될 이유도 없다.[9] 관건은 국제관계의 특정
상황에서 퓌시스와 노모스의 관계를 행위자들이 어떻게 해석하느냐이
다. 멜로스와 아테네, 각각의 최후의 결과를 봤을 때 국제관계는 멜로
스가 생각했던 것보다는 아테네의 퓌시스를 닮아 있다. 반면, 아테네의
궁극적인 패배를 고려하면, 국제관계는 아테네가 생각했던 것보다는
멜로스의 노모스를 더 많이 닮아 있다고도 할 수 있다.

 퓌시스를 무시한 멜로스가 어떻게 파멸했는지는 쉽게 설명된다.
그러나 국제관계에서 노모스를 무시한 아테네가 어떻게 멸망하게 되
었는지는 쉽게 드러나지 않는다. 그러나 어느 국가가 대외적으로 국가
간의 노모스를 무시하는 행태를 보이게 되면, 국가의 이런 행태는 자
국 시민들의 정신(영혼)에 영향을 미치게 되고 결국 시민들 간에도 서
로 노모스를 무시하는 경향이 나타나게 된다는 점을 주목할 필요가 있

---

9 투키디데스에게 퓌시스와 노모스의 관계가 고정적인 것이 아니고 열려 있는 상태라면,
 흔히 저항할 수 없는 필연적 힘으로서의 아낭케(ἀνάγκη)와 인간이 통제할 수 없는 힘인
 운으로서의 투케(τύκη)의 관계도 새로운 "투키디데스 읽기"에서 조명되어야 할 것이다.
 지면의 부족으로 자세히 논하기는 어렵지만, 기왕에 인간이 어쩔 수 없이 행하게 되었다
 는 아낭케는 사실 퓌시스적인 것이 아니라, 행위자의 의지를 반영하는 노모스와의 합의
 임을 진지하게 고려해야 한다. 아낭케와 투케의 관계에 대해서는 Strauss(1978, 182-91)
 를 참고.

다. 시민들 간에 노모스가 무시되는 상황에서 대외적으로 발휘할 수 있는 국력이 약화되는 것은 자명한 사실이다. 다시 말해, 국가가 대외적으로 행하는 부도덕한 행위나 무자비함이 대외적으로는 퓌시스의 이름으로 어느 정도 정당화될 수 있을지 몰라도, 대내적으로 시민들의 영혼을 타락시키는 것은 막지 못하고 결국 스스로 파멸에 이르게 된다는 것이다. 투키디데스는 대외정책의 부도덕성이 국내정치를 오염시킬 수 있다는 것을 아테네 제국의 쇠퇴를 묘사하면서 강하게 암시하고 있지만, 이 과정에서 국내정치가 "어떻게" 오염됐는지에 대해서는 명확하게 제시하지 않았다. 투키디데스의 역사 기술이 그의 특정한 의도를 전달하기 위한 것이긴 하나, 시민들의 영혼의 타락이란 문제까지 역사적 '사실'로 기술할 수는 없었기 때문일 것이다. 반면 플라톤은 국가의 대외정책이 대내적으로 시민들의 정신에 어떤 영향을 미치는지는 침묵하나, 시민들의 영혼의 타락으로 정치공동체가 어떻게 파멸하게 되는가에 대해서는 깊은 성찰을 보인다. 이런 맥락에서 필자는 투키디데스와 플라톤의 만남이 필요하다고 본다.[10]

2. 휘브리스를 경계하는 경건성의 회복

전쟁이 노모스의 영역을 벗어나 적어도 어느 정도는 강자가 약자를 지배하는 퓌시스의 영역 안에 놓여 있다는 것은 부인할 수 없는 사실이다. 이런 맥락에서 강자 지배의 원리를 표방하는 이른바 "아테네 테제"는 전쟁을 수행하는 아테네가 취할 만한 입장이다. 그렇다면, 아테네인들이 범한 오류는 무엇인가? 우선, 투키디데스는 전쟁이 인간의 의지

---

10   이에 대해서는 다음 절의 논의를 참조.

나 노모스와 무관하게, 전적으로 퓌시스의 영향력 아래 놓여 있다는 가정을 부정한다. 전쟁은 다른 인간사와 마찬가지로 노모스와 퓌시스가 함께 관여한다. 그럼에도 불구하고 전쟁이 전적으로 퓌시스의 관할 하에 있다고 주장하는 것은 인간의 휘브리스를 드러내는 것이다. 전쟁이 퓌시스의 영역이라는 주장을 누가 하고 있는가를 살펴보면, 왜 이러한 주장이 휘브리스를 드러내는 것인지를 확인할 수 있다.

따라서 투키디데스가 가장 경계하고 있는 것은 감히 퓌시스를 무엇이라고 단정하는 인간의 휘브리스다. 아테네인들은 전쟁을 수행하면서 점점 휘브리스를 노골적으로 드러냈다. 그렇다고 투키디데스가 전쟁을 노모스의 영역이라고 주장한 것은 아니다. 오히려 투키디데스는 노모스를 내세우며, 희망적 기대에만 의존한 채 현실을 직시하지 못하는 무책임한 이상주의(idealism)를 반대한다. 투키디데스에게 전쟁 혹은 보다 일반적으로 국제정치는 퓌시스와 노모스가 수렴하는 영역이다. 현실에서는 누군가 퓌시스와 노모스의 결합을 주장하며, 공동체는 이를 수용하거나 거부함으로써 정책을 결정하기도 하고, 전쟁을 수행하기도 한다. 어떤 방식으로 퓌시스와 노모스가 결합하는 것이 바람직하다고 투키디데스가 밝힌 바는 없다. 다만, 이 과정에서 퓌시스와 노모스를 자신의 편의에 따라 규정하는 휘브리스를 경계해야 한다는 것이 그의 핵심적인 주장이다. 인간은 어떻게 휘브리스를 경계할 수 있을까?

투키디데스는 인간이 휘브리스를 자제할 수 있는 효과적인 요소로 경건성을 제시한다. 신의 존재를 의식하고, 인간사가 그 영향력으로부터 완전히 자유로울 수 없다는 것을 인정하는 것은 인간의 한계를 의식하는 것이고, 이는 곧 경건성으로 이어진다. 따라서 경건성을 가진 이는 결코 휘브리스에 빠지지 않는다. 그런데 이 대목에서 주의할 부분이 있다. 경건성은 근본적으로는 신에 대한 태도를 중심으로 한 내적 의식 (意識)과 관련이 있지만, 표면적으로는 종교적 의례나 관습을 얼마나 잘 준수하는가와 관련이 있다. 그러나 투키디데스가 인간의 휘브리스를 제어할 수 있는 요소로서 제안하고 있는 경건성은 단순히 종교적 의례나 관습을 교조적으로 따르는 것을 의미하지 않는다. 역설적으로 종교적 의례를 지키면서 신에 대해서 "충분히" 경건성을 가졌다고 자만하는 것은 또 다른 차원의 휘브리스라고 할 수 있다. 알키비아데스가 보인 것이 경건성이 부재한 휘브리스였다면, 니키아스의 휘브리스는 경건성을 동반한 휘브리스다. 투키디데스는 양자 모두 장기적으로는 신으로부터의 처벌 대상이 된다는 것을 경고한다. 요컨대, 휘브리스를 제어하기에 효과적인 경건성은 신을 대하는 인간의 겸손한 태도, 더불어 완벽하게 세계를 이해하지 못한다는 인간의 한계에 대한 자각이다.

III. 플라톤의 정의론: 개인, 국가, 세계의 연계성[11]

기왕의 플라톤 정치철학 연구자들은 그의 정의론이 국제정치적으로 확장될 가능성에 대해 대체로 부인해 왔다.[12] 플라톤의 정의론은 이론적으로나 실천적으로나 일국의 범위 안에서만 가능하지 국경을 넘어 글로벌 차원으로 적용될 수 없다는 것이다. 이러한 해석에는 플라톤이 애초부터 국제정치에는 전혀 관심을 보이지 않는다는 가정이 깔려 있

---

11 이 절은 필자의 이전 논문(박성우 2016)의 일부 내용을 요약 및 수정한 것이다.
12 20세기에 가장 널리 읽힌 플라톤 정치철학 연구서들 중 플라톤의 국제정치사상을 포함한 예는 거의 없다[Shorey 1968(origin. 1933); Barker 1959; Guthrie 1975; 1978; Vlastos 1995; Klosko 2006(origin. 1986)].

다. 그러나 플라톤이 자신의 정치철학에서 국제정치적 요소를 의도적
으로 배제했다고 단정하기 어렵다. 사실 플라톤의 저술에는 펠로폰네
소스 전쟁은 물론 당시 아테네가 처해 있던 국제정치적 상황을 연상
케 하는 대목들이 다수 발견된다. 물론 대화편에 파편적으로 나타나는
국제정치적 요소로부터 플라톤의 국제정치사상을 일관성 있게 해석
해 내기는 어려운 일이다. 플라톤 국제정치사상을 제대로 구성하기 위
해서는 그의 저작에 명시적, 암묵적으로 포함되어 있는 국제정치적 요
소들과 플라톤 정치철학의 핵심 논제들을 유기적으로 연결시킬 필요
가 있다. 다시 말해 플라톤의 정의론이 국제정치적으로 확장될 가능성
이 있는가를 입증하기 위해서는 그의 정치철학의 핵심 논제가 어떤 의
미에서 국제정치적 성격을 띠고 있는가를 확인해야 한다. 이 절은 플라
톤의 『국가』를 면밀히 검토하면서, 그의 정의론이 이 전통적인 해석과
달리, 개인, 국가, 세계, 나아가 자연과 우주를 아우르는 연계성을 띠고
있음을 검토하고자 한다.

1. 국제정치적 맥락에서 『국가』 다시 읽기

기본적으로 『국가』의 논의 구조를 보면, 플라톤의 구상 안에 의외로 국
제정치적 요소가 강하게 반영되어 있음을 알 수 있다. 플라톤은 이상국
가를 만드는 과정에서 불가피하게 수호자(군인) 계급의 필요성을 언급
하는데, 이는 플라톤의 이상국가가 결코 국제적 진공상태에서 수립될
수 없음을 가정하는 것이다.

　　소크라테스는 또한 그의 이상국가가 필연적으로 안보 위협에 노
출될 수밖에 없는 상황을 설명한다. 문제의 출발점은 플라톤의 이상국
가도 여느 나라와 다르지 않게 어느 정도의 여가와 사치를 필요로 하

는 '호사스런 나라'라는 사실이다. 소크라테스는 여가와 사치를 가능
케 하는 부를 만들기 위해서 불가피하게 주변 국가를 공격하여 재물
과 땅을 탈취해야 한다는 사실을 지적한다.[13] '돼지의 나라'에서 벗어
나 호사스러운 나라가 되기 위해서는 침략과 강탈이 불가피하고 침략
과 강탈로 성립한 국가가 안보 위협을 느끼지 않을 수 없다. 국가가 생
존하기 위해서는 강력한 군사력이 필요하다. 그래서 소크라테스는 충
직하고 강인한 수호자 계급(군인)의 필요성을 지적한다. 어쩌면 이상
국가의 성패는 이 수호자 계급이 얼마나 강한 전투력을 갖추느냐에 달
려 있다. 그런데 소크라테스는 수호자들이 갖추어야 할 것은 강한 전투
력 못지않게 동료 시민들에 대한 충성심이라는 점을 강조한다. 이상국
가에서는 수호자들만이 무력을 행사할 수 있으므로, 이들이 만약 반란
을 일으키게 되면 대외적인 위협과는 별도로 국가의 존립 자체가 위태
로워지기 때문이다. 그래서 소크라테스는 수호자가 갖추어야 할 자질
로 용맹과 함께 충성심을 내세운다. 우스꽝스럽게도 소크라테스는 수
호자의 자질을 "낯선 대상에 대해서는 난폭하고, 친근한 대상에 대해
서는 온순한 혈통 좋은 개"의 특성에 비유한다(375a-c). 이처럼 대외적
으로는 용맹하고 대내적으로는 충성스런 수호자를 길러내는 것이 이
상국가가 건재할 수 있는 가장 결정적인 요소이다.

　　소크라테스는 국가의 부(富)의 정도나 영토의 크기조차 이러한 수

13　"우리가 목축하고 경작하기에 넉넉한 땅을 가지려 할 경우에는 우리로서는 이웃 나라 사
　　람들의 땅을 일부분 떼어내야만 되겠고, 다시 그들은 그들대로 만약에 그들 역시 필요
　　불가결한 것들의 한도를 벗어나, 재화의 끝없는 소유에 자신들을 내맡겨 버리게 될 때는,
　　역시 우리 땅을 떼어 가져야만 되지 않겠는가? 그 다음에는 우리가 전쟁을 하게 되겠지...
　　전쟁이 나쁜 결과를 빚는지 아니면 좋은 결과를 빚는지에 대해서는 아직은 우리가 아무
　　말도 하지 않도록 하세나. 다만, 이 정도만큼은 즉 우리가 전쟁의 기원 또한 발견했다는
　　것은 말해 두도록 하세나"(373d-e).

호자의 교육 목적에 부합하는 방식으로 결정한다. 즉 국가의 부나 영토의 크기는 수호자가 "대외적으로는 용맹하고, 대내적으로는 온순한" 자질을 유지할 수 있는 정도에 맞춰져야 한다는 것이다. 국가의 부가 지나치거나 영토가 지나치게 크면 수호자들은 파당을 지어 싸우게 되고 시민들 간에 우애를 갖지 못하게 되기 때문이다. 문제는 이렇게 한정된 부를 가진 이상국가는 다시금 국제정치적 위험에 노출된다는 사실이다. 소크라테스의 대화 상대자 아데이만토스는 단적으로, 보다 크고 부유한 국가의 공격을 이 국가가 적절히 방어해 낼 수 있는가라는 문제를 제기한다(422a). 이에 대한 소크라테스의 일차적인 대답은 규모가 큰 국가는 대부분 파당으로 나뉘어 있기 때문에 하나의 국가라고 보기 어려운 반면, 시민들 간의 화합과 우애를 최적점으로 삼은 이상국가야말로 진정한 의미의 "하나의" 국가이고, "사실상 가장 큰(강력한) 국가"라고 응수한다(422b-423a). 즉 충성심을 발휘할 수 있는 이상국가의 수호자들이 크고 부유한 국가의 군인들보다 용감하고 강인하므로 보다 높은 전투력을 발휘할 수 있다는 것이다. 이 원칙을 받아들이면, 이상국가는 이제 국제적 안보 위협으로부터 완전히 벗어날 수 있는 것처럼 보인다. 중요한 것은 영토의 크기나 부의 정도가 아니라, 수호자가 자질이기 때문이다.

그러나 부유하고 규모가 큰 국가가 이상국가에 비해서 상대적으로 취약하다는 주장을 전적으로 받아들이기는 어렵다. 플라톤은 냉혹한 국제정치 현실 속에서 비교적 규모가 작고 부가 적은 국가가 생존할 수 있는 가능성을 보다 구체적으로 입증할 필요가 있었다. 바로 이 대목에서 소크라테스는 놀랍게도 이상국가의 대외정책으로 매우 현실적인 방안을 제시한다.

첫째, 소크라테스는 동맹을 통해 이상국가의 안보를 확보할 수 있다고 주장한다. 즉 적국들 중에서 하나의 국가와 동맹하여, 자신보다 더 부유한 국가를 상대로 싸울 수 있다는 것이다. 소크라테스는 이상국가가 적국들 중 한 나라에 사절을 보내 다음과 같이 제안할 수 있다고 말한다. "우리는 금이나 은을 사용하지도 않지만, 우리에겐 그건 불법이기도 합니다. 그러나 당신들에겐 그건 합법적입니다. 그러니 우리와 한편이 되어 싸우고서, 상대편의 것들을 가지십시오"(422d). 소크라테스와 아테이만토스는 그들이 건설하고 있는 이상국가의 잠재적인 적국이 이러한 제안을 받아들일 것이라고 상상한다.

둘째, 소크라테스는 이상국가가 상대할 나라가 복수(複數)의 국가가 아니라 하나의 부유한 국가일 경우에 대해서도 대답한다. 그에 따르면, 그 부유한 국가가 사실상 하나의 국가가 아니라 빈자의 나라와 부자의 나라로 나뉘어 있으므로, "한쪽의 재물과 세력 또는 인력 자체를 다른 쪽에 넘겨" 주면서 상황을 유리하게 만들 수 있다고 한다(423a). 즉 적국의 내란을 조장하여 위기를 모면할 수 있다는 것이다.

요컨대, 이상국가가 취할 수 있는 대외정책이란 적국들을 이간하면서 동맹을 맺거나 적국에 내란을 조장하는 것이다. 이러한 대외정책은 다분히 현실주의적 국제정치관에 부합한다. 여기까지만 보면, 적어도 외교 정책에 관한 한, 정의(正義)에 대한 고려는 보이지 않는 듯하다.

주지하는 바와 같이 플라톤의 『국가』는 정의를 추구하는 것이야말로 세속적인 판단과 달리 가장 이롭다는 것을 항변한 대화편이다. 아울러 개인은 공동체를 위해서 자신의 사적 이익을 희생할 각오가 되어 있어야 하며, 이러한 시민으로서의 덕성을 발휘할 때, 개인의 정의가 실현된다는 점이 강조된 대화편이기도 하다. 그러나 방금 살펴본 이상국가의 대외정책은 전통적으로 해석되어온 플라톤적 정의론과는 무관한 것으로 보인다. 그렇다면 플라톤은 국경 바깥에서의 정의는 전혀 고려하지 않은 것인가? 혹은 플라톤의 정의론은 전적으로 국내적 범주 안에 묶여 있다고 해석해야 하는가?

그러나 『국가』에는 플라톤의 정의론이 국내적 범주를 넘어 국제적으로도 적용될 가능성을 암시하는 대목들이 발견된다. 우선, 1권에는 폴레마르코스가 제시한 정의관을 논박하는 과정에서 이상국가의 현실주의적 대외정책을 부정할 만한 근거가 발견된다. 폴레마르코스에게 정의란 "친구에게 득을 주고 적에게 해를 끼치는 것"이다. 이에 대해 소크라테스는 정의로운 자는 어떠한 경우에도 남에게 해를 가할 수 없다는 논지를 펼친다(335b-c). 남에게 해를 가하기 위해서는 좋은 것이 아니라 나쁜 것을 부과해야 하는데, 그러기 위해서는 자신으로부터 나쁜 것을 양산해 내야 하고, 이는 스스로가 나빠지는 것을 의미한다. 정의로운 자는 스스로 더 나쁜 상태가 되기를 원하지 않을 것이다. 따라서 정의로운 자는 어떠한 경우에도 남에게 해를 가할 수 없다는 것이다. 이러한 소크라테스의 논지를 국제정치에 적용하면, 플라톤의 이상국가는 정의로운 국가이므로 내적으로 정의롭고 좋음을 유지하기 위해서라도 부당하게 타국을 공격하거나 해를 가해서는 안 된다는 결론에 이른다. 정의로운 자는 남에게 해를 가할 수 없다는 소크라테스의 반론을 보편적 원칙으로 받아들이면, 이상국가의 대외정책은 기본적으로, 어떤 경우에도 무력을 사용하지 않는 평화주의를 지향해야 한다.

『국가』에는 또한 정전론(正戰論)의 요소들도 발견된다.[14] 소크라테스는 수호자가 누구에게 적대적이어야 하고, 누구에게 우호적이어야 하는가(375b-c)에 대한 원칙을 가지고 있어야 한다고 주장하는데, 이는 느슨하게나마 전쟁 개시를 위한 정전론(jus ad bellum)적 요소

---

14 최근 플라톤을 정전론의 관점에서 접근하는 연구들이 나타나고 있는데 이에 대해서는 다음을 참조(Busch 2008; Syse 2010).

를 제시한 것이라고 할 수 있다. 소크라테스는 또한 전쟁 수행 방식도 규제한다. 적어도 헬라스인들 간의 전쟁에 있어서는 "시체를 유린하고"(469e), "농지를 토벌하고 가옥을 불태우며, 남녀를 불문하고 상대국의 사람들을 적으로 간주해서는 안 된다"는 것이다(471a-b). 소크라테스의 비판은 전쟁 수행 과정의 정의(jus in bello)일뿐 아니라, 적을 패퇴시킨 후 국가가 시행할 수 있는 정의로운 처벌(jus post bellum)이 어느 정도까지인가를 언급한 것이라고 볼 수 있다.[15]

이렇게 보면, 플라톤의 『국가』에는 대외정책과 관련하여, 적어도 현실주의와 정전론(正戰論)이 공존한다고 할 수 있다. 어떤 입장이 플라톤의 의도를 가장 잘 반영한 전쟁관인가를 속단할 수는 없다. 플라톤의 일관된 입장을 이해하기 위해서는 그의 정의론이 갖고 있는 전체적인 틀 안에서 그의 국제정치사상을 해석할 필요가 있다. 이런 맥락에서 다음 절은 플라톤의 『국가』의 전체적인 틀을 결정하는 유비(類比)의 원칙을 검토할 것이다.

2. 유비(類比) 원칙과 정의론의 국제적 확장

플라톤은 『국가』에서 개인에 적용되는 정의의 원리는 국가에도 동일하게 적용될 수 있다는 유비의 원칙을 제시한다. 그러나 개인-국가 유비의 원칙은 구조적으로 여러 문제를 야기한다.

먼저 정의로운 개인의 외적(外的) 행위, 즉 타인에 대한 행위에 대

---

15 이는 물론 헬라스 세계의 배타적 우월감에 기초한 것이라는 한계가 있다. 플라톤의 헬라스 중심주의는 플라톤의 국제정치사상을 보편적 세계시민주의로 발전시키는 데 어려움을 갖게 한다. 이에 대해서는 Pangle & Ahrensdorf(1999, 46-50). 그러나 플라톤의 『정치가』에는 헬라스-야만 구분의 허구적 요소에 대한 비판이 제시된다(262c-e).

해서 생각해 보자. 유추 원칙을 구조적으로 적용해 보면, 개인의 외적 행위는 국가의 대외적 행위와 대칭된다. 그런데 앞서 이상국가의 대외정책이 적국을 분열시켜 동맹을 결성하고, 적국의 내란을 조장하는 등 부도덕한 정책을 포함하고 있다는 것을 확인한 바 있다. 만일 이것을 이상국가의 대외정책의 전형(典型)으로 본다면, 개인-국가 유비의 대칭성에 따라, 내적으로 정의로운 국가가 외적으로는 부도덕한 행위를 행하는 것처럼, 내적으로 정의로운 개인이라도 외적으로 부정한 행위를 할 가능성이 열린다. 그러나 플라톤의 『국가』는 적어도 개인의 정의와 관련하여, 이렇게 내적/외적 불일치를 허용하지 않는다. 즉 내적으로 정의로운 개인은 결코 외적으로 부정한 행위를 할 수 없다. 따라서 개인과 국가 간의 유비의 대칭성이 유지되는 한, 내적으로 정의로운 국가는 외적인 행위, 즉 대외정책에 있어서도 정의로운 선택을 해야 한다. 앞서 언급한 부정한 대외정책은, 정의로운 국가라 하더라도 대외적으로는 부정의를 행할 수 있다는 것을 정당화시켜 주는 것이 아니라, 정의로운 국가가 처한 국제적 현실의 모순적 상황을 암시할 뿐이다.

유추의 원칙에서 플라톤적 정의를 가진 개인이 타인에 대해서 정의를 추구할 궁극적인 동기는 이상국가를 설립하기 위함이다. 이상국가의 설립은 이 국가 내의 모든 개인들의 공동선이다. 문제는 이 공동선은 이상국가 밖의 글로벌 차원에는 존재하지 않는다는 것이다. 플라톤은 다만 헬라스 지역 전체에 적용될 만한 정의를 주장한 바 있다. 플라톤은 전 세계가 보편적으로 추구해야 할 글로벌 정의를 주창하진 않았다. 그러나 플라톤은 적어도 그의 정의론이 국내적 차원에만 국한된 것이 아니라, 초국가적 영역으로 확장될 필요가 있음을 강하게 암시했다.

플라톤에 따르면, 정의는 개인의 내적 상태(혼의 상태)(a)에서부터, 개인의 외적 행위(b), 이어서 국가의 내적 상태(즉 시민들을 규율하는 국가의 행위)(c)와, 국가의 대외적 행위(d), 나아가 우주적 질서(e)에까지 광범위하게 영향을 미친다. 따라서 플라톤적 정의가 온전히 규명되기 위해서는 이상국가의 대외정책(d)을 포함한 모든 영역(a~e)이 서로 어떻게 연계되어 있는가를 검토해야 한다. 앞서 개인이나 국가의 내적 상태와 외적 행위 간의 불일치 가능성을 지적한 바 있다. 이때의 개인의 내적/외적 정의 간의 불일치는 유추의 대칭적 구조에 입각해 볼 때, 국가의 내적 상태(c)와 대외정책(d)의 불일치와 모종의 관련성이 있다고 추정해 볼 수 있다.

그것이 어떤 관련성을 갖는가에 대한 한 가지 단서는 개인의 외적 행위(b)와 국가의 내적 상태(c)가 형식적으로는 서로 다른 범주에 속해 있지만, 사실 내용적으로는 동일한 범주에 속해 있다는 점이다. 개인의 외적 행위(b)란 타인을 대상으로 한 행위이므로 개인의 사회적 역할과 관련이 있고, 나아가 공동체의 구성원으로서의 역할, 즉 국가를 전제로 한 행위이다. 한편, 국가의 내적 상태(c)란 곧 국가 구성원에 해당하는 시민들에 대한 국가의 규율과 질서와 관련이 있다. 따라서 (b)가 개인의 관점에서 국가로 향하는 정의(正義)라면, (c)는 국가의 관점에서 개인으로 향하는 정의이다. 개인과 국가 두 영역 간에 이와 같은 연속성을 고려할 때, 우리의 궁극적인 관심사는 국가의 대외적 행위(d)가 나머지 영역과 어떤 관련성을 갖는가에 있다. 만일 (d)를 중심으로 나머지 영역과의 관계를 해명할 수 있다면, 비로소 『국가』의 핵심 논제를 중심으로 플라톤적 정의론이 국제관계를 포함하여 완성됐다고 할 것이기 때문이다.

아쉽게도 플라톤은 정의의 여러 영역들과 그 관계를 논리적으로 해명하지 않았다. 다만 필자는 유추의 구조를 『국가』 1권의 논의에 적용할 때 그 실마리를 찾을 수 있다고 생각한다.

3. 트라시마코스와 폴레마르코스 그리고 글로벌 정의의 가능성

먼저 『국가』 1권에 나타난 트라시마코스와 소크라테스의 대화를 살펴
보자. 트라시마코스는 일반적으로 정의라고 일컬어지는 것은 강자의
이익에 불과하고, 부정한 일을 성공적으로 행할 수 있는 자야말로 강자
라고 주장(338c-339a)한 것으로 유명한 대표적인 소피스트이다. 이에
대한 소크라테스의 반론은 여러 차원의 것이 있으나, 여기서 특별히 주
목하고자 하는 것은 "부정한 것이 강하다"라는 명제에 대해 소크라테
스가 반론한 부분(351a-352c)이다. 트라시마코스의 주장에서 부정의
를 행할 수 있는 자란 단지 사소한 수준의 부정의를 저지르는 자가 아
니라 부정의를 행하고도 사후적으로 보복 당하지 않을 수준의 압도적
인 힘의 우위가 있는 자를 의미한다. 이러한 상황은 어딘가 약점을 가
질 수밖에 없는 개인들 사이에서보다 힘의 격차가 확연하게 드러나는
국가들 사이에서 쉽게 발견된다. 그래서 소크라테스도 트라시마코스
의 주장을 국가 간의 관계로 치환해서 반론을 시작한다.

소크라테스에 따르면, "나라나 군대는 말할 것도 없고, 하물며 강
도단(團)이나 도둑의 무리 또는 그 어떤 집단"이라 할지라도 뭔가를
공동으로 도모하기 위해서는 집단 내부적으로 서로 부정의를 행한다
면 대외적으로 힘을 발휘할 수 없다"(351c). "부정의는 서로 간에 대립
과 증오, 다툼을 초래하나, 정의는 합심과 우애를 가져다 줄"(351d) 것
이기 때문이다. 소크라테스는 되풀이해서, 부정의가 깃든 곳에는 "그
것이 나라이건 씨족이건 군대이건 또는 다른 어떤 것이건 간에 자체적
으로 대립과 불화를 만들어 내어 뭔가를 해내는 것조차 불가능하게 한

다"(352a)고 주장하며, 아무리 부정한 집단이라고 하더라도 그들 사이에는 어떤 형태로든 최소한의 정의가 깃들어 있어야 한다는 점을 강조한다(352d). 이런 소크라테스의 논변은 사실 앞서 검토한 개인-국가 유비에 기초해 있다. 내부적으로 부정의가 만연해 있는 국가나 집단은 내부적인 불화와 반목으로 인해 대외적으로 단결된 힘을 발휘할 수 없음과 마찬가지로 부정의로 꽉 차 있는 개인은 내적(심리적) 갈등과 모순으로 인해 외부적으로 아무 일도 할 수 없게 된다는 것이다(351d-352a).

그런데 이러한 소크라테스의 논지는, 완벽하게 부정한 사람이나 완벽하게 부정한 국가에 대해서는 설득력이 있지만, 내적으로 적당한 수준의 정의를 유지하는 경우에 외적으로 어떤 힘을 발휘할 수 있는지에 대해서는 모호한 부분이 남아 있다. 소크라테스가 예시한 강도단과 같이 외적으로 부정의를 행하면서, 내적으로 최소한의 정의를 유지하는 경우는 어떠한가? 내적으로 어느 정도의 정의를 유지하는 집단이라면, 외적으로 부정의를 행하는 것이 가능하지 않은가. 사실 이런 경우가 우리가 상식적으로 생각해 낼 수 있는 상황이다. 강도단은 외적으로 부정하지만, 여전히 힘을 발휘할 수 있다. 강도단 내부의 규율이 유지될 정도의 정의—그것을 정의로 일컬을 수 있는가 여부는 논외로 하자—만 있다면 그 강도단은 외적으로 힘을 발휘할 수 있다. 즉 외적 부정의와 내적 정의가 공존하는 경우를 상정할 수 있다. 그럼에도 불구하고 소크라테스는 극단적으로 부정한 집단, 즉 내적으로나 외적으로나 완벽하게 부정한 집단만을 가정하고, 그러한 경우에 아무런 힘을 발휘하지 못한다고 주장한 것이다. 소크라테스가 이렇게 극단적으로 부정한 집단만을 가정하는 이유는 이 대목에서 설득하고자 하는 바가 부정한 국가나 집단에 대한 것이 아니라, 부정한 인간에 대한 것이기 때문이다. 개인의 경우는 국가나 집단과 달리, 외적으로 부정의를 행하기 위해 내적으로 최소한의 정의만을 유지한다는 것이 사실상 불가능하다. 개인의 혼은 전적으로 조화롭고 정의롭든지, 전적으로 갈등하고 부정할 수밖에 없기 때문이다.

이렇게 보면 소크라테스는, 전적으로 부정한 경우에는 개인이든 국가든 아무 일도 할 수 없다는 것을 설득하긴 했지만, 적어도 집단의 경우에는 외적인 부정의와 내적인 정의가 공존할 가능성을 부인하지 않았다. 왜 이런 차이를 보이는 것인가? 앞 절에서 검토한, 플라톤적 정의가 적용될 수 있는 영역의 구분은 소크라테스의 국제정치적 의도를 이해하는 데 도움을 준다. 개인의 정의는 내부와 외부 영역 간에 상호 영향을 미친다. 즉 내적 불화, 혹은 자기 분열적 갈등을 겪고 있는 개인은 외적으로 어떤 일도 온전히 성사시킬 여력이 없다. 또 외적으로 행하는 부정의는 지나친 욕망에 기인하는바, 다분히 내적으로도 다양한 욕망을 촉발시켜 내적 분열을 야기한다. 즉 개인이 외적으로 부정의를 행한다는 것은 곧 내부적 갈등과 분열을 초래한다. 앞 절에서 제시한 도식에 의하면 (a)가 (b)에 영향을 미칠 뿐 아니라, 동시에 (b)도 (a)에 영향을 준다는 얘기다.

그렇다면 국가의 경우는 어떠한가? 국내적으로 최소한의 정의만 있으면, 대외적으로 부정의를 행하는 것이 앞서 확인한 일차적인 가정이다. 우리의 상식도 여기서 크게 벗어나지 않는다. 대외적으로는 부정한 행위를 하기 위해서라도 국내적으로 어느 정도의 정의는 유지되어야 한다. 즉 소크라테스는 일단 (c)가 (d)에 어느 정도 영향을 미칠 수 있음을 지적했다. 그러나 국내적으로 전적으로 부정한 경우를 제외하면, (c)와 (d)의 관계는 애매한 상태로 남게 된다. 더구나 (d)가 (c)에 영향을 미칠 가능성은 거의 고려된 바 없다. 개인의 경우, 내적/외적 정의가 상호 밀접하게 영향을 주고받은 것과는 대조적이다.

그러나 소크라테스와 트라시마코스의 대화는 암묵적으로나마 국가의 외적 행위(d)가 국가의 내적 행위(c)에 영향을 줄 수 있음을 시사한다. 즉 상식적으로는 국가가 내부적으로 화합과 결속을 유지하면서도 대외적으로는 어떤 부정의도 행할 수 있을 것 같아 보이지만, 만일 개인-국가 유추의 틀 안에서 개인과 국가의 대칭성을 고려한다면, 개인의 경우 내부/외부의 균열을 배제해야 하는 것처럼 국가의 경우에도 일반적인 이해와 달리 내부/외부의 균열적 이해를 재고해야 한다는 것이다.

플라톤은 물론 대외적으로 부정의를 행한 국가가 이로 인해 내부적으로도 부정의가 발생할 가능성을 직접적으로 논증한 바는 없다. 그러나 유추의 구조를 고려하면 국가의 대외적 부정의가 국내적 정의의 잠식을 초래할 가능성을 추론할 수 있다. 예컨대, 국가가 대외적으로 이기적인 이익을 극대화하기 위해 팽창과 침략을 거듭한다고 가정해 보자. 이러한 국가의 시민들은 자국의 행위를 한편으론 자랑스러워하면서, 다른 한편으론 국가의 행태를 개인적으로 모방하게 될 것이다. 국가의 부도덕한 대외적 행위를 개인의 차원에서 모방하는 것은 결국 사회적 부정의를 낳고 급기야 국가의 쇠퇴를 초래할 것이다. 물론 국가가 대외적으로 부도덕한 행위를 한다고 해서 당장 국가가 와해되는 것은 아니다. 국가의 국제적 지위와 명예에 고무되어 여전히 사회적으로 충성을 보이는 이들도 있을 것이다. 그러나 국가의 대외적 부정의가 늘어나게 되면, 이를 모방하여 타락하는 시민의 숫자도 늘어날 것이고, 국가의 쇠퇴 역시 시간문제가 될 것이다. 이러한 상황을 막기 위해서는 국가가 대외적으로 힘을 발휘할 때 매우 조심스런 태도를 취해야한다. 국가의 대외적 부정의가 곧바로 내부적 분열로 이어지는 것은 아

니므로 어느 정도의 여유가 있을지 모르나, 지속적으로 부정의를 행하는 것은 경계해야 할 것이다.[16]

마지막으로 이제 폴레마르코스와 소크라테스의 대화를 살펴보면서 플라톤적 정의가 국제적으로 적용될 때 어떤 교훈을 찾을 수 있는지 검토해 보자. 정의란 무엇인가라는 소크라테스의 물음에 폴레마르코스는 "적(敵)에게는 해를 주고, 친구에게는 득을 주는 것"이라는 대답을 내놓는다(332d). 폴레마르코스의 대답은 개인적 차원에도 적용될 수 있지만, 다분히 공동체적 관점을 반영한 것이다. 폴레마르코스는 군사령관이라는 그의 이름에 걸맞게 전시 상황에서 바람직한 태도를 일반적 정의로 규정한 것이다. 일견 타당해 보이는 폴레마르코스의 공동체적 정의관에 대해 소크라테스는 심각한 의문을 제기한다. 일차적으로 소크라테스는 누가 친구이고 누가 적인지 구분할 수 있는지, 그리고 무엇이 친구에게 줘야 할 이득이고 무엇이 적에게 가해야 할 해인지를 정확하게 알아낼 수 있는가를 의심한다(334c-335a). 소크라테스의 문제 제기처럼 우리네 인간사(事)에서, 눈에 보이는 것이 아닌, 진정한 친구와 적, 그리고 절대적인 의미의 이득과 해는 규정하기란 쉽지 않다. 그럼에도 불구하고 폴레마르코스는 친구와 적의 구분, 해와 이득의 구별을 문제라고 여기지 않는 듯하다. 개인사(個人事)에 있어서는 양자의 구분에 왕왕 오해가 발생할지 몰라도, 적어도 국가적 차원에서

16   물론 어떤 메커니즘으로 대외적으로 부정의한 행위가 국내적으로 부정의를 낳는가에 대해서는 논증이 필요하다. 이 논증은 사실 『국가』의 범위를 초월하는 텍스트적, 실증적 변호가 필요하다. a, b, c, d가 어떻게 유기적으로 연관되는가를 해명해야 하기 때문이다. 이와 관련해서 일단의 투키디데스 연구자들은 "남보다 더 많이 가짐(πλεονεξία)"이라는 개념을 활용하여, 아테네가 강력한 제국으로서 대외적으로 부정의를 행할 때, 대외적으로 행한 부정의가 국내적으로 "침투"하여 시민적 덕성을 파괴시키고 궁극적으로 제국이 쇠퇴하는 결과를 낳았다고 지적한다(Strauss 1978; Orwin 1984; Park 2008).

는 누가 적이고 친구인지, 무엇이 마땅히 적에게 가해야 할 해이고, 친
구에게 주어야 할 이득인지는 국가가 정한 규정에 따르면 되기 때문이
다. 그러나 국가가 정해 준 적국과 우방국은 불변하는가? 국가가 정해
준 국익은 의심할 바 없는가?[17]

　『국가』의 전체적인 줄거리에 비추어 볼 때, 폴레마르코스의 국가
관은 이상국가의 수호자 계급에게는 매우 바람직한 것이다. 수호자는
대외적으로는 사납고, 대내적으로는 상냥한 기질을 발휘해야 하는데,
이런 성향을 갖기 위해서는 국가에 의해 엄격하게 규율된 교육을 필요
로 한다. 폴레마르코스의 국가관, 즉 국가가 지정한 적과 시민의 구분
을 의심 없이 받아들이고, 무엇이 자국의 이익을 추구하는 것이고 무
엇이 적을 해롭게 하는 것인지에 대한 국가의 명령에 절대적으로 복종
하는 태도는 용기를 필요로 하는 수호자 계급에게 절실히 요구되는 사
항이다. 하지만, 국제관계에서 영원한 우방과 영원한 적국은 존재하지
않는다. 또 한때의 국익으로 여겨졌던 것이 어느 순간 국가에 해(害)가
될 수도 있고, 그 역도 성립한다. 개인사의 경우뿐 아니라, 국제관계에
있어서도 장기적이고 포괄적인 관점에서의 좋음(Good)에 대한 지식
이 전제되지 않는 한, 우적(友敵) 구분이나 득실 개념은 한시적인 것에
불과하다.

　여기서 좋음에 대한 지식이란 단지 국익과 관련해서, 단지 좀 더
먼 미래를 내다볼 수 있다거나, 기술적으로 좀 더 세밀하게 국익을 산
정할 수 있는 계산 능력을 의미하는 것이 아니다.[18] 국익이 근본적으로

17　극단적인 사례이기는 하지만, 나치 정권 하에서 충성스런 독일시민들이라면, 국가가 정
　　해준 적, 유태인을 학살하는 데 동조해야 했다.
18　필자는 국익 추구를 둘러싼 근본적인 문제를 아리스토텔레스의 『정치학』과 플라톤의
　　『알키비아데스』 해석에 기초해 검토한 바 있다 (박성우 2011; 2014b).

무엇인지 알아내기 위해서는 가장 보편적인 좋음(Good)이 무엇인가를 알아야 하고, 이에 대한 지식은 적어도 국가의 범주를 초월하는 "전체"(이 전체가 공간적으로 어느 범주까지 포괄할지는 확실하지 않다. 헬라스 세계일지, 지구 전체일지, 우주일지 말이다. 공간적으로도 유사한 사유를 해볼 수 있다)에 대한 지식을 전제로 한다. 이러한 포괄적인 지식을 추구하는 자는 사실 철학자밖에 없다. 이런 맥락에서 플라톤은 이상국가의 통치자로 가장 포괄적인 지혜인, '좋음'의 이데아(the Good)를 추구하는 철학자를 지목한 바 있다(473d). 수호자들이 국가가 제시하는 '좋음'을 맹목적으로 받아들인 것은 이들이 자신의 땅에서 나고 자랐으며 계급적 위치까지도 땅에 의해서 정해졌다(αὐτόχθων)고 하는 (414d-415c) 일종의 '고상한 거짓말'을 받아들였기 때문이다. 적어도 철인왕은 이런 '고상한 거짓말'을 믿지 않는다(389b-c, 414b-c). 폴레마르코스의 정의관에 대한 소크라테스의 반론은 대외정책을 수행함에 있어서 적어도 수호자들의 용기나 맹목적 충성심 이외에 지혜가 수반되어야 함을 암시한다.

문제는 이러한 좋음의 지혜를 추구하는 철학자가 통치자가 된다는 것이 대단히 비현실적이라는 사실이다. 플라톤 정치철학을 철학의 절대적 권위를 바탕으로 전체주의를 주입시키기 위함이라고 해석하는 이들을 제외하고는,[19] 플라톤의 철인왕의 기획을 액면 그대로 받아들

---

19 20세기 중반 전 세계가 전체주의의 위협에 놓여 있을 때, 전체주의 이데올로기의 서구적 기원을 천착하면서, 플라톤 정치철학을 비난하는 분위기가 팽배한 적이 있었다. 포퍼를 위시해서 아렌트 역시 이런 기조에서 플라톤을 비판한 바 있다(Popper 1966; Arendt 1990; Thorson ed. 1963). 그러나 이런 해석은 한때의 유행에 불과하다. 1990년대 이후 플라톤이 상당 정도 민주적 사고틀을 갖고 있었다는, 적어도 민주주의의 신봉자는 아니더라도 민주주의 개선을 추구하고 있었음을 밝히는 연구들이 주를 이룬다(Ober 1998; Monoson 2000). 플라톤이 민주주의자였는가 비민주주의자였는가라는 구분은 사실 민주주의가 근대 이후 다의적인 요소를 담고 있었기에 연구자들은 그때그때 다른 판단을

이는 해석자는 많지 않다.[20] 무엇보다 이런 지혜를 추구하는 철학자들은 적어도 자발적으로 통치에 임하지 않는다.[21] 또 이론적으로는 좋음의 이데아와 관련된 지혜가 필요하지만, 현실적으로는 이러한 지혜를 온전히 갖고 있는 자가 존재하지 않는다는 어려움도 있다. 사실 철학자(φιλόσοφος)란 이러한 지혜의 존재를 믿고 이를 추구할 뿐이지 이런 지혜를 이미 획득한 자라고 할 수 없다. 이러한 사정을 감안하면, 플라톤이 국제관계에 있어서 포괄적이고 광범위한 지혜의 필요성을 주장하는 것은, 철인왕의 지혜를 기대한다기보다, 시민들 중 철학자 이외의 다른 구성원들이 갖고 있는 절제나 정의를 대외정책 결정에 수용할 필요가 있음을 시사하는 것이라고 볼 수 있다.

앞서 트라시마코스와 소크라테스와의 대화를 검토하면서, 정의라는 덕이 상식적으로 이해되는 바와 달리, 국내적 범주에만 한정되지 않고 국가의 대외적 행위와 국내적 상태가 연계되어 있어서, 대외적으로 부정의한 행위를 하면, 국내-국제의 연계에 의해 국내적으로도 부정의를 초래할 가능성이 있음을 지적한 바 있다. 방금 검토한 폴레마르코스와 소크라테스와의 대화는 용기라는 덕의 한계를 지적함으로써 국내적 원칙으로만 간주되던 정의가 국제적으로도 확장될 필요가 있음을 재확인한 것에 해당한다. 이러한 해석은 국내적 차원의 정의를 상당 부분 국제적으로 확장시킬 필요를 뒷받침한다. 정의의 국제적 확장이 어

내리기 일쑤였다. 이에 대한 판단은 역설적으로 플라톤의 문제였다기보다 근대인의 문제였다. 이러한 시각에 대해서는 Lane(2001)을 참조.

20 대표적으로 스트라우스는 철인왕의 기획을, 역설적으로 철인왕을 빙자한 어떤 보편적 국가주의도 비극적 결말을 초래할 수 있다는 경고로 해석한다(Strauss 1964); 박성우(2014a, 5장).

21 학자들은 『국가』에서 철학자가 자발적으로 통치에 임할 수 있는 근거를 찾을 수 있는지에 대해서 논쟁을 벌여 왔다. 이에 대해서는 Kraut(1973); Brickhouse(1981); Andrew(1983); 박성우(2014a, 5장).

떤 형태로 나타날 수 있는가는 불분명하지만(이를테면, 국내적 차원의 분배적 정의를 국제적으로 확장할 수도 있고, 국내의 헌법이나 기본법의 근거가 되는 자연법을 국제적으로 확장하여, 자연법을 보다 적극적으로 국제법의 연원으로 삼을 수도 있을 것이다), 폴레마르코스와 소크라테스의 대화의 재조명은 적어도 정의(正義)의 경계가 국경을 초월할 수 없다는 편견으로부터 벗어날 필요성을 강하게 암시한다.

IV. 아리스토텔레스의 국익론: 자연과 국제의 목적론적 일체성[22]

1. 국익 추구의 도덕적 딜레마와 '아리스토텔레스적 전환'

국가가 국익을 추구한다는 (그리고 추구해야 한다는) 것은 매우 자명한 명제로 간주된다. 그러나 정작 "국익이 무엇인가"에 대한 공통의 이해 기반은 대단히 미약하다. 우리 사회만 보더라도, 지난 수십 년간 대외정책의 주요 현안들(예컨대, 한미, 한중관계의 외교적 거리와 한미동맹의 수위 문제, 이라크 파병 문제, 한미 FTA와 미국산 소고기 수입 문제, 햇볕정책과 통일외교, 일본의 역사왜곡에 대한 대처 등)이 국익의 관점에서 사회적 논란거리가 되어 왔다. 표면적으로 우리 사회의 국익 논란은 무엇이 국익 획득을 위한 효율적인 '수단'인가를 결정하는 기술적인 문제인 것처럼 보인다. 그러나 좀 더 들여다보면 논란의 핵심은 '주어진 국익을 어떻게 획득할 것인가'에 관한 것이라기보다 '무엇이 진정한 국익인가'에 관한 논의라는 것을 알 수 있다.[23]

22 이 절은 필자의 이전 논문(박성우 2011; 2014b)의 일부 내용을 요약 및 수정한 것이다.
23 이 양자에 대한 구분을 제대로 하지 못한 것이 우리 사회의 국익 논의가 생산적으로 진

국익의 본질에 대한 공통의 이해가 부족한 현상은 국제정치이론 가들 사이에서도 나타난다. 일반적으로 국익의 구성 요소로는 군사적 힘, 권력, 안보, 경제적 부, 국제적 위신과 평판, 문화 등이 거론된다. 그러나 국제정치이론가들은 이러한 국익 요소들 가운데 어느 것이 가장 우선시되어야 하는가에 대해 이견을 보인다. 주지하는 바와 같이 현실 주의자들은 국가의 생존, 안보, 장기적 번영과 같은 핵심 국익과, 단기 적 경제 이익이나 국제적 위신, 평판 등과 같은 부차적인 국익을 구분하고, 후자를 전자에 종속시킨다.[24] 반면, 자유주의자들은 핵심 국익과 부차적인 국익 간의 차별성을 약화시킨다. 자유주의자들 역시 국가의 생존과 안보가 가장 긴요한 국익이라는 것을 인정하지만, 이들은 국가가 경제적 이익을 위해 상호협력을 추구하다 보면 생존과 안보의 중요성이 차츰 희석되고 오히려 부차적 국익으로 여겨졌던 국제적 위신과 평판이 더욱 비중 있는 국익으로 부상될 가능성이 있다고 전망한다.[25]

경험적으로나 이론적으로나 국익의 본질에 관한 공통의 이해가 부족한 것은 국익 논의가 다음과 같은 두 차원의 논의에 한정되어 있기 때문이라고 할 수 있다. 첫 번째 차원은 국익 획득을 위한 효율적인 수단을 결정하는 것이다. 즉 군사적 힘, 경제적 부, 위신 등과 같이 이미 상정된 국익의 제 요소들을 효율적으로 달성하기 위해 어떤 수단을

행되지 못한 한 원인이라고 할 수 있다. 보다 넓은 맥락에서 한국 사회에서 불거진 국익 논란의 정치적 의의에 관해서는 이승주 외(2013)를 참조.

24   정치적 현실주의의 전통은 근대 이전의 시대로 거슬러 올라갈 수 있으나, 현대 국제정 치이론이 20세기 미국의 국제정치이론가들에 의해 주도됐음을 감안할 때, 현실주의 패러다임의 현대적 효시는 George F. Kennan, Hans J. Morgenthau, Reinhold Niebuhr, Water Lippmann에서 발견된다고 할 수 있다(Nincic 1999, 32). 현대 현실주의 국제정 치이론의 역사적 뿌리에 대해서는 Meineke(1957); Morgenthau(1985).

25   예컨대, Phillips & Crain(1974); Kegley Jr.(1988). 현실주의와 자유주의를 초월하는 구 성주의적 관점에서의 국익론으로 Finnemore(1996).

동원해야 하는가와 관련된 논의이다. 이러한 논의는 소위 과학적, 실증적 방법으로 그 해법을 찾을 수 있을 것처럼 보인다. 예컨대, 이라크 파병이 한국의 안보 이익에 얼마나 도움을 줬는지, 한미 FTA가 한국의 GDP 성장에 어떤 긍정적 영향을 미쳤는지를 실증적으로 검증하고 평가할 수 있다고 보기 때문이다. 그러나 하나의 실증 연구는 다른 관점의 실증 연구에 의해 반박되거나 대체되어 국익의 본질에 대한 공통의 이해에 도달하는 데에는 여전히 한계를 갖는다. 두 번째 차원은 국익 추구의 전제가 되는 국제정치의 본질을 어떻게 파악하느냐와 관련된 것이다. 전술한 바와 같이 현실주의와 자유주의는 국익 요소들 간의 우선순위를 달리 정하고 있는데, 이는 국제정치의 본질에 대한 상이한 이해를 전제로 한 것이다. 이러한 국익 논의 역시 국익의 본질에 대한 공통의 이해를 갖는 데에는 도움이 되지 않는다. 국제정치의 본질에 대한 상이한 이해를 전제로 한 국익 논의는 서로 화해할 수 없는 세계관과 패러다임에 의존하고 있어서 대부분 각각의 고유한 입장을 고수하는 수준에 머무는 경향이 있기 때문이다.

이러한 상황을 극복하기 위한 방안으로 필자는 국익 개념을 철학적으로 검토할 필요성을 제기한다. 국익 개념의 철학적 검토의 의미를 보다 명확히 하기 위해, 개별 국가(individual state)가 국익(national interest)을 추구하는 것과 개인(individual human)이 자기이익(self-interest)을 추구하는 것을 유추해 볼 필요가 있다. 개인의 자기이익 추구에 대한 철학적 검토의 핵심은, 과연 1) 무엇이 자아(self)이고, 2) 무엇이 이익(interest)인가를 면밀하게 따지는 것이다. 이익에 대해 먼저 말하자면, 이익은 단기적이고 외면적인 것(seeming)이 아니라 적어도 장기적이고 본질적인 것(being)이어야 한다. 개인에게 장기적이고 본질적인 이익이란 무엇을 의미하는가? 건강, 부, 명예, 덕, 지혜 등이 개인의 이익으로 거론될 수 있지만, 이들 중 무엇이 가장 본질적인 것인가는 오랫동안 철학적 검토의 대상이 되어 왔다. 무엇이 가장 본질적인 이익인가를 결정하기 위해서는 개인이 무엇을 진정으로 원하는가를 알아야 한다. 진정으로 원하는 것이란 그것을 얻기 위해서 다른 이익을 희생할 수 있는 것이어야 하며, 어떤 다른 것을 위해서도 그것을 희생해서는 안 되는 무엇이다. 문제는 모든 개인이 진정으로 원하는 것을 올바로 판단할 능력을 갖추었는가에 대한 확신이 없다는 것이다. 즉 각자가 진정으로 원하는 것을 깨닫기 위해서는 우선 개인이 '진정한 자아'에 도달해야 한다는 문제에 직면한다.

이와 같은 개인의 상황을 국가의 국익 추구에 유추해 보면, 국가의 생존, 안보, 경제적 이득, 국제적 위신, 평판 등은 분명 국가의 이익임에도 불구하고, 그것이 국가의 장기적이고 본질적인 이익인가를 철학적으로 검토해야 한다는 결론이 나온다. 또한 국가가 진정으로 자신이 원하는 것을 판단할 만한 진정한 자아에 도달했는가 역시 검토의 대상이 되어야 한다는 것을 알 수 있다. 주지하는 바와 같이 현대의 국익론은 이와 같은 철학적 탐구를 시도하지 않는다. 대신 대부분의 국익론은 근대 국가의 주권성을 기정사실화하고, 이를 바탕으로 국가가 대내외적으로 단일성과 고유성을 갖는 단일체라고 전제한다. 그러나 근대 국가의 대내외적 주권성은 신화적 요소를 수반하고 있다. 최근에는 근대 국가의 대외적 주권성에 내재해 있는 신화적 요소가 주목받았다.[26] 근대 국가의 '신화'가 전적으로 무용하다는 것을 주장하기 위함이 아니다. 다만, 근대 국가의 신화는 국가가 다원적인 가치와 다양한 종류의 삶을 추구하는 개인들로 구성되어 있다는 사실을 무시한다는 사실

---

26   비교적 최근 국제정치학계는 1648년 베스트팔렌 조약 이후 형성된 국제 체제가 신화적 요소를 갖고 있음에 전반적으로 동의하고 있다. 대표적으로 Osiander(2001).

을 지적하는 것이다. 무엇보다 다원적 가치를 지향하는 개인들이 동일한 방식으로 국가의 자아를 형성하리라는 (혹은 형성해야 한다는) 가정은 온당치 않다는 얘기다. 무엇이 국가의 자아인가(state's self)라는 물음은 궁극적으로 국가를 구성하는 개인 혹은 인간이 어떤 목적으로 국가에 속해 살고 있는가에 대한 이해와 연관되어 있다. 근대 국가의 신화가 인간 삶의 목적을 생존에만 한정하고 있는 반면, 필자가 시도하고 있는 국익 개념의 철학적 검토는 다원적 가치를 갖고 있는 개인들이 영위하는 삶의 궁극적 목적이 무엇이고, 이 목적과 관련해 왜 개인은 국가에 속한 시민의 한 사람으로서 살아야 하는가라는 질문까지 고려한다. 국익 개념의 철학적 검토는 불가분 좋은 삶과 공동체의 관계에 관한 정치철학적 질문과 맞닿아 있다.

그럼에도 불구하고, 현대 국가는 대외정책 수행에 있어서 국익이 우선적으로 고려되어야 한다는 원칙으로 모든 문제를 해소하려고 든다. 그러나 국익이 우선적으로 고려되어야 한다는 것은 무엇을 의미하는가? 일차적으로 그것은 국가의 존립과 관련된 국익의 경우, 다른 어떤 종류의 이익이나 가치보다도 (그것이 설령 인류 보편적 가치라고 할지라도) 앞서 추구되어야 한다는 것을 의미할 것이다. 예컨대, 9/11테러 이후 미국 사회는 테러 방지를 위해서 고문이나 그 밖의 다른 인권침해까지도 용인하는 경향을 보인 바 있는데(Danner 2004, 10; Hersh 2004, 50), 이는 국가의 생존이나 안보와 같은 국익을 인권이라는 보편적 가치보다 우선시한 것이라고 할 수 있다.

이와 같이 현대 국가는 자신들의 대외정책을 정당화하기 위해 끊임없이 보편적인 가치에서 명분을 찾고 있다. 예컨대, 세계 평화를 위협하는 세력에 대한 예방 전쟁이라거나 선제공격에 대한 정당한 응징 혹은 인도주의적 목적을 달성하기 위한 불가피한 개입 등의 주장은 현대 국가가 전쟁을 개시하고, 개입을 정당화하기 위해 내세우는 명분들이다.

현대 국가는 국제적 정의(正義)나 인간의 존엄성, 세계 평화와 같은 일국의 국익의 범주를 넘어서는 보편적 가치에 호소하고 있다. 현대 국가의 국익의 추구는 그것 자체로서 정당화되는 것이 아니라, 그보다 상위에 존재하는 보편적 가치에의 호소를 수반하고 있다는 것은 각국의 국익 추구가 이 보편적 가치의 관점에서 정당한 것이어야 하고 그 획득이 정당한 대가(desert)로 받아들여져야 한다는 것을 의미한다. 달리 말해, 현대 국가의 국익 추구 행위도 결코 도덕이나 정의와 같은 보편적 가치로부터 완전히 자유로울 수 없다는 것이다.

전통적인 근대 주권국가 개념에 따르면 국익 추구의 도덕적 한계란 있을 수 없다. 국익 추구 행위에 있어서 최종적인 책임은 오로지 국가만이 가질 수 있는데, 주권국가는 국가의 존립 자체를 다른 어떤 가치보다도 우선시하므로 사실상 주권국가 행위의 도덕적 한계는 존재하지 않기 때문이다. 이런 입장에 따르면, 개별 시민은 국익을 전제로 한 국가의 명령에 대해 도덕성 여부를 따질 필요가 없다. 그럼에도 불구하고 주권국가의 모든 행위가 도덕적 책임으로부터 자유롭다는 원칙은 2차 대전 이후 원칙적으로 거부되어 왔다. 2차대전은 명목상 주권국가들 간의 전쟁이었음에도 불구하고 전후 처리 과정에서 소위 전범재판(예, 뉘른베르크 재판)을 진행한 바 있다. 이 재판은 사실상 국익을 전제로 한 주권국가의 명령이라도 복종해서는 안 되는 인류의 보편적 가치가 존재한다는 것을 전제한 것이다. 개인은 국가의 명령에 맹목적으로 복종할 것이 아니라, 국익과 구별되는 어떤 보편적 가치나 도덕의 명령에 따랐어야 했다는 것이다. 이는 경우에 따라서는 주권국가가 도덕적 책임의 최종 결정권자가 아니라는 것이며, 아울러 국익 추구

에 있어서도 국가의 범주를 초월하는 어떤 보편적 가치나 도덕이 부과
하는 도덕적 한계가 규정되어야 한다는 것을 의미한다.[27]

분명한 것은 우리는 국익을 추구하는 과정에서도 때로(항상 그런
것은 아니지만), 개별 국가적 차원보다 상위에 존재하는 보편적 가치를
여전히 포기하지 않는다는 것이다. 다만 문제는 이 보편적 가치가 국익
과 갈등할 경우 우리가 어떤 원칙에 입각해서 이 갈등을 중재해야 할
지 아직 알지 못한다는 것이다. 근대적 주권국가 개념에 의존하는 한
우리는 불가피하게 국익 추구의 도덕적 딜레마에 빠지게 된다.

국익 추구의 도덕적 딜레마로부터 벗어나기 위한 방편으로 이른
바 '아리스토텔레스적 전환'을 제안한다. 즉 아리스토텔레스의 국익론
을 통해서 근대적 주권국가 개념에 따라 당연한 것으로 여겨온 국익
추구의 방식을 재고하며, 새로운 국익 추구 모델의 가능성을 모색해 보
자는 것이다.

'아리스토텔레스적 전환'은 국익의 추구가 궁극적으로는 국가를
구성하는 개별 시민들의 좋은 삶을 목표로 해야 한다는 아리스토텔레
스의 정치 이념으로부터 출발한다. 아리스토텔레스의 정치사상적 관
점에서, 국가의 존립 근거는 시민들에게 좋은 삶을 제공하는 것에서 발
견된다(예, Pol. 1280a33; 1280b39). 따라서 개별 국가의 국익 추구는
단순히 국가에 이익이 되기 때문이 아니라, 국가의 근본적인 목적에 부
합하는 방향으로 이뤄져야 한다. 즉 국익은 맹목적으로 추구될 것이 아
니라, 궁극적으로 그 국가의 구성원들에게 좋은 삶을 제공하고 있는가

---

27 비슷한 맥락에서 1960년대 초 아이히만(Eichmann)은 나치 정권에서 대량학살을 집행
한 죄로 이스라엘 법정에 선 바 있다. 비근한 예로 2011년 5월 16년 전 보스니아 내전에
서 세르비아의 인종청소를 감행한 라트코 믈라디치가 체포되어 전범재판에 서게 됐다.
벤하빕은 이와 같은 전범재판의 경험을 초국가적인 인권의 실체로 간주하고 이를 바탕
으로 세계시민주의의 논의를 발전시킨 바 있다(Benhabib 2008).

라는 도덕적 제약을 받게 된다는 것이다.

언뜻 보면 이 도덕적 제약이란 자국 시민의 좋은 삶에만 관여하는 것이므로 자국 시민들을 향한 대내적인 행위에만 국한되고, 이들에게 직접적인 영향을 미치지 않는 대외적인 행위에 대해서는 관여하지 않을 것으로 보인다. 즉 국가의 대외정책은 그것이 국익에 부합하는 한, 시민들의 좋은 삶과는 직접적 연관이 없고, 따라서 아리스토텔레스의 좋은 삶의 정치를 적용한다 하더라도 대외정책의 도덕적 한계를 고려할 필요는 없다고 보는 것이다. 그러나 아리스토텔레스는 국가의 대외적인 행위가 필연적으로 시민들이 추구하는 좋은 삶의 방향과 내용에 적어도 간접적으로 영향을 미치는 것으로 파악하고 있다. 만약 이런 해석이 옳다면, 즉 국가의 대외적인 행위가 국가의 유지와 성장에만 영향을 미치는 것이 아니라, 시민들이 무엇을 좋은 삶으로 규정하고, 어떤 방식으로 좋은 삶을 추구할 것인가를 결정하는 데 영향을 미치게 된다면, 국가의 대외적인 행위 역시 시민들에게 좋은 삶을 제공해야 한다는 관점에서 도덕적 제약을 받아야 한다.

이제부터 '좋은 삶의 정치'를 핵심으로 하는 아리스토텔레스의 정치사상이 개인-국가-국제의 연결고리에서 국익 추구의 위상을 확인하는 데 유용하다는 것을 주장할 것이다. 나아가 이와 같이 국제정치적 맥락에서 아리스토텔레스 정치사상을 해석하는 것이 앞서 언급한 바 있는 국익 추구의 도덕적 딜레마를 해결할 수 있는 단초를 제공한다는 점 또한 주장할 것이다.

2. '좋은 삶'을 위한 국가와 국제 관계

주지하다시피 아리스토텔레스는 『정치학』 1권에서 인간이 자연적으로 혹은 본성상(φυσεί) '정치적 동물'(ζῷον πολιτικόν)임을 강조하고 있다. 이는 단순히 인간이 공동체를 이루기 위해 군집하는 속성이 있다는 것을 의미하는 것이 아니라, 인간이 폴리스(polis, 정치공동체, 국가)에 속해 있을 때 비로소 자연이 인간에게 부여한 기능과 목적을 다할 수 있음을 의미한다. 인간의 기능이란 다름 아닌 삶(ζῆν)을 의미하고, 이 기능을 잘 수행한다 함은 '잘 삶'(εὖ ζῆν), 곧 '좋은 삶'을 의미한다. 따라서 인간이 좋은 삶을 영위하기 위해서는 바로 이를 위해 자연이 마련해 놓은 폴리스 안에 거주해야 한다. 이런 맥락에서 인간은 단순히 군집생활을 하는 꿀벌과 다르다(Pol. 1253a7). 폴리스는 인간으로 하여금 단순히 군집생활을 할 수 있게끔 하는 공간이 아니라, 인간으로서의 탁월성(ἀρετή), 특히 실천적 탁월성(혹은 정치적 탁월성)을 발휘할 수 있게 하는 필수 요건이기 때문이다. 폴리스가 없는 상태라면 인간은 탁월성을 발휘할 수 없으며, 인간으로서의 기능을 다할 수 없다. 이 때문에 아리스토텔레스는 폴리스의 존재가 인간의 존재보다 우선한다고 주장한 바 있다(Pol. 1253a18).

인간의 탁월성을 가능케 하는 존재로서의 폴리스는 일견 자족적(self-sufficient)이고 고립적인 상태가 바람직한 것으로 보인다. 그러나 아리스토텔레스가 좋을 삶을 위해서 전제하고 있는 폴리스가 현실적으로 폐쇄적이고 고립적인 상태로 존재할 수 있다고 본 것은 아니다. 이상국가가 고립적인 상태를 유지해야 한다는 지적은 역설적으로 대부분의 국가가 고립적으로 존재할 수 없음을 의미하며, 다만 구성원의 좋은 삶을 위해서는 고립적인 국가의 상태를 닮아야 한다는 주장으로 봐야 한다. 그의 이상국가가 구체적으로 제시되고 있는 『정치학』 7권에서도 아리스토텔레스는 이상국가의 자족성(αὐτάρκεια)을 강조하면서도(1362b2), 그 국가가 완벽하게 고립된 상태를 유지할 수 있다고 보지 않고 있다. 아리스토텔레스는 이상국가의 영토를 설정할 때 외적의 접근 가능성을 염려하고, 생산물의 반입과 유출의 편리성을 고려한다(1362b39). 뿐만 아니라 그의 이상국가는 제한된 범위에서 해상을 통한 무역 활동도 허용한다(1327a25). 이와 같이 완벽하게 고립된 국가가 사실상 불가능하다면, 아리스토텔레스의 좋은 삶이 성취되기 위해서는 불가피하게 국제정치적 여건이 조성되어야 함을 인정해야 한다. 요약하자면, 인간이 인간으로서의 탁월성을 발휘하고 좋은 삶을 영위하기 위해서는 자연이 부과한 목적에 맞게 생성된 국가의 존재가 필수적인데, 이 국가는 현실적으로 국제적 여건을 고려하지 않을 수 없다는 것이다.

문제는, 개인의 좋은 삶의 추구와 그 전제가 되는 이상적인 국가의 건설, 그리고 이상국가 성립의 조건이 되는 바람직한 국제관계가 항상 선순환적 관계로 유지되지 않는다는 데 있다. 이를테면, 이상국가의 유지를 위해 수행하게 되는 대외정책이 이상국가 존립의 궁극적인 목적이 되는 개인의 좋은 삶의 추구를 방해하는 결과를 초래할 수도 있다는 것이다. 다시 말해, 이상국가의 국익 추구와 이 국가에 속해 있는 시민들의 좋은 삶의 추구 사이에 마찰이 발생할 수 있다는 것이다. 이 마찰에 대한 아리스토텔레스적 해법은 잠시 미루고, 우선 국익 추구가 아리스토텔레스의 좋은 삶의 정치에서 어떤 위상을 차지하고 있으며, 이 과정에서 어떤 마찰이 생길 수 있는가를 이해할 필요가 있다.

아리스토텔레스에게 폴리스의 유지와 발전은 개별 인간의 좋은 삶을 위한 필수 요소이며, 폴리스의 유지와 발전에 위협이 되는 것은 좋은 삶의 추구에도 결정적인 위협 요인이다. 폴리스의 유지와 발전에 위협이 되는 요소는 무엇인가? 내전(στάσις)이나 외부의 침입이다. 그런데 성격적 탁월성을 발휘하려는 사람들끼리 정치공동체를 구성하고

있는 한 내부적인 분란으로 공동체가 붕괴될 가능성은 희박하다. 이들
은 서로 사적 이익을 자제하고 공공선을 추구하여 내부적인 결속을 위
해 탁월성을 발휘할 것이기 때문이다.

　이제 대비해야 할 것은 외부의 침입에 의한 폴리스의 붕괴이다. 외
부적인 침입에 대비하기 위해서는 국가 안보를 확실히 해야 한다. 국
가 안보를 획득하기 위한 보다 적극적인 방법은 단순하게 표현하자면,
주변국을 정복하거나 지역의 패권국(ἡγεμων)이 되는 것이다. 그런데
여기서 주목할 것은 국가 안보를 획득하기 위한 국가의 대외적 행위
가, 탁월성을 발휘하려는 개인들이 동료 시민들에게 보이는 도덕적이
고 고상한 활동과 매우 대조적이라는 사실이다. 다시 말해, 개인이 국
가 안에서 성격적 탁월성을 발휘할 때에는 동료 시민들에 대해서 도덕
적 고상함을 유지할 수 있지만, 이들이 속해 있는 국가가 국가 안보를
위해 행하는 대외적인 행위는 더 이상 그 고상함이 유지되지 못한다는
것이다. 뿐만 아니라 국가는 종종 타국을 대상으로 고상함이나 절제를
보이는 것보다 적극적이고 공격적인 태도를 보임으로써 동료 시민들
간의 내부적인 결속과 연대성을 도모하는 계기를 마련하기도 한다.

　형식적으로 표현하자면, 성격적 탁월성의 발휘가 국내적으로는
공공선을 이끌어 내지만, 대외적으로는 국가들 간의 공공선으로 이어
지지 않는다는 것이다. 이는 세계정부가 구성되지 않는 한 애초부터 국
가를 초월하는 국가들 간의 공공선이 존재하지 않거나, 존재한다 하더
라도 이를 확인하고 추구하는 것이 불가능하기 때문일 것이다. 실제로
초국가적 공공선이 존재하지 않는 것인지, 혹은 단지 알지 못하는 것인
지는 아직 확실하지 않다. 다만, 분명한 것은 단일한 폴리스의 존재를
전제로 하는 성격적 탁월성의 추구는 폴리스 경계를 넘어서는 국가들
간의 공공선으로 이어지지 않는다는 것이다. 따라서 만약 국가의 대외

활동에 관여하는 시민이 있다면, 국내적으로 자신의 동료 시민들에게
보여줬던 태도와는 판이한 태도로 타국이나 타국 시민들을 대하게 될
것이다.

문제는 이렇게 동료 시민들 간의 대내적 행위에 대해서만 한정적
으로 정치적 탁월성을 발휘하는 삶이 아리스토텔레스의 관점에서 과
연 좋은 삶으로 간주될 수 있느냐는 것이다. 공동체의 공공선을 위해서
자신의 사적 이익을 희생하면서 내부적 결속과 연대에 기여하는 삶을
살고 있다고 하더라도, 바로 그 공동체가 대외적으로는 마치 강도 집단
과 같은 행태를 보이고 있다면, 이런 집단 안에서의 삶이 과연 인간의
탁월성의 관점에서 옳은 삶이며, 좋은 삶으로 분류될 수 있는가의 문제
이다. 아리스토텔레스는 대내적으로 동료 시민들에게 행했던 성격적
탁월성을 대외적으로도 똑같이 발휘해야 한다고 탁월성의 병렬적 적
용을 명시적으로 주장한 바 없다. 그럼에도 불구하고, 아리스토텔레스
는 탁월성의 발휘에 있어서 대내외적으로 갈등상황이 벌어질 수 있다
는 점을 간과하지 않았고, 이를 문제시했다. 아리스토텔레스는 적어도
이상국가가 피해야 할 대외관계에 대해 다음과 같이 지적한다.

> 이웃 나라들이 원하든 원치 않든 이웃 나라들을 지배하고 폭군처럼
> 다스릴 궁리를 하는 것이 정치가가 할 일이라는 것은 매우 불합리한
> 듯하다......대부분의 사람들은 주인처럼 지배하는 것을 정치로 혼동
> 하고 있는 듯하며, 자신에게도 옳지도 유익하지도 않다고 여기는 것
> 을 남들에게는 거리낌 없이 행한다. 그들은 자신을 위해서는 정의로
> 운 통치를 추구하면서도 남들을 대할 때는 정의 같은 것에 아무 관심
> 도 없다. 본성적으로 지배받게 되어 있는 자들이 따로 있고 지배하게
> 되어 있는 자들이 따로 있는 것이 당연한 일이고 또 실제로 그렇다면,

모두를 지배하려 할 것이 아니라 지배받게 되어 있는 자들만 지배하려 해야 할 것이다. 그것은 마치 잔치나 축제를 위해 사람을 사냥하지 않고, 이런 목적을 위해 사냥하도록 되어 있는 식용 야수들만 사냥하는 것과도 같은 것이다(Pol. 1324b22).

요약하자면, 만약 어느 국가의 대외적인 행위 양태가 좋은 삶을 추구하는 국내 정치 행위와 판이하게 구별된다면, 이 국가는 궁극적으로 시민들에게 좋은 삶을 제공하지 못할 수 있다는 것이다. 설령 이런 대외적인 행위가 그 국가의 안보를 보다 견고하게 하는 것처럼 보인다고 하더라도 아리스토텔레스의 관점에서는 이를 용인할 수 없다. 그에게 국가 존속의 근본적인 목적은 개별 인간들의 좋은 삶에 있기 때문에, 국가가 이들의 좋은 삶을 저해하는 결과를 초래한다면, 이는 아리스토텔레스의 좋은 삶의 정치 이념에 정면으로 위배되는 일이기 때문이다. 이상국가의 국익이라고 하더라도 그 국익을 추구하는 과정에서 좋은 삶을 저해한다면 아리스토텔레스는 이를 허용할 수 없다. 이는 외적인 좋음, 예컨대 건강이나 재물의 지나친 추구가 성격적 탁월성을 해치는 결과를 초래할 때, 이를 더 이상 허용할 수 없는 것과 같은 이치이다.

이제 아리스토텔레스에게 관건이 되는 것은 단순히 이상국가의 유지가 아니라, 이상국가의 유지를 위한 국가의 대외정책이 궁극적으로 국내 구성원들의 좋은 삶의 추구에 어떤 방식으로 영향을 미치느냐는 것이다. 따라서 아리스토텔레스에게 국익 추구를 위한 대외적인 활동은, 소극적으로는 국내 구성원들이 좋은 삶을 추구할 수 있는 국제적인 여건을 마련하는 것이며, 보다 적극적으로는 좋은 삶의 추구에 긍정적인 기여를 하는 것이다. 좋은 삶의 추구에 있어서 국가의 대외 활동이 소극적으로 기여한다는 것은 무엇을 의미하는가? 다음 아니라 좋은 삶의 구성 요소 중, 외적인 좋음(external good), 예컨대 기본적으로 필요한 의식주, 가족이나 친구의 생존 등을 충족시키는 것이다. 그런데 앞서 살펴본 바와 같이 이런 외적인 좋음은 일정 정도가 넘으면, 더 이상 좋은 삶에 기여하지 못하게 된다. 따라서 외적인 좋음의 하나로서 국가의 유지와 번영은 좋은 삶의 관점에서 매우 제한적 범위에서 기여하고 있다고 할 수 있다. 아리스토텔레스의 정치사상적 관점에서 국가의 유지와 번영만을 맹목적으로 추종한다면, (이런 태도가 사실 우리의 근대적 국가 개념에 기초한 국익 추구의 방식이지만) 좋은 삶에 그저 제한적으로 기여하고 있는 부분을 지나치게 강조한 것이라고 할 수 있다.

그렇다면, 국가의 대외적 활동이 적극적인 방식으로 시민들의 좋은 삶에 기여하기 위해서는 무엇이 고려되어야 하는가? 형식적으로 말하자면, 국가가 대외적으로 행하는 국익 추구 방식이 마치 국내에서 동료 시민들을 대상으로 행하는 공공선의 추구와 비슷하게 진행되어야 할 것이다. 이런 국가는 적어도 대외적으로 부당한 행위를 자행하지는 않을 것이므로 앞서 언급한 '내부적으로 시민들끼리는 서로 선량하지만, 대외적으로는 강도 행위를 하는 집단에 속해 있는 개인'의 딜레마에 빠지지는 않을 것이다. 그러나 우리는, 국가가 대외 활동을 할 때 마치 공공선을 추구하는 개인처럼 행동해야 하는 보다 직접적인 근거를 찾아야 한다. 그 근거를 찾을 때, 공공선을 추구하는 좋은 삶이 국가의 경계 안에서뿐 아니라, 국가의 경계를 넘어 대외적인 행위에까지 일반적으로 적용되어야 하는 이유를 밝힐 수 있을 것이다. 이와 관련하여 아리스토텔레스는 아이러니컬하게도 국내의 정치적 정의(正義)를 규정하는 대목에서 희미하게나마 국가의 경계를 넘어선 어떤 상위 개념의 정의, 즉 국제적인 공공선이 있을 수 있으며, 이 국제적인 정의나 공공선이 국내적으로 통용되는 그것과 닮은 것임을 사사하고 있다.

우리는 '단적으로 정의로운 것'(to haplos dikaion)뿐만 아니라, 정치적 정의(to politikon dikaion)를 찾고 있다는 것을 잊지 말아야 한다. 정치적 정의는, 자유롭고 동등한 (이 동등함은 비례적으로 혹은 산술적으로 획득될 수 있다) 이들과 자족성의 관점에서 삶을 함께 나누는 사람들 사이에서 얻어질 수 있다. 따라서 이런 조건들을 갖추지 못한 사람들 사이에는 서로에 대한 정치적 정의란 있을 수 없고, 다만 그것을 닮는 방식으로만 어떤 정의가 존재할 뿐이다(NE 1134a24-30).

자족성의 관점에서 삶을 함께 나누는 사람들이란 자국 시민을 의미하며, 이와 다른 사람들이란 타국의 시민들을 의미한다. 여기서 아리스토텔레스는 타국 시민들 간에 비록 국내와 똑같은 정치적 정의가 존재하기는 어렵지만, 유사한 방식의 정치적 정의는 존재가 가능함을 시사하고 있다. 또 만약 국가 간의 관계가 국내적 맥락의 정치적 정의와 근본적으로 다른 것이라면, 어쩌면 (아직 이 텍스트만으로 확증할 수는 없지만) 국내의 정치적 정의보다 높은 수준의 '단적으로 정의로운 것'이 국제관계에서 발견될지도 모른다.

아리스토텔레스의 좋은 삶의 정치 안에서, 국내에서와 마찬가지 방식으로 국제관계에서도 공공선이 추구될 수 있고, 정치적 정의나 '단적인 정의'까지도 가능하다고 해석하는 것은 성급한 결론일지 모른다. 그러나 다음 절에서는 이런 해석을 가능케 할 만한 근거를 아리스토텔레스 정치사상의 테두리 안에서 찾아보고자 한다. 즉, 아리스토텔레스의 좋은 삶의 정치에서 관조적 삶이 차지하는 위상을 확인하고, 국익 추구 과정에서 관조적 삶의 역할을 추적함으로써, 좋은 삶을 위한 탁월

성의 추구가 국경을 넘어 타국이나 이방인들에까지 확장될 수 있는가
를 검토할 것이다.

3. 최고의 삶으로서의 관조적 삶과 국익 추구의 도덕적 한계

앞서 성격적 탁월성과 실천적 이성(practical reason)을 발휘하는 정치
적 삶이 아리스토텔레스의 목적론적 관점에서 좋은 삶으로 분류될 수
있지만, 이 정치적 삶을 가능케 하는 국가의 대외적인 국익 추구 행위
는 역설적으로 좋은 삶의 양태와는 상반될 수 있다는 것을 지적한 바
있다. 이제 정치적 삶과는 구분되는 또 다른 형태의 좋은 삶, 즉 관조적
삶(βίος θεορέτικος) 혹은 철학적 삶을 국익 추구의 맥락에서 검토하고
자 한다. 궁극적으로 본 절은 관조적 삶의 의의를 국가의 대외정책 수
행의 맥락에서 재검토함으로써, 앞서 제기된 바 있는, 이상국가의 국익
추구 과정에서 나타나는 도덕적 딜레마에 해결책을 제시하고자 한다.
이는 동시에 아리스토텔레스가 이상국가의 대외적 행위 특히 국익 추
구에 어떤 도덕적 한계를 부과하고 있는가를 규명하는 일이 될 것이다.
　　우선, 아리스토텔레스에게 정치적 삶과 관조적 삶 간의 상충 문제
는, 양자의 관계를 국제정치적 맥락에 옮겨 놓을 때, 해결의 실마리가
보인다. 결론부터 말하자면, 국제정치적 맥락에서 관조적 활동이나 관
조적 삶을 추구하는 사람들을 고려할 때, 비로소 국가의 공공선에 이들
이 어떻게 기여하는가가 드러나게 되고, 관조적 삶이 아리스토텔레스
의 좋은 삶의 정치에 전반적으로 부합한다는 것이 밝혀진다는 것이다.
아울러 이렇게 국제정치적 맥락에서 관조적 활동의 역할을 부각함으
로써, 국익 추구의 도덕적 한계도 설정될 수 있다는 것이다. 다시 말해,
아리스토텔레스의 관조적 삶의 의의를 국제정치적 맥락에서 고려하는

것은 관조적 삶과 정치적 삶의 상충이라는 아리스토텔레스 정치사상의 전통적인 문제 해결에 도움을 줄 뿐 아니라, 국익 추구의 도덕적 한계를 설정할 수 있는 이중적인 이점이 있다는 결론이다. 이제 이 같은 결론에 어떻게 도달했는가를 규명하고자 한다.

우선, 좋은 삶의 정치를 위해 국가가 대외적으로 행하는 국익 추구 과정에서 제기될 수 있었던 도덕적 딜레마로 되돌아가 보자. 만약 자족적이고 고립된 폴리스의 존재가 가능하다면, 좋은 삶을 위해서는 동료 시민들을 대상으로 개인의 사적 이익을 일정 정도 자제하고 공공선을 추구하는 삶을 요구하는 것으로 충분하다. 그러나 완전히 고립된 국가를 상정하는 것은 지나치게 순진한 생각이다. 따라서 국가의 존속이 대외적으로 위협받을 가능성을 염두에 두어야 한다. 국가의 존립이 대외적으로 위협받는 상황에서 좋은 삶이 온전하게 성취될 리 없음은 당연한 일이다. 그럼 대외적 위협으로부터 벗어날 가장 완전한 해결책은 무엇인가? 어떤 주변국도 감히 이 나라의 안보를 위협하지 못하도록 패권국(ἡγεμων)이 되거나, 나아가 제국(ἄρχη)의 지위를 갖는 것이다. 그런데 패권국이나 제국의 지위를 유지하기 위해서는 대외적으로 공격적인 성향을 유지해야 할 뿐 아니라, 끊임없이 전쟁을 대비하고 정복을 벌여야 한다.

아리스토텔레스는 좋은 삶을 지향하는 국가가 빠질지 모르는 주변국에 대한 지배의 유혹을 잘 인지하고 다음과 같이 경고한 바 있다. 즉, 앞 절에서 우리는 아리스토텔레스가, "이웃 나라들이 원하든 원치 않던 이웃 나라들을 지배하고 폭군처럼 다스릴 궁리를 하는 것은 매우 불합리하며" "모두를 지배하려 할 것이 아니라 지배받게 되어 있는 자들만 지배하려 해야 하는데" 이를 위반한다면, "마치 잔치나 축제를 위해 사람을 사냥하지 않고, 이런 목적을 위해 사냥하도록 되어 있는 식용 야수들만 사냥하는 것과도 같다"고 경고했음을 주목한 바 있다(Pol. 1324b22). 그런데 앞 절의 논의에서는 아리스토텔레스가 어떤 근거로 국내에 적용해야 하는 원칙을 대외적 행위에도 확장하여 적용해야 한다고 보았는지 확인할 수 없었다. 이제 아리스토텔레스의 관조적 활동의 위상을 고려함으로써 그 근거를 추정해 볼 수 있다. 이를 위해 먼저 아리스토텔레스가 제시하는 일과 여가, 그리고 전쟁과 평화의 이분법적 구도를 이해할 필요가 있다.

아리스토텔레스는 일(ἔργον)과 여가(σχολή)를 구분한다. 이 여가는 일을 하기 위해 잠시 쉼을 갖는 단순한 휴식과 다르다. 휴식은 일을 목적으로 삼지만, 여가는 일을 위한 것이 아니라 그 자체가 목적이기 때문이다(NE 1177a). 아리스토텔레스에게는 다른 목적을 갖고 있는 활동보다 그 자체의 목적을 갖고 있는 것이 더 우월하다(Pol. 1333a30). 그래서 일보다 여가가 우위에 있다는 것이고, 이런 맥락에서 아리스토텔레스는 일에 해당하는 정치적 활동보다 관조적 활동이 더 우월하다고 본 것이다(Pol. 1334a11). 주지하다시피 전쟁은 정치 참여와 마찬가지로 일에 해당하며, 반면 평화가 여가에 해당한다. 이에 대해 아리스토텔레스는『정치학』에서 다음과 같이 기술한다.

> 전쟁의 목표는 평화이고 노동의 목표는 여가이므로, 개인이나 국가나 여가 선용에 필요한 탁월함을 갖고 있어야 한다. 여가 선용과 마음의 계발에 필요한 탁월함 중 어떤 것은 여가를 선용할 때 작동하고, 다른 것은 노동할 때 작동한다. 여가를 즐길 수 있기 위해서는 여러 가지 필요조건이 충족되어야 하기 때문이다. 그래서 국가는 절제 있고, 용감하고 끈기가 있어야 하는 것이다. ...... 용기와 끈기는 노동에, 철학은 여가에, 절제와 정의감은 노동과 여가 모두에 필요한데, 여가를 즐

기며 평화롭게 사는 자들에게는 특히 그러하다(Pol. 1334a13).

아리스토텔레스가 끊임없는 정복과 전쟁을 비하했던 것은 그가 단순한 평화주의자였기 때문이라기보다, "일로서의 전쟁"보다, "평화로서의 여가"가 우위에 있다는 아리스토텔레스의 좋은 삶의 정치 이념의 일관된 입장 때문이라고 할 수 있다.[28] 같은 맥락에서 아리스토텔레스는 일에 대한 여가의 우위의 원칙을 적용하여, 입법자는 전쟁보다 평화에 기여하도록 법을 준비해야 한다고 지적한다.

입법자는 마땅히 전쟁과 그 밖에 다른 일에 관한 자신의 입법이 무엇보다도 평화와 여가에 기여하도록 노력해야 한다. 경험이 이를 입증해 준다. 전쟁을 목적으로 삼은 대부분의 국가는 전쟁을 하는 동안에만 안전하지만, 지배권을 획득한 뒤에는 멸망하고 만다. 그들은 평화 시 무쇠처럼 날이 무뎌지기 때문이다. 그것은 여가를 선용하도록 그들을 교육하지 않은 입법자의 탓이다(Pol. 1334a2).

그런데 입법자가 전쟁보다 평화를 우선적으로 고려하여 입법하기가 쉬운 일인가? 아리스토텔레스는 전지적(全知的) 관점에서 경험적으로 평화를 중심으로 한 입법이 필요하다고 설득하지만, 당시의 법은 대부분 평화보다 전쟁을 준비하기 위한 법이었다. 이런 상황에서 평화를 전제로 한 법을 만들기 위해서는 수단과 목적을 구분하고, 일과 여

---

28 비슷한 맥락에서 아리스토텔레스는 『니코마코스 윤리학』에서도 일과 여가의 관계를 행복과 연관시켜 다음과 같이 정리한다. "행복은 여가 안에 들어 있는 것 같다. 우리는 여가를 갖기 위해 여가 없이 바쁘게 움직이며, 평화를 얻기 위해 전쟁을 하기 때문이다. 따라서 실천적 탁월성의 활동은 정치나 전쟁에서 성립하는 것이며, 이것들에 관련한 행위는 여가와는 거리가 먼 것으로 보인다"(NE 1177b5).

가를 구분할 수 있는 능력을 갖춰야 한다. 누가 이런 능력을 발휘할 수 있는가? 이런 능력은 실천적 이성의 활동만으로는 불가능하다. 관조적 이성의 활동이 요구된다. 바로 이 대목에서 관조적 활동 그리고 관조적 삶을 지향하는 사람들이 공동체에 공헌하는 바가 드러난다. 이들이 직접 입법 활동을 하지 않겠지만 (입법 활동 역시 엄밀한 의미의 관조적 활동과 구분되므로), 이들이 공동체에 존재하는 한, 그리고 이들의 삶이 정치적 삶보다 우위에 있다는 것을 인정하는 한, 입법자는 무엇을 우선순위로 법을 제정해야 하는가를 가늠할 수 있게 될 것이다.

관조는 기본적으로 특정 국가의 존속이나 번영에 국한되지 않는다. 관조적 활동은 개인의 영혼의 동태에서부터, 자신이 속한 국가는 물론, 이 국가가 맺는 대외관계, 나아가 전 우주를 대상으로 한다. 따라서 관조적 삶을 살고 있는 사람들은 개별 국가의 구성원이라기보다 우주의 시민(cosmopolitan citizen)으로서 국가의 경계를 넘나들며 관조적 활동을 전개하고 있다고 할 수 있다. 그럼에도 불구하고 이들은 국가가 제공하는 외적인 좋음(의식주, 친구, 가족 등)을 누린다. 이 때문에 앞서 관조적 삶이 무임승차라는 부도덕을 수반하는 것이 아닌가라는 비판에 직면할 수 있음을 지적한 바 있다. 그럼에도 불구하고, 국가 안에서 관조적 활동의 우위를 인정하고 이를 위주로 하는 삶을 좋은 삶으로 받아들이는 것은 일과 여가의 관계 그리고 전쟁과 평화의 관계를 제대로 설정할 수 있게 하고, 이로써 좋은 삶의 규정을 국내적으로뿐 아니라 대외적인 행위에 있어서도 일관성 있게 유지하는 것을 가능하게 한다. 바로 이런 측면에서 관조적 활동과 그 삶이 국가의 공공선에 기여하는 바가 발견되며, 이런 맥락에서 이들은 결코 무임 승차자가 아니다. 이들은 자신이 속한 국가의 대외적 행위가 일국의 국익의 관점에서만이 아니라 보다 상위의 관점에서 접근해야 함을 예시함으로써 국가의 대외정책에 도덕적 한계를 설정할 수 있는 길을 열어 놓은 것이다.

그러나 전 우주를 대상으로 하는 이들의 관조가 대외정책의 구체적인 방향을 직접적으로 제시해 줄 수는 없다. 무엇보다 이들의 관조적 활동이 곧바로 우주 전체에 대한 포괄적 지식을 이미 획득했다는 것을 의미하지 않는다는 점에 주목할 필요가 있다. 관조는 이런 '지식에 대한 사랑'(φίλοσοφία)에 불과하다. 우주 전체에 대한 지식에 비하면 관조를 통해 얻어진 지식은 여전히 미미한 수준이다. 따라서 관조의 내용이 국가의 대외정책에 실천적으로 적용되는 것을 기대하기는 어렵다. 그럼에도 불구하고 관조적 활동의 인정은 대외정책의 목적이 적어도 전쟁 자체가 아니라 평화가 되어야 한다는 것과 그것이 좋은 삶을 목적으로 하는 국가의 존립 근거에 부합해야 한다는 것을 재확인해준다. 보다 구체적으로 그리스적 맥락에서 관조적 삶과 관조적 활동을 인정하는 국가의 대외정책은 적어도 다른 그리스 국가들[페르시아와 같은 이어족(異語族 βάρβαροι)을 포함하지 않는 문화적으로 동질적인 그리스 국가들]을 예속하려 들지 않을 것이고, 보다 넓게는 이어족들을 포함하는 인류 전체를 포용하는 대외정책이 되어야 한다는 점을 강조할 것이다.[29]

---

29 이런 맥락에서 아리스토텔레스는 외국인에 대해서도 다른 기준으로 대해서는 안 된다고 다음과 같이 지적한 바 있다. "수호자들은 모르는 사람들에게는 가혹해야 한다고 말하는 것은 옳지 않다. 우리는 어느 누구에게도 가혹해서는 안 되며, 도량이 넓은 사람들은 불의를 저지른 자들에게라면 몰라도 본성이 가혹하지 않기 때문이다"(Pol. 1328a8).

V. 결론: 고대 국제정치사상과 21세기의 전쟁, 정의, 국익

1. 투키디데스의 전쟁론과 21세기 종교의 재부상에 대한 재해석

투키디데스의 전쟁론은 인간이 퓌시스와 노모스의 대화의 중심에 서 있음을 암시한다. 전쟁은 한편으로 인간의 규범적 통제에서 벗어나 있다는 점에서 퓌시스의 영역에 존재하지만, 다른 한편 여전히 전쟁의 개시와 수행, 종결은 모두 인간의 결정에 의해 이뤄지고, 그 결정은 인간의 관행이나 규범과 밀접히 연결되어 있다는 점에서 노모스의 영역에 존재하기도 한다. 투키디데스는 펠로폰네소스 전쟁사를 기록하면서 전쟁을 둘러싼 퓌시스와 노모스의 대화에서 인간이 어떤 태도를 가져야 하는가에 대해서 암시하고 있다. 앞서 살펴본 바와 같이 퓌시스와 노모스의 소용돌이 속에 서 있는 인간이 가장 경계해야 할 것은 휘브리스다. 휘브리스는 인간이 인간으로서의 한계를 망각하고, 퓌시스와 노모스의 관계를 마음대로 재단할 수 있다고 믿는 것을 의미한다. 휘브리스는 인간으로서 품을 수 있는 자신감(자만심)으로 출발하지만, 개인이든 국가든 휘브리스는 결국 파멸을 초래한다. 투키디데스는 알키비아데스의 휘브리스가 그를 파멸로 몰아 넣었고, 이와 유사하게 아테네 제국의 휘브리스가 제국의 쇠퇴를 초래했다고 암시한다.

휘브리스는 종종 자기 확신이나, 용맹(courage, ἄνδρεια)과 혼동되는 경우가 있다. 투키디데스는 경건성(piety, εὐσέβεια)을 개인이나 국가가 휘브리스에 빠져 있는가 여부를 판가름할 수 있는 중요한 기준으로 보고 있다. 경건성이야말로, 한편으로 인간적 덕의 필요성과 다른 한편으로 인간적 덕의 한계를 저울질할 수 있는 균형자 역할을 하기 때문이다. 전쟁의 참화가 깊어지면, 종종 경건성은 종교적 의식이나 의례에 대한 맹목적인 추종과 혼동되는 현상이 발생한다. 투키디데스는 경건성에 신화나 미신적 요소가 결부되어 있음을 부인하지 않지만, 이에 대한 맹목적인 추종, 그리고 그에 대한 보상으로서의 축복에 대한 기대는 결코 경건성이 아님을 경고한다.

근대 이후 종교는 폭력과 국제적 갈등을 부추기는 것으로 이해되어 왔다. 따라서 근대 이후의 정치사상은 종교는 가급적 공적 영역에서 배제하고, 정치와 분리시키는 자유주의적 해법을 바람직한 것으로 받아들여 왔다. 그러나 9/11을 정점으로 종교의 재부상 현상은 21세기 세계정치에서 정교 분리와 세속주의가 유효한 해결책이 될 수 없음을 드러냈다. 인간의 휘브리스를 경계하는 투키디데스의 경건성 개념에 따르면, 정교분리나 세속주의를 통해 종교적 갈등이나 분쟁이 해결될 수 있다고 믿는 자유주의적 신념 또한 인간의 휘브리스에 해당한다. 즉, 투키디데스의 경건성 개념은 특정 종교의 원칙이 지배적인 우위를 차지하는 것을 거부할 뿐만 아니라, 종교적 신념의 부상이 정치적 원리에 의해서 완전히 제어될 수 있다는 것도 경건성의 결여로 간주될 것이다. 투키디데스의 경건성은 다양한 종교의 공존을 인정하는 다원주의적 태도를 용인하는 반면, 자유주의를 만능으로 여기는 태도, 그리고 그에 내재해 있는 이성주의의 폭력성 역시 휘브리스의 한 유형으로 파악할 것이다.

2. 플라톤의 정의론과 21세기 정전론·평화주의의 활성화

21세기의 국제정치는 사실상 현실주의, 정전론, 평화주의가 혼재해 있는 상태이다. 혹자는 현실주의는 현실에만, 정전론은 국제법 규범에만, 평화주의는 낙천적 몽상가의 이상주의에만 존재한다고 생각할지 모르지만, 우리의 국제정치 현실과, 국제법 규범과 국제정치 이념에는 세 요소가 엄연히 공존하고 있다.[30] 개별 국가의 대외정책, 국제법적 레짐, 그리고 글로벌 시민사회의 인식은 이 세 접근 모두를 혹은 그 조합을 인정하고 있는 것이 오늘날 우리가 경험하고 있는 국제정치의 현주소다. 평화라는 이상이 국제법 규범에 실현되고, 국제법이 개별 국가의 정책 결정에 실질적인 구속력을 갖는 데에는 여러 장애가 있을 수 있다. 문제는 이 세 개의 접근법을 결코 타협할 수 없는 상호 배타적인 접근이라고 이해하는 것이다. 현실주의, 정전론, 평화주의가 서로 대화하지 못하고 상호 배타적인 것으로 이해되는 한, 규범적 차원에서 국제정치의 진보는 기대할 수 없다.

플라톤의 연계적 성격의 정의론은 이 세 개의 접근법이 사실상 국제정치 현실에서 공존할 수 있다는 것을 전제로 개인의 영혼에서부터 우주적 질서 간의 연결고리를 찾고 있다. 이런 맥락에서 플라톤의 정의론은 21세기 세계정치의 현안으로 떠오르는 글로벌 정의의 실현에 의미 있는 시사점을 제공할 수 있다. 예컨대, 플라톤적 정의론은 인도주의적 개입을, 강대국의 국가 이익의 추구인가, 아니면 '세계인권선언'이라는 과도한 이상에 발목잡힌 비현실적 평화주의인가의 논쟁에서 벗어나, 이상의 점진적 실현이라는 관점에서 재해석할 수 있다. 이런 맥락에서 플라톤의 정의론은 최근 평화주의와 정전론의 접합점을 찾고 있는 조건적 평화주의(contingent pacifism)의 관점에서 이해해 볼 수도 있다(May 2015).

---

30 1차대전 이후 현실주의는 근대 국가의 토대로 여겨져 왔으나, 2차대전 직후 세계는 평화주의의 이상을 실현하고자 유엔을 창설했다. 이후 세계는 현실적 권력을 경외함과 동시에, 현실주의는 이념적으로 책임 있는 국가의 합리성이라는 이름으로 지배적 지위를 차지하게 됐다. 그러나 2차대전 이후 국제법 질서는 실효성 문제를 접어 두면, 적어도 형식적으로는 평화주의와 정전론의 공존이라고 할 수 있다.

정의가 과연 국경을 초월할 수 있는가의 문제는 플라톤 정치철학만의 주제는 아니다. 주지하는 바와 같이 많은 현대정치이론가들이 국경을 초월한 글로벌 정의의 가능성을 타진하고, 글로벌 정의의 본질이 국내적 정의와 동질적인 것인지, 아니면 근본적으로 구별되는 것인지를 규명하는 데 많은 노력을 기울여 왔다.[31] 플라톤의 정의론은 오늘날 현안으로 부상하고 있는 글로벌 정의의 본질 그리고 그것의 실현 가능성 문제와 관련하여 직접적인 시사점을 제공하는가?

플라톤의 정의론이 곧바로 오늘날 글로벌 정의의 주요 쟁점들(예컨대, 인권 보장을 위한 국제적 개입, 국제적 불평등 해소를 위한 글로벌 분배적 정의의 실현, 재앙적 기후변화를 막기 위한 국제적 협력)에 직접적인 가이드라인이 될 수는 없다. 그러나 플라톤적 연계적 성격의 정의론은 적어도 정의의 영역이 국가의 경계를 넘어설 필요성을 강력히 설득하고 있다. 특별히 주목할 만한 것은, 플라톤이 정의의 국제적 확장 문제를 제기한 것은 오늘날처럼 현실적으로 당면한 문제를 해결하기 위함이 아니라, 최선의 삶을 추구하고, 최선의 국가를 만들기 위한 보편적 동기에 기인한다는 점이다. 플라톤에게 정의의 국제적 확장은 인간이 국가라는 정치 공동체 안에서 삶을 영위하는 한, 시대를 초월해 고려해야 할 보편적인 문제였다는 것이다.

이런 맥락에서 우리는 플라톤적 정의론으로부터 다음과 같은 보

---

31 예컨대 베이츠는 롤스가 국내적 정의 원칙으로 지목한 분배적 정의를 국제적으로 확장해야 한다고 주장한다. 반면 정작 롤스 자신은 이러한 시도는 자신의 정의론을 과장하고 왜곡하는 것이라고 주장한다(Beitz 1979; Rawls 1999). 인권 보장의 관점에서도 정의의 국제적 확장 가능성 여부는 논란을 일으킨다. 혹자는 인권 보장을 위한 정의의 원칙이 국경을 넘어 타국의 내정에 개입하는 것을 허용해야 한다고 주장하는 반면, 혹자는 어떠한 경우라도 주권의 원칙이 훼손되는 것은 자의적인 힘의 정치로의 타락을 의미한다고 주장한다(Pogge 2010; Carens 2010; Walzer 2008; Juban 2008).

편적인 의의를 되새겨볼 필요가 있다. 상기해보면, 플라톤에게 정의는 공동체나 개인의 영혼 안에서 개별적으로 달성되는 것이 아니고, 기본적으로 개인의 내적 상태에서부터 우주의 전 영역에 이르기까지 광범위하게 걸쳐 있는 문제이고, 이 영역들 간의 상호관계에 의해 영향을 받는 것이다. 그러나 플라톤은 이 영역들 간의 관계가 어떤 방식으로 존재하는가를 구체적으로 보여주지는 않았다. 다만 글로벌 정의가 개인의 혼 내부의 조화와 국가의 질서, 그리고 우주적 조화 안에서 자리 매김 되어야 한다는 것을 암시한다. 따라서 어떤 대외정책이 플라톤적 정의와 부합하는가를 단정하기는 어렵다. 그러나 플라톤적 정의론의 관점에서, 정의는 적어도 각 영역별로 개별적으로 존재하는 것이 아니라 상호 연계되어 있음을 알 수 있다. 플라톤의 연계적 성격의 관점에서 이상국가의 대외정책으로 가장 중요한 요소는 신중함과 절제라고 할 수 있다.

절제된 대외정책은, 국가가 행한 대외적 행위의 결과를 모두 파악할 수 없다는, 인간 능력의 한계에 대한 자각으로부터 출발한다. 따라서 플라톤적 정의론의 관점에서 지지할 만한 대외정책은 시민들이 인간으로서의 한계를 자각한 절제의 덕을 발휘할 수 있는 정책을 의미한다. 이러한 정책은 단순한 평화주의와 구분된다. 플라톤은 이상국가도 어느 정도의 부(富)를 축적해야 하고, 이를 위해 주변국을 공격할 수도 있다는 것을 지적한 바 있다. 그러나 이 국가의 궁극적인 목적은 지배 자체가 아니라, 궁극적으로 시민들로 하여금 좋은 삶을 영위하도록 하기 위한 내적인 덕의 함양에 있다.

그렇다면 플라톤적 정의론을 충족시키려면, 대외적으로 어느 정도의 절제를 추구해야 있는가? 개인의 삶에서부터 우주 전체를 포괄하는, 전체에 대한 지식이 전제되지 않는 한 이 질문에 단적으로 답하기는 어렵다. 최선의 국가가 대외정책에 있어서 절제를 발휘하기 위해서는 국제관계나 대외정책이 전체에 대한 지식에 비하면 매우 제한적 지식에 의존하고 있다는, 인간 지식의 한계를 자각해야 한다. 분명한 것은 이러한 자각을 촉진하기 위해서 공동체 내의 철학자의 존재가 필수적이라는 사실이다. 철학자들이야말로 전체에 대한 지식을 추구하면서 특정 정치공동체의 이익에 매몰되지 있고, 절제의 중요성을 가장 잘 인식하고 있는 존재이기 때문이다. 이런 맥락에서 모든 철학자는 본질적으로 세계시민주의적 성향을 띤다고 할 수 있다. 이러한 철학자가 실천적으로 영향력을 행사하려면, 철학자가 정치권력을 갖고서 대외정책에서 절제를 실천하는 것이다.

문제는 플라톤 정치철학은 철학자의 권력 행사를 사실상 부인할 뿐 아니라 철학자의 정치 참여의 가능성을 거의 인정하지 않는 것이다. 이러한 상황에서 어떤 국가의 대외정책을 절제된 방식으로 표출하기 위해서는 철학자의 기능을 대체할 만한 요소를 찾아야 한다. 현실적으로 가능한 것은 철학자와 유사하게 보편적 가치를 지향하는 시민들을 존중하고 이들의 가치를 정책에 반영하는 것이다. 보편적 가치를 지향하는 시민들은 철학자들처럼 보편적 가치에 대한 철학적 탐구를 거치지는 않았지만, 적어도 어떤 사안에 대해서도 특수 이익보다는—그것이 사적 이익이거나, 계급적 이익, 혹은 국가적 이익인가를 막론하고—보다 보편적 가치를 지향할 가능성이 크다. 아울러 보편적 가치의 지향은 기본적으로 개방적이므로 글로벌 정의의 실현에 기여할 가능성 또한 높다. 이렇게 보면 글로벌 정의가 실질적으로 실현되기 위해서는 세계시민주의를 당위론적으로 강요하기보다 국내의 정의 담론 가운데 가급적 보편적 가치를 지향하는 요소들을 존중하고 이를 강화할 필요가 있다.

3. 아리스토텔레스의 목적론적 국익론과 근대 주권론의 해체 가능성

목적론적 국익론에 따르면, 한 국가의 국익을 다른 국가의 국익과 배타적인 것으로 규정하기 어렵다. 국가의 궁극적인 목적은 구성원의 행복에 있고, 그것이 곧 국가의 탄생을 허용한 "자연"의 목적에 부합하는 것이므로 국익은 바로 이러한 국가의 목적을 충족시킬 때 가능해진다. 이런 맥락에서 국익 추구는 물론, 세계정치 전체의 구성도 "행복의 정치"에 초점이 맞춰져 있어야 한다. 그럼에도 불구하고 우리는 근대 국가의 주권 개념에 너무나 익숙한 나머지, 혹은 반복된 학습과 구성된 현실(constructed reality)로 인해, 국익 추구를 위한 국가의 대외적인 활동에 도덕적 한계를 부과하는 것을 '규범적으로' 거부해 왔다. 앞서 우리는 아리스토텔레스의 좋은 삶의 정치를 국제정치적 맥락에서 재해석함으로써, 국익 추구의 과정에서도 도덕적 가치가 개입될 수 있음을 시사하였다. 관조적 활동의 범주가 영혼의 세부 영역에서부터 광활한 우주의 영역까지 대단히 광범위함을 고려할 때, 관조적 삶을 우위에 둔 아리스토텔레스의 좋은 삶의 정치가 앞으로 어떤 구체적인 도덕적 제약을 국익 추구의 행위에 부과할 수 있을지는 미지수이다. 그럼에도 불구하고 아리스토텔레스의 좋은 삶의 정치는, 국가의 궁극적인 목적을 개별 인간들의 좋은 삶에 두고 있는 한, 적어도 팽창적 지배를 통한 국익의 추구는 바람직하지 않다는 점을 강조하고 있다(박성우 2005).

최근 국익 추구와 관련하여 새로운 쟁점으로 부각되고 있는 것 중 하나는, 국익을 정확히 계산하거나, 국익을 정의(定義)하는 것조차 혼란스러워졌다는 인식이다. 국경을 초월한 자본과 노동의 이동이 광범위하게 진행되는 지구화 과정을 통해 국민국가의 경계가 불분명해지

고, 자국민의 이익과 외국인의 이익이 중첩되거나 혼재되어 있는 상황
이 비일비재하기 때문이다. 이제 과거처럼 국민국가적 관점에서 국익
을 추구하는 것 자체가 불가능해졌는지 모른다. 이런 맥락에서 아리스
토텔레스의 좋은 삶의 정치에 바탕을 둔 국익 추구는 애초부터 개별
국가들 간의 국익 추구를 제로섬 관계로 파악하지 않았고, 관조적 활동
의 용인을 통해 국익 추구에 있어서도 경계 밖의 요소들을 허용했다는
측면에서 지구화 시대의 국익 추구 모델로 활용될 수 있다고 본다.

한편, 지구화는 과거 국익의 범주로 심각하게 고려되지 않았던 제
문제들(예컨대, 환경문제나 인간안보, 지역안보)을 개별 국가들이 처리
해야 할 심각한 문제로 대두시켰다. 뿐만 아니라 여전히 국익의 관점
에서 개별 국민국가의 관심을 끌지는 못하나 인도주의적인 관점에서
결코 무시할 수 없는 현실(난민, 해외에서의 학살, 아프리카 아동들의 기
아)이 부각되기도 한다. 현대 국가들은 대체로 이런 문제들을 해결할
필요성은 인정한다. 그러나 이들이 근대 국가적 관점에서 국익을 정의
하는 한, 이런 문제들은 여전히 국익의 범주 밖으로 내몰릴 것이며, 결
국 누구도 해결하려 들지 않는 국제적 난제로 남게 된다.

아리스토텔레스의 좋은 삶의 정치는 이러한 국제적 문제들을 국
익의 범주 안으로 끌어들여, 개별 국가들로 하여금 이러한 문제들의 해
결을 국익의 추구로 간주하게끔 할 것이다. 일각에서는 세계시민주의
(cosmopolitanism)에의 호소를 통해 당면한 문제들에 해결하고자 한
다. 그러나 근대적 의미의 국민국가가 존속되고, 혹자의 표현처럼 글로
벌 데모스(global demos)가 출현하지 않는 한 세계시민주의적 관점은
당분간 실효를 거두기 어렵다(cf. Bartelson 2008). 이런 맥락에서 아리
스토텔레스의 좋은 삶의 정치의 국제정치적 확장은, 세계시민주의의
실효성이 의심되는 현 상태에서 국가의 대외적 행위에 도덕적 한계를

설정하고, 당면한 지구적 문제에 접근할 수 있는 효과적인 경로가 될 여지가 있다.

참고문헌

김지훈. 미출간. "함정에 빠지는 건 누구일까?: 투키디데스의 가르침 재조명."

도날드 케이건. 허승일·박재욱 옮김. 2006. 『펠로폰네소스 전쟁사』. 까치.

박성우. 2003. "소크라테스는 칼리클레스와 화해할 수 있을까?" 『서양고전연구』 20.

_____. 2005. "행복의 정치: 아리스토텔레스의 니코마코스 윤리학과 정치학에 나타난 철학적 삶과 정치적 삶의 의미." 『한국정치학회보』 39(5).

_____. 2007. "플라톤의 『메네크세노스』와 아테네 제국의 정체성, 그리고 플라톤적 정치적 삶." 『한국정치학회보』 41(4).

_____. 2008. "현실주의 국제정치이론에서 투키디데스 읽기의 한계와 대안의 모색." 『국제정치논총』 48(3).

_____. 2011. "국익 추구의 도덕적 한계와 아리스토텔레스의 좋은 삶의 정치." 『21세기정치학회보』 21(2).

_____. 2014a. 『영혼 돌봄의 정치: 플라톤 정치철학의 기원과 전개』. 서울: 인간사랑.

_____. 2014b. "국익의 철학적 토대와 철학적(소크라테스적) 국익 추구의 가능성: 플라톤의 『알키비아데스』를 중심으로." 『국제정치논총』 54(3).

_____. 2016. "플라톤 정치철학과 아테네 제국." 『21세기정치학회보』 28(1).

이승주 외. 2013. 『국익을 찾아서』. 서울: 명인문화사. 2013.

플라톤. 박종현 역. 2005. 『국가·정체』. 서울: 서광사.

Andrew, Edward. 1983. "Descent to the Cave." *Review of Politics* 45(4).

Arendt, Hannah. 1990. "Philosophy and Politics." *Social Research* 57(1).

Aristotle. 1985. *Nicomachean Ethics*. Translated by Terence Irwin. Indianapolis: Hackett.

_____. 1988. *Politics*. Translated by C. D. C. Reeve. Indianapolis: Hackett.

Barker, Ernest. 1959. *The Political Thought of Plato and Aristotle*. NY: Dover Publication.

Bartelson, Jens. 2008. "Globalizing the Democratic Community." *Ethics and Global Politics* 1(4).

Beitz, Charles. 1979. *Political Theory and International Relations*. Princeton: Princeton University Press.

Benhabib, Seyla. 2008. *Another Cosmopolitanism*. Oxford: Oxford University Press.

Brickhouse, Thomas. 1981. "The Paradox of the Philosophers' Rule." *Apeiron* 15.

Busch, Nathan. 2008. "International Duties and natural Law: A Comparison of the Writings of Grotius and Plato." *Interpretation* 35(2).

Carens, Joseph H. 2010. "Aliens and Citizens: The Case for Open Borders." *Global Justice: Seminal Essays* eds. T. Pogge & Darrel Moellendorf. Polity Press.

Croix, G. E. M. de Ste. 1972. *The Origins of the Peloponnesian War*. London: Duckworth.

Danner, Mark. 2004. *Torture and Truth: America, Abu Ghraib, and Wao on Terror*. NY: New York Review of Books.

Dodds, E. R. 1951. *The Greeks and the Irrational*. Berkeley: University of California Press.

Finnemore, Martha. 1996. *National Interest in International Society*. Ithaca: Cornell University Press.

Friedlich Meinecke, Friedlich. 1957. *Machiavellism: The Doctrine of Raison d'Etat and Its Place in Modern History*. New Haven: Yale University Press.

Guthrie, W.K.C. 1975. *A History of Greek Philosophy: IV Plato: the man and his dialogues earlier period*. Cambridge: Cambridge University Press.

_____. 1978. *A History of Greek Philosophy: V. The later Plato and the Academy*. Cambridge: Cambridge University Press.

Hersh, Seymour M. 2004. *Chain of Command: the Road from 9/11 to Abu Ghraib*. NY: HarperCollins Publisher.

Juban, David. 2008. "Just War and Human Rights." in *Global Ethics: Seminal Essays* eds. T. Pogge & Keith Horton, Polity Press.

Kegley, Jr. Charles W. 1988. "Neo-Idealism:A Practical Matter." *Ethics and Internatioanl Affairs* Vol.

Klosko, George. 2006 (origin. 1986). *The Development of Plato's Political Theory*. Oxford: Oxford University Press.

Kraut, Richard. 1973. "Reason and Justice in Plato's Republic." in *Exegesis and Argument* ed. E. N. Lee, Assen: Van Gorcum.

Lane, Melissa. 2001. *Plato's Progeny: How Plato and Socrates Still Captivate the Modern Mind*. London: Gerald Duckworth.

May, Larry. 2015. *Contingent Pacifism: Revisiting Just War Theory*. Cambridge: Cambridge University Press.

Meineke, Friedrich. 1957. *Machiavellism: The Doctrine of Raison d'Etat and its Place in Modern History*. Trans. Douglas Scott. New Haven: Yale University Press.

Monoson, Sara. 2000. *Plato's Democratic Entanglements: Athenian Politics and the Practice of Philosophy*. Princeton: Princeton University Press.

Morgenthau, Hans J. 1985. *Politics Among Nations: The Struggle for Power and Peace*, 6th ed. New York: Alfred A. Knopf.

Nincic, Miroslav. 1999. "The National Interest and Its Interpretation." *Review of Politics* 61(1).

Ober, Josiah. 1998. *Political Dissent in Democratic Athens: Intellectual Critics of Popular Rule*. Princeton: Princeton University Press.

Orwin, Clifford. 1994. *The Humanity of Thucydides*. Princeton: Princeton University Press.

Osiander, Andreas. 2001. "Sovereignty, International Relations, and the Westphalian Myth." *International Organization* 55(2).

Pangle, Thomas L. & Peter J. Ahrensdorf. 1999. *Justice Among Nations*. Lawrence: The University Press of Kansas.

Park, Sungwoo. 2008. "Thucydides on the Fate of Democratic Empire." *Journal of International and Area Studies* 15(1)

Phillips, Warren R. & R. C. Crain. 1974. "Dynamic Foreign Policy Interactions: Reciprocity and Uncertainty in Foreign Policy." in Patrick J. McGowan ed. *Sage International Yearbook of Foreign Policy Studies*. Beverly Hills: Sage.

Plato, 2000. *Republic*. Translated by G. R. F. Ferrari & Tom Griffith. Cambridge: Cambridge University Press.

Pogge, Thomas. 2010. "Cosmopolitanism and Sovereignty." in *Global Justice: Seminal Essays* eds. T. Pogge & Darrel Moellendorf. Polity Press.

Popper, K. R. 1966. *The Open Society and Its Enemies*. Princeton: Princeton University Press.

Rawls, John. 1999. *The Law of Peoples: with "The Idea of Public Reason Revisited."* Cambridge: Harvard University Press.

Saxonhouse, Arlene W. 1978. "Nature & Convention in Thucydides' History." *Polity* 10-4 (Summer), pp. 461-487.

Shorey, Paul. 1968 (origin. 1933). *What Plato Said*. Chicago: University of Chicago Press.

Strauss, Leo. 1964. *The City and Man*. Chicago: University of Chicago Press.

_____. 1978. *City and Man*. Chicago: University of Chicago Press.

Syse, Henrik. 2010. "The Platonic Roots of Just War Doctrine: A Reading of Plato's Republic." *Diametros* 23.

Thorson, Thomas Landon. ed. 1963. *Plato: Totalitarian or Democrat?* Englewood Cliffs: Prentice-Hall.

Thucydides. 1998. *The Landmark Thucydides: A Comprehensive Guide to the Peloponnesia War*. Robert B. Strassler ed. Free Press.

Vlastos, Gregory. 1995. *Studies in Greek Philosophy Volume II. Socrates, Plato and Their Tradition*. Princeton: Princeton University Press.

Walzer, Michael. 2008. "The Moral Standing of States: A Response to Four Critics." in *Global Ethics: Seminal Essays* eds. T. Pogge & Keith Horton. Polity Press, pp. 51-72.

제2부   지역연구 시각

제4장   아메리카 합중국과 동아시아
         지역 아키텍처의 변환: 네트워크
         국가론의 시각*

         차태서(성균관대학교)

* 본 연구의 초고는 『한국동북아논총』 25(2)(2020, 5-26)에 출판되었음.

I. 서론

제1차 세계대전을 전후해 주로 서반구 내에서만 대외활동을 추구하던 아메리카 합중국[1]이 본격적으로 세계정치 무대에 등장하면서, 미국의 엘리트들이 자신의 역사적 경험에 기반해 미래 세계질서의 청사진을 제시하는 일이 빈번해졌다. 가령, 시어도어 루스벨트(Theodore Roosevelt) 대통령은 1910년 노벨 평화상 시상식 연설에서 합중국의 연방체제가 세계적 규모로 건설될 평화연방의 선구자라는 주장을 펼쳤다.

연방대법원의 창설과 상이한 나라들(states)[2] 간의 평화와 우호를 보장하기 위해 채택된 방법들을 통해 합중국의 헌법은 국제평화와 정의를 위한 세계연방의 모델을 제공해 줍니다…… 나라 간의 적개심을 방지하기 위해 미국 헌법에서 도입된 방법들은 세계적 범위에서 같은 결과를 얻고자 하는 사람들이 연구해볼 만한 가치가 있습니다.[3]

---

1 뒤에서 살펴볼 것처럼, 본 연구의 핵심주제와 관련, 일반적인 근대 민족국가와는 구분되는 네트워크 정치체와 국가 간 질서를 구축해온 나라의 특이성을 표현하기 위해서는 아메리카 "합중국"이라는 표기가 적합해 보이나, 워낙 "미국"이란 명칭이 일반적으로 사용되고 있는 관계로 본고에서는 둘을 혼용해 사용하고자 한다.

2 미국의 역사, 특히 남북전쟁 이전의 역사에서 "State"를 어떻게 번역할 것인가의 문제는 합중국이라는 독특한 복합 정치체에 대한 접근법과 관련해 핵심적인 쟁점이다. 본론에서 상술될 것처럼, 근대 유럽 기원의 베스트팔렌 체제를 벗어나려고 시도했던 18-19세기 북아메리카 시공간의 정치적 실험을 온전히 반영하려면, 유사주권을 가지고 거의 독립된 국가처럼 행동했던 "State"를 동아시아의 오랜 지방 행정단위인 "州"로 번역하는 기존의 관행은 적절치 않다. 이러한 고민에 따라 배영수는 버나드 베일린(Bernard Bailyn)의 저서를 번역하면서 춘추전국시대에 쓰이던 언어를 차용해 "State"를 "邦家"로 표현한 바 있다. Bailyn(1999).

3 Hendrickson(2009, 296)에서 인용.

인디펜던트(*Independent*)지의 편집자였던 해밀턴 홀트(Hamilton Holt)는 당대에 이러한 국제주의적 사고의 가장 열렬한 지지자로 이름을 떨쳤는데, 1914년 1차대전이 발발하자 즉각적으로 평화연합의 구성이 필요하다는 견해와 함께 미국의 주도적 역할의 필요성을 역설하였다.

연맹(League)의 수립에 앞장서는 것은 합중국의 명백한 운명입니다…… 합중국은 세계의 축소판과 같습니다. 합중국은 역사상 알려진 가장 커다란 평화연맹입니다. 합중국은 지구상의 모든 인종과 민족이 하나의 정부형태 아래 평화롭게 살 수 있음을 세계에 증명해 보였습니다…… "보다 완전한 연합(union)"을 형성하기 이전에 우리의 초기 13개의 나라들(states)은 지금 국제적 범위에서 제안되고 있는 것과 놀라울 정도로 유사한 연합(confederacy) 속에 통합되어 있었습니다.[4]

그리고 세계대전이 끝난 후 프런티어 이론(frontier theory)으로 유명한 역사가 프레드릭 잭슨 터너(Frederick Jackson Turner)는 1918년 베르사유 강화회의에 참석하기 위해 길을 떠나던 우드로 윌슨(Woodrow Wilson) 대통령에게 메모를 전달하여, 북아메리카 대륙 내에서 19세기 동안 벌어진 지역(section) 간의 갈등과 전쟁, 그리고 통합의 역사가 전후 유럽세계 평화건설의 청사진을 제공할 것이라고 조언하였다(Diamond 1942; Hendrickson 2003, 288-289).[5]

---

4   Hendrickson(2009, 295)에서 인용.
5   1919년 파리평화회담에 미국 측 대표단의 고문으로 참석했을 뿐 아니라, 1921년 헤이그 상설국제사법재판소 설립에도 이바지했던 국제법학자 제임스 브라운 스콧(James

본 연구는 이상의 내용에서 엿볼 수 있는 것처럼, 20세기 이후 패권국으로서 세계질서를 조형해온 아메리카 합중국이라는 나라가 지녀온 독특한 네트워킹적 정치실험 혹은 조직원리(organizing principle) 변환 프로젝트에 대해 주목하고자 한다. 원래 네트워크 국가, 네트워크 파워 등의 용어는 21세기 지구화의 시공간적 맥락에서 근대국가와 근대 국제질서의 탈근대적 변환을 설명하기 위해 고안된 개념들이다(김상배 2019). 반면, 본 논문에서는 국가 행위자의 구성, 대전략의 중심논리, 지향하는 국가 간 조직원리 등의 세 가지 차원에서 네트워크 개념이 이미 미국의 이백여 년 역사의 중핵에 자리 잡고 있음을 강조하려고 한다. 즉, 미국이라는 나라가 시초부터 네트워크 국가 형태의 건설과 네트워크적 국제질서를 구축하려는 시도에 기반하고 있다는 사실에 초점을 둔다. 보다 구체적으로 본문에서는 ① 위계적 근대국가 모델의 대안으로서 아메리카 합중국의 복합공화국 모델을 설명하고, ② 미국의 주류 외교전통인 자유 국제주의와 그것의 구현태인 전 지구적 동맹체제를 네트워크적 관점에서 재해석하며, ③ 조직원리 권력(전재성 2019, 129) 또는 설계권력(김상배 2014, 271-273)을 발휘해온 패권국가 미국이 어떻게 주류 국제정치학이 무반성적으로 전제해온 "무정부 상태 속의 국가들(states-under-anarchy)"이라고 하는 베스트팔렌 문제틀(Westphalian problématique) 자체(Waltz 1979; Nexon and Wright 2007)에 변환을 획책해왔는지 등을 분석할 것이다. 또한, 이러한 논의 구도 아래 미국의 네트워킹 전략의 구체적 사례로서 동아시아 동맹시스템의 역사적 변환 과정을 양극 시대, 단극 시대, 탈단극 시대 등으로 시기 구분하여 탐구하고, 이것이 한국의 외교정책에 지니는 함의를 결

Brown Scott)은 이러한 시대적 맥락에서 아메리카 합중국을 국제기구의 원형으로 파악하는 당대 논의들을 집대성한 저서를 남겼다(Scott 1920).

론 부분에서 다루고자 한다.

II. 미국특색적 네트워크 국가체제와 국제질서 건설

1. 필라델피안 체제의 건설: 탈베스트팔렌 세계질서의 원형으로서 아메리카 합중국

미국이라는 정체(政體)의 특이성을 이해하기 위해서는 먼저 미국의 공식 국가명에 등장하는 합중국(合衆國, United States)이란 무엇인지에 대해서부터 이야기를 풀어갈 필요가 있다.[6] 특히 합중국의 건국이 정치체 간의 안보와 협력문제를 해결하기 위한 국제정치적 문제의식에서 출발했다는 점을 이해해야만 한다. 다시 말해, 합중국은 일종의 국가 간 평화조약으로서 정치질서의 역사에서 보편적으로 발견되는 제국적 위계질서와 아나키의 안보위협을 극복하는 새로운 국가 간 조직원리를 고안하려던 건국의 아버지들(Founding Fathers)의 지적 발명품으로 해석될 필요가 있다. 유혈전쟁을 거쳐 영국으로부터 분리 독립한 13개 나라의 대표단이 필라델피아에 모여 일종의 국제평화회의를 개최한 결과, 서로 간에 주권을 분할, 공유하는 새로운 국가 간 질서인 "필라델피아 체제(Philadelphian system)"가 형성되었으며, 이는 유럽대륙의 베스트팔렌 질서와는 상이한 새로운 국가체제이자 국가 간 시스템이 탄생했음을 뜻했다(Deudney 2007, 161-189).

---

6 이하의 내용은 미국의 연방헌법에 대한 수정주의적 접근법이라고 할 수 있는 국제정치적 해석의 연구들을 원용하였다. 이에 대한 최근의 소개들로는 Edling(2018)과 Totten(2020) 등을 참조할 것.

네트워크 이론의 틀을 빌리자면, 흔히 복합 공화국(compound republic)이라 불리는 연방형식 자체가 일괴암적(monolithic) 근대국가와는 구분되는 네트워크형 국가의 모습으로서 개별 정치체(state) 노드 간의 관계를 고민한 결과라고 할 수 있다. 미국의 국제정치학자 다니엘 듀드니(Daniel Deudney)가 공화주의 사상사의 맥락에서 고안한 용어인 "네가키(negarchy)"는 바로 이러한 미국 건국자들의 조직원리와 네트워크 국가에 대한 성찰을 적시한 개념이라 할 수 있다. 이는 기존의 주류 국제정치학 이론들이 규정한 아나키(anarchy) 대 하이라키(hierarchy)라는 이분법적 틀을 넘어서는 대안적 조직원리의 탄생을 나타낸 용어로, 네가키로 조직된 정치체에서 단위들 사이의 관계는 권력의 분할과 공유, 균형을 통해 상호제약적인 형태로 구성된다는 점이 두드러진다. 따라서 공화주의적 정치체는 무정부 상태의 혼란과 제국 상태의 억압 모두를 회피하는 안정적이고 자유로운 질서를 유지할 수 있게 된다(Deudney 2007, 48).

그 결과 미국은 국가(the national)이자 국제(interstate)로서 존재하는 독특한 네트워크로 세상에 등장했다고 볼 수 있으며, 건국기에서부터 탈베스트팔렌적 국가모델과 국제체제를 지향했다고 말할 수 있다. 따라서 남북전쟁 이전 아메리카 합중국의 역사는 국가건설 프로젝트이자 신국제 아키텍처를 건설해가는 이중적 과정이었다.[7] 이상의 초기 미국사의 국제정치적 이해는 20세기 이후 합중국의 대외정책, 특히 팍스 아메리카나 구성 과정을 설명하는 데 필수적이다. 패권국가 미국

---

7   남북전쟁 이후, 연방 "국가"화가 공고화된 상태에서도 여전히 연방정부와 주정부 사이의 관계는 일부분 견제와 균형의 복합 네트워크적 모습을 보인다. 각 주가 완전히 중앙집권적으로 연방정부에 종속된 위계적 근대국가의 운영원리와는 차별적인 형태를 유지해 온 것이다. 이에 대한 역사적 해설로는 이옥연(2014); 손병권(2018) 등을 참조할 것.

의 주류 대전략인 자유 국제주의의 역사적, 이념적 원천이 북아메리카 대륙 내의 네트워킹 정치체 실험에 근거하기 때문이다(차태서 2019, 132-136).

2. 네트워킹 헤게모니: "자유주의적 리바이어던"의 조직원리 재구성 프로젝트

제국 혹은 패권국의 헌정적 국제질서 구성의 힘으로서 "조직원리 권력"은 전후 미국의 자유 국제주의 대전략의 핵심에 위치한다. 앞서 언급한 것처럼 국내적으로 독특한 네트워크 국가인 복합 공화국을 구축하고, 전 세계적으로 그 템플릿(template)을 확산시키려는 노력을 기울임으로써, 미국의 엘리트들은 네가키(negarchy) 또는 "네트워크아키(networkarchy)"(김상배 2014, 337)라고 하는 제3의 조직원리를 초국적 범위에서 설계하고자 노력하였다. 특히 1차대전 직후나 2차대전 직후와 같은 "승리 이후"(Ikenberry 2001)의 예외적 시기에 미국은 "자유주의적 리바이어던"(Ikenberry 2011)으로서 아나키의 영향력이 지배적인 국제질서 전체를 헌정 질서(constitutional order)의 형태로 재구성하려는 프로젝트를 가동해 왔다. 하나의 대표적 사례가 바로 전후 서유럽에서 미국이 주도해 만든 북대서양조약기구(NATO)의 창설이다. 이는 일견 대소련 세력균형동맹이라는 현실주의적 제도처럼 보이지만, 실제 내용을 들여다보면, 미국을 포함한 서유럽 국가들의 주권을 서로 결박하고 뒤섞음(binding & pooling sovereignty)으로써 반영구적으로 서구 국가 간 무정부질서를 네트워크아키 형식으로 대체하고자 한 시도이다(Ikenberry and Deudney 2006, 91-93; Deudney 1996, 224-227).

이와 관련해 더욱 흥미로운 사실의 전개는 약 반세기가 지나 공산 진영이 몰락한 후에 발생한다. 주지하다시피 대다수의 현실주의자들은 냉전 종식 후 소련이라는 주적이 사라진 상태에서 서유럽의 다자동맹체인 나토가 소멸할 것이라고 예상하였다(Mearsheimer 1990; Walt 1997). 그러나 그러한 예측과 달리 도리어 나토는 구공산권의 영역인 유럽 동부로까지 지리적으로 확장되면서 자유 국제주의 질서 확산의 주된 기제로 지속 활용되었으며, 실질적 내용에 있어서도 협력안보를 넘어 집단안보까지 추구하는 다자안보협력체로 진화해갔다(김영호 2020, 121-130). 이러한 사실은 북미대륙에서의 역사적 실험에 근거한 미국특색적 국제주의와 네트워킹 전략에 대한 국가적 선호가 현실주의가 핵심변수로 간주하는 주적의 존재 여부와 상관없이 탈냉전 시대에도 계속해서 작동한 결과라고 볼 수 있다. 그렇지 않았다면, 유럽에서 전략적 목표를 상실한 미국은 퇴장해 신대륙으로 돌아가 버렸을 것이고, 결국 냉전시대 이전과 같은 다극체제와 안보딜레마의 시대가 구대륙에 도래했을 것이다. 그러나 네트워크 국가이자 국가 간 조직원리의 재구성을 추구하는 행위자로서 미국은 그런 현실주의적 길을 선택하지 않았다.

한편, 훨씬 홉스적 경쟁구조의 지배가 당연시되어 왔던 아시아 지역에서도 완전히 유럽적이지는 않지만, 그럼에도 복합 네트워크적인 색채를 띠는 새로운 국가 간 질서가 탈냉전기에 서서히 등장하기 시작하였다. 그리고 이러한 변화의 근저에는 미국의 대아시아 전략이 역사의 원동력으로서 작동하였다. 이하에서는 특히 이 부분에 집중하여, 어떻게 동아시아에서 미국의 "네트워킹 헤게모니" 전략(Dian and Meijer 2020)이 관철되었고 이것이 지역 아키텍처의 진화를 추동했는지에 대해 살펴보도록 하겠다.

III. 동아시아 지역 아키텍처의 진화: 차륜구조에서 복합 패치 워크로

1. 탈냉전기 샌프란시스코 체제의 변환[8]

전후 아시아 지역 아키텍처[9]로서 샌프란시스코 체제의 핵심 구성요소는 양자 동맹체제[10]에 기반한 미국 주도의 안보질서였다. 따라서 네트워크의 관점에서 보면, 동시대 서유럽과 달리 동아시아에는 제국적 색채가 강한 모노-허브(mono-hub) 형태의 차륜구조(hub-and-spokes system)가 정착된 셈이다.[11] 제도화가 고도로 진행된 서유럽의 다자주의적-헌정주의적 구조와 상이한 단(單)허브 네트워크를 이 지역이 갖게 된 원인으로는 대개 다음과 같은 요소들이 논의되어 왔다(Fontaine et al. 2017, 6).[12] 우선, 서유럽과 달리 역내 국가 간의 거리가 멀게 흩어져 있는 지리적 요소와 함께 미국과 대등한 위치에서 다자체를 구성할 만한 국력을 지닌 국가들이 부재했다는 점이 당대에 주어진 물리적 초기 조건으로 거론된다. 한편, 현실주의자들은 냉전 초기, 이승만의 남

---

8   샌프란시스코 체제의 기원과 전개, 오늘날의 도전과제 등에 대한 개괄적 소개로는 Tow and Kasim(2020); Teo and Emmers(2020).

9   아키텍처(architecture)란 행위자들에게 거버넌스 구조들을 제공하는 제도적 틀을 의미한다. 따라서 지역 아키텍처란 지역의 최상위 제도구조로서 역내 거버넌스의 틀을 제공한다. 대개 복수 제도들의 집합으로 구성되어 있으며, 여러 정책이슈 거버넌스의 능력을 향상하기 위해 국가 정책결정자들이 고안한다(Yeo 2019, 7).

10   미국과 공식적인 양자 동맹조약을 체결한 아시아-태평양 지역 국가는 한국, 일본, 호주, 필리핀, 태국 등 5개국이다. 이 외에 그와 유사한 수준의 양자 파트너십 관계를 맺어온 나라들로는 대만, 싱가포르, 뉴질랜드 등을 꼽을 수 있다.

11   이하 허브형 네트워크 모델과의 비유를 통한 국제질서 유형화에 대해서는 김상배(2005); Nexon and Wright(2007) 등을 참조.

12   전후 동아시아 지역과 유럽 지역의 상이한 궤적에 대한 비교역사사회학적 작업으로는 김학재(2017) 참조.

한, 장개석의 대만 등과 같은 소위 "깡패 동맹국들(rogue allies)"이 민족주의적 동기를 내세워 수정주의적 정책을 추구함으로써 미국을 곤란하게 만들었다는 사실에 주목한다. 즉, 한국전쟁과 같이 원치 않는 전쟁에 미국이 또다시 연루(entrapment)되는 것을 방지하기 위한 대비책으로서, 하위동맹국을 손쉽게 통제할 수 있는 비대칭적 양자동맹의 수립을 전략적으로 선택했다는 설명이다(Cha 2016). 다른 한편, 구성주의자들은 나토 동맹국들에 비해 아시아 지역 동맹국 간에 일본 식민지 과거로 인한 적대감이 만연하고 지역공동체 의식이 미발전되어 있던 상황과 더불어, 아시아인들을 열등한 존재로 인식해 평등한 위치에서 다자적, 헌정적 국제제도를 건설하는 것을 꺼린 미국의 인종주의적 문명관을 중요한 관념변수로 삼아 차륜 시스템의 부상을 분석한다(Hemmer and Katzenstein 2002).

그러나 탈냉전기에 와서 아시아 지역 안보 아키텍처에도 점진적인 변환이 발생하기 시작한다. 유럽과 같은 다자주의로의 전면적 이행이 일어나진 않았지만, 대신에 "복합 패치워크(complex patchwork)",[13] "노드 방위체제(nodal defense arrangement)",[14] "제휴

13 복합 패치워크란 대개 구체적인 문제 해결이나 신뢰 조성을 위해 만들어진 양자, 삼자, (소)다자 등 다양한 그룹들의 혼합체로서 명확한 위계 없이 상호 간에 겹치고 평행한 집단들 속에 배태되어 있는 역내 아키텍처를 지칭한다. 이는 특정 문제를 해결하려는 직접적 이해관계를 가진 집단들 간의 연합으로 지정학적인 동맹 모델보다는 비즈니스 모델과 유사하며, 국가들은 각자 자신의 이득을 위해 참여할 뿐 특정 이데올로기에 기반하거나, 공식적 통합을 지향하는 일은 드물다. 다만 그러한 개별적 이익의 추구가 지역의 집단적 혜택을 증진하는 결과를 가져오게 된다(Cha 2016, 206, 214).
14 노드 방위체제는 다자주의의 요소와 차륜구조의 요소를 합친 혼종적 범주로서 상이한 위협과 기능을 중심으로 뭉친 동맹국들의 클러스터로 구성되어 있다. 이는 상호 교차되는 양자, 소다자, 다자 채널들로 방위협력을 추구하며, 복수의 다양한 위협들에 대응하고, 개별 국가들은 고유의 특화된 기능/역할들을 수행한다. 가령, 동아시아에서 미국은 안보 보장자로서 주로 중국의 팽창을 직접적으로 견제하는 임무를 수행하며, 일본은 지역 허브로서 중국 억지자산이 집중된 거점이자, 지역동맹체제의 공동주역 역할을 담당

협력(alignment cooperation)"[15] 등의 유사개념들로 불리는 동아시아만의 고유한 복잡 네트워크 구조가 등장한 것이다. 특히 21세기 초반에는 9/11 사건의 맥락 속에, 대테러 전쟁, 비전통안보 등의 새로운 방위이슈 부상이 역내 아키텍처 변환의 추동력을 제공하였다(Blair and Hanley 2001; 이상현 2006). 이른바 "소다자주의(minilateralism)"가 전통적 양자 동맹체제를 보완하며 지역에 새로운 국가 간 협력의 기제로 부상한 것이다(박재적 2019).

그럼에도 동아시아 지역에서 전통적 차륜구조의 변환을 본격적으로 추동한 것은 버락 오바마(Barack Obama) 대통령 시대의 아태전략 프로젝트라고 보아야 할 것이다(신성호 2010, 155-157). 전임 부시(G.W. Bush) 행정부의 일방주의적 선제공격 독트린 추구가 중동지역에서의 제국적 과잉팽창으로 귀결되어 단극체제의 균열이 발생한 이후 탄생한 오바마 시대 대전략의 요체는 자유 국제주의로의 회귀 시도였다. 그리고 무엇보다 다자주의적 네트워킹을 위기에 빠진 미국패권의 대안 전략으로서 강조하였다. 일방적/강압적 패권 행사와 자유주의 세계혁명을 추구하다 감당하기 어려운 비용(대테러 전쟁의 실패와 2008년 세계 금융위기)을 떠안게 된 미국의 입장에서, 협력적 글로벌 거버넌스를 강조하고, 국가 간 네트워크 레짐을 통한 비용 분담을 추구한 것은 필연적 선택이라고 할 수 있다.[16] 특히 부시 정부 시절을 경유

한다. 그리고 남한과 베트남은 각각 한반도와 남중국해의 로컬 허브로서의 구실을 한다 (Simon, Lanoszka, and Meijer 2019, 18-21).

15 동맹이 국가 간의 공식적 결합으로서 명확히 사전정의된 외부 적에 대한 공동방어와 억지를 목표로 한 고비용의 관계임에 반해, 제휴는 주로 비전통 안보이슈에 집중하는 저비용의 국가 간 협력체로서 제도화/공식화의 정도가 낮고 일시적이다. 다자주의가 부재한 동아시아에서 탈냉전기 새롭게 부상한 신안보이슈들을 기존의 양자동맹체제가 적절히 다루고 있지 못한 빈 공간을 채워주는 역할을 수행 중이다(Atanassova-Cornelis 2020, 19-20).

하며 크게 침식된 하드 파워와 소프트 파워를 벌충할 대안적 권력자원으로서 소위 디지털 시대의 "네트워크 파워"가 부각된 것도 오바마 대통령의 통치 기간이었다.[17]

이와 같이 패권 조정이라는 대전략상의 변화 맥락 아래에 신미국안보센터(CNAS), 전략국제문제연구소(CSIS) 같은 주요 싱크탱크들에서 아시아-태평양 지역 아키텍처 변환에 대한 보고서들이 2010년대에 차례로 등장하였는데, 이들은 미국의 대아시아 전략의 다음 단계로서 미국의 기성 차륜구조체제를 새롭게 부상하고 있는 광범위한 안보 네트워크들에 내장시킴으로써 오래된 동맹시스템을 보완하자고 주장하였다(Cronin et al. 2013; Green et al. 2014; Fontaine et al. 2017). 그리고 그러한 민간의 담론이 행정부의 공식전략으로 수용된 결정판이 애쉬 카터(Ash Carter) 당시 국방부 장관의 "원칙적 안보 네트워크(Principled Security Network)" 건설에 대한 선언이었다(Carter 2016). 비록 아태지역에 나토와 같이 지역 범위 전체를 아우르는 공식적 안보 레짐이 존재하지는 않지만, 역내 상호연결성 증대와 공동위협의 증가에 대응하며, 해로 등 공동자원 접근을 보장하고자 하는 안보 네트워크의 발전 경향에 주목하고, 앞으로 이를 더욱 증진하고자 한다는 미군 수뇌부의 입장을 밝힌 것이다. 특히 기존의 양자에 국한된 협력의 틀을 넘어[18] 한-미-일 등 3자 메커니즘이 발전하고 있고, 냉전기에는 서로

---

16 "대침체(Great Recession)"를 수습하는 과정에서 부각된 G20가 대표적 사례라 할 수 있다.

17 이 부분에서 대표적인 브레인은 단연 오바마 정권에서 국무부 정책기획국장을 지낸 앤-마리 슬로터(Anne-Marie Slaughter) 전 프린스턴대 교수이다(Slaughter 2016; 2017).

18 여기서 한 가지 오해하지 말아야 할 것은 복합 네트워크적인 신흥안보 아키텍처와 기존 양자동맹체제 간의 관계성이다. 둘 간의 관계는 제로섬적인 경쟁이 아닌 상호 보완성으로 특징지어진다. 차륜구조의 동맹체들이 패치워크를 묶어내는 일종의 이음부 역할을 하면서 지역 제도들을 공고화하고 있기 때문이다. 사실 아시아 지역의 많은 (소)다자체

직접 연계되어 있지 않았던 바큇살 국가들(spokes) 간의 협력이 두드
러지고 있으며, 더 나아가서는 아세안확대 국방장관회의(ADMM-Plus)
같은 다자안보 아키텍처의 부상이 나타나고 있음을 긍정적으로 평가
하였다.[19]

한편, 역사적 유산과 정치체제의 다양성, 미중 간 세력균형의 변
동 등으로 인해 나토와 같은 단일의 다자안보기구가 수립되기 어려운
조건에서 복합 패치워크의 복잡성과 유연성은 유럽식 지역통합을 우
월한 국제 네트워크 체제로 선호하는 일반적 인식과 달리 단점이 아닌
장점이 될 수 있다. 우선 멤버십이 상호 겹치고 제도 내 위계가 부재하
기 때문에 미국과 중국 간의 제로섬적 제도균형경쟁 혹은 안보 딜레마
상황을 완화할 수 있다. 패치워크의 복합성이 다양한 형태의 제도들이
공존하는 것을 가능하게 함으로써 지역 아키텍처에서 어느 한쪽이 배
제될 수 있다는 두려움을 줄여주기 때문이다. 아울러 "자기 구속적 지
역 엔지니어링(self-binding regional engineering)" 프로세스가 진행
되면서 여러 제도에 멤버십을 갖게 된 강대국들이 점차 국제규범과 법
규들에 구속당하게 되는 효과도 생겨난다. 셋째로 패치워크는 집단행

들은 기성 양자동맹의 스핀오프(spin-off)적 성격을 지니고 있다(Cha 2016, 218).

19 보다 이론적 입장에서 복합 패치워크 혹은 노드 방위체제 같은 복잡한 시스템의 등장은
역사 제도주의적 관점에서 잘 설명될 수 있다. 합리주의적 접근과 달리 역사제도학파는
제도가 가진 내구력을 강조하는 동시에, 역사적 맥락 속에 위치한 행위자들의 전략적 선
택이 기성 관념과 제도를 변형할 수 있는 범위가 상당히 제한적임을 강조한다. 따라서
제도의 변화는 급진적 단절보다 점진적이고 내생적인 "진화"과정으로 이해되는 것이 옳
다고 주장한다. 실제로 냉전기에 수립된 기성 양자동맹체제가 소멸하거나 다른 다자안
보 네트워크로 대체되지 않고 잔존하면서, 그 위에 다기다양한 (소)다자체가 포개어지는
형태의 성층화(layering) 프로세스가 작동하고 있다. 이는 기본적으로 기존 아키텍처에
기득권을 지닌 엘리트 행위자들의 저항을 우회할 목적으로 비전을 가진 지도자들이 중
대시기(탈냉전, 동아시아 외환위기, 중국부상 등)에 기성제도 위에 비공식적 성격을 지
닌 새로운 제도들을 겹쳐 만들기 때문에 나타나는 현상이다. 이로써 시간이 지날수록 아
시아 지역 아키텍처의 제도적 복잡성은 증가하게 된다(Yeo 2019, 1-24).

동문제(collective action problem)를 해결하는 것에도 도움을 준다. 애초에 직접적 이익이 결부된 제도들에 국가들이 참여하게 되면서 무임승차 문제가 자연히 약화되고 비용과 위험의 공평한 배분도 가능해지기 때문이다. 마지막으로, 복합 패치워크의 복잡성은 중소국들의 입장에서도 상당히 유용한 측면이 있다. 무엇보다 패치워크의 발전으로 지역 네트워크의 복잡성이 증가하면 증가할수록 미국이나 중국이 단독으로 주도하는 국제제도를 선택해야 할 필요성이 줄어들며, 두 강대국을 제도 패치워크의 규칙들에 "얽혀 놓는(enmeshed)" 적극적 결박전략을 펼칠 기회도 늘어날 수 있다(Cha 2016, 216-217). 이처럼 오바마 시대에 큰 조명을 받은 역내 복잡 네트워크 질서의 등장은 기존 샌프란시스코 체제의 경직성과 위계성을 벗어나는 동시에 미중 패권경쟁의 긴장도를 떨어뜨려 주는 유용한 탈근대적, 탈세력균형적 아시아 지역 아키텍처로 평가받았다.

2. 인도-태평양 전략: 복합 패치워크에서 세력균형 동맹체제로의 퇴행

전략 개념으로서 "인도-태평양"의 기원은 본래 21세기 초 일본(과 호주)의 이니셔티브에서 유래한다(Atanassova-Cornelis 2020, 21-22). 그리고 도널드 트럼프(Donald Trump) 미국 대통령이 2017년 아시아 순방 중 "자유롭고 번영하는 인도-태평양(FOIP)"이란 개념을 사용하면서 본격적인 국제정치의 언어로 부상하였고, 이어서 미군의 태평양 사령부(USPACOM)가 인도태평양 사령부(USINDOPACOM)로 확대 개칭되는 등 인도-태평양은 새로운 전략공간 개념으로서 자리를 잡아가게 된다. 트럼프 집권기 아시아 전략의 전환을 상징하는 언어로서 "인태"

가 집중조명을 받게 된 것이다.[20]

그런데 흥미롭게도 트럼프 시대 동아시아 전략을 두고 미국 정부 내의 긴장과 경합이 관찰되었다. 사실, 이 내부 담론투쟁에는 미국의 대전략을 둘러싼 자유 국제주의 노선을 따르는 기득권 주류세력(establishment)과 민족주의적 색채가 강한 트럼프주의자들 간의 갈등이 그대로 투영되었다(Layne 2017; Porter 2018; de Graaff and Apeldoorn forthcoming). 우선, 길게는 탈냉전기부터, 짧게는 오바마 시절 시작된 복합 네트워크 구성강화론이 2017년 아웃사이더에 의한 정권교체에도 불구하고 행정부 내 고위관료집단에 의해 계속 추진되었다. 잭슨주의적, 현실주의적 색채가 강한 백악관의 『국가안보전략서(NSS)』(The White House 2017)와 비교할 때, 국방부와 국무부의 인도-태평양 보고서(The Department of Defense 2019; The Department of State 2019) 등 기성 관료들의 입김이 강한 하위문서로 갈수록 국제주의적 네트워크론의 영향력이 두드러졌다. 반면, 트럼프주의를 신봉하는 신 엘리트 집단은 반다자주의와 거래주의적 입장에서 패권유지 비용 회수를 우선시함으로써 결과적으로 기존의 복합 패치워크를 교란하였다. 또한 이들은 반중국 봉쇄정책을 위해 지역의 네트워크에 세력균형동맹(counterbalancing coalition)적 색채를 강하게 가미하였다. 이는 본래의 탈근대적 네트워킹 헤게모니 전략의 측면에서 보면 근대 국제정치 원칙으로의 퇴행이라고 부정적으로 평가될 소지가 있다. 보다 근본적인 문제는 이러한 논쟁이 단순히 신구 엘리트 집단 간 의견 갈등 차원의 이슈가 아니라 하락기에 접어든 패권국의 구조적 딜레마를 반영했다는 점에 있다. 헤게모니 쇠퇴라는 조건을 맞이한 미국이 어

---

20 "인도-태평양" 용어의 계보에 대해서는 김재관(2018, 269-271).

떻게 전략적으로 대응할 것인지를 놓고 국내 사회세력 간의 충돌이 격화되었던 것이다.

1) 복합 패치워크 구성의 지속

2019년 6월 1일 발표된 미 국방부 『인도-태평양 전략보고서』의 부제에는 "지역의 네트워크화를 촉진하기(promoting a networked region)"라는 구절이 담겨 있다(The Department of Defense 2019). 즉, 지역안정과 번영이라는 궁극의 목표를 달성하기 위한 수단 중 하나로 규칙기반질서(rules-based order) 수호를 위해 역내 동맹과 파트너십을 "네트워크화된 안보 아키텍처(networked security architecture)"로 강화 발전시킬 것을 다짐하고 있다. 보다 구체적으로, 동 보고서는 인태지역 안보의 기초가 미군의 전진배치에 더해 동맹과 파트너로 구성된 네트워크의 증대에 달려 있다고 주장하면서, 양자, (소)다자 관계의 강화뿐만 아니라 아시아 내부의 안보관계망을 확대 증진할 것을 강조하였다. 그러면서 실제적인 예로서 한-미-일, 미-일-호, 미-인-일 등 3자 파트너십, 아세안(ASEAN)과 쿼드(Quad) 등을 중심으로 한 지역 (소)다자체, 그리고 인도-태평양 해양안보구상(MSI), 지구평화작전구상(GPOI) 등의 연합군사작전 등을 열거하였다(The Department of Defense 2019, 44-51).

사실 이러한 내용은 앞서 오바마 행정부 시절 슬로터 국무부 정책기획국장이 구상한 네트워크 파워나 카터 국방부 장관이 추구한 원칙적 안보 네트워크 등과 내용상으로 거의 아무런 차이가 존재하지 않는다. 이는 흔히 음모론적 시각에서 행정부 내에 존재한다고 일컬어지는 "딥 스테이트(deep state)" 혹은 "블로브(blob)"의 존재를 반영하는 것이자, 역사적 제도주의에서 주목하는 경로 의존성(path dependence)

의 실례라고 볼 수도 있다(Yeo 2019). 아무리 정권교체 같은 외부충격이 발생한다고 하더라도, 역사적으로 구성되어온 제도와 관념, 인력의 관성이 일거에 대체되는 일은 좀처럼 발생하기 힘들다. 따라서 최상층부에 등장한 새로운 전략구상이 실제 실행부처에서 작동하는 단계에 이르면, 과거의 내용에 약간의 변화나 첨가를 가하는 수준에 그치고 말곤 한다. 위의 인태 보고서의 경우에도 물론 중국과 러시아를 수정주의 국가로 규정한다든지, 동맹국의 책임 분담을 강조한다든지 하는 부분들이 트럼프 정권 수뇌부의 선호를 반영해 담겼지만, 아시아 전략의 실행 영역에 있어서는 여전히 다자협력과 네트워킹을 강조하는 주류 자유 국제주의자들의 관행이 주되게 관철되었다.

2) 미국 우선주의에 의한 교란

반면, 트럼프와 그 핵심 서클의 목소리가 날 것으로 반영된 텍스트들, 가령 해마다 발표하는 트럼프의 유엔총회 연설문들에는 앞서 네트워크화된 세계를 추구하는 비전과는 전혀 다른 민족주의와 신주권론적 세계관이 짙게 표현되었다. 가령, 2018년 총회에 참석한 트럼프는 노골적으로 반다자주의와 반자유세계질서의 입장을 선언하였다.

> 누구에 의해서도 선출되지 않았으며, 누구에게도 책임을 지지 않는 지구 관료조직에 우리는 절대로 미국의 주권을 양도하지 않을 것입니다. 우리는 지구주의라는 이데올로기를 거부하며, 대신 애국주의 독트린을 수용합니다. 세계의 책임 있는 국가들은 글로벌 거버넌스로부터만 아니라 다른 새로운 형태의 강압과 지배로부터 오는 주권에 대한 위협으로부터도 자신을 보호해야만 할 것입니다(Trump 2018).

이런 맥락에서 실제로 트럼프 행정부의 거래주의적[21] 아시아 정책은 오바마 행정부 시기까지 이어져 온 역내 네트워킹 헤게모니 전략과 충돌하며 심각한 파열음을 만들어냈다(Beeson 2020). 한편에서는 앞서 본 것처럼 기존 동맹강화와 (소)다자기구의 수립, 나아가 네트워크화된 지역을 추구할 것을 공약하면서도, 다른 한편에서는 정권이 출범하자마자 환태평양 경제동반자협정(TPP)을 폐기하는가 하면, 정권 후반부에는 동맹국들까지 대상으로 한 무차별적 무역전쟁에 열중하는 모습을 보였다. 즉, 지역정치경제의 디커플링(decoupling)을 선도하는 듯한 양태를 보인 것이 엄연한 사실이다. 같은 맥락에서 동맹국들을 무임승차자로 비난하며, 더 많은 책임 분담을 하지 않을 경우 기존의 안보공약을 철회할 수 있다는 식의 일방주의적 태도를 지속적으로 노출해온 것도 미국의 신뢰도를 저하시켰다(Meijer 2020, 178-179). 그리고 이러한 미국 우선주의적 입장은 21세기 들어 미국이 아시아 지역에서 일관되게 추구해온 네트워크 아키텍처 추구에 있어 부정적인 효과를 가져왔다.

그런데, 트럼프 행정부가 인태지역 안보체제에 가져온 변화는 이보다 더 근본적인 측면이 존재한다. 이는 사실 "인태"라고 하는 새로운 지역 개념화 자체에 이미 함축된 전환으로서, 무엇보다 "중국문제"라고 하는 국제정치체제의 구조적 변환과 연관되어 있다.

3) 동아시아 지역 아키텍처에서 중국이라는 수수께끼: 대중 봉쇄체제의 등장

냉전기 샌프란시스코 체제에서 중화인민공화국의 지위는 한 차례 큰

21　거래주의적 접근이란 비즈니스 거래와 비슷하게 이슈를 사례별로 접근하면서 양자 딜(bilateral deals)에 의한 협상을 선호하는 외교정책 정향을 의미한다. 여기서는 심지어 동맹국에 대한 안보, 군사 공약마저도 전체 양자협상의 교환카드로 활용된다.

변화를 경험했다. 본래 1949년 대륙의 공산화, 1950년 한국전쟁 참전 등을 경유하면서, 중국은 상당 기간에 걸쳐 샌프란시스코 체제 외부의 적대적 타자로서 위치해 왔다. 그러나 1972년 극적으로 이루어진 미중 데탕트 이래 중국은 사실상 미국패권체제 아래 포섭되게 된다. 동아시아에서 소련에 맞서는 미중 간 (비대칭적) 협조체제가 등장한 것이다(이남주 2020, 21). 그 후 중국은 탈냉전기에도 2001년 세계무역기구(WTO) 가입에서 상징적으로 표현되듯 미국 중심의 자유세계질서 네트워크에 적극적으로 편입하면서 개혁개방을 추구하는 "도광양회"의 시기를 보냈다.

하지만 대략 2008년을 기점으로 이런 장기적 추세에 반하는 패러다임 변화가 발생하게 된다. 회고해 보건대, 이 시기를 전후해 지정학적 차원(대테러 전쟁의 실패)과 정치경제적 차원(전 세계 금융위기발발) 모두에서 자유세계질서는 이중위기의 시대로 진입하게 된다(Callinicos 2010). 이런 맥락에서 미국패권의 상대적 쇠퇴와 미중경쟁이라는 시대적 과제가 오바마 행정부 시기부터 본격적으로 제기되어 대전략에 반영되었고, 2011년 이래 천명된 "아시아로의 회귀(pivot)" 혹은 "재균형(rebalancing)"이라는 전략적 신개념은 여기에서 유래하였다(Campbell 2016). 아울러 앞서 살펴본 오바마 시대의 적극적 네트워킹 전략도 이러한 구조적 변동의 맥락에서 파악 가능하다. 미국은 패권의 쇠퇴를 다자간 협의체 구성 같은 네트워크 패권구축을 통해 돌파하려 한 것이다(김치욱 2010). 그런데 한 가지 유의해야 할 점은 중국 문제에 있어 오바마 행정부는 대중 견제의 메시지 못지않게 "책임 있는 이해상관자(responsible stakeholder)"로서 중국이 규칙기반 국제질서의 중요 노드 혹은 허브를 담당해야 한다는 전통적인 관여와 확장(engagement and enlargement)의 자유 국제주의적 패러다임을 유지했다는 사실이다. 특히 아태 지경학에 있어 TPP 구상이 상징하듯 경제적 상호의존성을 높여 통합과 협력의 국제관계를 구축하겠다는 주류적 접근법이 그대로 존재하였다(Meijer 2020, 174-177).

반면, 트럼프 행정부의 "공간적 재척도화(rescaling)"로서 인도-태평양이란 지역 개념화에는 그 근본에서부터 역내의 군사화, 봉쇄의 전면화라는 전략적 패러다임 전환이 내재되어 있었다. 지난 30여 년간 사용된 아시아-태평양 개념이 주로 경제적 교류 증진을 위한 무역과 투자 관련 정부 간 레짐 구축을 염두에 둔 지역주의 관념에 기반했던 것에 반해, 인태 개념은 인도까지도 반중 세력균형동맹에 끌어들여 중국의 해양 군사력 증대와 A2/AD 전략에 맞서자는 안보 중심적 프로젝트가 근저에 깔려 있다.[22] 앞서 본 것처럼, 공식 문서에 적시되어 있는 인태전략 자체에는 대중국 균형이라는 현실주의적 요소와 네트워크 아키텍처를 통한 규칙기반질서(RBO) 수호라는 자유 국제주의적 요소가 모두 함께 존재하나, 마이크 펜스(Mike Pence) 부통령, 피터 나바로(Peter Navarro) 백악관 무역제조업 정책국장 등이 앞장서 주도해온 트럼프 정권의 대중정책에서는 전자의 요소가 훨씬 두드러졌다. 중국이 지금까지 미국의 호의를 무시한 채 자유세계질서의 이득만 수취하고, 정치경제적 자유화는 무시했을 뿐만 아니라, 이제는 미국패권 자체에 도전하는 수정주의 대국으로 성장했다고 진단하면서, 강경한 대중압박정책으로의 근본적 대중전략 전환을 선포하였다(Pence 2018; 2019).[23] 실제 관세전쟁과 기술패권경쟁의 형태로 모습을 드러낸 최근

---

22   따라서 인도-태평양 지역은 아태지역과 달리 기존의 무역과 투자의 상호의존을 반영한 경제지리 영역이 아니며, 정부 간 경제 거버넌스의 제도화도 결여되어 있다. 결국 인태 공간의 인위적 "발명"은 향후 지정학적 차원에서 보다 경쟁적인 아시아를 구성해 나갈 공산이 크다(Wilson 2018).

23   이런 맥락에서 2020년 5월, 트럼프 행정부의 전략경쟁적 대중정책을 집대성한 문건이

몇 년간 미중 간의 격화된 갈등은 모두 트럼프 정부의 근본적 대중 적대의식에서 출발하였다. 또한 대중전략의 강경화가 오늘날 정치양극화의 시대에는 좀처럼 찾아보기 힘든 민주, 공화 양당의 합의 아래 형성되어가고 있다는 점을 고려할 때, 이는 미국 대전략에 있어 장기적 신경향이 될 가능성이 높아 보인다.

이로써 중국까지 포함해 지역적 협력과 통합을 구축해 가려고 했던 복합 패치워크 자체가 전통적인 지정학에 기반한 반중국 균세연합으로 수정될 공산이 커져만 가고 있다. 1970년대 이래의 미중 협조체제가 붕괴되어가고 있는 것이다(이남주 2020, 23-26). 특히, 두 초강대국이 서로 자신들이 주도하는 배타적 지역 네트워크 전략을 추구하면서, 제도적 균형(institutional balancing) 현상(He 2009)이 심화되고 있는 상황이다. 대개 복합 패치워크, 다자주의 2.0 등 동아시아 지역 아키텍처의 변환을 지적해온 학자들은 주로 그것이 유럽의 나토와 같은 고수준의 다자주의로 나아가진 못하더라도 기성 양자동맹구조에 더해 동아시아의 전략적 안정을 달성해주는 보완적 기제가 될 것으로 예측해 왔다(Cha 2016, 185-219; He 2019).[24] 그러나 트럼프 시대에 들어 미중의 전략적 관계가 경성균형(hard balancing)으로 이행할 가능성까지 점쳐지면서 전략적 불확실성이 빠르게 증폭되었다. 결과적으로 동

백악관 명의로 발표되었다(The White House 2020).

24 과거 냉전기 서유럽에 대한 소련의 위협과 비교할 때 오늘날 중국이 역내 국가들에게 가하는 위협의 정도가 낮고, 지역 국가 간 물리적 거리뿐만 아니라 정치체제와 국익의 상이성이 크다는 점에서 단일한 기구형성을 통한 아시아 지역협력의 가능성은 유럽에 비해 희박한 것이 사실이다. 더구나 이런 조건에서 무리하게 공식적인 지역안보기구를 창설하려는 노력은 불필요하게 제도 디자인과 위계를 놓고 국가 간 경쟁과 안보 딜레마 상황을 초래할 수도 있다. 그러나 급속한 중국 부상에 수반되는 공격적 안보위협의 증대가 아시아판 나토를 등장할 수 있게 할 것이라는 전망도 아예 불가능한 것은 아니다 (Burgess and Beilstein 2018).

아시아 지역이 미국과 중국의 두 세력권으로 쪼개진 양(兩)허브형 네트워크로 진화(김상배 2014, 355)하는 시나리오마저 부상하였다.[25]

이 지점에서 한 가지 첨예한 이슈는 미국 우선주의 시대에 "세력 균형적 네트워킹 전략이 과연 대중 견제에 대한 역내 합의를 끌어낼 수 있을 것인가"라는 질문이다. 사실 아세안 회원국들을 비롯한 대부분의 역내 중소국가들은 대체로 미중 사이에서 헤징(hedging) 전략을 채택하며, 미국 편에 일방적으로 편승하는 것을 꺼리고 있는 실정이다 (Massie and Paquin, eds. 2019; 정구연 2020). 아세안 국가들뿐만 아니라 가장 충실한 대미 추종자라는 일본조차도 최근 일정 부분 중일관계 개선이라는 "플랜 B"를 함께 진행 중인 것으로 관측된다(김주리 2019, 55-57). 특히나 트럼프 정부의 거래주의적-양자주의적 태도가 낳은 "중심성 남용(centrality abusing)"이 동맹국들로 하여금 미국을 우회하여 자신들만의 대안적 네트워크 구성을 모색하게 만들기도 하였다 (Slaughter and Ribakova 2019).

IV. 결론: 한국에의 함의

냉전시기 대한민국은 아시아의 미국주도 양자 네트워크 체제에서 전형적으로 나타나는 비대칭 동맹정치-"후견-피후견", "안보-자율성 교환" 관계 등-속에서 발전하였다. 연루와 방기의 동맹 딜레마와 반

---

25   실제로 코로나19 사태를 계기로 트럼프 행정부가 일종의 반중국 경제블록 구상인 "경제 번영네트워크(EPN)"를 들고 나와 중국을 배제한 미국 중심의 공급망 재편을 꾀한 것도 지경학 영역에 있어서 이러한 양허브형 네트워크로의 진화(혹은 퇴화)를 지시했다고 볼 수 있다.

공 권위주의 정권과 민주화 운동의 충돌 속에 한미관계도 시기에 따라 여러 부침을 겪었지만, 냉전기 패권국 미국의 공공재 제공의 가장 큰 혜택을 본 국가 중의 하나로서, 전체적으로 안정적인 국가방위와 경제적 번영의 환경을 혜택받은 것이 사실이다(신욱희 1993; 전재성 2016). 탈냉전기 한미동맹의 질은 더욱더 격상되었고, 21세기 초 지역 아키텍처의 변환과정에서 단순한 대북한 안보동맹을 넘어 자유민주주의적 가치에 기반한 전 지구적 규모의 "전략동맹"으로 진화하였다. 즉, 냉전형의 비대칭 동맹의 틀을 탈각하고, 대테러전쟁에서부터 기후변화 문제에 이르기까지 포괄적 분야를 아우르며 자유세계질서 수호의 일익을 담당하는 소위 "글로벌 파트너십"을 구축해왔다는 것이 2010년 대 중반 한미동맹의 거대서사였다(김성한 2019, 84). 그러한 전략환경 속에서 한국은 자유세계질서 내의 중견국으로서의 위치권력을 획득해 나갔으며, 소위 서방진영의 모범생이자 성공사례로서 네트워크 파워를 증대해 나갔다. 그리고 "매력국가론", "서울 컨센서스", "제3세대 중견국" 등의 슬로건이 이런 맥락 하에 등장하기도 하였다(손열 엮음 2007; 손열·김상배·이승주 엮음 2016).

  그러나 오늘날 한미동맹은 동아시아 지역 아키텍처의 균열 심화와 함께 또 다른 성격으로 변화하고 있다. 우선, 2018년 한미 자유무역협정(FTA) 재협상 및 개정, 현재진행형인 방위비 분담금 협상 과정 등, 트럼프 행정부의 미국 우선주의 동맹정책의 시범 케이스(?)로 계속 한국이 선택되었던 상황에 주목할 필요가 있다(Pompeo and Esper 2020). 즉, 자유세계질서 운영의 전략적 파트너라는 지위 대신 동맹의 "무임승차자(free rider)"로 취급받았던 것이다. 더구나 일각에서는 북핵문제의 해결 방향에 따라 주한미군 감축 가능성이 운위되는 등, 미국의 대한방위공약에 대한 신뢰성마저 의구심에 부쳐졌으며, 국내적으로는 "한미동맹의 스트레스"가 가중되는 상황에서 동맹의 편익보다 비용이 증가하고 있는 것이 아니냐는 의문이 제기되었다(이혜정 2020, 290).

　나아가 보다 근본적인 이슈로서, 격화되어 가고 있는 미중 패권경쟁 속에 우리의 입지가 갈수록 좁아지고 있다는 냉혹한 현실이 존재한다. 한국이 지금 추세대로 미중 양쪽 주도의 지역 네트워크 디커플링, 혹은 제도균형 경쟁에 그대로 말려들어 갈 경우, 두 강대국 사이에서 우리의 전략적 딜레마는 나날이 가중될 것이다. 대표적으로 미중 사이의 헤징전략 추구 속에 발생한 사드(THAAD) 배치 사례만 해도, 중국의 부상과 미국의 아태 재균형 전략 대응 사이에 끼인 한국이 커다란 경제적 손실을 감수해야만 했던 사안이었다(이혜정 2017). 같은 맥락에서 최근 유엔사령부(UNC)의 확대/재활성화 이슈가 부각되어, 유엔사가 일종의 동아시아판 나토 또는 다자안보의 플랫폼으로 성장할 것이라는 예측이 등장하고 있는데, 이 또한 장기적으로는 중국을 염두에 둔 미국의 세력균형 전략과 맞물려 있다는 점에서 우리에게 더 큰 전략적 딜레마를 안겨 줄 가능성이 존재한다(김기호 2019; 송승종 2019). 따라서 전체적으로 미중경쟁시대 동아시아 국제정치에서 한국의 입지는 인태전략을 능동적으로 이끌어가고 있는 일본과 여러모로 대조가 되는 상황이라 볼 수 있다. 주지하다시피 일본 정부는 2007년부터 이미 "다이아몬드 전략", "인태" 개념 등을 이니셔티브화 하는 등, 미국의 대중 봉쇄 움직임을 자신의 보통국가화와 불완전 주권 회복을 위한 전략적 포석에 활용해 왔다(전재성 2020b, 192-193). 그러나 "안미경중(安美經中)"이라는 저널리즘적 표현이 상징하듯 두 초강대국과 이중적 상호의존관계에 들어가 있는 우리의 처지에서는 일본과 같은 전략적 "결단"―대미편승―도 해결의 방안이 되기 어렵다.[26] 넓게는 자유

세계질서, 좁게는 동아시아 복합 패치워크의 구성 국면에서 크게 개방되었던 중견국의 틈새외교 또는 네크워킹 주체성(networking agency)의 공간이 미국패권의 상대적 하락과 지역 아키텍처의 반중 세력균형 동맹화의 과정에서 갈수록 폐쇄되어 가고 있는 셈이다(전재성 2020a, 19).

결국 우리의 관점에서 네트워크 국가로서 미국의 성격과 그 발현체로서 네트워크적 지역질서구성전략의 궤적을 연구하는 것은 단순한 학술적 연구의 관심 범위를 넘어, 미래 한국의 지정학적 삶과 죽음의 기로를 비추는 중대한 실천적 작업에 속한다고 할 것이다.

---

26 실제로 중국 부상과 역내 네트워크 안보 아키텍처 건설에 대해 이제까지 한국과 일본은 두드러지게 대조적인 인식과 대응을 보여주었다. 일본이 중국을 명확히 경쟁국으로 인식하고 미국주도 안보질서 구성에 주도적 중심허브 임무를 수행해 온 반면, 한국은 중국에 대해 보다 유보적인 태도를 취하면서 동아시아 안보 아키텍처 발전에도 제한적인 역할만을 맡아 왔다. 중국의 성장이 지역에서 자신의 강대국 지위를 위협한다고 인식하기에 적극적으로 기성질서를 수호하려는 일본과 달리, 한국은 경제적 의존성 문제에 더해 북핵문제 해결, 역내 중견국 지위 추구 등을 위해 중국과의 안정적 관계수립이 필수적이기 때문이다(Dian 2020).

참고문헌

김기호. 2019. "美, 유엔사 재활성화 '동아시아판 나토' 만든다: 다국적군으로 중국 러시아
　　견제 포석." 『신동아』 722.
김상배. 2005. "정보화시대의 제국: 지식/네트워크 세계정치이론의 시각." 『세계정치』 26(1).
＿＿＿. 2014. 『아라크네의 국제정치학: 네트워크 세계정치이론의 도전』. 파주: 한울.
＿＿＿. 2019. "네트워크 국가론: 미래 국가모델의 국제정치학적 탐구." 서울대학교
　　국제문제연구소 엮음. 『미래국가론: 정치외교학적 성찰』. 서울: 사회평론아카데미.
김성한. 2019. "미국의 신질서 구상과 한미동맹 2030." 『신아세아』 26(3).
김영호. 2020. "탈냉전기 미 동맹질서의 변화 양상과 자유국제주의 질서의 지속성." 『한국과
　　국제정치』 36(1).
김재관. 2018. "미국과 중국의 '인도-태평양 전략'과 패권 경쟁." 『동북아연구』 33(2).
김주리. 2019. "트럼프 행정부의 인도-태평양 전략과 한국에 대한 함의." 『국방정책연구』 126.
김치욱. 2010. "정부간협의체의 확산과 미국의 네트워크 패권전략." 하영선·김상배 엮음.
　　『네트워크 세계정치: 은유에서 분석으로』. 서울: 서울대학교 출판문화원.
김학재. 2017. "'냉전'과 '열전'의 지역적 기원: 유럽과 동아시아 냉전의 비교 역사사회학."
　　『사회와 역사』 114.
박재적. 2019. "인도·태평양 지역 소다자 안보협력: 과거, 현재, 미래." 『통일연구』 23(1).
손병권. 2018. "미국 연방국가의 궤적과 미래의 변화상." 서울대학교 국제문제연구소 엮음.
　　『한국국제정치학, 미래 백년의 설계』. 서울: 사회평론아카데미.
손열 엮음. 2007. 『매력으로 엮는 동아시아: 지역성의 창조와 서울컨센서스』. 서울: 지식마당.
손열·김상배·이승주 엮음. 2016. 『한국의 중견국 외교: 역사, 이론, 실제』. 서울: 명인문화사.
송승종. 2019. "종전선언, 정전협정과 유엔사령부." 『한일군사문화연구』 27.
신성호. 2010. "미국의 네트워크 동맹전략과 동아시아." 하영선·김상배 엮음. 『네트워크
　　세계정치: 은유에서 분석으로』. 서울: 서울대학교 출판문화원.
신욱희. 1993. "東아시아에서의 後見-被後見 國家 關係의 動學: 國家變化의 外部的/地政學的
　　根源." 『국제정치논총』 32(2).
이남주. 2020. "동아시아 질서의 변화와 새로운 지역협력의 모색: 샌프란시스코체제의 동학을
　　중심으로." 『경제와 사회』 125.
이상현. 2006. "정보화시대의 군사변환." 하영선·김상배 엮음. 『네트워크 지식국가: 21세기
　　세계정치의 변환』. 서울: 을유문화사.
이옥연. 2014. "미국: 복합공화국의 기원과 발전." 분리통합연구회 엮음. 『분단-통일에서
　　분리-통합으로』. 서울: 사회평론아카데미.
이혜정. 2017. "동맹의 결정: 사드(THAAD)와 한미 동맹, 미국 패권." 『의정연구』 23(3).
＿＿＿. 2020. "대침체, 미중경쟁과 한국외교." 이관세 외. 『미중 전략적 경쟁: 무엇이 문제이고
　　어떻게 풀어야 하나』. 서울: 페이퍼로드.
전재성. 2016. "한미동맹의 동맹 딜레마와 향후 한국의 한미동맹 전략." 『국가안보와 전략』

16(2).

_____. 2019. 『주권과 국제정치: 근대 주권국가체제의 제국적 성격』. 서울: 서울대학교
출판문화원.

_____. 2020a. "한국의 중견국 외교안보전략과 한미동맹." 『국제문제연구소 워킹페이퍼』 No.
151.

_____. 2020b. 『동북아 국제정치이론: 불완전 주권국가들의 국제정치』. 파주: 한울아카데미.

정구연. 2020. "아세안(ASEAN) 국가들의 헤징과 동아시아 안보아키텍처의 변화 전망:
대미·대중 군사외교를 중심으로." 『한국동북아논총』 25(2).

차태서. 2019. "아메리카 합중국과 주권의 문제설정: 탈근대 네트워크 주권에서 근대 완전
주권으로의 퇴행?" 『한국정치학회보』 53(4).

Atanassova-Cornelis, Elena. 2020. "Alignment Cooperation and Regional Security
Architecture in the Indo-Pacific." *International Spectator* 55(1).

Bailyn, Bernard. 배영수 역. 1999. 『미국혁명의 이데올로기적 기원』. 서울: 새물결.

Beeson, Mark. 2020. "Donald Trump and Post-Pivot Asia: The Implications of a
'Transactional' Approach to Foreign Policy." *Asian Studies Review* 44(1).

Blair, Dennis C. and John T. Hanley. 2001. "From Wheels to Webs: Reconstructing Asia-
Pacific Security Arrangements." *The Washington Quarterly* 24(1).

Burgess, Stephen F. and Janet Beilstein. 2018. "Multilateral Defense Cooperation
in the Indo-Asia-Pacific Region: Tentative Steps Toward a Regional NATO?"
Contemporary Security Policy 39(2).

Callinicos, Alex. 2010. *Bonfire of Illusions: The Twin Crises of the Liberal World.*
Malden: Polity.

Campbell, Kurt M. 2016. *The Pivot: The Future of American Statecraft in Asia.* New
York: Twelve.

Carter, Ash. 2016. "The Rebalance and Asia-Pacific Security: Building a Principled
Security Network." *Foreign Affairs* 95(6).

Cha, Victor D. 2016. *Powerplay: The Origins of the American Alliance System in Asia.*
Princeton: Princeton University Press.

Cronin, Patrick et al. 2013. *The Emerging Asia Power Web: The Rise of Bilateral Intra-
Asian Security Ties.* Washington, D.C.: Centre for a New American Security.

de Graaff, Nana and Bastiaan van Apeldoorn. Forthcoming. "The Transnationalist US
Foreign-Policy Elite in Exile? A Comparative Network Analysis of the Trump
Administration." *Global Networks.* https://doi.org/10.1111/glob.12265

Deudney, Daniel. 1996. "Binding Sovereigns: Authorities, Structures, and Geopolitics
in Philadelphian Systems." Thomas J. Biersteker and Cynthia Weber eds. *State
Sovereignty as Social Construct.* Cambridge: Cambridge University Press.

_____. 2007. *Bounding Power: Republican Security Theory from the Polis to the Global
Village.* Princeton: Princeton University Press.

Diamond, William. 1942. "American Sectionalism and World Organization, by Frederick Jackson Turner." *The American Historical Review* 47(3).

Dian, Matteo. 2020. "Japan, South Korea and the Rise of a Networked Security Architecture in East Asia." *International Politics* 57(2).

Dian, Matteo and Hugo Meijer. 2020. "Networking Hegemony: Alliance Dynamics in East Asia." *International Politics* 57(2).

Edling, Max M. 2018. "Peace Pact and Nation: An International Interpretation of the Constitution of the United States." *Past & Present* 240.

Fontaine, Richard et al. 2017. *Networking Asian Security: An Integrated Approach to Order in the Pacific*. Washington, D.C.: Center for New American Security.

Green, Michael J. et al. 2014. *Federated Defense in Asia*. Washington, D.C.: Center for Strategic and International Studies.

He, Kai. 2009. *Institutional Balancing in the Asia Pacific: Economic Interdependence and China's Rise*. New York: Routledge.

_____. 2019. "Contested Multilateralism 2.0 and Regional Order Transition: Causes and Implications." *The Pacific Review* 32(2).

Hemmer, Christopher and Peter J. Katzenstein. 2002. "Why is There No NATO in Asia? Collective Identity, Regionalism, and the Origins of Multilateralism." *International Organization* 56(3).

Hendrickson, David C. 2003. *Peace Pact: The Lost World of the American Founding*. Lawrence: University Press of Kansas.

_____. 2009. *Union, Nation, or Empire: The American Debate Over International Relations, 1789-1941*. Lawrence: University Press of Kansas.

Ikenberry, G. J. 2001. *After Victory: Institutions, Strategic Restraint, and the Rebuilding of Order After Major Wars*. Princeton: Princeton University Press.

_____. 2011. *Liberal Leviathan: The Origins, Crisis, and Transformation of the American World Order*. Princeton: Princeton University Press.

Ikenberry, G. J. and Daniel Deudney. 2006. "The Nature and Sources of Liberal International Order." *Liberal Order and Imperial Ambition: Essays on American Power and World Politics*. Malden: Polity.

Layne, Christopher. 2017. "The US Foreign Policy Establishment and Grand Strategy: How American Elites Obstruct Strategic Adjustment." *International Politics* 54(3).

Massie, Justin and Jonathan Paquin eds. 2019. *America's Allies and the Decline of US Hegemony*. Milton: Routledge.

Mearsheimer, John J. 1990. "Back to the Future: Instability in Europe After the Cold War." *International Security* 15(1).

Meijer, Hugo. 2020. "Shaping China's Rise: The Reordering of US Alliances and Defence Partnerships in East Asia." *International Politics* 57(2).

Nexon, Daniel H. and Thomas Wright. 2007. "Whats at Stake in the American Empire

Debate." *American Political Science Review* 101(2).

Pence, Mike. 2018. "Remarks by Vice President Pence on the Administration's Policy Toward China." October 4. https://www.whitehouse.gov/briefings-statements/remarks-vice-president-pence-administrations-policy-toward-china/ (검색일: 2020. 7. 4).

_____. 2019. "Remarks by Vice President Pence at the Frederic V. Malek Memorial Lecture." October 24. https://www.whitehouse.gov/briefings-statements/remarks-vice-president-pence-frederic-v-malek-memorial-lecture/ (검색일: 2020. 7. 4).

Pompeo, Michael R. and Mark T. Esper. 2020. "South Korea is an Ally, Not a Dependent." *Wall Street Journal*(January 16). https://www.wsj.com/articles/south-korea-is-an-ally-not-a-dependent-11579219989 (검색일: 2020. 7. 4).

Porter, Patrick. 2018. "Why America's Grand Strategy Has Not Changed: Power, Habit, and the U.S. Foreign Policy Establishment." *International Security* 42(4).

Scott, James B. 1920. *The United States of America: A Study in International Organization*. New York: Oxford University Press.

Simon, Luis, Alexander Lanoszka, and Hugo Meijer. Forthcoming. "Nodal Defence: The Changing Structure of US Alliance Systems in Europe and East Asia." *Journal of Strategic Studies*. https://doi.org/10.1080/01402390.2019.1636372

Slaughter, Anne-Marie. 2016. "How to Succeed in the Networked World: A Grand Strategy for the Digital Age." *Foreign Affairs* 95(6).

_____. 2017. *The Chessboard and the Web: Strategies of Connection in a Networked World*. New Haven: Yale University Press.

Slaughter, Anne-Marie and Elina Ribakova. 2019. "Post-American Networks." July 22. https://www.project-syndicate.org/commentary/post-american-global-networks-by-anne-marie-slaughter-and-elina-ribakova-2019-07 (검색일: 2020. 7. 4).

Teo, Sarah and Ralf Emmers. 2020. "The Future of the San Francisco System: Pressures and Prospects." *Asian Politics & Policy* 12(1).

The Department of Defense. 2019. *Indo-Pacific Strategy Report: Preparedness, Partnerships, and Promoting a Networked Region*. June 1. https://media.defense.gov/2019/Jul/01/2002152311/-1/-1/1/DEPARTMENT-OF-DEFENSE-INDO-PACIFIC-STRATEGY-REPORT-2019.PDF (검색일: 2020. 7. 4).

The Department of State. 2019. *A Free and Open Indo-Pacific: Advancing a Shared Vision*. November 4. https://www.state.gov/wp-content/uploads/2019/11/Free-and-Open-Indo-Pacific-4Nov2019.pdf (검색일: 2020. 7. 4).

The White House. 2017. *National Security Strategy of the United States of America*. December 18. https://www.whitehouse.gov/wp-content/uploads/2017/12/NSS-Final-12-18-2017-0905.pdf (검색일: 2020. 7. 4).

_____. 2020. *United States Strategic Approach to the People's Republic of China*. May. https://www.whitehouse.gov/wp-content/uploads/2020/05/U.S.-Strategic-

Approach-to-The-Peoples-Republic-of-China-Report-5.24v1.pdf (검색일: 2020. 7. 4).

Totten, Robbie J. 2020. "The Articles of Confederation State System, Early American International Systems, and Antebellum Foreign Policy Analytical Frameworks." *A Companion to U.S. Foreign Relations: Colonial Era to the Present.* vol. 1. Edited by Christopher R. W. Dietrich. Hoboken: Wiley-Blackwell.

Tow, William T. and Md Zaidul Anwar Hj Md Kasim. 2020. "Why Has the San Francisco System Survived? Historical and Theoretical Perspectives." *Asian Politics & Policy* 12(1).

Trump, Donald. 2018. "Remarks by President Trump to the 73rd Session of the United Nations General Assembly." September 25. https://www.whitehouse. gov/briefings-statements/remarks-president-trump-73rd-session-united-nations-general-assembly-new-york-ny/ (검색일: 2020. 7. 4).

Walt, Stephen M. 1997. "Why Alliances Endure or Collapse." *Survival* 39(1).

Waltz, Kenneth N. 1979. *Theory of International Politics.* Reading: Addison-Wesley.

Wilson, Jeffrey D. 2018. "Rescaling to the Indo-Pacific: From Economic to Security-Driven Regionalism in Asia." *East Asia: An International Quarterly* 35(2).

Yeo, Andrew. 2019. *Asia's Regional Architecture: Alliances and Institutions in the Pacific Century.* Stanford: Stanford University Press.

제5장   유럽통합의 위기와 네트워크 국가

김준석(가톨릭대학교)

I. 들어가며

현재 유럽연합이 심각한 위기에 처해 있다는 데에는 의심의 여지가 없어 보인다. 지난 2016년 6월에 실시된 국민투표에 참여한 영국 국민들 중 51.89%는 영국의 유럽연합 탈퇴에 한 표를 던졌다. 2019년 12월 총선에서 '브렉시트를 실행에 옮기자(get Brexit done)'를 슬로건으로 내건 보리스 존슨(Boris Johnson)이 총리로 선출되었고, 2020년 1월 31일자로 영국은 가입 47년 만에 유럽연합을 공식 탈퇴했다. 또한 유럽연합은 2015년 여름부터 중동과 아프리카로부터 수십만 명의 난민이 유럽으로 밀려들어옴에 따라 난민위기를 맞았다. 2015년 9월 유럽연합 회원국들은 이 중 약 16만 명의 난민을 수용하기로 합의했지만, 이 합의는 폴란드, 헝가리, 체코 등 동유럽 국가들의 반발로 제대로 이행되지 못했다. 헝가리의 빅토르 오르반 총리는 난민 수용에 관해 유럽연합이 "정신 나간" 결정을 내렸으며, 이를 주도한 독일의 메르켈 총리가 "도덕적 제국주의"를 강요한다고 비난했다. 2015년 10월 집권한 폴란드의 '법과 정의당'은 이전 정부의 결정을 뒤집고 난민 수용을 거부했다. 2017년 6월 유럽연합집행위원회는 폴란드와 헝가리, 체코에 대한 '제재절차(infringement procedure)'에 착수했다.

브렉시트 위기와 난민위기와 더불어 유럽연합을 전례 없는 위기 상황에 처하게 한 또 하나의 위기인 유로존 위기는 이 두 위기와 비교하면 어느 정도 안정화되고 있는 듯이 보인다. 하지만 유로존 위기를 불러온 근본 요인, 즉 '재정통합 없는 통화통합'의 딜레마는 해결될 기미를 보이지 못하고 있으며, "규칙과 엄격함, 일관성"을 강조하는 독일과 네덜란드, 오스트리아, 핀란드의 경제정책 비전과 "유연성과 적응력, 혁신"을 강조하는 프랑스, 이탈리아, 스페인 등의 비전 간의 격차 역시 여전히 좁혀지지 않고 있다(Caporaso 2018, 1346). 최근 코로나-19의 발발로 인해 유럽 국가들의 경제상황은 심각하게 악화될 것으로 예상되고, 이 위기에 대한 대응 방안을 두고 유로존 국가들 간에 다시 한 번 갈등이 불거질 가능성이 다분하다.

삼중 위기의 도래로 인해, 특히 브렉시트가 현실화되면서 유럽연합의 '해체(disintegration)'에 관해 이야기하는 것이 더 이상 부자연스럽지 않은 상황이 초래되었다.[1] 유럽연합이 과연 해체의 길에 들어섰는지에 관해 논의하는 것은 이 글의 목적이 아니다. 다음에서는 해체에 관해 이야기하기보다는, 위기의 결과 유럽연합이 하나의 제도로서 새로운 정체성을 취하게 되었음에 주목하고 이에 관해 논의하고자 한다. 특히 유럽통합이 명백하게 그리고 불가역적으로 '분화(differentiation)'의 과정에 들어섰으며, 이와 같은 '분화된 통합'을 더 이상 일시적이거나 예외적인 현상으로 볼 수 없음을 지적하고자 한다. 이와 함께 유럽연합의 분화된 정체로서의 성격이 두드러지게 됨에 따라 이의 네트워크 국가로서의 성격 역시 변화와 변환의 과정을 거치고 있음을 지적하고자 한다.

II. 유럽연합의 위기 I: 유로존 위기

잘 알려져 있듯이 2005년 프랑스와 네덜란드에서 실시된 국민투표에서 '유럽헌법조약안(European Constitutional Treaty)'이 부결되었다. 오랜 작업 끝에 어렵사리 마련된 조약안이 두 회원국 국민들의 거부로

---

1   대표적으로 Webber(2019); Vollaard(2018)를 참조하시오.

무산되자 많은 이들이 큰 충격을 받았다. 하지만 이로 인해 유럽통합이 중대한 위기에 처했다고 보는 이는 거의 없었다. 유럽헌법조약안이 '더 긴밀한 연합(Ever Closer Union)'의 기치 아래 통합을 한 단계 더 진전시키려는 시도였기 때문이다. 구체적으로 유럽헌법조약안은 유럽연합을 '연방국가'와 보다 유사하게 만들고자 하는 시도였다. 많은 이들이 아쉬워했지만 아무도 조약안의 부결로 통합이 퇴보했다고 보지 않았다.

결국, 2009년 유럽헌법조약안에 비해 한 단계 수위를 낮춘 리스본 조약이, 아일랜드 국민투표에서 한 번 부결되고 재투표를 통해 승인되는 우여곡절을 겪기는 했지만, 최종적으로 체결되었고, 각료이사회(Council of Ministers)에서 가중투표제(QMV)가 확대되었고, 유럽의회의 권한이 강화되었으며, 유럽이사회(European Council)의 상임의장직이 신설되었다. 유럽헌법조약안에 비하면 수위가 많이 낮아지기는 했지만 유럽연합이 '중앙집중화(centralization)'의 길을 가고 있음이 분명해 보였다. 조약이 체결되는 과정 곳곳에서 유럽연합과 각국 정치엘리트, 그리고 일반 시민들 사이에 유럽통합의 바람직한 목표와 성격에 관한 견해에서 차이가 커지고 있음이 드러났지만 통합이 위기에 처했다고 이야기하기는 어려웠다.

하지만 리스본 조약이 체결되고, 조약에 관한 독일헌법재판소의 판결이 내려질 즈음, 미국의 서브프라임 위기에서 비롯된 경제금융위기가 전 세계에 어두운 그림자를 드리우기 시작했고, 유럽연합 역시 이로부터 자유로울 수 없었는데, 특히 유로존 국가들 중 일부가 큰 타격을 받았다. 유로존 위기의 기원을 거슬러 올라가면 애초부터 화폐통합 실험에 '도박적'인 요소가 다분했음을 인정하는 데서 시작해야 한다. 화폐통합의 설계자와 주창자들은 남부 유럽 국가들의 경제가 '낮은 수준의 인플레이션과 임금인상, 높은 저축 수준과 낮은 소비 수준'을 특징으로 하는 독일식 경제모델로 완벽하게는 아니더라도 어느 정도 수렴될 것으로 기대했다. 이와 함께 독일 역시 자국의 경제적 체질을 어느 정도 조정할 것으로 기대되었다. 단일통화정책이 원활히 작동하기 위해서는 회원국 간 거시경제지표의 수렴이 필수적이기 때문이다. 그러나 결과는 완벽한 실패로 판명되었다.

일반적으로 유로존 위기의 원인으로 그리스를 비롯한 '적자 국가'들의 방만한 재정 운용에 따른 지나치게 높은 정부부채, '공공 낭비(public profligacy)'가 꼽힌다. 하지만 사실 이들 국가의 재정적자와 정부부채 규모는 미국, 일본 등보다도 낮은 수준이었다. 다른 원인이 보다 중요했는데, 스페인에서 주택시장 과열, 아일랜드에서 은행규제 정책의 실패 등을 들 수 있다. 하지만 가장 근본적인 원인은 화폐통합이 초래한 구조적인 불균형에 있었다. 2000년대 초반 이후 독일은 경제의 구조개혁을 단행했다. 노동시장이 탈규제화되었고, 임금 상승이 억제되었다. 이러한 노력의 결과 독일 경제 전반의 경쟁력은 크게 상승했다. 물론 일반 국민들은 큰 고통을 감내해야 했다. 하지만 개혁의 성공으로 일부에서는 독일과 여타 국가의 경쟁력 격차가 25% 수준까지 벌어진 것으로 평가되기도 했다.

여기서 한 가지 주목해야 할 사실은 독일의 경쟁력 강화가 통화가치의 상승으로 이어지지 않았다는 점이다. 만약 통화 통합이 없었다면 독일화폐의 가치는 경제의 경쟁력 향상으로 40% 정도 절상된 수준에서 결정되는 것이 정상이었다. 하지만 통화통합으로 그와 같은 자동적인 환율조정이 구조적으로 봉쇄되었고, 이로 인해 독일은 막대한 경상수지흑자를 거두게 된다. 독일의 경상수지흑자는 한 해 동안 2천억 달러 수준에 이르렀는데, 이는 중국이 거둔 경상수지흑자보다도 높은 수준이었다. 독일은 통화통합의 최대 수혜국이었다. 독일 자본이 낮은 금리로 남유럽 국가로 유입된 데에는 이러한 이유가 존재했다. 이에 반해 독일과 같이 경제의 경쟁력을 제고하기 어려웠던 국가들은 통화가 통합된 상황에서 국가 간 경쟁력 간극을 좁힐 수 있는 유력한 수단인 '통화가치절하'를 활용하는 길이 구조적으로 봉쇄되었다. 유일한 대안은 임금인하, 정부재정지출 축소 등의 긴축정책이었는데, 정치세력 간의 민주주의 경쟁이 제도화되어 있는 상황에서 이러한 정책은 현실화되기 어려웠다.

유로존 위기가 발발하자 독일을 비롯한 회원국들은 해결책을 모색하기 시작했다. 2012년 European Financial Stability Facility (EFSC)와 European Financial Stabilization Mechanism(EFSM)을 대체하는 European Stability Mechanism(ESM)이 창설되었는데, 이 기금은 유동성 위기에 빠진 회원국에 대한 구제금융 제공을 주된 목적으로 했다. 하지만 구제금융을 신청하기 위해서는 먼저 European Fiscal Compact에 가입하는 것을 의무로 부과했는데, 이는 재정적자가 일정한 비율을 초과하면 벌금을 납부하겠다는 약속을 핵심 내용으로 했다. 또한 '은행연합(banking union)'의 결성이 시도되었는데, 이는 금융부문의 경쟁력 강화를 위해 은행에 대한 관리 감독의 권한을 유럽중앙은행에 양도하는 것을 골자로 했다. 은행연합이 설립되기 위해서는 감독권, 부채해소권, 예금 보장의 세 가지 요소가 필수적인데, 제일 먼저 '단일감독기구'를 설치하는 법안이 통과되었고, 나머지 두 요소 역시 저항이 만만치 않았지만 결국에는 통과되었다.[2]

---

2   이와 같은 일련의 조치들로 인해 유로존 위기 이후 신기능주의(neo-functionalism) 이론의 타당성이 다시 입증되고 있다는 견해가 제기되기도 한다. 예컨대, 구제금융은 어떤 경우에도 허용될 수 없다는 정책이 포기되고 ESM과 같은 기관이 설립된 것, ECB가 구

위기에 직면하여 유럽연합이 이상과 같은 공동의 대응책을 실행
에 옮긴 것은 통합의 관점에서 볼 때 그 자체로 고무적인 일이라 할 수
있다. 하지만 이 모든 대응책은 궁극적인 위기 해결책이라 할 '재정연
합(fiscal union)'에는 한참 미치지 못했다. 즉, 위기는 '단일한 유럽 재
무부(A single European finance ministry)'를 설립함으로써만 최종적
으로 해결될 수 있다. 이는 위기의 근본 원인이 통화정책은 단일화되
었지만 재정정책은 여전히 각국 정부의 '주권' 하에 있는 현실에 있기
때문이다. 다만 재정연합을 실현하기 위해서는 정치적인 결단이 필요
하다. 재정통합은 정치통합에 다름 아니다. 미국의 경우 이러한 통합
된 재무부가 연방 차원에서 설립되는 데 수 세대에 걸친 기간이 소요
된 바 있다. 미국에서 연방 차원의 소득세가 도입된 것은 1913년이었
다. 연방준비시스템(federal-reserve system) 역시 1913년에 만들어졌
고, 국가은행시스템(national banking system)과 연방저축보험(federal
deposit insurance)이 도입된 것은 1930년대 이후의 일이었다. 그만큼
독립된 주권 국가들 사이의 재정통합은 지난한 일이다.[3]

제금융을 제공하기 시작한 것, 2010년 유럽중앙은행이 2,000만 유로의 채무국 채권을
매입한 것 등이 대표적이다. Fiscal Compact를 체결하여 회원국 재정정책을 규제하기
시작하고, 은행연합을 통해 은행에 대한 감시감독권을 ECB에 부여하기로 한 것 역시 신
기능주의의 타당성을 강화시키는 증거로 인용될 수 있다. 이러한 일련의 과정은 스필오
버의 관점에서 설명될 수 있다. 이 일련의 개혁조치들은 '기술관료적(technocratic)'인
방식으로, 즉 국내정치의 영향으로부터 차단된 채로, 그리고 각국 정부의 정식 승인과 비
준이 필요한 조약 체결을 최소화면서, 엘리트들의 주도 하에 실행에 옮겨졌다는 점에도
주목할 필요가 있다.

3   사실 유럽 단일통화가 등장하게 된 역사적 배경을 반추해 보면 유럽연합에서 재정통합
의 어려움이 어느 정도 이해될 수 있다. 주지하다시피 1990년대 단일통화가 등장하는 과
정에서 독일 통일이 결정적인 중요성을 지닌다. 통화통합은 통일로 국력이 배가될 독일
을 유럽공동체에 더 긴밀하게 밀착시킴으로써 그 힘을 제어하려는 시도의 일환으로 구
상되고 실행에 옮겨졌다. 이러한 움직임에 특히 프랑스가 앞장섰다. 독일의 입장에서 통
화통합은 그리 매력적인 대안이 아니었다. 특히 독일연방은행이 통화통합에 강력하게

이러한 위기에도 불구하고 그리고 이로 인한 회원국 간 반목과 갈등에도 불구하고, 위기로 가장 심각한 타격을 입은 그리스의 행보에서 잘 드러나듯이, 회원국들의 유로존 탈퇴 가능성은 그리 높아 보이지 않는다. 단일통화를 포기할 경우 적자국가들의 경우 뱅크런과 은행시스템의 붕괴, 통화가치의 급락에 따른 예금자 타격, 채무불이행 등이 예상되고, 상대적으로 경제 상황이 좋은 국가의 경우에는 채권자의 파산과 금융부문과 기업부문의 도산, 경제적 불안정성의 증가 등이 예상되기 때문이다. 유로존 탈퇴가 단일통화 포기에 그치지 않고, 유럽연합과 유럽통합의 포기로 인식될 수 있다는 우려 역시 강력한 억제 효과를 발휘하고 있다.

하지만 유로존 붕괴의 가능성이 낮다고 해서 위기를 기회로 삼아 통합이 괄목할 만한 진전을 이룰 것이라는 일부 예상의 타당성이 제고되는 것은 아니다. 즉 위기는 유럽통합의 항구적인 특징이었고, 유럽연합은 언제나 위기를 계기로 통합을 한 단계 더 진전시켜왔다는 근거에서 상황을 낙관적으로 볼 수 있다는 주장은 지지를 얻기 힘들다. 현재 유럽연합의 강국들은 절대적으로 필요한 경우에만 최소한의 행동을 취하려 하고 있다. 약소국들은 약소국들대로 유럽연합에로의 권한 양도에 격렬하게 저항하고 있다. 약소국들은 금융지원 등의 혜택은 누리면서도 조세정책, 재정정책에서의 자율성은 그대로 보존하려 하고 있다.

이러한 결과 현재 은행에 대한 더 많은 통제, 재정협력의 강화, 어

반대했다. 하지만 당시 독일의 콜 수상과 겐셔 외무장관은 통일된 독일에 대한 주변국의 경계심을 완화하기 위해 유럽통합에 대한 독일의 헌신을 재확인시킬 필요가 있음을 절감했다. 통화통합은 그 경제적 효과가 불확실하더라도 통일이라는 정치적 목표를 위해 기꺼이 양보할 수 있는 사안으로 인식되었다.

려움에 빠진 국가에 대한 지원을 위한 기금조성 등 생존에 필요한 최
소한의 개혁조치만이 실행에 옮겨진 상태이다. 완전하지는 않지만 모
두가 파멸에는 이르지는 않을 만큼의 협력이 이루어지고 있는 셈이다.
하지만 저성장과 실업문제가 해결될 기미를 보이지 않고 있고(그리스
는 한때 위기 이전에 비해 GDP가 23.4% 감소했고, 실업률은 27.9%에 육
박하기도 했다), 유로존 국가들 사이의 경제 격차는 더욱 벌어지고 있
다. 회원국들 간 양극화가 심화되고 있다. 유럽연합은 계급사회가 되고
있다. 장차 양극화는 필연적으로 정치적 갈등을 불러일으킬 것이고, 위
기의 궁극적 해결을 위해 필요한 정치적 협력을 더욱 요원한 일로 만
들 것이다.

독일의 재정 문제에 대한 보수적인 접근방식과 비전의 부재 역시
위기를 심화시키는 요인이다. 독일은 위기의 와중에서도 여전히 구조
개혁과 긴축, 反인플레이션 등을 강조하고 있다. 이에 반해 은행 파산
의 손실을 공동으로 부담하는 데에는 소극적인 입장을 견지하고 있다.
이는 1920~30년대 대공황이 발생하자 독일에게 채무의 변제를 요구
한 미국의 정책을 연상케 한다. 독일은 유럽통합의 비전을 제시하지도
못하고 있다. 장차 독일과 나머지 유럽 국가들 사이의 간극이 더욱 커
질 것으로 보이는데, 경험의 부족, 부처 간, 중앙-지방 간 권력 분립, 높
은 수출 의존도, 상대적으로 적은 힘의 격차 등의 요인으로 인해 독일
이 유럽연합 내에서 '패권국'의 역할을 담당하리라 기대하기는 어려운
실정이다.

최근 코로나 팬데믹 사태에 직면하여 독일 메르켈 총리와 프랑스
마크롱 대통령은 7,500억 유로에 달하는 유럽연합 '회복기금(recovery
fund)'의 조성을 공동으로 제안했다. 마크롱 대통령은 이러한 공동기
금의 조성이 '전례 없는 조치'임을 강조하기도 했다. 일부에서는 이번

조치가 유럽연합의 '해밀턴 모멘트(Hamilton Moment)'가 될 수 있음을 주장하고 있다. 1790년 미국의 초대 재무장관 알렉산더 해밀턴(Alexander Hamilton)이 토머스 제퍼슨(Thomas Jefferson)과 제임스 매디슨(James Madison)의 반대를 물리치고 연방정부가 주정부의 부채를 떠안겠다고 발표했다. 이 조치로 인해 미국에서 '재정연합'을 위한 기틀이 마련되었다고 평가된다. 하지만 이번 메르켈/마크롱 제안은 유럽연합이 회원국의 부채를 떠안는 대신 유럽연합이 높은 신용등급을 바탕으로 국제금융시장에서 돈을 빌린 후 이를 회원국들에게 보조금으로 지급하겠다는 내용을 골자로 하고 있다. 이와 같이 제한된 계획조차 향후 순조롭게 시행될 수 있을지 불투명하다. 네덜란드, 오스트리아, 덴마크, 스웨덴 등 건실하게 재정을 운용해온 국가들이 이미 기금계획에 대한 반대의사를 표명하고 나섰기 때문이다(Washington Post 2020. 5. 27; Jackson 2020).

III. 유럽연합의 위기 II: 정치화(politicization)와 탈기능주의 (post-functionalism)

명백한 한계에도 불구하고 유로존 위기는 더 많은 통합을 가져왔다. 하지만 위기의 여파로 유럽 경제가 일촉즉발의 상황에 처하면서 유럽연합은 일반 시민들에게 이전에 비해 훨씬 큰 존재감을 가지게 되었다. 그 결과 유럽연합에 관련된 이슈가 각 회원국의 국내정치에서 차지하는 비중이 커지게 되었다. 유로존 위기에서 가장 큰 어려움을 겪은 국가 중 하나인 그리스에 대한 구제금융을 제공할 것인지의 여부와 제공한다면 어떤 조건을 부가할 것인지를 둘러싼 그리스와 독일 양국 내에서의 뜨거운 논쟁은 유럽의 시민들이 유럽연합과 유럽통합이 그들의 삶과 매우 밀접하게 관련된다는 점을 인식하게 되었음을 잘 보여주었다. 여기에 더해서 2015년 7월 극적인 협상 끝에 그리스가 유로존을 탈퇴하지 않기로 결정하자마자 대규모 난민이 유럽으로 유입되고, 다음 해 6월에는 영국이 브렉시트를 감행하기로 결정함에 따라 이에 대한 유럽연합의 대응방안은 더욱 더 초미의 관심사가 되었다.

이와 같이 유럽연합과 유럽통합이 일반 대중의 관심 대상이 된 것은 전례가 없는 일이었다. 오랜 기간 유럽통합의 가장 중요한 두 이론은 '신기능주의(neofunctionalism)'와 '정부간주의(intergovern-mentalism)'였다. 신기능주의는 초국적 이해관계를 가진 '초국가 행위자(supranational actors)'가 통합을 주도한다고 주장하면서, 정책 영역사이의 '스필오버(spillover)'를 강조했다. 정부간주의는 주요 회원국들의 이익의 수렴과 협상을 통해 통합이 진전됨을 강조한다. 신기능주의와 정부간주의에서 초국가 행위자와 정부의 이익은 주로 경제적 이익으로 정의되었다. 신기능주의는 초국가 행위자를 강조하고 통합의 반자동적인 성격에 주목한 반면, 정부간주의는 회원국 정부의 역할과 이들 사이의 협상을 강조한다는 차이를 갖지만, 양자 모두 통합의 원동력을 경제적 이익의 극대화에서 찾았다. 또한 신기능주의와 정부간주의모두 정치, 경제 엘리트에 초점을 맞추는데, 이러한 점에서 이 두 이론은 통합이 엘리트 주도 하에 이루어진 시기의 산물이라 할 수 있다. 이시기에 일반 시민들은 통합에 상대적으로 무관심했다. 이러한 시기를 '용인적 합의(permissive consensus)'의 시대라 부를 수 있다.[4]

---

4   위기의 시대에 기존 통합이론의 향방에 관한 논의를 위해서는 다음을 참조하시오. Schimmelfennig(2018a); Hooghe & Marks(2019); Hodson & Puetter(2019); Bickerton, Hodson and Puetter(2015); Kleine and Pollack(2018).

하지만 이러한 상황은 조금씩 바뀌기 시작했다. 발단은 1990년대 초 마스트리히트 조약의 체결이었다. 통화통합의 추진을 결의한 이 조약의 체결로 일반 시민들의 유럽통합에 대한 관심이 높아지기 시작했고, 유럽연합의 작동에서 여론의 영향력 역시 증가하기 시작했다. 국내적으로 정당들 간 정치적 경쟁에서 유럽통합 문제가 가장 중요하지는 않더라도 주요 이슈 중 하나로 부상했다. 유럽통합이 국내정치 이슈화된 것이다. 이제 국내정치의 장(場)에서 통합에 관한 다양하고 상충하는 견해들이 개진되면서 통합의 제약요인이 되고 있다. 유럽통합은 더이상 엘리트들의 전유물이 아니게 되었다. '용인적인 합의'의 시대가 가고 '제약적인 의견불일치(constraining dissensus)'의 시대가 도래한 것이다. 통합에 새로운 차원이 추가되면서 통합 과정은 더욱 다층적으로, 더욱 복합적으로 변화되고 있다.

유럽통합이 '정치화(politicization)'되는 과정에서 가장 두드러진 현상은 과거에는 사민주의 계열의 정당과 극좌파 정당이 유럽통합을 반대하는 데 앞장섰던 반면, 최근에는 Hooghe와 Marks가 'TAN(traditionalism/authority/nationalism)'으로 이름 붙인 전통주의/권위주의/민족주의 계열의 정당이 통합에 대한 회의론을 주도하는 추세에 있다(Hooghe & Marks 2009). 이 정당들은 민족정체성 혹은 국가정체성의 문제에서 보수적이고 방어적인 태도를 취하는 경향을 보이고 있고, 유럽통합의 심화에 따른 유럽연합의 권한 확대에 대해 경계와 우려의 목소리를 내고 있다. 물론 국가에 따라 TAN 정당들의 반유럽연합 입장은 큰 편차를 보이고 있다. 유럽연합으로부터의 완전 탈퇴를 주장해온 '영국독립당(UK Independence Party)'으로부터 유럽연합의 권한확대, 특히 경제위기에 처한 국가에 대한 지원에 반대하는 '독일을 위한 대안(Alternative für Deutschland)'에 이르기까지 다양한 입장을 보이고 있다.

2017년 현재 TAN 정당들은 유럽연합 회원국들의 의회선거에서 평균적으로 약 11%의 득표율을 보이고 있다. 같은 해 독일 연방의회 선거에서 '독일을 위한 대안'은 총 94개 의석을 획득했다. 아직까지는 각국 의회 내에서 지배적인 영향력을 행사하기에는 역부족인 상황이지만 20~30년 전에 비하면 괄목할 만한 성장을 이룬 것도 부인할 수 없는 사실이다. 이 정당들의 목소리가 커짐에 따라 유럽통합에서 경제적 이해관계 외에 정체성의 문제가 점점 더 중요해지고 있다. 역으로 유럽연합과 관련한 정체성이 점점 더 부정적으로 변화해 감에 따라 TAN 정당들의 영향력이 확대되고 있다. 유럽연합 회원국 시민 중 여론조사에서 유럽인으로서의 정체성을 부분적으로라도 가진다고 응답하는 이들의 비율은 계속 감소하고 있다. 정체성의 측면에서 유럽연합은 이미 해체의 과정에 들어섰다고 해도 과언이 아니다.

각각 2015년과 2016년에 유럽을 강타한 난민위기와 브렉시트 위기는 유럽 각국에서 반유럽연합 정당들의 영향력을 한층 강화하고 유럽연합의 정치화를 더욱 가속화할 것으로 보인다. 이라크와 리비아, 시리아와 아프리카의 몇몇 국가에서 발발한 내전의 결과 유럽에 유입된 난민의 숫자가 2010년 260,000명에서 2014년 627,000명, 2015년과 2016년에는 각각 130만 명으로 크게 증가했다(Hooghe and Marks 2019, 1120-1121). 유로존 위기의 경우 유로존의 존폐가 걸려 있었기 때문에 제한된 범위 내에서나마 회원국들 간 협력을 통한 공동대응이 가능했지만 난민 문제의 경우에는 협력의 동기가 크지 않았다. 회원국들은 각자의 방식과 이해관계에 따라 대응에 나섰지만 대부분의 국가들이 난민 유입을 봉쇄하는 데에만 초점을 맞추었고, 이는 서로가 서로에게 부담을 떠넘기는 결과만을 초래했다. 이에 독일 등의 제안에 따라

유럽연합 회원국들은 국가별로 일정 수 이상의 난민을 수용할 의무를
진다는 합의를 도출하는 데 성공했지만, 앞서 지적했듯이 폴란드, 헝가
리 등 동유럽 일부 국가는 합의를 따르기를 명시적으로 거부했고, 그
밖의 국가에서도 일반 시민들이 합의안에 거세게 반발함에 따라 다른
방안이 강구되었다. 독일의 메르켈 총리는 총선을 앞두고 자당의 지지
율을 급전직하하자 난민인정을 제안하는 법률을 제정하고, 터키가 난
민을 수용하도록 협상을 벌였다. 또한 오스트리아는 슬로베니아와의
국경에 펜스를 건설하기 시작했고, 스웨덴은 국경통제를 재개하고, 난
민에 대한 복지지원을 줄였다.

　　난민 문제에 대한 대응은 유럽연합의 본래 업무 영역에 속하지 않
는다. 하지만 전례 없는 규모의 난민이 유입되는 사태에 직면하여 유럽
연합은 국가 간 협력을 중재하지 않을 수 없었다. 하지만 중재에 나선
결과 유럽연합은 여론의 집중포화를 맞았고, 이는 유럽연합과 통합 프
로젝트 자체에 대한 회의론을 부추겼다. TAN 정당들은 영향력을 확대
할 절호의 기회를 잡았고, 통합 과정의 정치화는 더욱 심화되었다. 난
민위기는 유럽연합 탈퇴 여부에 관한 영국 유권자들의 고민을 덜어주
었다. 난민위기가 발생하지 않았다면 브렉시트도 일어나지 않았을 가
능성이 크다. 다만 특히 서유럽 국가들의 경우 난민위기의 중요성은 유
럽연합 내 이주민 증가 현상과 함께 고려할 필요가 있다. 2004년 다수
의 동유럽 국가들이 유럽연합에 가입하면서 회원국들 간 경제적 격차
가 크게 증가했다. 2004년 당시 폴란드의 일인당 GDP는 약 6,600달
러였던 데 반해, 영국의 일인당 GDP는 38,000달러에 달했다.[5] 이와 같

5　　유럽연합은 비공식적이기는 하지만 대단히 불평등한 정치제도가 되고 있다. 특히 중심
　　과 주변부 사이의 불평등이 확대일로에 있다. 2008년 체코가 유럽의회 의장국의 역할을
　　수행하려 할 때 프랑스가 딴지를 건 일, 동유럽 국가 중 유로존 가입을 허용받은 국가는

이 큰 경제적 격차는 자연스럽게 상대적으로 낮은 경제수준의 회원국으로부터 부유한 회원국으로의 대규모 이주를 결과했다. 동유럽 회원국들로부터 서유럽과 북유럽 회원국으로의 이주민 숫자가 크게 증가했다. 2004년과 2014년 사이에 폴란드로부터 영국과 독일로 약 200만 명이 이주했고, 같은 기간 루마니아로부터 스페인과 이탈리아로 또 약 200만 명이 이주했다(Matthijs 2017, 90). 이들 국가의 공공서비스와 사회안전망에 엄청난 부담이 가중되었으리라는 것은 어렵지 않게 예상할 수 있다. 2015년의 난민위기는 이주민의 대규모 증가로 인해 고조될 대로 고조된 정치적, 사회적 긴장과 갈등에 기름을 부었다.

2016년 6월 영국의 유럽연합 탈퇴 결정은 이상과 같은 역사적 맥락에서 이해될 필요가 있다. 일단 영국이 유럽통합에 언제나 가장 소극적인 회원국 중 하나였다는 데에는 의심의 여지가 없다. 하지만 영국의 소극성이 적극적인 회의론으로 바뀌기 시작한 것은 1990년대 이후의 일이다. 잘 알려져 있듯이 영국은 덴마크와 함께 마스트리히트 조약의 비준을 끝까지 거부했고, 당연히 유로존에도 가입하지 않았다. 하지만 통화통합이 유럽연합의 최상위 어젠다가 되면서 영국 국내에서는 유럽연합을 비판하는 목소리가 커지기 시작했고, 이주민의 수적 증가는

슬로베니아, 에스토니아, 슬로바키아 세 나라에 불과하다는 사실, 노동자의 '신'회원국으로부터 '구'회원국으로의 이주가 이런 저런 방식으로 제한되고 있다는 점 등이 확대되는 불평등의 증거들이다. 최근 헝가리 등에서 대단히 권위주의적인 정권이 오랜 기간 유지되고 있는 것도 중심부와 주변부 사이의 갈등을 격화시키는 요인이 되고 있다. 난민 문제를 둘러싼 갈등은 그렇지 않아도 취약한 관계에 불을 질렀다. 유럽연합 내에서 '약소' 회원국이 '강대' 회원국들의 일방적인 독주를 두려워하는 상황이 만들어지고 있다. 강대국은 강대국대로, 약소국은 약소국대로 경제위기로 인한 고통의 분담이 국가별로 불평등하게 배분된 것에 대한 불만도 크다. 문제는 이러한 불평등을 제도적으로 완화할 수단이나 의지가 부재하다는 것이다. 상당한 기간 동안은 항구적으로 불안정한 체제가 지속될 가능성이 높다.

영국독립당(UKIP)과 같이 탈퇴를 주장하는 정치세력의 등장을 가져왔
다. 여기에 난민의 대량 유입은 마지막 치명타를 가한 것으로 보인다.
데이비드 카메론(David Cameron) 총리가 탈퇴 여부를 묻기 위한 국민
투표 실시를 제안한 것은 그가 탈퇴를 지지했기 때문이 아니라(오히려
그 반대가 진실에 가깝다) 그가 소속된 보수당의 지지기반이 영국독립
당에 잠식당하는 것을 막기 위해서였다.

　　브렉시트는 다른 무엇보다도 정치적인 현상이었다. 만일 경제적
인 이해관계를 고려한다면 영국의 유럽연합 탈퇴는 의심의 여지없이
비합리적인 결정이었다. 2015년 영국의 수출품 중 44%가 유럽연합으
로 향했고, 수입품 중 53%가 유럽연합으로부터 왔다. 영국의 유럽연합
에 대한 경제적 의존이 유럽연합의 영국에 대한 의존보다 훨씬 더 큰
상황이다. 지리적인 근접성으로 인해 탈퇴 이후에도 유럽연합은 영국
의 가장 중요한 시장으로 남을 것이 확실하다(Schimmelfennig 2018b,
1160). 요컨대, 브렉시트는 영국이 가입 당시부터 유럽연합과 맺어왔
던 독특한 관계와 유럽연합의 전반적인 정치화가 결합된 결과라고 할
수 있다.

IV. 유럽연합의 위기와 통합의 분화

유로존 위기, 난민위기, 브렉시트의 삼중 위기로 전례 없는 어려움에
직면한 유럽연합은 하나의 정체로서 어떤 상황에 처해 있는가? 앞서
지적했듯이 일부에서는 이제는 통합이 아닌 해체에 관해 이야기할 때
임을 주장하기도 하고, 또 다른 일부에서는 지난 1990년대 이래 유럽
통합이 과도하게 진행되었음을 인정하고, 각 회원국 정부가 유럽연합

에 이양되었던 여러 정책 권한을 되찾아 올 때임을 주장하기도 한다 (Matthijs 2017, 83-84). 하지만 위기의 와중에서 유럽연합은 해체도 회원국의 주권강화도 아닌 '분화된 통합(differentiated integration)'의 길을 걷고 있다고 보는 것이 보다 적절하다.[6]

지난 2017년 유럽집행위원회는 영국의 브렉시트 국민투표 이후에 이에 대한 대응 차원에서 발표한 '유럽의 미래에 관한 백서(*The European Commission White Paper on the Future of Europe*)'에서 유럽연합의 미래에 관해 다섯 가지 시나리오를 제시했다. 집행위원회는 브렉시트로 전례 없는 위기에 처한 유럽연합이 (1) 기존에 해왔거나 이미 계획한 일을 계속하든지("Carrying on"); (2) 공동시장에 집중하고 그 외의 다른 정책목표를 포기하든지("Nothing but the single market"); (3) 일정한 영역에서 더 많은 협력을 원하는 회원국들은 그렇게 하도록 하든지("Those who want more do more"); (4) 제한된 영역에서 협력을 강화하든지("Doing less more efficiently"); (5) 협력을 대폭 강화하든지("Doing much more together) 중 어느 하나를 선택해야 한다고 지적한다. 이 중 세 번째 시나리오가 분화된 통합에 해당된다. 집행위원회는 공동연구와 공동조달(joint procurement)에서부터 해외파병, 사법협력, 조세 관련 법규의 조율, 노동환경 등 사회적 기준의 조율에 이르기까지 다양한 분야에서 의지와 이해관계가 맞는 국가들 사이에 강화된 협력이 가능하리라고 지적한다(European Commission 2017, 15-25).

하지만 유럽통합의 분화와 관련하여 유럽연합 집행위원회는 한

---

6 다이슨(Kenneth Dyson)과 세포스(Angelos Sepos)는 분화된 통합을 "유럽 국가 혹은 국가의 하위단위가 공동의 정책과 관련하여 상이한 속도로 혹은 상이한 목표를 향해 움직이기로 선택하는 과정"으로 정의한다. Dyson and Sepos(2010, 4).

가지 중요한 사실을 간과하고 있다. 그것은 분화된 통합의 핵심은 통합을 강화하려는 몇몇 회원국의 시도에 있지 않고, 통합의 대열에서 이탈하려는 회원국의 움직임에 있다는 것이다. 즉 '더 많은 통합'이 아니라 '더 적은 통합'을 원하는 일부 회원국들의 시도가 통합의 분화를 초래하는 가장 중요한 요인이다. 이런 점에서 1992년 영국과 덴마크가 마스트리히트 조약에 선택적으로 불참하고, 1999년 유럽연합의 법적 테두리에 포함된 셍겐협정(Schengen Agreement)에 역시 영국과 아일랜드가 참여를 거부한 것은 분화된 통합의 결정적 순간이었다. 이후 1997년 암스테르담 조약은 공식적으로 '강화된 협력(enhanced cooperation)'을 위한 규칙과 절차를 수립하고, 1999년에 출범한 유로존에 영국, 덴마크, 스웨덴 등이 참여하지 않으면서, 또한 2004년 유럽연합에 새롭게 가입한 여러 국가 중 폴란드, 체코, 헝가리 등이 참여하지 않으면서 분화된 통합은 돌이킬 수 없는 추세가 되었다(Leruth, Gänzle and Trondal 2019, 1016-1017).

브렉시트는 이러한 추세에 최종 방점을 찍었다고 할 수 있다. 영국의 탈퇴는 유럽연합 내에서 영국이 지닌 비중 때문에 더욱 중대한 의미를 지닌다. 영국은 유럽연합 회원국 중 독일, 프랑스에 이어 세 번째로 많은 인구를 가진 나라이자 독일에 이어 두 번째로 경제 규모가 큰 나라였으며, 프랑스와 함께 유일한 핵무기 보유국이었다. 영국은 또한 유럽 외의 지역에서 발생한 분쟁에 상당한 수준의 군사력을 투입할 수 있는 역량을 보유한 몇 안 되는 유럽 국가였으며, 유엔 안전보장이사회의 상임이사국이었다(Matthijs 2017, 85-86). 영국이 유럽연합과 맺게 될 새로운 관계는 다른 회원국/비회원국들에게 하나의 전범이 될 것으로 보인다. 이와 함께 초유의 난민유입 사태에 직면하여 상당수 회원국들이 난민을 회원국들에 '할당'하려는 유럽연합의 결정을 거부하고 나선 것도 브렉시트만큼은 아니더라도 유럽연합의 분화를 더욱 강화할 것으로 보인다.

1957년 로마조약 체결 이후 약 40여 년 동안 유럽연합의 모든 규칙은 모든 회원국에 동일하게 적용되는 것이 원칙이었다. 분화는 분열과 동일시되었고, 통합 프로젝트에 대한 심각한 위험으로 간주되었다 (Leuffen, Rittberger, and Schimmelfennig 2012, 16). 하지만 분화가 예외이기보다는 통합의 정상적인 방식이 되면서 유럽연합은 새로운 상황을 맞게 되었다. 유럽통합의 분화는 크게 '지리적 분화'와 '정책별 분화'로 나누어질 수 있다. 먼저 우리는 지리적으로 유럽통합에 대한 회원국들의 태도와 입장의 분화를 확인할 수 있다. 우리는 크게 세 개의 국가군(群)을 구분할 수 있다. 일단 유럽통합의 두 중심국가, 프랑스와 독일이 있다. 잘 알려져 있듯이 두 나라는 유럽통합에 가장 적극적이다. 대부분의 경우 정치적 수사에 그치기는 하지만 두 나라는 유럽연합에 더 큰 권한이 부여되어야 하며, 이를 위해 두 나라가 선도적으로 행동할 필요가 있음을 주장하곤 한다. 양국 정치인들은 번갈아가며 프랑스와 독일이 유럽연합의 '핵심국가(Kern Europa)' 혹은 '선도국가 (avant-garde)'가 되어야 한다고 제안했다. 물론 이들의 유럽통합 옹호가 '유럽합중국'의 등장을 지지할 만큼 강력한 것은 아니다. 특히 2008년 경제위기 이후 프랑스와 독일 내에서 두 나라가 통합에서 선도적인 역할을 담당하는 것에 대해 회의적인 목소리가 커지고 있다. 또한 다른 대부분의 유럽연합 회원국들과 마찬가지로 프랑스와 독일에도 '유럽회의주의' 정당이 일정한 지지를 바탕으로 활동 중이다. 프랑스의 국민전선은 각종 선거에서 상당한 지지율을 올리고 있다. 다만 프랑스와 독일의 유럽회의주의 정당은 유럽연합으로부터 완전히 탈퇴할 것을 주장하지는 않는다는 점에서 좀 더 급진적인 주장을 펼치는 다른 회원국의 유럽회의주의 정당과 차이를 보인다(Chopin and Lequesne 2016, 536-541).

다음으로 유럽통합을 주로 경제적인 이해관계의 관점에서 이해하는 경향을 보이는 영국과 덴마크, 스웨덴이 있다. 이들에게 유럽연합 멤버십의 가장 큰 미덕은 공동시장에 참여할 수 있다는 것이다. 따라서 이 국가들은 시장통합 이외의 이슈에는 상대적으로 무관심하거나 유럽연합의 영역 확대에 비판적이다. 시장통합 강화를 위한 단일의정서 채택에는 다른 어떤 국가보다도 열성적이었던 영국이 마스트리히트 조약에는 덴마크와 함께 '선택적 비참여(opt-out)'를 택한 것은 이러한 경향을 잘 입증한다. 이 국가들에서는 유럽연합에서 시장통합 이외의 이슈가 차지하는 비중이 점점 늘어남에 따라 '완전한 탈퇴'를 주장하는 '유럽회의주의' 정당의 목소리가 커져 왔다(Chopin and Lequesne 2016, 537-538).

다른 한편, 2004년에 대거 유럽연합에 가입한 중·동유럽 국가들은 유럽연합에 대해 이중적인 태도를 보인다. 이들은 한편으로는 2004년 이전에는 유럽연합의 회원국이 되기를 열망했고, 가입 후에는 회원국 지위에 큰 의미를 부여한다. 하지만 다른 한편으로 이 중·동유럽 국가들은 유럽연합 내에서 자신들의 열등한 위치를 날카롭게 의식하고 있고, 각자의 '주권'을 보존하는 데 관심을 기울인다. 그 결과 이 국가들의 '유럽회의주의' 정당은 난민 문제에 관한 유럽연합의 정책이나 독일의 '경제 패권주의'에 대해서는 비판의 목소리를 높이는 반면, 그 어떤 정당도 탈퇴를 직접적으로 주장하지는 않는다.[7]

---

7   Chopin and Lequesne(2016, 540-541). 지난 2020년 7월 12일에 실시된 폴란드 대통령 선거에서 법과 정의당(PiS) 소속의 안제이 두다(Andzej Duda) 현 대통령이 재선에 성공했다. 이로써 기존의 대중영합주의적이고 반민주적인 정책노선이 폴란드에서 더

유럽연합의 지리적 분화를 보다 세분화해서 이해하려는 시도도 있다. 이에 따르면 현재의 유럽은 적어도 8개의 지역으로 구분될 수 있는데, 이는 각각 '프랑스–독일 유럽', '알프스 유럽', '대서양 유럽', '발칸 유럽', '발트 유럽', '중앙 유럽', '지중해 유럽', '북구 유럽'이다. '대서양 유럽'은 영국과 아일랜드로 이루어지고, '발트 유럽'은 라트비아, 에스토니아, 리투아니아의 발트 3국으로 이루어진다. 특이하게 '알프스 유럽'은 알프스 산맥을 중심으로 하여 오스트리아와 슬로베니아의 두 회원국과 프랑스 남서부, 이탈리아 북부, 독일 남부를 포함하는 '대(大)지역'으로 개념화된다. 이 지역은 유럽통합의 확대와 심화를 지역적, 문화적 정체성에 대한 위협으로 인식한다는 공통점을 가진다고 지적된다.[8]

이와 같은 지리적 분화와 함께 유럽통합은 또한 '정책별 분화'의 양상을 보이고 있다. 즉, 유럽연합의 여러 정책에 따라 통합의 방식과 정도가 상당한 차이를 보이고 있다. 먼저 정책에 따라 회원국들의 참여도가 차이를 보인다. 어떤 정책은 유럽연합의 모든 회원국들이 동일한 조건으로 참여하는 반면, 다른 어떤 정책은 회원국들이 상이한 조건으로 참여하거나 일부 회원국들은 아예 참여하지 않는다. 전자의 대표적인 예로는 공동시장을 위한 규제정책을 들 수 있다. 환경기준, 건

욱 힘을 받을 것으로 보이며, 폴란드와 유럽연합의 갈등이 더욱 심화될 가능성이 커지고 있다. "Andrzej Duda's re-election set to intensify Poland-EU tensions," *Guardian* https://www.theguardian.com/world/2020/jul/13/andrzej-dudas-re-election-set-to-intensify-poland-eu-tensions

8   Daniele Caramani, "Alpine Europe," Andrew Gamble, "'Anglo-America'and Atlantic Europe," Spyros Economides, "Balkan Europe," Bela Greskovits, "Central Europe," Alistair Cole, "Franco-German Europe," Paul M. Heywood and Lauren McLaren, "Mediterranean Europe," Lee Miles, "Nordic Europe." Dyson and Sepos eds.(2010, 83-197).

강기준, 안전기준의 표준화를 위한 유럽연합의 정책이 이에 해당하는
데, 이러한 정책에는 브렉시트 이전의 영국을 포함하여 거의 모든 유
럽연합 회원국들이 거의 동일한 조건으로 참여하고 있다. 이에 반해 통
화정책의 경우 앞서 지적했듯이 브렉시트 이전의 영국을 포함하여 많
은 국가들이 참여를 거부했거나 보류하고 있다. 다음으로 유럽연합의
정책별 분화는 정책의 결정과 실행의 '중앙집중화'의 정도에 따라 나
타나기도 한다. 회원국의 참여도에서는 낮은 수준을 보인 통화정책의
경우 정책의 결정과 실행의 집중도에서는 다른 정책에 비해 매우 높
은 수준을 나타내고 있다. 이는 유럽중앙은행을 중심으로 통화정책의
결정과 실행이 위계적으로, '상명하복식'으로 이루어지고 있기 때문이
다(Leuffen, Rittberger, and Schimmelfennig 2012; Schimmelfennig,
Leuffen, and Rittberger 2015). 이와는 대조적으로 유럽연합 외교안보
정책의 경우 정책의 결정과 실행에서 주로 '정부간주의'적인 접근법이
취해지고 있다. 즉, 회원국의 자발적인 참여와 의견조율을 통해 정책이
결정되고 실행에 옮겨진다.[9]

　이와 같이 유럽통합이 지리적으로 또한 정책별로 분화되는 근본
원인은 무엇인가? 가장 명백하면서도 핵심적인 원인은 유럽연합의 지
속적인 '확대'와 '심화'에 있다. 1990년대까지만 하더라도 15개에 불과
했던 유럽연합 회원국 수는 현재는 27개에 달한다. 회원국 수가 늘어
날수록 이해관계와 역량에서의 차이가 커지는 것은 필연적이다. 더군
다나 앞서 지적했듯이 2004년에 대거 가입한 중·동유럽 국가들의 경
우 경제력에서 기존 회원국과 현격한 차이를 보였다. 특히 각 회원국에

9　유럽연합 외교안보정책의 경우 영국과 프랑스가 유엔안보리 상임이사국의 지위를 유지
　하고 있고, 나토와 서유럽연합(WEU)이 이와 관련하여 일정한 역할을 담당하고 있다는
　이유로 인해 정책결정과 실행의 집중도를 제고하기 어려웠다. Sepos(2010, 309).

큰 영향을 끼치는 사안의 경우 사실상 모든 참여 회원국들의 만장일치 동의를 얻는 것이 필요한데, 회원국의 수와 이질성의 증가로 인해 이를 달성하는 것이 점점 더 어려워졌다. 결국 이해관계와 역량의 차이가 정책의 참여도와 집중도에서의 차이로 이어졌다(Schimmelfennig & Winzen 2019, 1175).

또한 유럽연합이 다루는 정책 분야가 계속 확대되는 가운데, 유럽연합이 통화정책, 재정정책, 안보와 외교정책, 이주정책, 시민권과 치안정책 등이 국가의 핵심 영역에 속하는 것으로 볼 수 있는 정책을 다루는 경우에도 회원국의 참여도와 정책결정과 실행의 집중에서 분화가 일어났다(Genschel and Jachtenfuchs 2016; Schimmelfennig and Winzen 2019, 1185). 이러한 정책은 주권국가의 핵심 영역으로 인식되는 것이 일반적이기 때문에 쉽게 정치화된다. 즉 정도의 차이는 있지만 각 회원국 내에서 유럽연합의 과도한 권한 확대에 대한 반발이 일어난다.[10]

---

10   리스본 조약이 체결된 2009년에는 독일헌법재판소가 판결한 조약의 위헌 여부에 관한 사안이 역시 작은 파장을 일으켰다. 독일헌법재판소는 리스본 조약이 헌법에 합치됨을 판결하면서도 '유럽국민(European demos)'이 부재하는 상황에서 독일 정부가 전략적으로 중요한 유럽연합의 결정, 특히 주권의 양도를 결과할 수 있는 결정에 참여할 때 독일 연방의회(Bundestag과 Bundesrat)의 승인을 사전에 얻어야 한다고 판결했다. 독일 헌법재판소는 판결에서 유럽연합은 '연방국가(Bundesstaat, federal state)'가 아닌 '국가연합(Staatenbund, association of states)'이며, 따라서 회원국 정부가 중심 구성단위가 되어야 한다는 점을 명확히 했다. 이러한 판결은 유럽연합의 '연방국가화'를 열망하던 이들에게는 실망스러운 결과였겠지만 대부분의 이들에게는 너무나 당연한 사실을 재확인한 것에 불과했다.

V. 유럽통합의 분화와 새로운 네트워크 국가의 등장?

주지하다시피 유럽연합은 오랜 기간 전형적인 네트워크 국가로서의 면모를 유지해 오고 있다. 하지만 지난 20여 년에 걸친 유럽통합의 분화는 네트워크 국가로서의 유럽연합의 성격에 상당히 큰 변화를 초래할 것으로 보인다. 일단 가장 자명한 변화는 유럽연합 네트워크의 구성이 매우 복잡해졌다는 것이다. '네트워크 분석(network analysis)'에서 네트워크는 노드와 노드 사이의 연결 관계로 정의된다. 노드는 인간 개개인일 수도 있고, 국가나 단체 같은 조직일 수도 있다(Hafner-Burton, Kahler, and Montgomery 2009, 562). 네트워크로서의 유럽연합을 넓게 정의하면 개개 유럽 시민부터 기업, 지방정부, NGO, 각종 이익집단 등 다양한 층위의 노드가 존재하지만, 여기에서는 회원국을 기본 노드로 가정한다. 유럽통합 초기에는 회원국의 숫자도 얼마 되지 않았고, 유럽연합이 다루는 정책도 얼마 되지 않았기 때문에 네트워크는 비교적 단순한 형태를 취했다. 즉 각각의 노드가 다른 모든 노드들과 균질적인 연결 관계를 맺었다. 1973년 영국과 아일랜드, 덴마크를 시작으로 스페인, 포르투갈, 그리스 등이 유럽연합에 가입하면서 회원국 수가 대폭 증가했지만 네트워크의 복잡성이 크게 증가하지는 않았다. 새로 가입하려는 국가는 'acquis communnitaire'라고 불리는 유럽연합의 기존 규칙을 모두 승인한다는 조건으로 가입을 승인받았기 때문이다. 네트워크 분석에서는 다른 많은 노드들과 높은 강도의 연결 관계를 유지할수록 중심성이 강화되고, 중심성이 강화될수록 해당 노드의 권력이 증가한다고 보는데,[11] 모든 회원국들이 다른 모든 회원국들과 균질

---

11 예를 들면, 자유무역협정의 전 세계적인 네트워크에서 중심적인 위치를 차지함으로써 물질적인 힘과는 다른 '사회적 자본' 형태의 영향력을 획득할 수 있다. 하프너-버튼

적인 관계를 맺는 상황에서 그러한 권력 증대의 효과를 기대하기 어려웠다. 물론 프랑스와 독일, 그리고 영국은 다른 회원국들에 비해 유럽연합 내에서 큰 영향력을 행사했지만 이는 해당 국가의 역량의 크기에 따른 결과였지 네트워크 내에서의 중심성에 따른 결과로 보기 어렵다.

앞서 지적했듯이 1990년대 들어 통합의 분화가 본격화되면서 이러한 상황에도 변화가 일어나기 시작했다. 프랑스와 독일과 핵심 회원국과 유럽집행위원회 등 유럽연합의 초국가기구가 중심이 되어 유럽통합의 어젠다를 확대하고 심화하려 시도하는 가운데 영국, 덴마크 등 일부 회원국들이 선택적 비참여를 결정함에 따라 통합의 네트워크에서 노드 간 연결 관계의 비균질성이 증가하기 시작했다. 영국과 덴마크 등이 다른 회원국과의 관계를 의도적으로 약화시키려 함에 따라 이 그룹과 여타 회원국과의 관계는 현저하게 약화되었다. 반면, 프랑스와 독일을 중심으로 하는 유럽연합 핵심그룹의 중심성은 상대적으로 더욱 강화되었다.

여기서 한 가지 주목해야 할 점은 영국과 덴마크 등이 앞서 이야기한 이유에서 '의도적'으로 다른 회원국과의 관계를 약화시킬 것을 선택했다는 점이다. 이는 유럽연합이라는 네트워크에서 모든 회원국이 다른 회원국과의 연결 관계를 강화함으로써 자신의 영향력을 증대시키는 것을 가장 중요한 목표로 삼지 않음을 의미한다. 오히려 관계를 약화시키거나 경우에 따라서는 단절할 수 있는 능력이 관계의 중심에 서는 것 못지않게 영향력의 원천이 될 수 있다(Hafner-Burton, Kahler,

---

(Emilie Hafner-Burton)과 몽고메리(Alexander H. Montgomery)는 다음과 같이 지적한다. "국제체제 내에서 이익과 정체성을 정의할 수 있는 국가의 능력은 얼마나 많은 수의 국가가 경청하는지의 함수이다. 국가가 국제체제 내에서 더 많은 청중을 가질수록 그러한 행동이 취해질 수 있는 경로의 수가 늘어나고, 그러한 정체성의 조작이 성공을 거둘 가능성이 높아진다." Hafner-Burton and Montgomery(2009, 30-31).

and Montgomery 2009, 572-573). 앞서 살펴보았듯이 오늘날 유럽통합의 분화가 가속화되고 있는 것은 회원국들이 유럽연합과의 관계를 이러한 관점에서 보기 때문에 가능하다고 할 수 있다. 물론 네트워크 분석에서 노드의 이러한 행동은 예외적인 상황에만 적용되는 것으로 이해된다. 하지만 현재 유럽연합 네트워크에서는 일반적인 네트워크 분석에서 예외로 인식되는 것이 정상적인 것이 되고 있다. 중심성을 강화하기보다는 관계의 약화 혹은 단절을 위협하는 것이 더 효과적인 영향력 강화의 경로로 인식되는 이러한 상황이 네트워크 국가로서의 유럽연합의 미래에 어떤 영향을 미칠지에 관해 많은 고민이 필요하다.

VI. 마치며

유럽통합 연구자인 맥코믹(John McCormick)은 미국에서 금융위기가 발발하기 1년 전인 2007년에 펴낸 *European Superpower*라는 책에서 유럽연합을 중심으로 한 유럽을 21세기의 강대국으로 소개한 바 있다(McCormick 2007). 이 책에서 맥코믹은 2004년 중·동유럽 회원국의 가입으로 유럽연합은 미국을 넘어 세계에서 가장 부유한 자본주의 시장경제를 가지게 되었으며, 전 세계 무역량의 42퍼센트를 차지하는 세계 제일의 무역대국이자 가장 많은 인구가 사용하는 화폐단위인 유로를 보유하게 되었다고 지적한다. 또한 정치적으로도 유럽연합은 국제무대에서 더 많은 역할을 담당할 준비가 되어 있으며, 유럽시민들의 여론도 이를 적극 지지하고 있다고 지적한다. 예를 들면 2005년에 실시된 여론조사에서 약 83퍼센트의 유럽시민이 국제적인 위기상황에서 유럽연합이 공동의 대응을 모색해야 한다고 답했으며, 82퍼센트의 시민은 미국으로부터 독자적인 외교안보정책이 필요하다고 답했다 ((McCormick 2007, 89, 118).

하지만 이로부터 불과 13년이 지난 오늘날 유럽연합이 처한 상황은 크게 달라졌다. 앞서 소개한 유럽의 미래에 관한 유럽집행위원회 백서에서는 유럽연합이 여전히 세계에서 가장 큰 단일시장을 보유하고 있고, 세계에서 두 번째로 많이 사용되는 통화를 가지고 있으며, 세계 제일의 무역량을 기록하고 있고, 또 인도주의 지원에서도 타의 추종을 불허한다고 적고 있다. 하지만 집행위원회 백서는 또한 전 세계 인구 중에서 유럽연합의 인구가 차지하는 비중이 지속적으로 감소하고 있고, 유로 이외에도 다른 통화의 사용량이 계속 증가하고 있으며, 전세계 GDP 대비 유럽연합 GDP의 비중 역시 지속적으로 감소하고 있다고 지적한다. 여기에 더해서 2030년이 되면 유럽연합 인구의 평균연령이 세계에서 가장 높은 수준이 될 것이라는 사실도 덧붙이고 있다 (European Commision 2017, 8-11).

그동안 유럽연합은 혹독한 경제·금융위기를 겪었고, 전례 없는 난민위기를 경험했으며, 2016년에는 영국이 유럽연합 탈퇴를 결정했다. 헝가리 등지에서 등장한 권위주의 정권은 민주주의 국가들의 연합체라는 유럽연합의 가장 근본적인 정체성에 흠집을 내고 있다. 이제 유럽연합의 '해체'에 관해 이야기하는 것이 더 이상 극단적인 견해로 여겨지지 않는 상황이 되었다. 적어도 유럽연합이 기존의 역할을 제한하려는 노력이 필요하다는 데에는 이견의 여지가 없는 것 같다. 이러한 상황에서 유럽연합이 여타 지역통합 혹은 지역협력의 '본보기'가 되는 시대는 이제 막을 내린 것으로 보인다. 지난 약 20여 년 동안 특히 한국이 속해 있는 동아시아 지역을 중심으로 유럽연합을 모델로 삼아 지역통합을 계획하고 추진하려는 여러 시도들이 이루어졌다. 하지만 이제는 유럽은 불과 10여 년 전만 해도 거의 아무도 상상하지 못한 길을 가려 하고 있다. 그 길이 어떤 길일지 불확실하지만, 한 가지 확실한 것은 유럽연합의 길이 동아시아가 참고할 수 있는 길은 아니라는 점이다. 지역통합과 지역협력은 21세기 국제정치에서 여전히 중요한 어젠다로 남을 것이다. 하지만 이제 체계화된 통합과 협력을 원하는 세계 각 지역은 한두 가지 공식화된 경로를 찾기보다는 각자의 상황에 맞는 통합과 협력의 경로와 방식을 찾아야 할 필요가 있다.

참고문헌

Bickerton, Christopher J., Dermot Hodson and Uwe Puetter. 2015. "The New Intergovernmentalism: European Integration in the Post-Maastricht Era." *Journal of Common Market Studies* 53(4).

Caporaso, James A. 2018. "Europe's Triple Crisis and the Uneven Role of Institutions: the Euro, Refugees and Brexit." *Journal of Common Market Studies* 56(6): 1345-1361.

Dyson, Kenneth and Angelos Sepos. 2010. "Differentiation as Design Principle and as Tool in European Integration." K. Dyson and A. Sepos eds, *Which Europe? The Politics of Different Integration*. Basingstoke: Palgrave MacMillan.

Dyson, Kenneth and Angelos Sepos, eds. 2010. *Which Europe? The Politics of Differentiated Integration*. Basingstoke: Palgrave MacMillan.

Chopin, Thierry and Christian Lequesne. 2016. "Differentiation as a double-edged sword: member states' practices and Brexit." *International Affairs* 92(3): 531-545.

European Commission. 2017. *White Paper on the Future of Europe: Reflections and Scenarios for the EU27 by 2025*. Brussels: European Commission.

Genschel, Philipp and Markus Jachtenfuchs. 2016. "More integration, less integration: the European integration of core states powers." *Journal of European Public Policy* 23(1): 42-59.

Hafner-Burton, Emilie M., Miles Kahler, and Alexander H. Montgomery. 2009. "Network Analysis for International Relations." *International Organization* 63(2): 559-592.

Hafner-Burton, Emilie M. and Alexnader H. Montgomery. 2009. "Globalization and the Social Power Politics of International Economic Networks." M. Kahler ed., *Networked Politics: Agency, Power and Governance*. Ithaca and London: Cornell University Press.

Hodson, Dermot & Uwe Puetter. 2019. "The European Union in disequilibrium: new intergovernmentalism, postfunctionalism and integration theory in the post-Maastricht period." *Journal of European Public Policy* 26(8): 1153-1171.

Hooghe, Liesbet and Gary Marks. 2009. "A post-functionalist theory of European integration: from permissive consensus to constraining dissensus." *British Journal of Political Science* 39(1): 1-23.

_____. 2019. "Grand theories of European integration in the twenty-first century." *Journal of European Public Policy* 26(8): 1113-1133.

Jackson, Trevor. 2020. "Forget Hamilton. This is Europe's Calonne Moment." *Foreign Policy*, May, 29.

Kleine, Mareike and Mark Pollack. 2018. "Liberal Intergovernmentalism and its Critics."

Journal of Common Market Studies 56(7).

Leruth, Benjamin, Stefan Gänzle and Jarle Trondal. 2019. "Exploring Differentiated Disintgration in a Post-Brexit European Union." *Journal of Common Market Studies* 57(5): 1013-1030.

Leuffen, Dirk, Berthold Rittberger, and Frank Schimmelfennig. 2012. *Differentiated Integration: Explaining Variation in the European Union*. Basingstoke: Palgrave MacMillan.

McCormick, John. 2017. *The European Superpower*. Basingstoke: Palgrave MacMillan.

Matthijs, Matthias. 2017. "Europe After Brexit: A Less Perfect Union." *Foreign Affairs* 96(1).

Schimmelfennig, Frank. 2018a. "Liberal Intergovenmentalism and the Crises of the European Unikon." *Journal of Common Market Studies* 56(7).

_____. 2018b. "Brexit: differentiated disintegration in the European Union." *Journal of European Public Policy* 25(8): 1154-1173.

Schimmelfennig, Frank, Dirk Leuffen, Berthold Rittberger. 2015. "The European Union as a system of differentiated integration: interdependence, politicization and differentiation." *Journal of European Public Policy* 22(6): 764-782.

Schimmelfennig, Frank and Thomas Winzen. 2019. "Grand theories, differentiated integration." *Journal of European Public Policy* 26(8): 1172-1192.

Sepos, Angelos. 2010. "Foreign and Security Policies: 'Trilateral' Europe?" K. Dyson and A. Sepos eds, *Which Europe? The Politics of Different Integration*. Basingstoke: Palgrave MacMillan.

Vollaard, Hans. 2018. *European Disintegration: A Search for Explanations*. Basingstoke: Palgrave MacMillan.

Washington Post. 2020. "No this isn't Europe's 'Hamiltonian moment'." 5. 27.

Webber, Douglas. 2019. *European Disintegration? The Politics of Crisis in the European Union*. Basingstoke: Palgrave MacMillan.

제6장 동아시아 지역주의와 네트워크 국가: 제도적 균형의 성격 변화

이정환(서울대학교)

I. 머리말

동아시아 지역주의는 어떠한 성격을 지니는가? 동아시아 지역주의에는 어떠한 성격이 없는가? 위 두 개의 질문 중에서 전자에 대한 답은 흐릿하다. 반면에 후자에 대한 답은 보다 선명하게 논쟁되어질 것 같다. 이는 동아시아 지역주의의 존재 자체에 대한 질문과도 연결된다. 동아시아에 지역주의가 있는가? 동아시아 지역주의가 무엇인가에 대한 합의 기반이 없다는 것이 동아시아 지역주의의 성격을 보여준다. 동아시아 지역주의에 대한 연구는 유럽통합을 암묵적 이상형 모델로 전제하고 정도와 형태에서 유럽 사례와 동아시아 사례가 얼마나 다른지에 대한 관찰 속에서 논의되어 온 성격이 강하다.

물론 동아시아 지역주의는 1980년대 이후 학문적으로 꾸준한 관심의 대상이었다. 1980-90년대 동아시아 경제적 지역화에 대한 관심이 일본의 부상과 더불어 주목받았고, 1997년 아시아 외환위기 이후 치앙마이 이니셔티브(CMI)와 아세안+3(ASEAN+3, APT)의 제도화를 중심으로 동아시아 지역주의의 진전이 언급되어 왔다. 하지만, 경제적 지역화의 정치적 측면으로의 전이 한계, 미중경쟁과 하위의 중일경쟁의 전개 등으로 인해 향후 발전 가능성에 대한 회의론이 크다. 제도적 협력의 진전에 초점을 두었을 때, 지역주의는 동아시아에서 실패한 실험 또는 존재하지 않는 현상으로 보여지는 것이 어색하지 않다. 유럽 사례에서 발견되는 경제적 상호의존의 증가와 이를 뒤따르는 경제협력 제도의 발전이 이루어지지 않는 것이 동아시아 지역주의의 성격으로 발견되고, 이러한 지역주의 저발전에 대한 국제정치이론 일반론적 해석과 동아시아 지역의 특수성이라는 해석을 적용해보려는 패턴이 동아시아 지역주의 연구에서 익숙하다.

하지만 동아시아 지역주의에 대한 회의론은 경제적 상호의존과 국가 간 권력정치의 복잡한 관계를 과도하게 단순화시켜서 양비론적으로 바라보는 한계를 지닌다. 동아시아 지역주의가 주목한 동아시아의 경제적 상호의존 심화는 그 성격을 바꾸면서 진화해 왔고, 이에 수반되는 지역적 경제 분야의 협력 제도들도 진화해 왔다. 그리고 동아시아의 경제적 상호의존과 지역적 협력 제도들이 국가 간 권력정치의 투쟁이 벌어지고 있는 장이 되고 있다. 즉, 동아시아 지역주의는 현재 지정학의 부활이 가장 첨예하게 전개되고 있는 것으로 보이는 동아시아에서 그 지정학적 경쟁의 핵심 대상이기도 하다. 2020년대 동아시아 지역주의에 대한 연구는 역내 제도발전의 수준이 높은 사례와의 비교가 아니라, 동아시아 권력정치의 분석과 유기적으로 연결되어 관찰되어야 한다.

동아시아 지역주의의 본질적 현상인 역내의 경제적 상호의존과 역내 제도발전이 동아시아 미래 세계정치의 경쟁과 협력의 무대가 될 때, 우리는 동아시아 지역주의 연구에 네트워크 국가 개념을 적용시킬 수 있다. 네트워크 국가는 "행위자들 간에 형성되는 관계 또는 이러한 관계들을 형성하는 네트워크의 속성을 활용하거나, 더 나아가 네트워크 전체를 창출하고 변경시키는 과정에서 발생하는 권력"인 네트워크 권력을 추구하는 국가이다(김상배 2020, 1장). '망대망 정치' 속에서 자원권력을 넘어 네트워크 권력을 추구하는 국가로 진화하는 국민국가는 다른 국가, 국내외 비국가 행위자들과의 관계성 속에서 우월적 위치를 차지하기 위한 경쟁을 벌인다. 이익극대화나 생존 추구를 넘어서는 네트워크상의 지위 경쟁으로 국가 행위를 이해할 때, 동아시아 지역주의는 동아시아 국가들이 네트워크 권력을 놓고 경쟁을 벌이는 무대이다. 물론 이러한 경쟁이 한 차원에서만 이루어지고 있지 않다. 물적 토대로서의 경제구조상 네트워크의 지위 경쟁과 협력 제도들을 놓고 이루어지는 지위 경쟁은 연결되어 있으면서 또한 다르다. 한편 이러한 경제와 제도에서의 네트워크 측면의 경쟁은 전통적 국가 간 권력정치와도 영향을 주고받고 있다. 동아시아 지역주의와 동아시아 국가 간 권력정치의 상관관계를 이해하기 위해 본 연구는 제도적 균형(institutional balancing) 개념을 수용하여, 경제 분야에서 지역주의 제도화가 국가 간 제도적 균형의 수단으로 사용되고 있음을 분석할 것이다. 나아가 중국과 일본 중심의 제도적 균형과 미국과 중국 중심의 제도적 균형 사이의 성격 차이에 대해서도 논할 것이다.

본 연구는 동아시아 지역주의 속에서 발견되는 동아시아 국가들의 네트워크 경쟁을 역사적으로 살펴보는 것을 목표로 한다. 우선 동아시아 지역주의 연구에서 '네트워크' 용어는 매우 오래전부터 사용되어 왔지만, 지역화(regionalization) 단계에서 '네트워크' 표현은 은유적 성격에 머물러 있었다. 1980-90년대 일본 주도의 동아시아 경제적 지역화에 대한 분석에서 카첸스타인(Peter Katzenstein) 등이 이미 '네트워크 권력(network power)' 개념을 사용하였다(Katzenstein and Shiraishi 1997). 동아시아 지역주의 연구 초기부터 네트워크가 사용되어 왔지만, 당시 사용되던 네트워크는 행위자이자 과정이자 구조로서 개념화된 용어가 아니다. 일본 경제력의 확산에 초점을 두었던 당시 네트워크 용어 사용은 은유로서의 성격을 넘지 못했다. 하지만, 일본 자본의 해외직접투자와 해외대출을 넘어서 글로벌생산네트워크화의 진전과 2000년대 금융통화, 투자무역 부문에서의 동아시아 제도발전은 동아시아 지역주의에 네트워크론에 부합하는 네트워크 개념이 적용되는 것을 유효하게 만들었다. 2000년대에 본격화된 지역주의 다자제도 설립 노력에서 발견되는 것은 중국과 일본을 핵심 행위자로 하는 포섭적 성격의 제도적 균형이다. 하지만, 2000년대 말과 2010년대 들어 동아시아에서의 다자제도를 둘러싼 경쟁은 미국과 중국의 대립 구도 속에서 전개되고 있으며 여기서 벌어지고 있는 제도적 균형 게임의 성격은 배타적이다.

II. 동아시아 지역주의와 제도적 균형(institutional balancing)

1. 동아시아 지역주의의 보편과 특수

동아시아 지역주의에 대한 분석은 유럽통합을 기본 사례로 하는 지역주의 이론을 동아시아에 적용하려는 시도와 동아시아의 경제적 지역화와 제도발전에 대해 독자적 개념화를 하려는 시도로 나눌 수 있다(김기석 2015).

　　유럽 사례를 기초로 하는 하는 '보편적' 지역주의 이론은 통합의 경제적 후생 효과에서 시작해서 차츰 국제정치학 각 이론의 패러다임 속에서 발전하며 정교해졌다. 관세동맹이론, 최적통화지역이론, 5단계 통합이론 등 경제학 분야의 연구는 경제적 후생 효과에 초점이 맞추어져 있다(Viner 2014; Mundell 1961; Balassa 2013). 국제정치학에서 지역주의에 대한 연구는 자유주의 전통인 미트라니의 신기능주의론으로 출발하였다(Mitrany 1994). 평화이론의 성격이 강한 신기능주의 이론은 국가 사이의 공통 이익에서 국가를 넘는 상위 제도의 탄생 과정상의 정치적 복잡성에 대한 관점이 부족하다는 점에서 경제학 분야 연구와 유사하다. 즉, 정치적 결과를 경제적 유인만으로 답하고 있다. 신기능주의적 접근에 대한 호프만과 모라브칙 등의 비판은 신기능주의 이론의 비정치적 성격에 모아져 있다(Hoffmann 1964; Moravcsik 1993).

1950-60년대와 마찬가지로 탈냉전기 지역주의에 대한 연구도 유럽 사례를 중심으로 전개되어왔다. 1980년대 후반 들어 유럽통합이 단일화폐와 정치적 측면에까지 전개되면서 국제정치학의 모든 이론은 유럽통합에 대해서 설명해야만 했다. 유럽통합이 냉전 종식에 따른 양극 체제의 소멸과 함께 전개되면서 탈냉전의 국제구조 변동이 국가중심적 베스트팔렌 체제 자체의 변화와 연동되는 것에 대한 인식이 등장했다. 즉 탈냉전의 맥락 속에서 유럽통합이 국제정치 조직원리 자체의 변화를 의미하는 징후라는 관측 속에서 유럽통합에 대한 관심이 고조되었고, 이로 인해 모든 이론이 지역주의에 대한 논의를 전개하게 된 것이다.

주권 양도의 성격을 지니는 지역주의 제도화에 대해 근본적으로 회의적인 신현실주의는 냉전기 유럽의 지역통합을 미국 헤게모니 체제 하에서 유럽 국가들의 대공산권 견제 및 균형전략의 결과로 이해하고 있으며, 경제적 지역주의도 강대국 국가전략의 부분으로 본다(Waltz 2010). 신현실주의 관점에서 1980-90년대 세계적인 지역주의 발흥은 여타 지역의 경제적 위협에 대응하기 위한 균형전략 내지 협상력 제고 전략이다. 신현실주의자들에게 지역협력은 국제정치 체제 내의 부차적 현상이다. 국제제도를 강조하는 신자유주의적 제도주의에게 국제제도의 일환인 지역제도는 지역문제를 해결하고 역내 연계를 강화하는 데 드는 비용을 절감하려는 국가들의 필요에 의한 대응이다(Keohane 2005). 신자유주의적 제도주의는 지역적 차원에서 이루어지는 협력의 제도화와 협력레짐의 건설이 지역주의 내지 공동체 건설에 대해 가지는 함의를 보여준다. 한편, 아이디어, 가치, 신념, 공유된 지식, 학습과 같은 비물질적 요인의 중요성을 강조하는 구성주의 이론은 지역주의 발전에서 정체성 형성의 중요성을 보여주었다(Wendt 1992).

지역통합에 대한 이론적 관심이 유럽통합 진전과 맞물려 있다는 점은 지역주의 이론의 동아시아 적실성 문제를 암시해 준다. 동아시아 지역통합이 저발전되어 있다는 주장은 유럽통합과의 비교를 판단의 근거로 삼고 있다. 동아시아는 지역통합의 공식적 제도발전의 결핍(organizational gap)이 두드러진 지역이고, 그 결핍의 기준은 유럽이 된다. 따라서 인식론적 차원의 사고전환 속에서, 동아시아에서 지역통합이 저발전 상태에 있는 것이 아니라 단지 유럽과는 다른 형태의 지역통합이 진행 중이라는 주장이 가능하다. 동아시아에서는 발전의 경로는 다르나 유럽과 마찬가지로 국가 행위자의 정책 선택을 제약하는 의미에서 지역주의가 부상하고 있다는 것이다.

유럽 사례에 기반한 지역주의 이론의 동아시아 적용에의 한계는 데이비드 강(David Kang)에 의해서 가장 적극적으로 제기되었다. 그는 유럽의 경험에 기반한 이론이 동아시아 사례에 부적절한 원인을 밝혀내는 것 자체가 동아시아 사례 이해에 중요하다고 주장하였다(Kang 2003). 이에 대해서 아차리아(Acharya)는 강의 유럽중심 이론의 동아시아 사례 적실성의 문제제기에 대해 동의하면서도 강이 동아시아 지역통합을 설명할 수 있는 관점의 제시까지 나아가지 못했다고 비판한다(Acharya 2004). 강이 동아시아의 역사적 조건에 대한 설명 속에서 유럽 경험과의 차이점을 보여주었지만, 동아시아의 역사적 경험이 동아시아의 미래 국제관계를 설명하는 분석틀이 될 수 없다는 것이다. 강이 동아시아 국제관계를 과거 동아시아가 경험했던 위계적 질서로의 회귀를 암시하고 있는 것에 비해서, 아차리아는 동아시아에서 부족했다고 여겨져 왔던 지역통합과 제도건설이 앞으로 어떤 형태로 진전되는지를 관찰하는 것이 보다 더 중요하다는 것이다. 아차리아의 관점에

서 동아시아가 유럽과는 다르지만, 경제적 상호의존과 지역적 제도화
의 진전이 계속 진행되어왔다.

    이러한 문제의식 속에서 동아시아 지역주의 현상에 대한 이론 적
용이 아닌 동아시아 지역주의 현상에 대한 독자적 개념화 부여 노력
이 의미를 지닌다. 아시아태평양경제협력체(APEC) 등의 핵심 개념이
었던 '열린 지역주의', 히겟(Richard Higgot)의 '불쾌감의 정치(politics
of resentment)', 비슨(Mark Beeson)의 '반동적 지역주의(reactionary
regionalism)', 카첸스타인 등의 '네트워크형 지역주의', 덴트
(Christopher Dent)의 '발전적 지역주의(developmental regionalism)'
등이 그 예이다(Higgot and Stubbs 1995; Beeson 2003; Katzenstein
and Shiraishi 1997; Dent 2016). 하지만, 이러한 개념화 시도는 연구
시점에서의 동아시아 지역주의 현상에 대한 적합한 설명은 가능하지
만, 동태적인 변화를 추구하는 것에는 한계점이 있다.

    네트워크 국가론은 동아시아 지역주의 현상의 동태적 변화를 분
석하기에 유용하다. 동아시아 지역주의 연구에서 경제적 상호의존을
기반으로 하는 '지역화'와 국가 간 협력의 공식적 '제도화'의 양상을 분
리해서 살펴볼 때, 현재 시점에서 동아시아의 경제적 '지역화'는 다른
지역에 비해서 저발전 상태가 유지되고 있다고 보기 어려울 뿐만 아니
라, 과거와 현재의 '지역화'의 성격은 매우 다르다. 또한 '제도화' 측면
에서도 2000년대 이후 진전과 정체 속에서도 칼더가 주장하듯 결정적
계기(critical juncture)를 맞이할 때마다 내용적 진전이 이루어져왔다
(Calder and Ye 2010). '지역화'와 '제도화' 양면에서 동아시아 지역주
의 현상이 고정되어 있지 않으며, 그 성격 변화에 대한 이해 속에서 동
아시아 지역주의가 이해되어야 한다. 동아시아에서 발견되는 '지역화'
와 '제도화'의 성격 변화가 동아시아의 특수성만으로 해석되기는 어렵

다. 특히 경제 관련 세계질서는 국가중심성에서 차츰 이탈하여 관계중심적 네트워크화가 크게 진전되었고, 이러한 글로벌 변동에서 현재 동아시아는 중심적 위치에 있다.

2. 지역주의 제도화에 대한 국가행위론: 제도적 균형

동아시아 지역주의가 유럽과 상이한 점에 초점을 맞추었을 때, 동아시아 지역주의의 더딘 제도화는 동아시아 특수론으로 환원된다. 서구 경험에 바탕을 둔 보편 이론의 무조건적인 동아시아 사례 적용에 대한 데이비드 강의 비판은 그 잠재력에도 불구하고 동아시아 특수론에 입각한 논리 전개로 인해 설득력이 크지 못했다. 문제는 그의 동아시아 특수론 자체의 논리적 근거가 탄탄하지 못했다. 그는 강한 중국에 대한 주변 아시아 국가들이 보여준 편승의 오랜 역사가 중국의 부상에 대한 동아시아 미래 정치를 예측하게 한다고 주장한다. 동아시아 역사를 패권국 중국에 대한 편승이었던 것으로 규정짓는 데이브드 강의 동아시아 국제정치 역사 해석은 동아시아 역사 속에서 국가관계의 복잡성에 대한 과도한 단순화에 가깝다. 데이비드 강의 논리적 난점은 이론적으로 국가 행위를 균형과 편승의 두 형태로만 분석하고 있다는 점이다. 아차리아가 비판하듯, 데이비드 강은 균형과 편승에 대해서 정밀한 분석을 보여주지 못하고 있다.

동아시아 지역주의를 논할 때 동아시아는 왜 다른가 또는 왜 더딘가를 묻는 것보다, 동아시아 지역주의 관련 이슈에서 관련국들이 왜, 언제, 어떤 이유로 협력과 경쟁의 선택을 하느냐에 대한 질문이 보다 적실성이 높다. 협력과 경쟁의 국가 행위는 한 시점에서도 복합적일 수 있으며, 이러한 국가 행위의 복잡성 기준 속에서 지역주의 제도화 과정에서의 국가 행위를 바라볼 필요가 있다. 국가 간 경쟁적 관계의 성격을 지니는 국가들이 지역주의 제도화 과정에서 협력을 추구하는 양상은 아이러니한 것이 아니라 상대적 이익을 확보하기 위한 게임적 측면의 양상이 있다. 이에 대한 개념화 노력은 헤(He 2008a; 2008b; 2019)와 리(Lee 2012; 2016) 등에 의해서 제도적 균형(institutional balancing) 개념으로 연구되었다. 카이 헤는 군사적 차원의 경성 균형(hard balancing) 전략과 대비되는 연성 균형(soft balancing) 전략이 다자제도 공간에서 벌어지는 상황에서 제도적 균형 개념을 도입하고 있다. 즉 제도적 균형은 다자제도 속에서 목표대상 국가를 견제하는 전략 개념이다. 사실상 제도적 균형 개념은 속성상 연성 균형 개념과 큰 차이점이 없으며, 개념의 적용 대상이 제도 운용에 초점이 맞추어진다는 점에서 특징을 지닌다. 이 같은 맥락에서 제도적 균형 개념은 펨펠(Pempel 2010)이 사용하는 연성 균형 개념과 큰 차이를 지니지 않는다.

제도적 균형에 대해서 헤는 목표대상 국가를 제도 내에 포함하여서 규범을 강제시키려는 포섭적 제도적 균형과 목표대상 국가를 제도 밖에 두어 견제하는 배제적 제도적 균형으로 구분하고 있다(He 2019). 한편 이승주는 제도 내(intra) 균형과 제도 간(inter) 균형으로 제도적 균형을 유형화하였다. 제도 간 균형은 목표대상 국가를 균형하기 위해 유사한 성격의 독자적 제도를 만드는 국가 행위를 의미하고, 제도 내 균형은 제도 내에서 경쟁 국가들이 협력을 추구하는 전략을 의미한다(Lee 2016).

이승주의 제도 내 균형과 제도 간 균형은 동아시아 지역주의의 주요 분야인 금융통화, 무역 부문에 전개되는 협력 양상의 편차 양상을 잘 설명해 주고 있다. 한편, 2000년대 동아시아 지역주의 제도화가 중

국과 일본의 경쟁 구도로 전개되던 시점과 2000년대 후반 이후 2010
년대 미중 경쟁 속에서 전개되던 시점의 차이는 포섭적 제도적 균형과
배제적 제도적 균형으로 보다 설득력 있게 설명될 수 있다.

III. 일본 주도 경제적 지역화와 아시아 외환위기의 계기

제도적 균형 속에서 전개되는 동아시아 지역주의 제도화는 1997년 아
시아 외환위기를 계기로 크게 진전되었다. 물론 그 이전에 일본 주도의
경제적 지역화가 오래 전개되었다. 하지만, 지역화가 곧 제도화를 의미
하는 것은 아니었다.

　동아시아의 경제적 지역화는 일본 기업의 동아시아 지역에 대한
외국인직접투자(FDI)와 함께 출발한다. 동아시아 경제통합에서 일본
기업의 중심성은 1990년대까지 지속된다. 1997년 카첸스타인과 시라
이시가 편집하여 발행한 *Network Power*는 동아시아 지역주의 연구
에서 중요한 저작인데, 그 책의 부제가 Japan and Asia라는 점은 동
아시아의 경제적 지역화에서 일본의 역할이 갖는 의미를 암시해 준다.
*Network Power*는 네트워크 용어를 전면에 내세웠다는 점에서 또한
주목된다(Katzenstein and Shiraishi 1997). 하지만, 일본 기업의 동아
시아 진출을 중심으로 하는 동아시아의 경제적 지역화는 국가경제 사
이의 관계라는 국제경제적 설명에서 해석되지 않는 네트워크화 속에
발전한 것으로 보기 어렵다. 1990년대까지 일본 중심의 동아시아 경제
적 지역화에 대한 설명에서 네트워크 용어는 은유 차원을 넘어 현상의
본질과 연결된 개념으로 사용되지 않았다.

　일본과 동아시아의 경제적 연결성에 대한 대표적 이론화는 안행

모델(flying geese model)이다. 안행모델은 일본 히토츠바시대 경제학
교수였던 아카마츠 가나메(赤松要)가 전전에 개념화를 시도하였고, 전
후에 그의 제자 고지마 기요시(小島清)에 의해 적극적으로 일본 국내
외에 발신되었다. 안행이론은 1980-90년대 일본 측에서 동아시아 지
역주의 제도화를 주장하면서 제도화의 필요성의 이유로 제기되는 동
아시아 경제산업 구조적 성격을 논할 때 동원된다는 점에서 이데올로
기적 성격의 의미를 내포하고 있음도 사실이다.

아카마츠와 고지마에 의해 제기된 안행모델은 기본적으로 후발국
에 의한 선진국 추격(catch-up)을 통한 발전 과정을 설명하려는 시도
로서 보편이론적 성격을 갖는다. 한 국가의 산업발전 단계를 제1단계:
소비재의 수입 → 제2단계: 소비재의 국내 생산, 수입 감소 → 제3단계:
소비재 수출 시작, 자본재 수입의 국내 생산으로의 전환 → 제4단계:
소비재 수출의 감소, 자본재의 수출 시작으로 설명하면서, 한 국가가
경제성장을 하면서 비교우위가 소비재에서 자본재로 이동하는 과정을
이론화한 것이다(Akamatsu 1961). 이러한 과정을 먼저 경험한 나라에
서 비교우위가 떨어진 소비재 산업에 대한 해외직접투자가 후발국가
를 대상으로 전개되고, 그 해외직접투자를 받아들이는 국가는 해외직
접투자를 통해서 소비재의 비교우위에 입각한 경제성장이 가능하다
는 논리이다. 고지마는 이 논리를 동아시아에 적용해서 비교우위가 떨
어진 업종이 후발국가로 이전되는 과정이 반복적으로 이루어지는 산
업 이전을 모형화하였다(Kojima 1995). 1985년 일본의 외무대신 오키
타 사부로가 태평양경제협력회의에서 동아시아 지역의 국가경제의 상
이성에도 불구하고 경제협력이 유용함을 논하면서 안행모델을 언급해
정책적 차원의 주목을 더욱 받게 되었다(Kojima 2000).

동아시아 지역주의 논의에서 일본의 네트워크파워론도 경제적 측

면에서 일본의 무역투자에 대한 역할에 초점을 두고 있다. 일본의 무역과 투자에서 1980-90년대는 아시아의 비중이 다시 증가하는 시기였다. 2차대전 이전 당연하게도 일본경제는 높은 수준의 아시아와의 연결성을 지니고 있었지만, 전후 일본의 무역과 투자는 미국을 중심으로 하는 서구 경제와의 교류가 차지하는 비중이 압도적이었다. 물론 전후 배상과 원조 속에서 아시아와의 무역과 투자 관계를 발전시켜 나갔지만, 경제발전의 수준 차이 속에서 동아시아와의 교류가 밀접했다고 보기 어렵다. 일본의 해외직접투자는 1985년 플라자협정 이후 가속화되는데, 전체 규모 측면에서는 북미와 유럽의 비중이 높지만 제조업 분야에서는 아시아의 비중이 상대적으로 높았다. 일본의 해외직접투자 증가 속에서 아시아와의 무역 비중도 증가하였다. 이런 흐름에서 1990년대 이후 일본의 수출에서 아시아 비중이 미국보다 커졌다(Pempel 1997).

하지만 일본의 해외직접투자를 통한 산업이전을 강조하는 안행모델은 동아시아 경제적 지역화에 대한 충분한 설득력을 제공해주지 못하고 있다. 우선, 1990년대 이후 일본의 산업이전은 안행모델이 고려하는 것과 같은 형태의 산업 전체 이전의 양상과는 다르다. 고지마도 그 점을 인지하고 고지마 모델 III으로 agreed specialization 논의를 전개하고 있다(Kojima 1992). 하지만, agreed specialization은 생산 과정의 세계적 분산을 설명하는데 이는 글로벌생산네트워크 또는 글로벌밸류체인의 개념에 비해서 설명력이 높지 않다. 또한, 안행모델이 기반을 두고 있는 산업이전은 노동집약적 소비재의 경우 설명력이 크지만, 기술집약산업에 적용하기에는 한계점을 보였다. 동아시아 경제적 지역화를 설명하는 데 일본의 중심성을 전면에 내세울 때 최종적 한계는 미국의 역할이다. 일본도 다른 아시아 국가들도 미국에의 수출이 자국 수출 구조에서 가장 규모가 컸다. 일본의 다른 동아시아 국가들에 대한 해외직접투자가 창출하는 생산이 일본으로의 수출보다는 미국으로의 수출로 연결되어 있다는 점이 동아시아 경제적 지역화에서 일본 중심성이 갖는 근본적 한계이다.

1980-90년대 동아시아 경제적 지역화에서 일본 경제력의 또 다른 측면은 일본 자본의 동아시아 진출이었다. 1985년 플라자 합의와 그 이후 일본 정부의 팽창적 통화정책 속에서 일본 시중은행의 풍부한 유동성은 그들이 1980년대와 1990년대 국제업무를 확대하게 하는 배경이 된다. 1990년대 들어 거품 붕괴 속에서 국제업무를 전반적으로 축소하였지만, 아시아를 대상으로 하는 업무는 확대하였다. 홍콩, 싱가포르에서의 옵션업무 중심에서 벗어나 태국, 인도네시아 등에서의 법인대출 금융을 강화하는 특징을 보였다. 동아시아 5개국(인도네시아, 한국, 말레이시아, 필리핀, 태국)에 대한 일본 시중은행의 비중은 1990-96년에 2.3배 증가하였다. 엔고 현상으로 인해 일본기업이 아시아 지역 신흥국가들에 현지 생산거점 설치 등으로 진출하면서 이를 지원하는 일본 시중은행의 동반 진출이 이루어져서, 이와 동반된 일본 금융기관의 동남아시아 진출이 활발했다. 또한, 1990년대 일본 국내적으로 거품 붕괴 속에 부실채권 증가의 문제가 있었던 반면에, 동아시아에서의 대출은 수익률이 높았다(德丸浩 2009).

1990년대 초중반까지 일본 금융기관의 동아시아에서의 존재감은 1997년 아시아 외환위기와 직결되어 있다(King 2001). 동아시아 지역주의 제도화의 출발점이 되는 1997년 아시아 외환위기는 쌍둥이 위기적 성격을 지닌다. 쌍둥이 위기의 성격을 가지는 아시아 외환위기에서 금융위기와 외환위기를 연결하는 것이 국제자본의 유입이었다. 국제자본 시장의 여건 변화 속 국제자본이 이탈되고 이에 대한 대응을 하기에 과도하게 신용 규모가 컸던 동아시아 국가들이 위기를 맞이한 것이다. 1990년대 초 아시아에서 대규모의 자본 유출입은 은행부문이 주통로였다. 한국의 경우 1993년도 말에 국내은행의 해외자산은 137억 달러였던 반면, 부채는 346억 달러로 순부채가 208억 달러였다. 그런데 1993년 말부터 1997년 2분기까지 총부채는 906억 달러로 증가하였다. 3년 6개월 만에 560억 달러가 증가한 것이다(이규성 2015).

한국의 1997년 봄과 가을 두 차례 위기 국면에서 해외 금융기관의 대출 회수가 핵심적 문제였는데, 이 문제에 대한 한국 정부 대응의 핵심적 대상이 일본이었다. 그 이유는 1990년대 초중반에 한국을 포함한 동아시아에 대출여신을 증대한 일본이 1997년에 대규모의 대출 회수를 실시했기 때문이다. 일본계 금융기관들이 1997년 1/4분기에 한국의 12개 은행에서 회수해 간 자금 규모는 47억 달러에 이른다(이규성 2015). 1997년 11월 외부의 지원 없이는 위기 극복이 어렵다는 판단 속에서 한국 정부는 우선 일본으로부터의 지원을 모색하였다. 한국의 일본에 대한 협조 요청은 양국 간 통화지원이 아닌 일본 금융기관에 대한 행정지도를 통해 한국 금융기관에 대한 대출 만기 연장을 지원해달라는 내용이었다(강경식 1999). 한국 금융권이 차입한 해외대출 중 큰 비중을 차지하고 있는 일본 금융기관들이 자금회수를 자제한다면 위기를 진정시킬 수 있지 않을까 하는 기대감이 당시 한국 정책결정자들에게 존재하였다.

일본 시중은행들의 해외대출금 규모는 1990년대 중반에 줄어들지 않고 100조 엔가량으로 유지하였다. 하지만, 1997년에 들어서 동아시아 여러 국가들에서 위기 징후들이 현저해지자 일본 시중은행들은 동아시아 국가들에 대한 대출여신을 대폭 축소하는 방향으로 선회하였다. 일본 국내 거품경제의 붕괴에서 유발하는 부실채권 증가는 1997년 시점에서 현실적 금융위기의 위험으로 대두되었기 때문에 일본 금융기관의 행위패턴은 합리적으로 이해될 수 있다. 1997년 동아시아 국가들에게서 이탈한 국제자본으로서 일본계 자본의 규모는 미국계와 유럽계 자본에 비해서 크다. 한 가지 더 중요한 것은 아시아 외환위기가 해소된 뒤, 미국계와 유럽계 자본은 동아시아 국가들로 다시 바로 돌아왔지만 일본계 자본은 다시 돌아오지 않았다(德丸浩 2009).

만약 아시아 외환위기 당시 일본이 구상했던 아시아통화기금(AMF)이 결성되었다면 아시아 외환위기는 회피될 수 있었을 것인가. 1997년 당시 동아시아에서 지역적 통화협력 기구가 부재한 것에 대한 반성적 평가가 CMI 탄생의 배경이 되었다. 하지만 아시아 외환위기는 외환 부족이라는 금융위기에서 출발하였다. AMF로 제공될 수 있는 외환이 금융위기 국면에서 이탈하는 국제 민간자본의 규모를 막아낼 수 있었을지 의심스럽다.

금융 부문에서 동아시아 국가들에 대한 일본 금융기관의 1980년대 후반과 1990년대의 여신 증가는 무역투자 부문에서 일본 기업의 해외직접투자 증가와 더불어 동아시아 경제적 지역화에 대한 기대의 원천이었다. 하지만 국제자본으로서 일본 금융기관의 대출은 일본 국내 금융시스템 위기 속에서 동아시아 경제구조에 영향을 주는 실력을 지속하지 못했다. 금융 부문에서 일본 금융기관의 진출과 철수는 국경을 넘는 현상이었지만 전적으로 일본이라는 국가 체제 내의 조건에 제약되어 발생한 현상이었다.

동아시아에서 가장 먼저 경제성장을 이루었던 일본의 상대적으로 압도적인 경제력을 중심으로 하던 동아시아의 경제적 지역화는 1997년 아시아 외환위기 이후 그 발전 가능성의 한계를 보였다. *Network Power*를 편집했던 카첸스타인과 시라이시가 후속 편집서로 내놓은 연구서 제목 Beyond Japan이 이를 암시해준다. *Beyond Japan*에서 카첸스타인과 시라이시는 동아시아 지역주의가 한 국가모델에 기반하는 시대가 끝났고 진정한 하이브리드 형태의 지역주의가 부상하고 있다고 주장한다(Katzenstein and Shiraishi 2006). 하이브리드 형태의 지역주의는 동아시아 경제적 지역화가 일본에서 다른 동아시아 국가들로의 하향식 이전의 모습에서 이탈하고 있음을 의미한다. 진정한 네트워크화가 등장한 것이다. 또한 동아시아 지역주의 제도설계를 놓고 일본과 중국의 본격적 경쟁이 진행되는 시대의 도래이기도 하였다.

IV. 중일 간 포섭적 제도적 균형과 동아시아 지역주의의 진전

1. 금융통화협력의 진전

2000년대 들어 동아시아에서 지역주의 협력의 제도화가 과거에 비해 크게 진척된 것이 사실이다. 1990년대까지 유럽이나 미주 그리고 아프리카 등 지구상의 여타 지역에 비해 지역주의 제도화가 매우 저조했던 동아시아에서 아시아 외환위기 이후 지역협력의 제도화 노력이 급증하였고, 일정한 성과를 내었다. 동아시아 지역주의 제도화는 경제 영역에서, 특히 금융통화 영역에서 선행되었다는 점에서 특징적이다.

　동아시아에서는 지역주의적 경제협력의 전통적 주제였던 무역이 아니라 금융통화 영역에서 제도화가 먼저 진전되었다. 통화와 금융 영역은 다른 어떤 영역보다도 전통적인 국가주권의 문제와 밀접하게 연관되기 때문에 일정 수준 이상의 국가 간 협력의 진전은 어렵고 오래 걸린다는 평가가 일반적이다. 발라사의 5단계 통합이론에서도 금융통화 부문의 주권국가 간 협력은 무역을 비롯한 여타 정책 영역에서의 협력이 상당한 수준에 도달한 이후에나 가능한 것으로 제시된다(Balassa 2013).

금융통화 영역에서 지역주의 제도화가 먼저 진전된 것은 아시아 외환위기의 영향이 크다. 아시아 외환위기 국면에서 글로벌 경제거버넌스 시스템과 APEC 및 동남아시아국가연합(ASEAN) 등 역내의 기존 협력포럼들이 한계를 노출하면서 금융통화 분야에서 동아시아를 단위로 한 협력의 필요성에 대한 인식이 크게 진전되었다. 글로벌화된 금융 환경 하에서 국가들의 금융시장 간 연계성이 증가하여 금융위기의 전염 가능성이 높음을 실감한 상황에서 미국 및 국제통화기금(IMF) 중심의 글로벌 금융거버넌스 시스템의 한계를 절감한 것이다. 글로벌 금융거버넌스가 동아시아 국가들의 금융체제의 안전을 보장하지 않는 가운데, 독자적인 역내 금융협력시스템 구축의 동기가 커졌다(Grimes 2009).

아시아 외환위기가 전개되던 1997년 금융통화 지역주의 제도화 발전이 일본을 중심으로 전개될 가능성도 있었다. 1997년 9월 ASEAN 재무장관 회의에서 일본은 미야자와플랜으로 일컬어지는 AMF의 설립을 제안하였다. 위기의 징후인 외환 부족에 대응하기 위해 1,000억 달러 규모의 동아시아 공동 펀드를 설립하여 위기 당사국에게 대출하자는 구상이다. AMF가 현실화되면 동아시아 국가들은 외환이 필요할 경우 IMF에 의존할 필요성이 적어진다. 하지만, 미국은 AMF가 설립될 경우 IMF의 기능과 중복되고, 아시아적 관행 때문에 AMF의 도덕적 해이가 우려된다는 이유를 제시했다. 또한 동아시아에 대한 영향력 축소를 우려하면서 미국을 제외한 동아시아국가들만의 통합에 대한 부정적 인식을 보였다. 더불어 일본의 주도권에 대한 견제 의식을 지니던 중국도 반대하였다(박성빈 2015).

　금융통화 영역에서 지역주의 제도화는 APT의 발전과 함께 진행되었다. APT 재무장관회의는 1999년 제도화의 길을 걷기 시작한다. 이를 통해 금융협력 논의와 실행을 확산시켜 나갈 제도적 틀을 갖춘 것이다. 1998년 12월 하노이 APT 정상회담에서 APT 재무장관회의가 합의된 후 1999년 4월 아시아개발은행(ADB) 총회 기간 중 첫 회의가 개최되었다. 1999년 11월 APT 마닐라 정상회의에서는 재무장관 및 차관회의를 정례화하여 역내 통화금융 분야 협력을 추진하기로 합의하였다. 제2차 APT 재무장관회의는 2000년 5월 치앙마이에서 개최되었다. 이 회의에서 역내 경제동향과 국제금융체제 개편에 관한 의견을 교환하고 단기자본이동 모니터링 시스템을 구축하며 이를 지속적으로 관리하기 위한 경제리뷰 및 정책대화(ERPD)를 가동하는 데 합의하였다. 그리고 CMI에 합의함으로써 동아시아 금융협력의 기본사항들에 대해 합의한 것이다.

　CMI 기본구상은 APT 각국의 중앙은행 간에 양자 간 통화스왑협정을 체결하여 계약 상대국 금융위기 시 출원 금액 범위 내에서 자금을 지원하는 안전망을 구축하는 것이다. ASEAN국가들 사이에 이미 체결되어 있던 2억 달러의 통화스왑(ASEAN SWAP Arrangement, ASA)을 10억 달러로 증액하고, 한국, 일본, 중국 3국 사이의 양자 간 스왑 그리고 동북아 3국과 ASEAN 5개국(태국, 말레이시아, 인도네시아, 필리핀, 싱가포르) 사이의 양자스왑을 추가하는 것이다. 출범 단계에서 각국 간에 약 10억 달러 내지 30억 달러 규모의 16개 양자 간 통화스왑협정이 체결되어 전체적으로 양자통화스왑 네트워크가 형성되게 되었다.

　동아시아 지역주의 제도화의 대표인 CMI는 그 존재 자체의 의미에 비해서 내용적으로 많은 한계를 지닌다. 우선 규모의 문제가 있다. 양자 간 통화스왑에 의해 만들어진 네트워크를 전부 동원하더라도 APT 회원국 전체가 가진 외환보유고나 아시아 외환위기 당시 아시아 각국이 IMF로부터 제공 받았던 유동성의 액수에 비하면 안전망으로서의 의미를 갖지 못하는 규모였다. 일본이나 중국처럼 사실상 스왑의 혜택이 필요 없는 국가에게 상징적 의미로 부여된 액수를 제외하면 규모는 더 작아진다. 또한 IMF 링크 문제와 기동성의 문제가 존재한다. 양국 간 통화스왑이므로 위기에 직면한 국가가 필요한 액수를 일거에 공급하기 어렵다. 상대국과 별도의 협상이 필요해서 기동성에 문제가 있다. 또한 분담액의 10%만 자체적 판단에 따라서 제공할 수 있을 뿐, 그 이상은 IMF와 연계된 공여 조건의 이행을 전제로 하고 있어 경제위기의 사전적 예방조치를 위해 가용할 수 있는 액수는 소액에 불과하다. 물론 CMI 자체의 내용적 진전도 있었다. 2004년부터 2005년까지 CMI 2단계 검토를 통해 이스탄불 APT 재무장관회의에서 800억 달러로, 2009년 4월에 920억 달러 수준으로 확대되었다. 또한 IMF 링크 비율을 변화하여 IMF 공여 조건과 링크되지 않는 비율을 2005년 20%, 2012년 30%, 2014년 40%로 상향조정하기로 결정하였다.

　　CMI는 실질적 협력 메커니즘이기보다 역내 국가들의 협력의지를 보여주는 상징적인 의미가 크다. CMI가 역내 통화위기 재발 방지를 위한 안전장치로 여전히 역부족이고, CMI가 실질적인 위기방지 기능을 갖기 위해서는 양자 간 계약으로 이루어져 있는 통화스왑을 단일 의사결정으로 자금을 공여하는 다자화 시스템으로 바꿀 필요성이 있었다. 금융통화 영역에서 2000년대 동아시아 지역주의 제도화의 한계점은 다자화를 필요로 했다. 다자화는 제도의 공식적 영향력을 강화한다는 차원에서 동아시아 지역주의의 성숙도에서 큰 차이를 만들 것이다. 다자화가 성공할지 자체도 아직 불투명하지만, 이를 위한 지속적 논의 속에서 국가 간 경쟁이 다자화의 형태를 둘러싸고 진행되고 있다.

금융통화 영역에서 CMI의 다자화 필요성은 꾸준히 논의되었다. CMI 다자화(CMIM)는 이미 2003년에 아이디어가 나왔다. 2005년 APT 재무장관회의에서는 CMI의 의사결정 시스템을 집단화하기로 합의하고, 2006년 CMIM의 유형으로 자기관리기금 방식(self-managed reserve pooling arrangement)의 원칙과 단일 계약에 의한 공여 원칙에도 합의하였다. 2007년경에는 CMIM 이행에 대한 기본적 합의가 이루어진 상태였다. 하지만 다자화 레짐의 의사결정에 관련된 투표권 비율의 근간이 되는 분담액 배분에 대해 합의가 나오지 않았다. CMIM에서 자국의 발언권을 강화하기 위한 경쟁이 CMIM 실현화의 걸림돌이었다. 타결촉매제는 글로벌 금융위기였다. 글로벌 금융위기 상황에서 2009년 2월 APT 재무장관회의는 CMIM에 대한 합의를 도출했다. 전체 규모는 기존 800억 달러에서 1,200억 달러로 증액하고, 분담 비율은 일본 32%, 중국 32%, 한국 16%, 아세안 20%로 하고, 투표권 비율은 일본 28.41%, 중국 28.41%, 한국 14.77%, 아세안 28.41%로 결정하였다. 2012년에는 기금 규모를 2,400억 달러로 증액하였다. 물론 하루 약 4조 달러의 외환 거래가 이루어지는 현실에서 CMIM의 규모는 여전히 적고, 기금이 여전히 '자기관리 방식'이라는 점에서 한계가 있다.

CMI의 탄생과 CMIM으로의 발전은 APT 회원국 모두의 국제자본에 대한 경성 균형 전략으로 이해할 수 있다(Pempel 2010). 한편, CMI의 탄생 과정에서 본격적으로 드러나지 않지만, 다자화 논의가 전개되면서 부상된 것이 중국과 일본의 경쟁이다. 양국은 CMIM에서 최대 분담국이 되고자 경쟁하였다. CMIM이라는 제도 내에서 상대방을 견제하려는 차원에서 포섭적 성격의 제도적 균형 전략이 투사되었다.

문제는 동아시아 금융통화협력이 2012년 CMIM의 2,400억으로의 증액 이후 진전이 없다는 것이다. 미중경쟁이 강화되는 가운데 동아시아 단위에서의 지역제도를 둘러싼 경쟁이 상위의 글로벌 다자적 제도와 레짐을 둘러싼 경쟁에 휩싸여 가시성이 떨어지게 되었다.

2. 양자FTA 붐의 지역주의 제도화

한편, 무역 부문에서 동아시아의 지역주의 제도화 발전은 단일제도 구축이 아니라 양자FTA 네트워크 형성의 형태로 발전하였다. 1990년대 아세안 국가들의 아세안자유무역협정(AFTA) 체결은 성장동력으로 간주되던 해외직접투자가 중국으로 향하는 것에 대한 우려가 배경이었다. 하지만, 상당 기간 실질적 진전을 이루지 못하고 목표연도와 자유화의 내용을 조정하는 정도의 논의 수준에서 크게 진전되지 못하였다. 또한 APEC은 자유무역협정 조기 실행을 위한 EVSL(분야별 조기 자유화) 합의에 실패하고, 동아시아 경제위기 국면에서 아무 중요역할도 못했다. 2000년대 들어 동아시아 국가들은 다경로접근법(다자협력, 지역협력, 그리고 양자협력을 병행하는 무역전략)을 취하면서 양자FTA를 적극적으로 추구하는 양상을 보였다.

　2000년대 초반은 동아시아에서 FTA 도미노가 발생한 시대이다. 한국이 1998년에 일본, 싱가포르, 태국에, 1999년에 뉴질랜드 및 칠레 등에 FTA를 제안하였다. 1999년 APEC 회의에서는 싱가포르-뉴질랜드, 싱가포르-멕시코, 일본-멕시코, 일본-싱가포르 FTA가 제안되어 논의되기 시작하였다. 2000년 싱가포르-뉴질랜드 FTA 협상이 개시되어 2001년 1월 발효되면서 역내 최초의 양자FTA가 시작되었다. 중국은 2000년 ASEAN과의 FTA를 제안함으로써 이 흐름에 동참하였다. 2015년 기준으로 EAS 16개 동아시아 회원국 전체적으로 150여 개의 양자FTA가 발효되어 있다. 동아시아에서 역내 국가들 사이의 양자FTA 망은 동북아 3국 간을 제외하면 거의 완성 단계이다.

동아시아 양자FTA 붐에서 중일 경쟁이 발견된다. 중-ASEAN FTA 교섭을 계기로 중국과 일본의 경쟁적 구도 속에 동아시아 양자FTA가 확대되었다. 2000년 주룽지 총리가 APT에서 중-ASEAN자유무역권 구상을 제안한 이후, 일본은 고이즈미 총리가 2002년 1월 아세안 순 방에서 일-ASEAN 포괄적 경제제휴 구상을 제안하며 대응하였다. 일 본은 FTA가 지역주의 추구의 수단임을 분명히 하면서 동아시아에서 의 대중 견제적 전략적 차원에서 양자FTA를 추구하였다. 중국의 경우 FTA 추진 배경으로 경제적 상호 보완성이나 인접성 등 순수한 경제적 요소를 강조하지만, 일본과 마찬가지로 동아시아의 FTA 추진 흐름 속 에서 주도권을 확보해야 한다는 의도를 숨기지 않았다. 더불어 아세안 에 대한 중국 위협론 해소를 위한 전략적 선택이기도 했다.

동아시아에서 양자FTA 네트워크가 촘촘하게 구축되기 시작하는 2000년대 중반부터 그 유용성에 대한 논란이 확산되었다. 각국의 중 복적인 양자FTA 체결로 FTA 네트워크가 촘촘해지면서 복잡한 원산지 규정으로 인한 국수그릇효과가 기업의 FTA 활용을 어렵게 하여 자유 화 효과를 반감시켰다(Baldwin 2008).

이에 대한 대안으로 FTA 다자화, 즉 동아시아 지역의 무역자유화 에 대한 제도 형성이 논의되었다. 2003년, 2004년 APT 정상회의에서 중국과 말레이시아 주도로 동아시아자유무역협정(EAFTA) 추진이 제 안되었다. EAFTA는 동아시아비전그룹 보고서에서 중장기 과제로 제 시된 것이었지만 EAS와 함께 그 추진이 앞당겨진 것이다. EAS 설립 과 정에서 중일 간 역내 주도권 경쟁은 무역 이슈로 확산되었다. 2006년 일본은 APT 중심의 EAFTA에 대한 중국의 영향력을 우려하여 EAS 16

개 회원국을 대상국으로 하는 동아시아포괄적경제연대협정(CEPEA)을 제안하게 된다. ASEAN +에서 +를 어떻게 설정할 것인가에 대한 중일 양국의 제도설계 경쟁이 표면화된 것이다.

일본의 CEPEA 제안은 APT 틀 속에서의 FTA네트워크 다자화 시도를 좌절시킨 요인이다. 하지만 2000년대 중반 일본이 지향했던 ASEAN+6 틀이 일본의 동아시아 지역주의 제도화에 대한 부정적 정책 지향으로 해석되기는 어렵다. 일본 내 논쟁에서 ASEAN+6 틀 속에서 동아시아 지역협력을 추진하자는 정책 지향은 미일동맹을 기조로 가치 공유국(호주, 인도, 한국)과의 연대를 공고히 하자는 가치관외교 정책지향과 차별화된다. 무역투자 영역에서 일본의 CEPEA는 중국을 배제하는 것이 아니라 포섭하는 가운데 중국을 견제하자는 차원에서 포섭적 제도적 균형 전략으로 볼 수 있다.

V. 미중 경쟁 시대 배타적 제도적 균형과 동아시아 지역주의의 정체

1. TPP와 무역규범 설계 경쟁

무역투자 영역에서의 제도 설계 경쟁은 2000년대 후반 이후 환태평양 경제동반자협정(TPP)을 중심으로 전개되게 된다. 2008년 미국의 TPP 논의 참여 결정과 일본의 2012년 참여는 동아시아 무역투자 제도화 발전에서 EAFTA 대 CEPEA 논의 구도를 바꾸어 놓았다. TPP는 높은 수준의 시장개방을 목표로 해서, 동아시아의 기존 자유무역레짐 논의들과 성격이 크게 다르다.

TPP는 아시아로의 회귀(pivot to Asia)를 표방한 오바마 행정부의 경제 분야 핵심정책이다. 참여와 동시에 미국은 TPP 협상을 주도하였다. TPP 협상은 협의 참여국들이 미국과 직접 FTA 협상을 하는 것과 유사한 과정이 되었다. 미국이 추구한 TPP는 매우 높은 수준의 무역 개방에 더해서, 상품과 일부 서비스 분야를 넘어 농업, 지적재산권, 원산지 규정, 공기업 등 새로운 영역을 포함하는 포괄적 개방 수준을 목적으로 한다. 따라서, 참여한 동아시아 국가들이 이에 부합하기는 쉬운 일이 아니다. WTO-plus 수준의 높은 개방 수준을 충족하는 것에 있어서 말레이시아나 베트남, 심지어 일본 등도 국내정치적 부담이 컸다. 전략적 고려 때문에 참여국 범위를 개발도상국까지 확대하였지만 높은 수준의 개방도를 달성하는 것에서의 어려움을 지니고 있었다. 이러한 성격은 중국이 TPP에 가입하기 어렵다는 것을 의미한다. 미국은 TPP에 중국이 가입하는 것을 환영한다는 기본 입장을 표명했었지만, 중국에게 TPP는 전략적 차원 이전에 지향하는 시장개방의 내용적 측면에서도 수용되기 어려운 것이었다.

TPP는 미국이 동아시아 질서 수립 과정에 적극적으로 개입하겠다는 의사표명을 상징한다. TPP는 동아시아 지역주의 제도화에서 APT 틀을 중심으로 하는 중국과 일본의 경쟁 구도 자체를 바꾸어버렸다. 동아시아 지역질서는 글로벌 차원 미중 경쟁의 직접적인 무대가 된 것이다.

중국의 대응은 역내포괄적경제동반자협정(RCEP)이었다. 아세안 주도로 제안된 RCEP은 2011년 2월 아세안 경제장관회의에서 제안, 2011년 11월 아세안 정상회의에서 공식화된 것이다. RCEP은 AFTA를 축으로 ASEAN이 중국, 한국, 일본, 인도, 호주, 뉴질랜드와 맺어온 소위 ASEAN판 허브-앤-스포크시스템으로 불리는 ASEAN+1 형태의

FTA들을 연계하여 다자 FTA로 격상시키는 것이다. 2000년대 중반 중국과 일본이 EAFTA와 CEPEA로 대립된 견해를 보였을 때, 중국이 반대했던 CEPEA와 RCEP은 범위가 일치한다. 즉 RCEP은 일본이 주장해 온 ASEAN+6 국가들을 대상으로 논의되었다. 그럼에도 중국이 동의하였고, 이에 대해 일본과 인도 등이 모두 반대하지 않는다. 일본은 TPP로 중국 주도의 동아시아 무역질서를 견제하면서 동시에 RCEP을 통해 헷징을 하는 모습을 보여준다.

　　RCEP과 TPP는 역내 자유무역을 지향하되 다른 접근법을 추구한다. TPP는 WTO 협상의 비효율성 문제를 극복하기 위해 아시아태평양 지역 FTA의 황금모델을 만들어 이를 확신시킨다는 의도가 있다. RCEP은 EAFTA와 CEPEA 사이의 장기 교착상태를 해결하였다. 하지만, RCEP의 자유화 정도에 대한 의문이 존재한다. TPP와 RCEP의 관계에 대해서는 미중 패권 경쟁 속에서 제로섬 전망으로 보는 관점과 경제적 여건이 성숙하고 미중 간 정치적 관계가 개선되면 RCEP과 TPP가 합치하여 아시아태평양자유무역지대(FTAAP) 혹은 새로운 유형의 포괄적 다자무역체제로 발전될 수 있다는 전망도 함께 존재하였다.

　　하지만, 미국 트럼프 정권이 TPP에서 이탈하면서 TPP 대 RCEP의 논의 구도 자체가 현재 허울만 남게 되었다. TPP에서 미국이 탈퇴한 후 일본 주도로 나머지 11개 회원국이 수립한 포괄적·점진적 환태평양경제동반자협정(CPTPP)은 TPP가 포함하고 있던 높은 수준의 무역자유화 규범을 대폭 유예하였다. 미국이 다시 가입할 수 있는 맥락에서 유예 표현을 사용하였지만, 현재 CPTPP는 당초 TPP가 의도했던 것과는 달리 높은 수준의 무역자유화 규범 틀이 아니다. 지적재산권, 정부조달 등 TPP 규정에 미국이 반영한 내용이 대폭 빠지게 되었다. 이것은 TPP 대 RCEP의 무역규범상의 대립구도가 와해되었음을 의미한다.

달리 말하면 동아시아 통상질서 경쟁이 정체되어버린 것이다.

대신에, 미중 무역분쟁이 이를 대체하고 있다. 무역 정책을 양자 중심으로 다루는 미국 트럼프 정권이 중국에 대한 추가관세 부과와 화웨이 등에 대한 안보적 차원의 제재를 취하면서 동아시아 통상질서 경쟁은 미중 무역분쟁으로 전개되고 있다. 미중 무역분쟁은 글로벌생산네트워크에서 중국의 위치권력이 강화되는 것에 대한 미국의 배제적 견제 전략이다. 글로벌생산네트워크의 부가가치 분배의 비대칭성은 글로벌생산네트워크에서 보다 높은 부가가치를 확보하기 위한 국가 간 경쟁을 야기한다. 부가가치 확대를 위한 위치경쟁은 두 방향으로 전개된다. 우선 기존 생산 과정에서 부가가치가 높은 부분을 차지하기 위한 경쟁이다. 다른 하나는 새로이 부상하는 업종에서 높은 부가가치를 차지하기 위한 기술경쟁이다(Gereffi 2011). 글로벌생산네트워크의 위치경쟁은 동아시아의 지역 범위와 글로벌 차원 모두에서 중국의 움직임 속에 작동하고 있다.

중국의 제조업 부문의 수입대체화 시도는 중국의 글로벌생산네트워크 위치경쟁의 핵심적 부분이다. 중국은 가공무역 축소 및 일반무역 확대를 위한 규제 정책을 강화하면서 중국의 전체 수입에서 가공무역이 차지하는 비중을 감소시키고자 하였다. 2007년 이후 중국의 중간재 수입 비중은 감소세로 돌아섰다. 산업고도화로 중국의 중간재 생산능력이 향상되면서 중간재 수입을 대체한 효과와 임금 등 생산요소 비용이 증가하면서 경공업을 중심으로 생산기지를 동남아 등으로 이전하여 중간재 수입이 감소한 두 가지 경로가 복합적으로 작용한다.

중국의 총수출 대비 국내 부가가치 비중이 지속적으로 증가하고 있다. 최종재 수출에 포함된 해외 부가가치가 크다는 것은 제품 생산의 마지막 단계에서 단순 조립에 관여하고 있음을 의미하며, 글로벌밸류체인 내에서 부가가치 분배의 낮은 수준에 위치하고 있음을 말한다. 중국의 최종재 수출에서 해외 부가가치가 감소하고 있는 양상은 중국의 글로벌밸류체인 내 위상이 최종 조립 단계에서 생산 과정 전방으로 이동하는 중임을 보여준다. 동아시아 국가들에게 이러한 변화는 글로벌 생산네트워크 속 중국의 경제성장이 가지는 의미를 변경시켰다. 중국의 최종조립가공 특화에서의 이탈은 한국, 일본 등에게 상보적 대중 경제관계가 상충적 성격으로 바뀌는 것을 전망하게 한다.

중국의 산업정책에는 산업기술 발달을 통해 최종조립가공 특화의 중국 산업구조의 성격을 넘으려는 목적이 분명히 있다. 12차 5개년 계획(2011-15)에서는 제조업 핵심 경쟁력 강화를 위해 과학기술 혁신을 통한 산업 업그레이드가 강조되었다. 중국 산업정책은 신흥 미래 유망 업종에서의 기술 경쟁력 확보를 위한 방향도 함께 담아서 전개되고 있다. 대표적으로 중국제조2025가 있다. 중국제조2025는 2025년까지는 공업과 IT 융합을 추진하고, 다국적 기업과 산업 클러스터를 적극 육성함으로써 글로벌 가치사슬 구조에서 상위권으로 도약한다는 목표를 내세웠다. 미국 트럼프 정권 들어 전개되고 있는 미중 무역마찰은 미래 유망 업종에서 기술표준을 둘러싼 경쟁의 성격을 지닌다.

2. 일대일로와 인프라시장 위치경쟁

2010년대 시진핑 정권하에서 중국은 개도국에 대한 과감한 인프라투자를 통해서 중국의 국제적 위상을 강화하려 하였고, 그 수단으로 추구한 일대일로 정책은 미국이 강한 영향력을 지니는 세계은행 기축의 다국적투자은행 레짐 밖의 새로운 기구인 아시아인프라투자은행(AIIB)의 수립을 통해 추구되었다. 미국이 통상 분야에서 TPP로 중국에 배타적인 레짐 수립을 추구하였다면, 중국의 미국에 대한 배타적 태도는 일대일로 정책에서 적극 드러난다.

일대일로 정책의 합목적성은 전 세계적 인프라 수요공급의 불일치에 기반을 둔다. 전 세계는 GDP의 3.8%, 평균적으로 연간 3.3조 달러의 인프라 투자를 해야만 목표한 경제성장률(전 세계 평균 3.3% 가정) 달성을 위한 인프라 수요를 충족할 수 있다. 2016~2030년 동안 예상경제성장률을 달성하기 위해서 연간 3.3조 달러, 총 49조 달러의 인프라 투자가 필요하다. 인프라 투자의 60%가 신흥시장에 필요하고, 아시아 시장은 전체의 절반을 차지할 것으로 예측되었다. 이러한 인프라 투자 수요에 비해서 2016~2030년 동안 총 5.2조 달러, 연 평균 3,500억 달러의 재원이 부족하며, UN의 지속가능발전목표(SDGs) 달성까지 감안하면 재원 부족분이 3배까지 늘어난다는 전망이 존재한다. 특히 아시아는 2016~2030년 동안 경제성장 지속, 빈곤 퇴치, 기후 변화 대응 등을 위해 최대 연간 1.7조 달러, 총 26조 달러의 인프라 투자가 필요하다고 계산된다. 하지만, 아시아 신흥국 25개국, 2016~2020년 5년간 인프라 투자 수요와 공급의 차이(investment gap)는 기후변화 반영 시 연 4,590억 달러로 5년간 예상 연평균 GDP의 2.4% 수준이며, 중국을 제외하면 연 5%로 확대된다. 중국은 투자액을 현재 대비 22% 늘리면 필요투자액을 충족할 수 있으나, 동남아시아는 현재 대비 3배, 남아시아는 2.5배, 중앙아시아와 태평양은 2배 수준의 투자액 증가가 필요하다. 즉 인프라투자에 대한 수요에 비해 공급을 충당할 재원이 부족한 상황이다.

인프라투자에 대한 전 세계적 공급 부족 상황에서 중국이 일대일로를 통해 재원 조달을 하겠다는 것에 대해서 유라시아 개도국들의 큰 호응이 있었다. 중국 지도부는 2013년에 일대일로를 제기하였다. 시진핑 주석은 2013년 9월, 10월 카자흐스탄과 인도네시아를 차례로 방문하여 '실크로드 경제벨트'와 '21세기 해상 실크로드'의 공동 건설을 제안하였다. 세계 각국을 상대로 한 전방위적인 홍보와 더불어 중국 내부에서도 중앙경제공작회의와 정부업무 보고 등의 핵심 의제와 연간 중점업무로 일대일로가 포함되어 방향과 계획을 구체화하였다. 2015년 3월 28일 국가발전개혁위원회, 외교부, 상무부는 「실크로드 경제벨트 및 21세기 해상 실크로드 공동 건설 추진을 위한 비전과 행동」을 공동 발표하였다. 시진핑 주석은 직접 활발한 경제외교를 수행하였다. 2016년 10월까지 총 19개국을 순방하면서, 이 중 15개국을 상대로 일대일로와 관련된 논의와 공동 협력 방향 모색을 위한 회담을 전개하였다. 중국은 이와 같이 시진핑 주석의 경제외교를 적극 활용하여 주요 연선 국가와 일대일로 추진을 위한 협력체계를 구축하고 협력방안을 마련하고자 한 것이다. 나아가 2017년 5월 14~15일에는 중국 베이징에서 일대일로 국제협력 정상포럼을 개최하였다.

　중국은 일대일로와 연계하여 세계은행이나 ADB과 유사한 다자개발금융기구를 주도적으로 설립해서 자금을 조달하고 사업리스크를 분담하며 국제금융질서에서의 영향력을 확대하고자 하였고, 그 결과가 AIIB이다. AIIB는 중국 주도의 다자개발은행으로 2013년 10월 시진핑 주석이 아시아를 순방하던 중 공식 제안한 후 회원국 모집 등 설립 절차를 거쳐 2016년 1월 베이징에서 공식 출범하였다. AIIB는 2016년 1월 출범 이후 빠른 기간 내에 기존에 활동하고 있는 MDB보다 많은 회원국을 보유하게 되었다.

　중국의 일대일로 추진에 대해 미국은 글로벌 차원의 패권 도전으로 받아들였다. 이에 대한 응답이 대중 봉쇄적 성격의 인도태평양 전략이다. 하지만 미국의 안보적 성격이 강한 인도태평양 전략에는 인프라

투자에 대한 직접적이고 대항적인 정책 내용이 구체화되지 않았다. 미국 트럼프 정부에 의해 제기되는 글로벌신뢰네트워크, 경제번영네트워크 개념에는 현재 중국의 부상에 대응하기 위해 미국이 동원할 경제적 지원조치와 관련된 구체적 내용이 드러나지 않고 있다.

한편, 일대일로에 대한 일본의 대응 변화가 주목할만하다. 아시아 지역에서 오랫동안 개발협력과 인프라투자에 주도적이었던 일본은 당초 중국의 일대일로 정책에 대해서 '양질의 인프라 건설'과 '신도쿄선언' 등으로 경쟁하는 모습을 보이다가 2017년 이후 일대일로에 협조하는 모습을 보이고 있다. 또한 AIIB와 ADB는 당초 우려와는 달리 갈등적 관계가 아닌 상보적 관계를 구축하고 있는 모습을 보이고 있다.

무역통상 분야와 인프라투자 분야에서 2010년대 두드러지게 드러나는 점은 동아시아 경제질서 구축에 대한 경쟁이 미국과 중국 중심으로 전개되고 있으며, 그 양자 간의 배타적 제도적 균형이 격화되고 있다는 점이다. 이 과정에서 동아시아 지역주의 제도화는 정체되고 있다. 하지만, 주목할 점은 일본이 미국과의 일체화된 정책 노선에서 일부 벗어나서 중국에 대한 포섭적 제도적 균형을 취하는 모습을 보이고 있다는 점이다. 이것은 동아시아 지역주의 제도화로 대표되는 동아시아 지역질서 구축 과정이 글로벌 차원의 미중 경쟁에 강력하게 제약받고 있지만, 역량 있는 역내 국가가 글로벌 차원의 미중 경쟁에 대한 헷징 차원으로 동아시아 지역주의 제도화를 이용할 가능성이 향후에 다시 전개될 수 있음도 보여준다.

VI. 맺음말

동아시아 지역주의는 경제적 지역화와 역내 다자주의 제도화 양면에서 아시아 외환위기를 기점으로 네트워크화의 진전을 보여왔다. 1980-90년대 일본 주도의 동아시아 경제관계의 증가에 대해서 네트워크 용어가 은유적으로 사용되었다면, 지난 사반세기를 거치면서 네트워크화가 현실적인 의미를 지니게 되었다. 네트워크화의 진전 속에 동아시아 지역주의 발전은 역내 강대국과 중견국의 네트워크 구조 속의 위상과 제도설계를 둘러싼 경쟁을 야기하는 한편, 미래 동아시아 지역주의의 양상 자체가 역내 국가들의 네트워크 권력 경쟁에 의해 영향을 받을 것이다. 네트워크 권력 경쟁의 무대인 동아시아 지역주의 제도화에서 2000년대에는 중국과 일본 간의 제도적 균형 게임이 중심적 동학으로 작동하였다. 2000년대 말을 기점으로 동아시아 지역주의 제도화는 미국과 중국의 글로벌 차원의 경쟁의 무대가 되었다. 중국과 일본 중심의 제도적 균형 게임은 포섭적 성격이 강했지만, 미중 사이의 제도적 균형 게임은 확연하게 배타적 성격이 강하다. 이로 인해 현재 동아시아 지역주의 제도화는 정체되어 있다.

동아시아 지역주의는 전통적 지정학 차원의 패권 경쟁의 성격이 강한 동아시아 국제정치에서 그 의미가 왜소화되었다. 역내 다자주의 제도화 설계 경쟁은 미국 트럼프 정권의 다자주의 제도에 대한 정책적 경시 속에 가시성이 떨어져 있다. 하지만, 글로벌 차원의 미중 경쟁 속에서 숨 쉴 공간을 추구하는 중견국에서 동아시아 지역주의 제도화의 무대는 글로벌 차원의 미중 경쟁의 직접적 파고를 완화시켜 줄 방파제가 될 가능성을 지니고 있다.

참고문헌

강경식. 1999. 『환란일기』. 서울: 문예당.

김기석. 2015. 『동아시아공동체로의 머나먼 여정』. 인간사랑.

김상배. 2020. "네트워크 국가론: 미래 세계정치 연구의 이론적 기초." 근간.

박성빈. 2015. "한국의 외환위기 이후 한일 금융통화협력." 김도형·아베 마코토 편.
『한일관계사 1965-2015 II 경제』. 서울: 역사비평, 292-318.

이규성. 2015. 『한국의 외환위기: 발생·극복·그 이후 3판』. 서울: 박영사.

이요셉. 2018. "CPTPP 타결의 의미와 시사점," 『KITA 통상리포트』 6.

Acharya, Amitav. 2004. "Will Asia's past be its future?" *International Security* 28(3): 149-164.

Akamatsu, Kaname. 1961. "A theory of unbalanced growth in the world economy."
Weltwirtschaftliches Archiv. 196-217.

Balassa, Bela. 2013. *The theory of economic integration* (routledge revivals). Routledge.

Baldwin, Richard E. 2008. "Managing the noodle bowl: The fragility of East Asian
regionalism." *The Singapore Economic Review* 53(03): 449-478.

Beeson, Mark. 2003. "ASEAN plus three and the rise of reactionary regionalism."
Contemporary Southeast Asia: A Journal of International and Strategic Affairs
25(2): 251-268.

Calder, Kent & Min Ye. 2010. *The Making of Northeast Asia.* Stanford University Press.

Dent, Christopher M. 2016. *East Asian Regionalism.* Routledge.

Gereffi, Gary. 2011. "Global value chains and international competition." *The Antitrust
Bulletin* 56(1): 37-56.

_____. 2014. "Global value chains in a post-Washington Consensus world." *Review of
international political economy* 21(1): 9-37.

Grimes, William W. 2009. *Currency and contest in East Asia: The great power politics of
financial regionalism.* Ithaca: Cornell University Press.

He, Kai. 2008a. "Institutional balancing and international relations theory: Economic
interdependence and balance of power strategies in Southeast Asia." *European
Journal of International Relations* 14(3): 489-518.

_____. 2008b. *Institutional Balancing in the Asia Pacific: Economic Interdependence
and China's Rise.* Routledge.

_____. 2019. "Contested multilateralism 2.0 and regional order transition: Causes and
implications." *The Pacific Review* 32(2): 210-220.

Henderson, Jeffrey, Peter Dicken, Martin Hess, Neil Coe & Henry Wai-Chung Yeung.
2002. "Global production networks and the analysis of economic development."

Review of international political economy 9(3): 436-464.

Higgott, Richard & Richard Stubbs. 1995. "Competing conceptions of economic regionalism: APEC versus EAEC in the Asia Pacific." *Review of International Political Economy* 2(3): 516-535.

Hoffmann, Stanley. 1964. "Europe's identity crisis: Between the past and America." *Daedalus*. 1244-1297.

Kang, David C. 2003. "Getting Asia wrong: The need for new analytical frameworks." *International Security* 27(4): 57-85.

Katzenstein, Peter J. & Takashi Shiraishi eds. 1997. *Network Power: Japan and Asia*. Cornell University Press., Katzenstein.

_____. 2006. *Beyond Japan: the dynamics of East Asian regionalism*. Cornell University Press.

Keohane, Robert. O. 2005. *After hegemony: Cooperation and discord in the world political economy*. Princeton university press.

King, Michael R. 2001. "Who triggered the Asian financial crisis?" *Review of International Political Economy* 8(3): 438-466.

Kojima, Kiyoshi. 1992. "Internalization vs. cooperation of MNC's business." *Hitotsubashi Journal of Economics* 33: 1 – 17.

_____. 1995. "Dynamics of Japanese direct investment in East Asia." *Hitotsubashi Journal of Economics*. 93-124.

_____. 2000. "The "flying geese" model of Asian economic development: origin, theoretical extensions, and regional policy implications." *Journal of Asian Economics* 11(4): 375-401.

Lee, Seungjoo. 2012. "The Evolutionary Dynamics of Institutional Balancing in East Asia." EAI Working Paper.

_____. 2016. "Institutional balancing and the politics of mega-FTAs in East Asia." *Asian Survey* 56(6): 1055-1076.

Mitrany, David. 1994. "A working peace system." In *The European Union* (pp. 77-97). Palgrave, London.

Moravcsik, Andrew. 1993. "Preferences and power in the European Community: a liberal intergovernmentalist approach." *JCMS: Journal of Common Market Studies* 31(4): 473-524.

Mundell, Robert A. 1961. "A theory of optimum currency areas." *The American economic review* 51(4): 657-665.

Pempel, T. J. 1997. "Transpacific Torii: Japan and the Emerging Asian Regionalism." in *Network Power: Japan and Asia*. edited by Peter J. Katzenstein and Takashi Shiraishi. Cornell University Press.

_____. 2010. "Soft balancing, hedging, and institutional Darwinism: The economic-security nexus and East Asian regionalism." *Journal of East Asian Studies* 10(2):

209-238.

Ravenhill, John. 2003. "The new bilateralism in the Asia Pacific." *Third World Quarterly* 24(2): 299-317.

Viner, Jacob. 2014. *The customs union issue*. Oxford University Press.

Waltz, Kenneth N. 2010. *Theory of international politics*. Waveland Press.

Wendt, Alexander. 1992. "Anarchy is what states make of it: the social construction of power politics." *International organization* 46(2): 391-425.

WTO. 2011. *Trade Patterns and Global Value Chains in East Asia: From Trade in Goods to Trade in Tasks*. WTO.

德丸浩. 2009. "アジア通貨危機と日本の金融機関行動—邦銀のアジア業務：進出・撤退・再進出." 伊藤元重 編.『国際環境の変化と日本経済』. 東京: 慶應義塾大学出版会株式会社, 201-233.

제3부　　이슈별 시각

제7장   불확실성 시대의 초국가적 난제와 네트워크 거버넌스*

윤정현(과학기술정책연구원)

* 이 글은 윤정현(2020), "신흥안보 위험과 네트워크 거버넌스."『한국정치학회보』 54(4):
29-51에 게재된 논문을 토대로 작성하였음.

I. 서론

21세기 초연결 시대의 상징이 되고 있는 4차 산업혁명 사회의 도래는 지구적 차원의 교류와 편익 증진에 대한 기대를 낳고 있다. 반면, 이는 기술사회 시스템의 고도화가 수반하는 새로운 위험들에 대한 우려 또한 증폭시키고 있다. 감염병 대유행(pandemic)에 따른 경제사회 활동의 중단, 기후변화가 초래한 극단적 기상이변, 사이버테러에 의한 국가 인프라의 마비 등, 현대사회는 복합적인 기술·사회·환경적 파급력을 낳는 새로운 초국가적 위험에 빈번히 마주하게 되었기 때문이다. 특히, 위험의 확산 과정에서 국가 간, 정부와 민간, 그리고 이해관계자 간의 첨예한 갈등이 나타나는 등, 전통적인 국가 중심 위기관리 시스템으로는 해결이 어려운 특징이 나타나고 있다.

이같이 위험의 질적 양태가 바뀌는 상황에서 과거와 같이 전쟁이나 핵 위협과 같은 전통적 안보 문제에만 매몰되어서는 더 이상 지구화 시대의 새로운 도전 환경이 제기하는 초국가적 난제들에 제대로 적응하기 어렵다. 이러한 변화는 우리에게 전통적인 관점을 넘어 새로운 시각으로 안보 문제를 바라볼 것을 요구한다. 나아가 위험에 대한 전통적 인식의 틀을 확장하는 것을 넘어, 안보 개념을 재정의하고 이에 부합하는 효과적인 거버넌스의 모색이 시급함을 일깨우고 있다. 특히, 기술 발전과 사회 혁신의 근간이 되는 지식 경쟁의 가속화는 새로운 위험에 대응하는 과정에서 국가와 비국가 행위자 간의 무수한 합종연횡(合縱連橫)을 낳는 한편, 다양한 행위자들이 부상할 수 있는 환경을 조성하고 있다.

2019년 발표된 세계경제포럼(WEF)의 "*Global Risk Report* (2019)"에 따르면, 오늘날 인류 위기의 핵심은 글로벌 거버넌스의 실패에서 비롯된다. 세계가 직면하고 있는 실질적인 위협들이 대부분 국내의 범위를 넘어섬에 따라 일국 차원에서의 해결방식이 한계에 부딪히기 시작했기 때문이다. 미국가정보위원회(National Intelligence Council) 역시 중장기 미래전망서 *Global Trend 2035*를 통해, 복잡화되고, 불확실성이 높아진 위험에 대한 전통적 정부 중심 거버넌스가 가진 비효율적 한계를 지적하기도 하였다(NIC 2017, 6-25). 다시 말해, 국가와 개인은 비전통적 도전과 실체화된 모습을 갖추지 않은 잠재적 위험요소에 대해서도 안전을 확보해야 하는 새로운 안보환경을 맞이하고 있는 것이다.

이 글은 이러한 변화를 고려하여 탈근대 시대의 위험 속성들을 재정의하고, '신흥안보(emerging security)' 관점에서의 대안적인 거버넌스 모색이 시급함을 강조하고자 한다. 문제의 속성을 명확히 정의하기 어렵고, 하나의 정답이 존재하지 않는 신흥안보 위험에 대비하기 위해서는 다양한 대응 양식의 선택지를 활용할 수 있어야 하기 때문이다. 특히, 각각의 도전들이 얼마나 긴박한 사안인지 신속히 판단하고, 어느 수준에서 누구와 협력하여 대응할지를 전략적으로 결정해야 하는 신흥안보 위험이슈는 적절한 수준에서 적합한 행위자에게 권한을 위임·조정할 수 있는 시스템의 기민한 대처 역량과도 밀접히 연결되어 있음을 시사한다.

그러나 이러한 신흥안보 위험이슈를 국제정치학 시각에서 바라보고, 대안적인 거버넌스 메커니즘을 살펴보고자 하는 연구는 아직 충분히 시도되지 못하였다.[1] 다양한 초국가적 도전들이 제기하는 위험요소

---

1   이와 유사하게 실재적 위협에 대한 중요성을 강조하며 '비전통안보(nontraditional security)' 개념과 정치적 형성 과정인 '안보화(securitization)'를 강조한 코펜하겐학파가 있다(Buzan 1997, 19-20). 그러나, 비전통안보 자체의 고유한 속성을 다루기보다는

들의 유형과 속성들을 체계적으로 이해하기보다는 개별 사건들의 맥락과 발생 지역의 특수성에 보다 초점을 맞추었기 때문이다. 이는 신흥안보 위험에 대한 국제정치적 관점에서의 폭넓은 설명과 이론의 적용 가능성을 제약하는 결과를 낳았다. 그 결과 국가와 지역, 글로벌 수준에서 다층적인 신흥안보 위험이슈들의 역동적인 발생 메커니즘에 대해 대안이론의 필요성에도 불구하고 이를 뒷받침하기 위한 접근방법의 한계를 노정해왔던 것이 사실이다.

무엇보다도 정형화된 위험과 관련하여 단기적 정책 처방에 기초한 정부의 전통적인 '문제해결형 접근'을 넘어, 비정형적 신흥안보 위험에 대한 대안 모델을 찾으려는 노력이 미진했던 점을 지적할 수 있다. 실제로 4차 산업혁명으로 상징되는 지구적 차원의 초연결 시대의 도래는 특정 지역 단위의 안전 이슈라도 양적·질적 점증에 따라 국가나 지역, 글로벌 차원의 중대 안보 문제로 역동적인 변화 가능성을 내포한다는 점에서 전통안보의 시각이나 1990년대 코펜하겐학파의 '비전통안보' 개념으로는 다루기 어려운 측면이 존재한다. 이들은 공통적으로 정태적 관점에서 위험 유형들을 포괄하기 때문이다. 하지만, 위험의 사회적 구성이라는 신흥안보 개념의 사회과학적 의미를 안보적 측면에서 이해하기 위해서는 국제정치적 의미 역시 포함하는 다학제적 접근이 필요하다.

이러한 맥락에서 본고는 기존 전통적 안보이론이 살펴보지 못했던 위험이슈들의 동태적 변화 양상에 초점을 맞춘 신흥안보 위험이론

'전통안보'와 대별되는 용어로 간주되다보니 개념 자체가 광범위하고 모호할 뿐만 아니라, 권력의 중심과 거리가 먼 주변부 집단의 경우 안보형성 과정에 대한 참여 기회가 현저히 적다는 점에서 안보 의제의 편향성을 해소하기 어려운 한계 또한 안고 있었다(민병원 2010, 125).

의 논의를 전개하고자 한다. 특히, 초국가적 차원에서의 신흥안보 위험 이슈의 정의와 파급 범위를 고려한 정책 처방을 넘어 대안적 거버넌스 제시를 위한 논의의 연결고리를 이어가려 한다. 이를 위해 본 연구는 다음 세 가지 측면에 초점을 맞춘다. 첫째, 기존의 안보위협 개념과 구별되는 21세기의 다양한 초국가적 난제가 갖는 근원적인 속성을 살펴보고, 이들의 사회적 구성 과정, 그리고 거시적 주요 위험의 형태로 발현되는 메커니즘에 주목한다. 둘째, 네트워크 사회로의 전환에 따라 나타나는 전통적 정부 통제모델이 갖는 한계점을 짚어보고, 신흥안보 위험에 대한 대안적 관리양식으로서 네트워크 거버넌스의 의미를 제시한다. 이를 통해 권한의 조정 양식과 위임을 통해 초국가적 협력 거버넌스의 작동 기제가 되는 메커니즘을 확인한다. 셋째, 다양한 신흥안보 위험에 따라 대응양식을 유연하게 조정해나가는 메타거버넌스적 역량이 시사하는 바를 살펴보고, 초국가적 협력의 제약 요소인 구조적 공백을 채워나가는 촉진자로서 '네트워크 지식국가' 모델이 갖는 의미를 짚어보도록 한다.

II. 신흥안보 위험의 부상

1. '초국가적 난제'의 도전

탈근대 시대로의 이행은 글로벌 차원에서 지식정보화로 표상되는 편리한 미래에 대한 낙관적 기대뿐만 아니라 글로벌 차원에서의 '세계위험사회(World Risk Society)'의 도래라는 새로운 도전을 제기하고 있다(Beck 2005, 22-47). 그간 발전과 문명을 가져온 합리성의 성과로 찬사

받던 고도화된 기술과 사회시스템의 구조들이 이제는 인류의 생존을 심각하게 위협하는 위험의 원천으로도 작용하고 있기 때문이다. 비단 새로운 위해요소의 등장이 아니더라도, 이들 구조의 복잡성에 비해 근대적 사회시스템이 안고 있는 관리역량의 취약성과 불균형의 모순은 시스템 실패에 대한 심각한 우려를 낳고 있다.[2]

특히, 21세기 초연결 시대의 세계정치 환경은 보다 복잡한 변수들로 가득 찬 불확실성의 위협 속에 자리 잡고 있다. 설사 대규모의 인적·경제적 손실로 연결되지 않더라도 위험요소로 간주되기도 하는데, 이는 본연의 위해적 속성 자체보다는 사회 구성원들이 사건을 어떻게 해석하고 수용하느냐에 따라 영향력이 규정될 수 있기 때문이다(조아라·강윤재 2014, 190). 이는 우리가 미래의 잠재적 불확실성을 보다 위협적으로 받아들이는 가장 큰 원인이며, 위험의 책임 소재를 둘러싼 치열한 담론 경쟁을 촉발시키는 이유이기도 하다.

여기서 주목할 부분은 전통적인 국가단위에서의 해결이 어려운 '사악한 난제(wicked problems)'들의 빈번한 출현이다. 리텔(Horst W. J. Rittel)과 웨버(Melvin M. Webber)에 따르면, 이들 난제는 윤리적 문제라기보다는 '악순환(vicious cycle)'의 고리를 가진 사안으로서 '전통적인 프로세스로 해결할 수 없는 문제'로 정의된다(Rhodes 2000, 41-

---

2 기든스(Anthony Giddens)는 전통적인 근대성을 구성하는 제도에 대한 분석을 통해 세계화로 표상되는 시간과 공간의 압축이 가져오는 새로운 위험을 경고하였는데, 근대 사회가 부를 창출할 수 있었던 배경에는 위험요소를 적극적으로 용인하고 감수함으로써 산업사회의 효율성을 극대화할 수 있었던 점에 기인한다고 보았기 때문이다. 같은 맥락에서 페로우(Charles Perrow) 역시 '정상사고(Normal Accidents)' 개념을 통해 현대 과학기술의 복잡성을 완벽하게 통제하는 것은 불가능하므로 사고는 반드시 일어날 수밖에 없다는 점을 주장한다. 문제는 시스템이 고도화·복잡화되는 사회일수록 제도화·문화적 수용을 통한 사회적 통제역량의 간극 심화가 더 뚜렷해지고 있다는 점이다(정지범 외 2009, 19-24).

58; Camillus 2013). 또한, 다층적 수준에서의 다양한 이해관계자들을 포함하고 있으며, 각 행위자들은 상이한 이해관계, 가치, 신념으로 이 문제에 접근하므로 맥락과 그 해결책을 평가하는 시점과 주체에 따라 달라지는 상대성을 보인다. 따라서 하나의 명확한 정답을 규정하기 어렵다. 특히 '블랙박스' 형태로 나타나는 난제의 속성상, 사후라도 어떤 처방이 해당 난제를 완전하게, 또는 최종적으로 해결하였는지를 판단하는 것도 어렵다. 상이한 영향들이 다른 영향들과 어떻게 상호작용하는지에 대한 예측 불가능성이 존재하기 때문이다(Rittel and Webber 1973, 160-161). 더욱이 복잡성과 상호연계성이 증폭된 현대사회에서는 특정 시점에서 심각한 사안으로 인식되지 않는 문제들도 향후에 얼마든지 난제로 변모할 수 있는 가능성을 열어둔다는 점에서 극도의 불확실성을 전제하게 된다.

종합하면, 초국가적 난제가 촉발시킨 새로운 도전은 세 가지 측면에서 과거와는 다른 형태의 위협으로 구별됨을 알 수 있다. 첫째, 문제

표 1 전통적 해결이 어려운 '초국가적 난제(wicked problems)'의 특징

구분	주요 특징	도전 요인
문제의 속성	명확한 문제정의 · 인과관계 확인이 어려움	비정형성
	문제들마다 유형과 형태가 상이	다종성
	전례 없는 규모나 특수한 형태로 발현 가능	희귀성
파급 범위	국가단위를 초월하여 확대 가능	초국가성
	전담조직 · 학제간 경계선이 불분명	다분야 중첩성
	복잡한 동종 · 이종적 사안과 연결되어 있음	연계성
	이해관계자 충돌 가능성 높음	가치충돌 · 복잡성
정책적 효과	정답이 없으며 완벽한 문제해결이 불가능	영속성
	처방의 즉각적 효과가 나타나기 어려우며 장시간을 요함	지연성

출처: Camillus(2013); Weber and Khademian(2008), Rittel and Webber(1973)을 토대로 저자가 재구성.

의 속성 자체를 규명하고 인과관계의 메커니즘을 정의하기가 어려워졌다. 특히, 비정형성·다종성·희귀성으로 특징지을 수 있는 탈근대 시대의 난제들은 그 종류도 다양하지만 극단적이고 돌발적인 형태로 발현되는 경우가 많아 충분한 경험적 데이터가 축적된 활용 가능한 매뉴얼이 존재하기 어렵다. 둘째, 시공간적 확장성이 제기하는 도전이다. 신종 감염병이나 사이버테러, 기후변화와 같은 새로운 위험들은 혁명적인 통신·교통수단의 발달로 영토적 경계에 귀속되지 않는다. 또한, 직간접적 부문이 복합적으로 연계되어 있어서 이를 전담하는 조직이나 전문 분야를 특정하기 어려우며, 사안에 대한 다수의 이해관계자가 존재하므로 상호의존적이지만, 동시에 이들 가치 사이의 첨예한 이해관계 상충이 발생한다. 셋째, 사안의 가변성과 불확실성 때문에 하나의 고정된 처방을 내릴 수 없으며, 이를 완벽하게 해결하기도, 그것을 즉각적으로 확인하는 것도 불가능하다. 최근 유행하고 있는 코로나 바이러스가 대표적이다. 백신이 개발되기까지 국경 차단, 봉쇄, 폐쇄와 같은 극단적인 차단정책을 펼칠 수도 있지만, 집단면역과 같은 사회적으로 완화된 처방 또한 선택 가능하다. 이들 사이에서의 혼합적 해법을 모색할 수도 있다. 그러나 어떤 방식이 효과적인지는 단기간에 알 수 없으며 설사 백신이 개발된 이후라도 새로운 변종의 위협에 대비해야 한다. 때로는 영속적 파급력을 보이기도 하는 이들 초국가적 난제들은 현대의 인류가 불가피하게 공존해야 하는 상시적 위험이면서 언제든지 확대·증폭될 수 있는 불씨와 같은 존재로 변모한 것이다.

2. 지구화 시대의 혼종적 질서와 신흥안보 난제의 부상

오늘날 초국가적 난제가 낳는 불확실한 위험은 사회적 확산 과정에서 또다시 재구성된다. 즉, 위험의 인지와 평가는 발생 시점의 광범위한 상황을 그대로, 객관적으로 보존하여 전달되는 메커니즘을 거치는 것이 아닌, 주요 정책결정자, 여론조사 기관, 전문가 집단 등 핵심적 집단에 의해 매개되며 특정 사회상을 반영하게 된다. 이러한 맥락에서 현실에서는 특정 위험만이 실제 그 사회의 긴박한 위기관리 대상이 되곤 한다(노진철 2010, 80-81). 또한, 같은 위험 요소라 하더라도 소규모 지방 공동체와 국가, 지역, 세계 수준에서 각기 다르게 수용될 수밖에 없다. 결국 특정 위험이 그 사회의 주된 의제로 선택되는 것은 그 공동체의 재구성에 따른 결과라 볼 수 있다. 이러한 맥락에서 위험에 대한 인지와 태도 규명, 그리고 갈등 요소의 잠재력을 살펴보는 '위험구성주의(risk constructivism)'에 주목할 필요가 있다. 즉, 위험은 여러 사회적 요소의 집단적 산출물이며 물질적 위해의 속성이 아닌, 위험 인지를 결정하는 정치적, 사회적 규범이나 사회관계 유형에 초점을 두어야 하는 산물인 것이다(노진철 2010, 82). 그러나 문제는 이러한 위험 수용의 요소들이 선택되는 과정에서 권력이 작동한다는 점이며, 그것이 얼마나 위중한 사안으로 사회에 재가공되느냐가 결정된다는 점이다(서영조 2005, 49). 따라서 위험의 영향을 제대로 이해하고자 한다면 그 실체나 본질에 대한 관심만큼이나 발생하는 위험의 사회적 맥락과 구성을 살펴보는 것이 현실적이며, 이는 결국 사회적 의사소통의 문제이자 권력이 작동하는 정치적 방식의 문제로 귀결됨을 의미한다(홍찬숙 2015, 110).

이와 같이 위험구성주의자들은 위험을 인지하게 만드는 구조적 맥락과 집단적 특징, 구성 방식 모두가 중요하다고 본다. 위험구성주의적 관점에서는 물질적 위해의 속성 못지않게 위험의 인지를 결정하는 사회규범이나 사회관계 유형, 다시 말해 사회적 맥락을 파악하는 것 역시 중요하기 때문이다. 문제는 지구적 차원에서 발생하는 위험소통 과정이 국가 단위를 넘어 지역 및 글로벌 수준에서 작동하는 가운데 때로는 위험의 양상을 심화시키기도, 때로는 다층적 이해관계자들과 충돌하면서 그 관리를 더욱 어렵게 만들고 있다는 점이다.

최근 급격히 심화되고 있는 지구화 현상은 인적·물질적 교류만을 증가시키는 데 그치지 않고 있다. 경우에 따라 탈영토화, 지구적 차원의 관계망 확대와 시공간의 압축 등은 지금까지 국가적 관심을 끌지 못했던 일상의 안전 문제 또한 초국가적 위험이슈로 증폭될 수 있음을 암시한다. 누적된 규모와 범위, 속도, 그리고 심층적인 파급력은 이미 국가 간·이슈 분야 간 경계를 해체시키며 경우에 따라 보편적인 위험 인식의 틀마저도 변모시키고 있기 때문이다(Rosenau 1997, 274). 실제로 위험이슈의 대처에 필요한 제도적 안전망의 미비나 이해관계자들의 갈등 조정에 실패하는 경우, 사회정치적 혼란을 야기할 수 있으며 심지어 지역, 나아가 지구적 차원의 불확실성을 심화시키기도 한다. 즉, 고도화된 기술과 복잡하고 불균형한 발전에 따른 부작용은 사회·환경 시스템에 따라 새로운 도전을 낳을 수 있으며, 안보적 변수로서 이들이 갖는 중요성에 대해서도 진지하게 고민해야 하는 상황을 맞이하고 있는 것이다. 문제는 새로운 초국가적 난제가 세계화의 필연적인 결과물이라기보다는 이를 조기에 수습하고 양적·질적 파급력의 확산 고리를 끊을 수 있는 효과적인 대응 시스템의 작동 여부라 할 수 있다.

이러한 맥락에서 탈근대 안보 환경의 새로운 위험 속성으로서 '신흥안보(emerging security)'[3] 이슈와 이에 대한 효과적인 대응 거버넌

---

3 김상배(2016)는 신흥안보 개념을 이용하여 시스템 내 미시적 차원의 위험 요소가 상호
    작용을 거쳐 양적, 혹은 질적 변화의 임계점을 넘을 경우, 국가안보를 위협하는 중대 사
    안으로 전환될 수 있음을 설명한다. 기존의 비전통안보와 같은 소극적인 개념화를 넘어

스 모델에 초점을 맞출 필요성이 제기된다. 신흥안보 개념은 거시적 차원의 국가안보와 이와 대별되는 미시적 차원의 안전을 구분하는 접근을 넘어, 이들 간의 경계가 모호해지고 있는 최근의 변화 양상에 주목한다(김상배 2016; 김상배·신범식 편 2017). 특히 잠재적 안보이슈로 전환될 수 있는 위험요소 또한 안보 관점에서 이해하려는 적극적인 시도를 보인다. 전환 과정에서 국가 외 다양한 비정부 기구, 비인간 행위자들이 복합적으로 상호작용하며 파급효과 또한 예상치 못한 경로로 확산될 수 있기 때문이다(윤정현 2019, 3). 즉, 전통안보와 구별되는 신흥안보 위험의 가장 큰 차이는 역동적인 가변성과 불확실성이라 볼 수 있다. 때로는 위험요소의 양적 축적에 따라 거시적인 안보 문제로 비화되지만, 반대로 다른 부문의 직간접적인 이슈와 연계되면서 안보 문제로 발전하는 질적 전환 경로를 따르기도 한다. 또한 이 두 가지 방식이 동시에 나타나는 양적·질적 변환 과정도 마찬가지로 거시적 차원의 안보 문제로 귀결된다.

결국, 신흥안보 위험은 앞서 살펴본 '사악한 난제'들의 공간적 확대뿐만 아니라 질적·양적 변환 가능성을 동시에 시사한다고 볼 수 있다. 이처럼 신흥안보 위험들은 안보이슈로의 변환 과정에서 국가 단위를 넘어 지역, 글로벌 차원에서의 안보 의제화 과정을 수반할 수 있다. 예를 들어 쓰나미(tsunami), 연무(haze), 폭탄테러 등 2000년대 동남아시아에서 발생한 초국가적 위험들은 국지적 차원의 안전 이슈나 재난이 국가안보를 넘어 아세안 지역의 중대 안보 이슈로 변모되었던 대표적 사례라 볼 수 있다. 이러한 신흥안보 위험들은 다양한 국가 및 비국가 행위자는 물론, 역내 규범적 요소 또한 포함할 수 있기 때문에 보

보다 적극적으로 안보 문제를 바라보려는 시도라 볼 수 있다(김상배·신범식 편 2017, 16).

편적이거나 고정된 해법 마련을 더욱 어렵게 만들고 있다. 또한 위험의 발원지와 책임 소재를 놓고 치열한 담론 경쟁이 벌어지는 경우도 빈번하게 발생한다. 무엇보다도, 신흥안보 위험이슈를 방치할 경우, 그것이 예상치 못한 취약한 사회 부문의 이슈와 연계되어 새로운 정치적 위기를 촉발하는 양상이 관찰되기도 한다. 즉, 정태적 차원에서 위험 유형의 특징이 명확히 구분되는 전통적 안보이슈와 달리 동태적 전환 가능성을 배태하고 있는 신흥안보 이슈는 언제나 문제의 유형과 파급력에 있어서 가변적인 속성을 보인다.

〈그림 1〉은 일상의 미시적 차원의 분절형 위험이슈가 글로벌 차원의 초국가적 난제로 전환될 수 있는 세 가지 가능한 메커니즘을 보여준다. 먼저, 신흥안보 이슈는 양적 점증에 따른 변환(경로A)에 따라 거시·심화형 위험이슈를 거쳐 초국가적 난제가 될 수 있다. 또한, 새로운 부문의 이슈연계에 따른 위험의 질적 변환(경로B)에 따라 복합·비정형 위험으로의 경로를 거쳐서도 전환 가능하며, 마지막으로 위험점

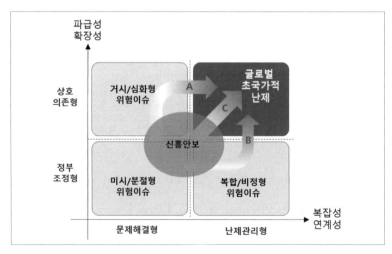

그림 1 신흥안보 위험이슈의 전환 메커니즘

증·이슈연계에 따른 양질 동시 변환(경로C) 등을 통해서도 두 가지 속성을 모두 갖춘 초국가적 난제로 변모될 수 있다. 결국, 관건은 다양한 위험수준에 직면한 사회가 각기 다른 국면에서 이를 효과적으로 차단할 수 있는 유연한 대응역량을 어떻게 확보하는가이다. 신흥안보의 특성상 창발하는 위험이 임계점에 도달하기 전에 그 연계의 고리를 끊지 않으면 어느 순간에 거시적 차원에서 지구적 안보 문제로 비화될 수 있기 때문이다.

III. 신흥안보 시대의 협력 거버넌스

1. 네트워크 사회와 위계적 정부 통제모델의 한계

이러한 신흥안보 도전 요소에 대비하기 위해서는 새로운 환경변화가 초래하는 위험들의 파급력, 위험 소통과 대응 방식을 고려한 대안적 거버넌스 양식을 정립할 필요성이 제기된다. 특히, 이들 초국가적 난제들은 명확한 속성과 인과관계를 규명하기 어려울뿐더러 완전한 해결책 또한 기대하기 어려우므로 정부의 고정된 책무를 부여한 위계적 통제 조직의 역할로는 한계를 보일 수밖에 없다. 결국 정부와 기업, 시민사회, 지역 및 국제기구 등 다층적 수준의 행위자들이 사안별로 주도적인 역할 수행이 가능하도록 원활한 협력 프레임워크의 고안이 필요하다.

고도로 네트워크화된 현대사회에서는 다양한 사회 구성원들이 사회문제 해결에 필요한 지식 정보와 권력을 상호 능동적으로 공유하는 현상이 관찰된다. 반면, 중앙정부의 전통적인 위계적 관리양식에 의한 문제 해결의 비중은 크게 감소하며, 결과적으로 사회 구성원 간의 비공식적 협력과 협상에 의해 사회문제가 해결되는 '무중심 혹은 다중심 사회(centerless or polycentric society)'로의 이행 양상이 나타나는 것이다(Blatter 2002, 504). 또한 사회는 일정한 상태에 머무르지 않고 전체구조와 하위구조 사이의 상호작용을 통해 또 다른 단계로 진화하는데, 특히 역동성과 다양성이 심화되면서 이질적인 가치 추구와 세분화된 전문성을 보유한 구성원 간의 복잡하고 중첩된 상호작용이 활발히 일어나게 된다. 이에 따라 공식적 권위와 강제력을 가진 직접 통제에 기반한 문제 해결 방식은 한계를 보이게 되며 보다 간접적이면서도 정교한 접근이 필요해진다. 나아가 각각의 사회문제가 발생하는 수준과 맥락에 대한 고찰과 적실성 있는 정책 처방을 위해 효과적인 영향력을 가진 구성원 간 상호작용에 대한 이해의 필요성이 훨씬 더 커지는 것이다(Kickert 1997, 731-752).

이 과정에서 정부는 더 이상 규제나 행정 서비스의 공급자 역할이 아니라 사회문제 해결의 촉매제로서, 또는 다양한 구성원 간의 협력 조성에 필요한 여건을 제공하는 조력자로서의 역할을 맡게 된다(이명석 2017, 112). 따라서 초국가적 차원에서 신흥안보 위험을 관리한다는 것은 네트워크 질서의 다층적 수준에서 나타나는 행위자들의 복잡한 상호작용과 이를 고려한 거버넌스의 선택과 연결된다고 볼 수 있다. 그리고 이 과정에서 담론을 형성하는 수많은 정보와 지식, 그리고 이들을 직간접적으로 통제할 수 있는 초국가적 규범과 작동 메커니즘에 대한 논의가 수반된다.

이러한 흐름에 맞춰 국가도 가용자원의 한계나 효율적 관리와 같은 실질적 문제를 극복하고자 그간 독점하고 있었던 권한의 일부를 지역 및 국제기구들에 위임하는 경향을 보인다. 다시 말해 글로벌 거버넌스로 명명되는 지구적 문제의 관리 메커니즘은 국가가 독점적으로 관리하는 것이 아니라 국가와 국제 NGO 및 시민사회, 다국적 기업, 그리고 개인을 포함하는 다양한 행위자들의 수평적이고 협력적인 관계망에 의존하는 것이다(Rosenau 1997, 389-391).[4] 특히, 네트워크 사회의 거버넌스의 개념은 보편적 관리양식(mode of governing)의 의미로 사용되었던 일반적 거버넌스 개념에 수평적 관계의 의미를 포함하는 개념으로 재부상하고 있다. 이러한 네트워크 거버넌스는 최근 지구적 차원에서 분화되고 있는 행위 주체 간의 복잡한 연결망의 확산 과정뿐만 아니라 조직의 탈집중화 경향을 반영한다고 볼 수 있다. 즉, 행위 주체와 구성원리, 작동방식의 세 가지 차원에서 비정형화된 새로운 관리양식이 부상하는 최근의 변화를 포착하는 데도 유용한 측면이 있다.

2. 권위의 조정양식으로서 '거버넌스'와 '거버멘털리티(govern-mentality)'

'거버넌스'는 공통적으로 대내외의 문제들을 어떻게 관리하고 해결할 것인가에 초점을 둔 문제해결의 개념으로서 반드시 공적인 권력에만 의존하지 않는 완만한 활동 조정의 기반을 뜻한다. 이러한 거버넌스 개념은 정부(government)와 같은 어원을 가졌지만 수평적 개념으로 사용되고 있다는 점에서 큰 차이를 보인다. 일반적으로 위계적인 권위를 의미하는 통치(government)는 집행을 강제할 수 있는 법과 제도 등이 핵심적인 역할을 한다. 반면, 거버넌스는 다양한 이해관계자들의 공통

---

4   이 같은 맥락에서 국제적인 유명인사의 독립단체로 출발한 '글로벌거버넌스위원회'는 거버넌스를 "개인들과 기구들이 공공의 문제를 공적 또는 사적으로 해결하는 다양한 방식들을 집약한 것"으로 개념화한 바 있다. 즉, 거버넌스는 개인들과 국제기구를 포함한 기구들이 합의했거나 그들의 이익에 합치된다고 인정하는 공식적·비공식적 조치들을 포함하는 개념인 것이다(Karns 외 2017, 2).

의 목적, 특히 이들 간의 공익적 목표를 달성하기 위해 수평적인 협력을 매개로 기능을 수행한다. 즉, 정부의 강제력에 의존하지 않고 자발적 협력을 통하여 공유재 관리와 같은 공통의 딜레마를 효과적으로 관리하고자 하는 접근 방법으로서, 문제 자체가 중요한 관심 영역으로 상정된다(유현석 2006, 106). 정부 수준에서뿐만 아니라 시민사회나 사회조직, 집단, 개인 등 다양한 참여자 간의 관계에서도 권력이 생성되고 작동한다.

다학제적 개념인 거버넌스를 행정학에서는 최근 '신공공관리론(新公共管理論)'에서 강조되는 '국가경영' 또는 '공공경영'을 의미하는 용어로 번역하고 있다. 지역사회에서 국제사회에 이르기까지 공공조직에 의한 공공서비스 공급체계를 구성하는 다원적인 조직체계가 수행하는 포괄적인 상호작용의 패턴으로 설명하는 것이다(김규정 1999, 11-12). 경제학에서는 시장의 거래비용을 최소화하고 실패를 구제하기 위해 출현한 기업들의 계약관계를 거버넌스 구조로 정의한 바 있다(Williamson 2002, 171-195). 반면, 국제정치학에서는 국가 간 정치체계의 위계적 권위체가 존재하지 않는다는 점을 강조하기 위해 수평적 국제질서를 의미하는 거버넌스의 개념적 의미가 통용되고 있다. 이러한 관점에서 크라스너(Krasner 1983, 10)와 크라만(Krahmann 2003, 6)은 거버넌스를 관리의 주체와 주체들 간의 역할 분담, 그리고 상충되는 이해관계의 조정에도 초점을 맞추는 메커니즘이라 보았다. 이는 거버넌스가 특정 권위체가 아닌 자율적으로 규범을 설정하고 행동의 변화를 유도하는 메커니즘이자 '분산된 정치적 권위의 형태'로 보았기 때문이다.

그러나 거버넌스 논의의 핵심적인 부분은 바로 부여된 '권위의 소재(location of authority)'와 그것의 위임에 관한 것이라 볼 수 있다. 권위의 소재는 문제해결을 담당하는 권위가 어디에 존재하는가와 관련된다. 이는 글로벌 거버넌스를 국제정치이론에 접목시키고자 했던 로즈노(Rosenau 1995)가 글로벌 정치질서의 변화 속에서 초점을 맞춘 부분이기도 하다. 그런데 로즈노가 언급하는 "권위"는 "지배"와 동의어가 아니다. 권위는 합리적 사고를 통해 집합적인 결정에 도달하는 것이며 권위체는 그것을 인정할 수 있는 도덕적 정당성에 기반하여 행사되어야 하는 개념이다. 로즈노는 자발적인 준수를 유도하지 못하는 형식적인 권위체보다는 그것을 얻을 수 있는 비형식적인 권위체가 보다 안정적이고 효과적일 수 있다고 주장한다. 따라서 정당성을 가지고 있는 글로벌 기구나 NGO, 하위국가 행위자 등을 포함할 필요가 있는 것이다. 탈위계적이고 분화적 현상이 두드러지는 오늘날의 다중심적(multi-centric) 환경에서는 더욱 적실성을 갖기 때문이다(Rosenau 2003, 274).

글로벌 거버넌스의 등장을 주장하는 학자들은 정치, 경제, 사회의 모든 시스템 안에서 권위의 소재와 통제 메커니즘의 이동이 일어나고 상호 중첩되고 있음을 주장한다. 하위의 지방(local) 수준에서 지역(regional), 세계(global) 수준까지, 미시적인 것에서 거시적인 것까지, 비정형적인 요소로부터 정형화된 요소로까지 이러한 현상을 반영한다는 것이다. 로즈노(Rosenau 2003)는 이를 다양한 "권위의 중첩 현상(Spheres of Authority)"으로 설명하기도 하였다. 이러한 맥락에서 나이트(Andy Knight) 역시 글로벌 거버넌스를 "사회정치적인 것들로부터 군사안보 문제에 이르는 개별 국가들의 영역을 초월한 딜레마들을 해결하기 위해 다층적 수준에서 합의들을 조율하려는 노력"으로 정의하였다. 즉, 국가 외의 다층적 수준에서 다양한 행위자들의 견해를 수용·조절할 수 있는 메커니즘인 것이다(유현석 2006, 107). 글로벌 거버넌스는 빈곤과 기아, 환경 문제, 인권침해, 난민 증가, 핵 확산 등 세계적 규모의 여러 문제에 국가가 충분히 대응하지 않을 때, 국제사회가 그것을 방치하지 않고 정의를 실현할 수 있다는 인식에 기초하여 전개되었으며, 특히 1990년대 탈냉전과 세계화 이후 논의가 본격화되었다 (이홍종 2019, 111).

여기서 주목할 부분은 '통치성'으로 번역되는 푸코(Foucult 2007, 119)의 '거버멘탤리티(governmentality)' 개념으로서, 다층적이고 수평적인 관계 속에서 권위의 메커니즘이 어떻게 작동하는지를 설명해 준다. 거버멘탤리티는 명시적이고 위계적인 '조직(body)'으로서의 정부를 뜻하는 'government'와 대비되는 관리양식의 '기술'을 강조하는데, 특정한 체계나 제도에 관심 갖기보다는 이들이 가능하게 되는 '사유(thoughts)'나 '인식근거(epistem)', '의지(will)' 등에 관심을 둔다. 즉 거버멘탤리티는 국가나 정부 수준에서가 아닌 시민사회나 사회조직, 집단, 개인들 사이에서 나타나는 권력의 생성과 작동의 근원적인 기제를 포착한다는 점에서 비공식적 사회 현상에 대한 대안적 해법을 모색하는 접근이라 할 수 있다.

근대 질서의 지배적 행위자였던 국가는 안정적이고 고정화된 행위자라기보다는 다양한 지배기술을 표출하고 목적을 관철하기 위한 전략에 따른 결과물이었다. 이는 공동체가 직면한 사안에 대한 공동의 인식, 소통 방식과 긴밀히 연결된다(이문수 2009, 79). 따라서 신흥안보 위험의 도전환경에서 우리가 보다 관심을 가져야 할 것은 국가 권력 행사의 기반이 되는 법률, 제도, 조직 등이 아니라 전환기의 현실에 나타나는 권한의 양태와 도구, 기술 등이라 할 수 있다. 즉, 탈근대 사회의 거버멘탤리티의 개념이 갖는 함의는 초국가적 거버넌스의 작동 메커니즘에 영향을 주는 비공식적 기제들에 초점을 둔다는 점이며, 나아가 국가나 정부의 우월적 지위가 부재한 상황에서도 구성원들의 행위를 일정한 방향으로 유도하는 방식들에 대해 설명을 시도한다는 점이다. 이는 다층적 수준의 행위자들과 효과적으로 연계·협력하고 강압적이지 않은 방식으로도 새로운 규범과 제도를 창출할 수 있는 역량의 기초가 된다. 이러한 맥락에서 후술할 네트워크 권력의 이론적 전제와도 밀접한 관계를 가진다고 볼 수 있을 것이다.

3. 초국가적 협력의 작동기제로서 네트워크 거버넌스

잠재적인 신흥안보 위험이슈를 불확실한 단계에서 국가가 일률적으로 파악하여 예방하거나 모든 과정을 주도하고 통제하기란 불가능하다. 이슈와 이해관계를 가진 사회의 동의를 받기 어려울뿐더러 효율적이지 못하기 때문이다(윤정현 2019, 25). 즉, 다양한 행위자들과 공동으로 대응하는 과정에서 참여 행위자들은 각각의 역량에 부합하는 단계에서 중심적 역할을 맡는 것이 바람직하다. 국가는 이 부분에 초점을 두고, 협력 방식을 유연하게 조정하고 변화시킬 수 있는 메커니즘이 기능할 수 있도록 권한의 관리와 위임을 적절하게 활용할 필요가 있다. 이는 근대의 경직된 전통국가의 시스템 모델로는 운영하기가 어려운 사안이다(김상배 2016, 31). 전통적 안보이슈와 달리 신흥안보 위험은 그 초기 단계에서 비정형적 특징을 가지며 각 사회의 맥락에 따라 다르게 발현되므로 이에 대비하기 위한 적절한 대응 수준을 결정하는 것이 핵심적인 관건이 된다(윤정현 2019, 26). 실제로 불확실성이 높은 다양한 초국가적 위험에 마주한 정부는 그 위험이 어느 정도로 긴박한지, 누구의 주도하에 대응할지를 전략적으로 판단해야만 한다(Jessop 2003, 240-243; 민병원 2006, 21). 이러한 환경에서 문제에 직면한 행위자에게 일차적으로 필요한 것은 자신을 둘러싸고 형성된 네트워크의 구조를 파악하는 것이다. 여기서 말하는 구조는 기존의 주류 국제정치학이 말하는 지정학적 구조나 물질적 능력의 분포에 기반을 두는 거시적 구조가 아니다. 행위자들 간의 관계에서 발견되는 지속적인 패턴으로 파악된 구조를 의미하는 것이다.

즉, 새로운 사회적 조정 양식으로서 네트워크 거버넌스의 부상은 초국가적 난제를 풀어가는 데 있어서 다음과 같은 의미를 갖는다. 첫째, 거버넌스의 대상을 '조직'이 아니라 '사회문제'로 정의함으로써 위계적 거버넌스나 시장 거버넌스 이외의 다양한 사회적 조정 양식을 고려할 수 있다. 둘째, 법적 근거나 중앙집권적 통제 없이 사회적 조정이 이루어질 수 있는 가능성을 강조함으로써, 다중심 체제 구현의 현실적 방안을 제시한다(이명석 2017, 156; 이창주 2014, 22). 또한 상위의 공식적인 권위에 근거하는 법적 통제력 없이 협상과 신뢰 등을 기반으로 사회적 조정이 이루어질 수 있다면, 다층적인 초국가 수준에서의 난제의 관리에서도 보다 유연하고 실천적인 접근이 가능하게 된다. 이러한 맥락에서 로즈노(Rosenau)와 챔피엘(Czempiel)의 표현과 같이 "정부 없는 거버넌스(Governance without Goverment)"는 공식적으로 인정된 헌법이나 헌장 및 간주관적인 의미에서 존재하는 규칙의 체계를 구성할 수 있다(이홍종 2019, 112). 또한 그 안에서 매우 분산적인 모습을 띠게 될 수도 있고, 상대적으로 집중적이며 체계적인 질서를 가지는 것도 가능하다. 이러한 거버넌스의 유연성은 경직된 구조에서 전통적인 물질적, 제도적 권력 요소 측면에 상대적으로 열세에 있는 행위자라도 협력을 주도할 수 있는 잠재적 역할 공간을 제공한다. 이러한 점에서 동태적인 신흥안보 위험의 변화 국면에서 네트워크 전략은 적합한 거버넌스의 형태를 유연하게 전환할 수 있는 대응역량과도 긴밀한 관계에 놓여 있다고 볼 수 있다.

IV. 신흥안보와 네트워크 지식국가

1. 메타거버넌스와 네트워크 전략

이와 같이 가변성과 불확실성이 높은 신흥안보 위험에 효과적으로 대응하기 위해서는 결국 다양한 위임과 선택지를 유연하게 활용할 수 있는 이른바 '메타거버넌스'의 활용 역량이 필요하게 된다. 메타거버넌스는 '거버넌스의 거버넌스(the governance of governance)'로서 "제도와 권위구조 협력방식을 활용하여 비공식적인 사회·경제 활동, 자원 배분 관리 등을 조정하는 메커니즘"이다(김상배 2016). 즉, 고도의 자율성을 갖는 다수의 자기조직적 네트워크에 기반하되, 사회문제 해결을 위해 분절화된 정치체계의 조정 능력을 향상시키기 위한 접근인 것이다. 여기서 나타나는 메타거버넌스의 가장 큰 특징은 단일중심적, 위계적 거버넌스가 아니라 자기조직적 조직화를 통한 복잡성과 다양성이다.[5]

　최근 복잡계(complex system) 이론의 적용을 통해 수평적인 협력에 기반한 사회문제 해결에 초점을 둔 연구사례가 증가하고 있는데, 이러한 연구는 다수의 자율적인 행위자들이 상호의존적 자기조직화 과정을 통해 표출하는 네트워크 거버넌스의 방식이 복잡계의 전형적

5　소렌슨(Eva Sørensen)과 토핑(Jacob Torfing) 또한 이와 유사한 맥락에서 메타거버넌스를 자기성찰인 상위의 거버넌스(reflexive and higher order governance)로 정의하였다(Sørensen and Torfing 2009, 234-258).

인 창발 과정과 유사하다는 점에 관심을 갖기 때문이다(이명석 2017, 234). 즉, 중앙에서 통제되지 않는 다양한 구성원들과 초국가적 이해관계자 간의 상호작용의 결과가 높은 수준의 질서로 이어지면서도 사회문제의 효과적인 해결로 귀결된다는 점에서 네트워크 거버넌스가 지향하는 이론적 전제와도 상당히 유사함을 알 수 있다.[6] 이 같은 관점에서 르윈과 레진(Lewin and Regine 2007, 171) 역시 복잡계 조직에서 '직접 지도하지 않고도 지도하는' 대안적 리더십의 필요성을 강조한바 있다.

그러나 네트워크 거버넌스를 복잡계의 메커니즘과 동일하다고 단정할 수는 없다. 일정한 조건이 성립되는 경우에만 복잡계의 특성을 갖지만 효율적인 사회문제 관리의 대안으로 선택될 수 있다. 이는 단순히 하위체계의 자율적인 상호작용이 반드시 의도했던 질서를 창출하는 것은 아니라는 것을 보여준다. 네트워크 거버넌스는 어떠한 무작위적 창발의 결과로서 얻어진 질서라기보다는 의도를 가지고 지속적인 상호작용을 통해 형성된 질서이기 때문이다.

따라서 어떠한 개입도 없는 초국가적 조정 양식의 바람직한 작동 형태는 현실에서 기대하기 어려운 관념에 불과할 수도 있다. 그렇다면 이들은 결국 적절한 개입을 허용하는 수준에서 혼합의 형태로 존재하게 된다. 결국, 메타거버넌스의 효과적인 작동을 위해서는 다양한 거버넌스 유형들의 단점을 극복하고 상이한 거버넌스와 자기조직적 네트워크 사이의 양립과 호환가능성을 보장해주는 '조정자'의 역할이 중요하다. 이를 위해서는 수평적 네트워크 거버넌스뿐만 아니라 사안별로

6   실제로 복잡계 이론의 기본 전제는 총체적인 통제나 계획 없이도 새로운 질서가 나타난
      다는 것이며, 특히, 다양한 행위자들이 완전하게 자율권을 갖는 것이 새로운 질서 창출의
      필수 조건이라고 본다.

수직적 거버넌스나 시장 거버넌스 형태를 적절히 혼합해 설계하고, 혼합의 부작용을 최소화하면서 원활히 작동할 수 있는 조건을 갖춰주는 역할이 핵심이 된다(Rhodes 2000, 41-58; Whitehead 2003, 6-14). 신흥 안보 위험이슈에서는 이러한 혼합으로 나타나는 대응 양식이 바로 초국가적 협력 거버넌스이고, 이들이 바람직한 방향으로 자발성을 갖도록 유도하는 노력이 메타거버넌스라 할 수 있을 것이다.

메타거버넌스가 성공하기 위해서는 다층적 행위자들 간의 위험요소의 사회적 구성과 소통을 고려한 대안적 네트워크 전략이 요구된다. 이러한 네트워크 전략이 갖는 의미는 첫째, 고정된 대응 방식의 적합성만을 판별하는 전통적 재난 대응 모델이 가진 정태적 한계를 보완해줄 수 있다는 점이다. 또한 더 이상 효과적으로 기능하지 못하는 기존 시스템이 해체되고 새로운 대안적 관리양식이 부상하는 과정에서 나타나는 역동적 국면들을 포착하는 데 유용하다.[7]

실제로 탈근대 이행기 국제정치의 조직원리로 가장 광범위하고 독특한 것은 '복합 네트워크 거버넌스'이다(전재성 2012, 165). 복합 네트워크 거버넌스는 국가 이외의 행위자들의 역할이 강화되는 복합 거버넌스 현상에 더해 여러 행위자들의 관계가 역동적으로 변해가는 과정을 설명해주며 특히, 초국가적 난제에 직면하여 국가와 정부의 권한이 상대적으로 약화되는 가운데 비정부 주체들의 네트워크는 어떻게

---

7   대표적인 사례가 '행위자 네트워크 이론(ANT)'으로서, 사안에 대한 각기 다른 이해관계를 가진 이종적 행위자들 사이에서 유리한 대립구도를 형성하고 원하는 방향으로 세(勢)를 모아 협력 메커니즘을 창출하는 접근을 들 수 있다. ANT 이론에 따르면, '번역'이라 불리는 이러한 과정은 4단계, 즉, '문제제기(problematization)'와, '관심끌기(interessement)', '등록하기(enrollment)', 그리고 '동원하기(mobilization)'로 설명된다. 이와 유사하게 소렌슨 역시 메타거버넌스의 주요 수단으로 프레임짜기(framing), 스토리텔링(storytelling), 촉진(facilitation), 참여(participation) 등 네 가지를 제시한 바 있다(Sørensen 2009, 101-102).

형성되는지를 보여준다. 나아가 정부 간, 비정부 간, 그리고 정부 네트워크-비정부 네트워크 간 연계가 어떻게 짜이고, 새로운 권력의 장이 만들어지는지를 탐색하는 데 이론적 실마리를 제공한다고 볼 수 있다.

2. 네트워크 권력과 신흥안보

국제정치학적 관점에서 네트워크가 갖는 개념은 단순한 '패턴'적 의미를 넘어선다고 볼 수 있다. 네트워크의 사전적 의미는 "상호 연결되어 있는 노드(node)들의 집합"이지만(Castell 2004, 3), 이들이 설정하는 관계의 아키텍처는 수직적인 위계질서도 아니며, 무정부 상태나 시장질서와 같이 완전히 수평적인 환경도 아닌 영역에 위치하기 때문이다. 동시에, 네트워크는 서로에게 이로운 협력을 가능케하는 상호 연결된 행위자들의 집합으로 정의된다. 따라서 국제정치 질서의 측면에서는 네트워크에 참여하는 국가가 많을수록, 여기에 가입함으로써 얻는 효용이 클수록, 참여 국가들의 비중과 중요성이 클수록 협력이 증대된다(김치욱 2010, 58).

하지만, 네트워크상 권력은 반드시 노드의 크기가 크거나 링크 숫자가 많다고 비례하여 커지는 것이 아니다. 집합권력을 이루는 세(勢)와 그 안에서 차지하는 위치, 연결형태의 구조를 설계하는 능력에서 비롯되기 때문이다. 또한 네트워크를 과정 차원에서 보면, 상이한 네트워크들을 연결하며 이 과정에서 상호 작동성과 호환성을 제공하는 이른바 '스위처(switcher)'로서의 역할이 중요하다고 볼 수 있다. 이러한 스위처 권력은 주변의 노드들로부터 신뢰를 도출하고 노드의 중요한 능력으로서 정보와 지식을 생산하며, 흐름을 통제하는 '소통능력'에 달려 있게 된다(하영선·김상배 2012, 53).

최근 부상하는 신흥안보 난제에 대한 관점은 어느 한 국가의 지리적 위치, 자원, 생산능력, 군사력, 인구, 국민성, 정부 형태와 리더십, 외교적 역량 등이 주요한 평가요소였던 전통적 국력의 개념을 넘어설 필요성을 제기한다. 위의 관점은 암묵적으로 국가 권력이 '전쟁을 수행할수 있는 능력'임을 전제하기 때문이다. 현대사회의 정부가 아무리 사회문제를 해결하는 데 필요한 모든 정보를 확보하기 위해 노력한다 하더라도 국제적 수준의 정보 이상을 확보할 수 없다. 결국 이를 넘어서는 정보 및 지식획득을 위해 다층적인 행위자들과의 상호작용을 필요로 할 수밖에 없음을 의미한다(이명석 2011, 1-31). 따라서 전통적 안보에 대한 국가적 역량도 중요하지만, 이는 탈근대 시대의 혼종적인 질서에서 국가의 수많은 핵심 역량 중 하나로 보아야 할 것이다. 국가 대비국가 행위자의 다자적 네트워크는 특히 '기민함(agility)'과 '적응력(adaptability)', '유연성(flexiblity)'에 기초하게 되며, 주어진 상황에 따라 구조는 변화 가능하므로 새로운 질서를 창출할 기회를 제공하기 때문이다. 과거 국가 대 국가의 전쟁을 가정하는 전통적 안보 게임이 다분야의 비정형적 신흥안보 과정을 고려해야 하는 복합적인 게임의 양상으로 변모하면서 국가의 거버넌스 형태 역시 집중형 모델만이 아닌, 사안에 따라 기민하고 유연하게 대처가 가능한 대응양식이 필요해지고 있다.

불확실성과 가변성이 높은 신흥안보 위험은 이슈 내 장벽과 경계가 명확히 구분되지 않는 특징을 지닌다. 그 결과 촉발 경로에 대한 인과적 메커니즘을 찾기 어려우며, 설사 이를 발견한다 하더라도 문제해결을 위한 단일한 협력 방식을 찾는 것은 또 다른 난제가 된다. 이러한 관점에서 볼 때, 다차원적 관계 속에서 더 많은 연결망을 가지고, 단절고리를 이어줄 매개자의 자리에 위치할수록 권력은 증가된다. 즉, 네트

워크 짜임새의 공백을 메울 수 있고, 중요한 연결망의 길목을 차지할수
록 더 많은 권력을 가지게 되는 것이다.

이 같은 환경 변화는 기존의 자원 기반 권력과 제도적 권력 구조
에서 상대적 열세에 있었던 다양한 행위자들에게 역할의 공간을 모색
할 수 있는 실천적 함의를 제공한다. 네트워크 위치에 기반한 새로운
중심성과 매개 권력을 창출하고 이를 전략적으로 행사함으로써, 유리
한 위치를 점할 수 있는 기회를 제공하기 때문이다(전재성 2012, 167-
168). 이를 통해 거버넌스를 형성하는 네트워크의 구조와 형태, 과정이
부여하는 특징에 따라 중심, 매개 자원을 효과적으로 활용함으로써, 기
존의 물리적 자원의 제약을 상쇄할 수 있는 공간을 열어준다.[8] 이러한
관점에서 '네트워크 권력'은 행위자들 간에 형성되는 관계들을 형성할
뿐만 아니라 그 속성을 활용함으로써 네트워크 전체를 창출하고 변경
시킬 수도 있는 권력을 의미한다고도 볼 수 있다.

네트워크 환경에서 발생하는 이들 분야의 권력은 행위자들이 보
유한 자원이나 속성보다는 행위자들이 벌이는 상호작용의 맥락에서
작동한다는 특징을 지닌다. 다시 말해, 단순히 군사력과 경제력 같은
자원권력에 의지하는 게임이 아니라, 정보·지식·문화·커뮤니케이션
등과 같은 비물질적 자원을 기반으로 작동하는 양상들을 잘 드러내준
다. 따라서 신흥안보 환경에서 국가는 지금껏 부차적 요소로 간주해왔
던 이 같은 지식정보 자원의 매개자로서의 역할에 보다 관심을 기울여
야 하는 것이다.

---

8   특히 사회네트워크이론에서 상정하는 행위능력은 네트워크 구조 내에 배태되어 있으며
     구조가 행위자들을 변화시키기도 하고 행위자가 구조를 변경하기도 한다. 중요한 것은
     이른바 분절 네트워크상에서의 '구조적 공백(structural holes)'을 메우는 중개자는 허브
     로서 '위치권력(positional power)'이나 '중개권력(brokerage power)'을 발휘할 가능
     성이 높아진다는 점이다(Burt 1992, 2005).

3. 네트워크 지식국가: 신흥안보 위험의 합리적 관리 모델

제솝(Jassop, 2003)에 따르면, 메타거버넌스를 적절히 수행하는 국가
는 다양한 행위자들이 활동하는 장을 마련하고, 상이한 거버넌스 메커
니즘의 호환성과 일관성을 유지하며, 정책공동체 내에서 대화와 담론
형성의 조정자 역할을 담당하게 된다. 이 과정에서 국가에 특히 요구되
는 또 다른 중요한 기능은 '중심성'의 제공이다. 즉, 네트워크의 다양한
거버넌스 메커니즘 사이에서 상대적 균형을 유지하면서 동시에 참여
행위자들 간 역할의 우선순위를 적절히 조망하고 관리할 수 있는 기능
을 유지해야 하는 것이다.

특히 불확실성과 가변성이 높은 신흥안보 위험이슈에 있어서 처
음부터 행위자 간의 빈틈없이 촘촘한 협력 네트워크가 발현되기 어려
운 점을 고려할 때, 이들의 협력을 제약하는 구조적 공백을 메울 수 있
는 중개자의 역할이 관건이 된다고 볼 수 있다. 이러한 공백을 연결함
으로써 네트워크의 전체 구도에서 중심의 위치를 장악한 중개자는 향
후 다양한 상호작용을 통제할 수 있는 '허브(hub)'로서 더 많은 정보와
능력을 보유할 수 있는 '위치권력(positional power)'을 누리게 될 가
능성이 높아진다. 이러한 위치권력은 특히 신흥안보 위험과 같은 비정
형적 난제에 대처하는 효과적인 거버넌스의 선택 과정에서 매우 중요
한 의미를 갖는다고 볼 수 있다.

따라서 네트워크 거버넌스의 구조적 공백을 매개하는 중심적 위
치에 자리한다는 것은 완전한 집중형이나 분산형 거버넌스의 모습과
는 거리가 멀다. 그보다는 다양한 행위자 간의 협력을 원활히 유도하기
위해 친화적 대응 구조로의 전환이 가능한 메타 거버넌스 역량이 확보
됨을 의미한다. 이러한 논의는 전환기의 신흥안보 환경에서 기존의 수

직적 관리자로서 국가의 전통적 역할을 넘어, 미래의 진화된 국가모델로서 나아가야 할 방향을 보여준다고 할 수 있다.

일상의 미시적 차원에서 지구적 위협에 이르기까지 국가가 독자적으로 완전하게 대응할 수 있는 역량을 기대하기란 현실적으로 불가능하다. 오히려 국가는 수많은 사회 네트워크와 비국가기구들 간의 다층 질서들의 공존 속에서 적절한 타협과 조정을 통한 정책결정을 함으로써 보다 중심적인 행위자가 될 수 있을 것이다(민병원 2006, 18). 따라서 메타거버넌스가 가진 자기조직화의 속성은 앞서 살펴본 네트워크 국가의 역량을 구성하는 요소의 한 축으로도 볼 수 있다. 전통적 국가와 정부의 힘이 상대적으로 약화되고, 국가와 지역, 글로벌 수준의 경계가 모호해지고 있지만 국가는 여전히 중요한 역할을 부여받고 있다.

결국 네트워크 거버넌스 패러다임 하에서 국가의 역할은 중요하지 않다고 단정할 수 없다. 그보다는 새로운 환경 변화에 적응하여 '조정(steering)' 및 '지도(guidance)'의 역할을 부여받고 있다고 보아야 한다. 이는 정부 역할이 보다 포괄적으로 확대되는 메타거버넌스 관리

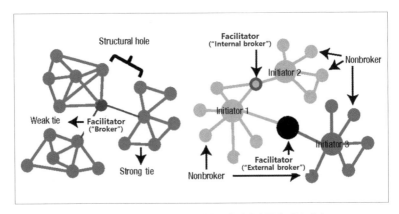

그림 2 네트워크의 내외부적 구조적 공백을 연결하는 촉진자의 중개 역할 개념
출처: Zhang eds.(2016)을 토대로 재구성.

의 형태로 전환됨을 의미하는 것이다. 동시에, 신흥안보 시대의 효과적
대응양식을 모색하는 국가는 보유한 권한과 기능을 국내외 하위 단위
체에게 적절하게 위임하고 분산시킴으로써 거버넌스에 참여하는 다양
한 행위자들로부터 정당성을 확보하고, 목표하는 방향으로의 협력 메
커니즘이 기능하도록 하는 '촉진자(facilitator)'의 모습을 보일 것이다.

아래 〈그림 3〉은 앞서 설명한 네트워크의 구조적 공백을 이어주는
촉진자의 개념을 실제로 2000년대 이후 발생한 동남아시아의 신흥안
보 위험사례에 적용한 그림이다. 아세안 차원의 초국가적인 난제였던
쓰나미와 초국경적 연무(haze pollution) 이슈는 촉발원인과 파급력이
달랐지만, 피해지역에 대한 물자공급 및 오염방지 네트워크의 단절로
원활한 협력이 이루어지지 못했던 공통점을 안고 있었다. 당시 싱가포
르는 위험이슈와 관련된 핵심 이해당사자가 아니었음에도 아세안 및
글로벌 차원의 초국가적 협력을 주도하는 리더십을 보여주었는데, 직
접적인 복구자원을 투입하거나 위험 자체를 제거하려 하기보다는 정

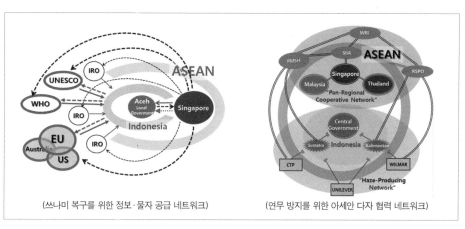

(쓰나미 복구를 위한 정보·물자 공급 네트워크)   (연무 방지를 위한 아세안 다자 협력 네트워크)

그림 3 아세안의 주요 신흥안보 이슈에 대한 협력 거버넌스의 촉진자로서 싱가포르
출처: Yoon(2015), 윤정현(2016)을 토대로 재작성.

보·물자의 공급 네트워크를 원활히 작동하게 하고 위험을 증폭시키는 연결고리를 차단할 수 있는 위치를 선점함으로써 효과적인 협력 거버넌스를 주도하는 촉진자로서 기능을 수행하였기 때문이다.

네트워크 국가의 부상은, 국가가 보유한 기능과 권한을 분산한 하위의 구성원들로부터 정당성을 확보하고, 동시에 영토적 경계를 넘어 초국적 차원의 제도적 연결망을 효율적으로 구축하는 과정에서 발생한다(Ansell 2000; Carnoy and Castells 2001). 여기서 이상적인 역할을 수행할 수 있는 네트워크 국가의 기능은 새로운 위험요소에 대한 인지와 대응이 사회 전반에 폭넓게 나타난다. 사회적 구성원들은 그 안에서 자신의 이익과 공동체의 이익의 접점을 용이하게 찾을 수 있게 되며, 이러한 공감을 바탕으로 위기 극복을 위한 자발적인 역할이 가능해진다. 나아가 다양한 네트워크를 통한 국내외 비국가 행위자와의 공조에도 능동적으로 나설 수 있다. 결국, 네트워크 지식국가는 대내적으로는 기존의 국가모델이 지구화와 탈근대 시대의 급변하는 신흥안보 환경에 맞추어 효과적인 방향으로의 협력 네트워크의 창출을 유도하고 자기변화와 조정을 해나가는 진화된 모습의 국가 모델이라 할 수 있을 것이다.

V. 결론

탈근대 시대의 국제체제는 전통적인 주권 관념으로 세계정치의 복잡성을 담아내기 어렵게 되었다. 분화되고 다중심적인 질서에서 일국 차원에서 해결할 수 없는 도전들은 네트워크화된 협력 방식을 요구하고 있으며 여기에서 네트워크 기반의 국력의 새로운 척도 또한 필요로 하게 될 것이다. 위험이슈 영역에서 국가를 포함한 다른 행위자들과 얼마나 촘촘히 연결되어 있으며 얼마나 유용한 네트워크를 유지·활용하는지가 새로운 권력 요소로 작용하기 때문이다. 따라서 신흥안보 시대의 혼종적 질서에서 네트워크 국가들의 출현은 단순한 '권력이동'이라기보다는 복합적 의미의 '권력변환'을 띠게 된다고 볼 수 있다.

냉전시대의 군사적 대결 가능성을 전제하였던 국력의 기준은 탈냉전 이후 그 적실성이 상당부분 한계를 보이게 되었다. 안보의 초점은 대폭 확장되었으며, 새로운 위해요소의 출현뿐만 아니라, 이미 존재해 왔던 위험이슈들 간의 양적·질적 상호작용을 통해 비연계 부문의 예상치 못한 위험 역시 촉발되는 복합적인 환경에 본격적으로 접어들었기 때문이다. 이러한 변화된 환경에 따라 국가 역량 또한 새로운 기준에서 분석·평가해야 하는 시점에 놓이게 된 것이다. 실제로 국가가 제공하는 공공재는 전통적 안보위험으로부터의 보호뿐만 아니라 취약한 시스템의 연결고리에서 발생할 수 있는 다양한 위험유형으로부터 사회 구성원들의 안전을 최대한 확보해주는 것으로 확장되었다. 나아가 일국 차원의 수준을 넘어 지역 및 글로벌 수준의 협력을 모색해야 하는 난제에 직면하고 있다. 이제는 누구와, 어느 수준에서 어떠한 방식으로 공조를 취해야 하는지, 종합적인 판단과 소통능력, 실천 의지 역시 필요지고 있는 것이다. 이러한 변화는 향후 탈근대 시대의 변화무쌍한 신흥안보 위험에서도 국가의 유연한 적합 거버넌스 전환 메커니즘 확보가 시급히 필요해지고 있음을 의미한다.

결국, 탈근대 시대의 불확실성에 대해 높은 대응역량을 갖춘 국가는 언제든지 필요한 협력 네트워크를 촉진시키기 위해서 사회 시스템을 업그레이드시키고 초국가 차원에서도 규범과 규칙을 능동적으로 창출, 확산하는 연결고리를 제공해야 함을 시사한다. 그리고 이 과정에서 신뢰에 기반한 책임 있는 리더십을 보여줄 필요가 있다. 이러한 네트워크 지식국가가 지향하는 궁극적인 모습은 다양한 이슈에서 변화된 상황에 부합하는 새로운 협력 양식을 창출하는 진화된 국가 행위자의 형태이기도 하다.

　오늘날 한국 역시, 신종감염병, 초미세먼지 이슈 등이 낳는 초국가적인 위험과 갈등을 빈번하게 경험하고 있다. 여기에 미중 패권경쟁과 한반도 비핵화 문제 등 고착화된 지정학적 제약까지 여전히 풀어야 할 난제가 산적해 있다. 제도화된 지역 공조체제의 역사와 견고성이 취약한 현실에서, 역내 행위자들의 자율적 참여를 통한 공고한 신흥안보 대응체계의 조성 역시 단기적으로는 여전히 요원하다. 그럼에도 불구하고 우리가 직면하고 있는 신흥안보 위험들은 한반도와 동아시아뿐만 아니라 세계적인 난제이기도 하며, 적절한 관리 양식의 부재는 강대국을 예외로 두지 않는 모두의 숙제로 남아 있다. 이러한 가운데 네트워크 지식국가의 메타거버넌스 역량이 주는 시사점은 공통의 난제에 있어 이해관계의 갈등 조정과 바람직한 비전을 향한 촉진자적 역할을 어떻게 수행하느냐에 따라 우리의 중심적 역할 공간을 열어준다는 점이다. 21세기의 다양한 신흥안보 난제에 대응하여 중장기적 시각에서 다양한 행위자들을 협력 네트워크에 포섭할 수 있는 다층적인 전략과 의지가 더욱 필요함을 시사하는 것이다.

참고문헌

김규정. 1999.『행정학원론』. 서울: 법문사.

김상배. 2008. "네트워크 세계정치이론의 모색 : 현실주의 국제정치이론의 세 가지 가정을 넘어서."『국제정치논총』48(4).

_____. 2014.『아라크네의 국제정치학』. 서울: 한울.

_____. 2016. "신흥안보의 미래전략: 개념적·이론적 이해." 김상배 편.『신흥안보의 미래전략: 비전통안보론을 넘어서』. 서울: 사회평론아카데미.

김상배·신범식 편. 2017.『한반도 신흥안보와 세계정치』. 서울: 사회평론아카데미.

김치욱, 2010. "글로벌 스탠다드의 형성과 미국의 네트워크 권력: 국제투자협정을 중심으로."『세종정책연구』6(2).

노진철. 2010.『불확실성 시대의 위험사회학』. 서울: 한울.

민병원. 2006. "국제관계의 변화와 복잡계 패러다임."『복잡계 워크숍: 복잡계이론의 사회과학적 적용』. 서울: 삼성경제연구소.

_____. 2010. "21세기의 복합안보: 개념과 이론에 대한 성찰." 하영선·김상배 편.『복합세계정치론: 전략과 원리, 그리고 새로운 질서』. 서울: 한울아카데미.

서영조. 2005. "니클라스 루만의 정치체계론."『한국시민윤리학회보』21(1).

유현석. 2006. "글로벌 거버넌스: 개념적 논의."『국정관리연구』1(1).

윤정현. 2016. "초국경적 대기오염 이슈와 글로벌 거버넌스: 인도네시아 연무(haze) 해결을 위한 싱가포르의 대응전략."『세계지역연구논총』31(2).

_____. 2019. "신흥안보 거버넌스: 이론적 고찰과 대안적 분석틀의 모색."『국가안보와 전략』19(2).

이광모. 2003. "복잡적응시스템으로서의 거버넌스 특성에 관한 연구."『한국지방자치학회보』15(4).

이명석. 2002. "거버넌스의 개념화: '사회적 조정'으로서의 거버넌스."『한국행정학회보』36(4).

_____. 2011. "네트워크 거버넌스와 정부의 역할: 복잡계 이론을 중심으로."『국정관리연구』6(1).

_____. 2017.『거버넌스 신드롬』. 서울: 성균관대학교출판부.

이문수. 2009. "통치(Government), 통치성(Governmentality), 거버넌스 그리고 개인의 자유."『한국거버넌스학회보』16(제3).

이창주. 2014.『변방이 중심이 되는 동북아 신 네트워크』. 서울: 산지니.

이홍종. 2019.『국제기구와 글로벌 거버넌스』. 파주: 한국학술정보.

전재성. 2012.『동아시아 국제정치: 역사에서 이론으로』. 서울: 동아시아연구원.

정지범 외. 2009.『국가종합위기관리: 이론과 실제』. 서울: 법문사.

조아라·강윤재. 2014. "불확실성을 통해 본 위험 거버넌스의 한계와 개선점: 2010년 구제역 사태를 중심으로."『한국환경사회학회』18(1).

하영선·김상배. 2012. 『복합세계정치론: 전략과 원리, 그리고 질서』. 서울: 한울.

홍찬숙. 2015. "위험과 성찰성: 벡, 기든스, 루만의 사회이론 비교." 『사회와 이론』 26.

Ansell, Christopher K. 2000. "The Networked Polity: Regional Development in Western Europe." *Governance* 13(2): 279-291.

Beck, Ulrich. 2005. "World Risk Society and the Changing Foundations of Transnational Politics." *Complex Sovereignty: Reconstituting Political Authority in the Twenty-first Century.* Toronto: University of Toronto Press.

Blatter, Joachim. 2002. "Beyond Hierarchies and Networks: Institutional Logics and Changes in Transboundary Spaces." *Governance: An International Journal of Policy, Administration, and Institutions* 16(4): 503-526.

Burt, Ronald S. 1992. *Stuructural Holes: The Social Structure of Competition.* Cambridge, MA: Harvard University Press.

_____. 2005. *Brokerage and Closure: An Introduction to Social Capital.* New York: Oxford University Press.

Buzan, Barry. 1997. "Rethinking Security after the Cold War." *Cooperation and Conflict* 32(1): 5 – 28.

Camillus, John C. 2013. "Strategy as a Wicked Problem." *Harvard Business Review.* https://hbr.org/2008/05/strategy-as-a-wicked-problem (검색일: 2020. 4. 27).

Carnoy, Martin and Manuel Castells. 2001. "Globalization, the Knowledge Society, and the Network State: Poulantzas at the Millennium." *Global Networks* 1(1): 1-18.

Castell, Manuel. 2004. "Informationalism, Networks, and Network Society: A Theoretical Blueprint." Manual Castells ed. *The Network Society: A Cross-cultural Perspective.* Cheltenham, UK: Edward Elgar.

Foucault, Michel. 1991. "Governmentality." in Graham Burchell, Colin Gordon and Peter Miller (eds.). *The Foucault Effect: Studies in Governmentality.* Chicago, IL: The University of Chicago Press.

_____. 2007. *Security, Territory, Population.* New York: Palgrave.

Jessop, Bob. 2003. *The Future of the Capitalist State.* Cambridge: Polity.

Karns, Margaret P. 외. 2017. 『국제기구의 이해: 글로벌 거버넌스의 정치와 과정』. 김계동 외 역. 서울: 명인문화사.

Kickert, Walter. 1997. "Public Governance in the Netherlands: An Alternative to Anglo-American 'Managerialism.'" *Public Administration* 75: 735-752.

Krahmann, Elke 2003. "Conceptualizing Security Governance." *Cooperation and Conflict* 38(1): 5-26.

Krasner, Stephen D. 1983. "Structural Causes and Regime Consequences: Regimes as Intervening Variables." in S. Krasner (ed.). *International Regimes.* Ithaca, N.Y.: Cornell University Press.

Lewin Roger and Briue Regine. 2007. "The Core of Adaptive Organization." in

Eve Mitleton-Kelly (ed.). *Complex Systems and Evolutionary Perspectives on Organizations: The Application of Complexity Theory to Organizations*. London: JAI Press.

National Intelligence Council. 2017. *Global Trends: Paradox of Progress*. Office of the Director of National Intelligence.

Rhodes, Roderick A. W. 2000. "The Governance Narrative: Key Findings and Lessons from the ESRC'S Whitehall Programme." *Public Administration* 78(2): 345-363.

Rosenau, James N. 1995. "Governance in the Twenty-first Century." *Global Governance* 1: 13-43.

_____. 1997. *Along the Domestic-Foreign Frontier: Exploring Governance in a Turbulent World*. Cambridge: Cambridge University Press.

_____. 2003. *Distant Proximities: Dynamics Beyond Globalization*. Princeton: Princeton University Press.

Rittel, Horst W. J. and Melvin M. Webber. 1973. "Dillemmas in a General Theory of Planning." *Policy Sciences* 4(2): 155-169.

Sørensen, Eva. 2009. "Metagovernance the Changing Role of Politicians in Process of Democratic Governance." *The American Review of Public Administration* 36(1): 98-114.

Sørensen, Eva and Jacob Torfing. 2009. "Making Governance Networks Effective and Democratic through Metagovernance." *Public Administration* 87(2): 234-258.

Weber, Edward P. and Anne M. Khademian. 2008. "Wicked problems, Knowledge Challenges, and Collaborative Capacity Bilders in Network Settings." *Public Administration Review* 68(2): 334-349.

WEF. 2019. "The Global Risk Report 2019 14th Edition." Geneva: World Economic Forum.

Williamson, Óliver. 2002. "The Theory of the Firm as Governance Structure: From Choice to Contract." *Journal of Economic Perspectives* 16(3): 171-195.

Whitehead, Mark 2003. "'In the Shadow of Hierarchy': Metagovernance, Policy Reform and Urban Regeneration in the West Midlands." *Area* 35(1): 6-14.

Yoon, Junghyun. 2015. "Indonesia's Crisis Response Strategies: The Indian Ocean Tsunami of 2004." *Global Journal on Humanities & Social Sciences* 2: 195-202.

Zhang, Qingpeng, D. Zeng, F. Wang, R. Breiger, and J. Hendler. 2016. "Brokers or Bridges? Exploring Structural Holes in a Crowdsourcing System." *Computer Science* 49: 56-64.

제8장

지구적 가치 사슬의 변화와 네트워크 국가의 두 얼굴

이승주(중앙대학교)

I. 서론

1990년대 이후 세계화는 경제 통합을 촉진함으로써 국가 간 장벽을 낮추는 데 기여하였다(Friedman 2005). 세계화의 지속적인 진전은 지구적 가치 사슬(global value chains, GVCs)의 형성과 구조적 변화와 밀접한 관련이 있다. GVCs의 형성과 확대는 최종재 무역을 중심으로 진행되던 세계화에서 중간재 무역의 비중을 지속적으로 높이는 변화를 초래하였다. GVCs의 확대는 시스템 차원에서 볼 때 세계 경제 통합을 지리적으로 확대하였을 뿐 아니라, 경제 통합 과정에 참여하는 국가들 사이에 형성된 네트워크의 위계화를 촉진하였다. GVCs가 지리적으로 확대되고 복잡도가 증가한 결과, 국가 간 연결의 밀도(density)가 높아지는 질적 변화가 초래된 것이다. 이 과정에서 GVCs가 '단순 GVCs(simple GVCs)' 중심에서 '복합 GVCs(complex GVCs)'의 상대적 비중이 높아지는 변화가 발생하였다. 복합 GVCs의 대두는 단순히 국가 간 상호의존의 수준을 높이는 것을 넘어, 세계 각국이 과거와 비교할 수 없을 정도로 긴밀하게 연결되는 현상을 초래하였다.

GVCs의 변화는 네트워크 국가의 양면성에 대한 새로운 해석을 필요로 하게 되었다. 전통적인 자유주의 설명에 따르면 세계 경제의 통합과 네트워크화의 진전은 국가 간 경쟁을 완화시키고 제도적 협력을 증진시키는 효과를 낳을 것으로 기대되었다(Oneal and Russet 1997). 경제의 네트워크화가 진전될수록 이를 뒷받침할 수 있는 제도적 기반이 필요하기 때문이다. 제도화된 협력은 국가 간 경쟁을 완화하고 궁극적으로 평화의 초석으로 기능할 수 있다. 네트워크화의 진전이 우선순위의 조정 또는 이슈 연계 등 문제 해결을 가능하게 하고, 궁극적으로 국가 간 정책의 수렴을 촉진하여 갈등의 소지 자체를 감소시킬 수 있기 때문이다(Baldwin 2016).

세계 경제의 네트워크화는 주요국들의 네트워크 전략에도 영향을 미친다. 네트워크 전략에 국가 간 경쟁의 동학이 작용하지 않는 것은 아니다. 세계 경제의 네트워크화가 진전됨에 따라, 주요국들이 하드파워를 활용하여 이익을 추구하던 데서 탈피하여 네트워크 내에서 중요한 위치를 확보하여, 국가 간 협력을 촉진하고 이 과정에서 자국과 타국의 이익을 함께 추구하며 영향력을 확대하는 네트워크 파워를 활용할 수 있게 되었다. 한국이 노무현 정부 당시 '글로벌 FTA 허브 전략'을 추구하였던 것이 이러한 사례에 해당한다(이승주 2010). 당시 한국은 FTA 경주를 하는 동시에, 허브 위치를 활용하여 국가 간 협력을 촉진함으로써 자국과 상대국의 이익을 상호 보완적으로 추구하는 모습을 보이기도 하였다. 네트워크 파워(network power)가 자국의 이익을 배타적으로 추구하기보다는 다른 국가들과의 협력을 이끌어내는 데 활용되기도 하였다는 점에서 네트워크 전략이 강압적 하드파워의 행사와 구분된다(Katzenstein and Shiraishi 1997).

2000년대 중반 이후 네트워크 국가의 양면성이 가시화되었다. 미국, 중국, 일본 등 주요국들이 메가 FTA를 추진하면서 FTA를 경제적 이익의 실현과 상대국 견제의 수단으로 활용하는 경향이 강화되었다. 더 나아가 2010년대 이후 주요국들이 상호의존과 네트워크의 비대칭성을 상대국에 대한 위협과 제재의 수단으로 활용하기 시작하면서 '상호의존의 무기화(weaponization of interdependence)' 현상이 대두되었다(Farrell and Newman 2019). GVCs의 변화가 갖는 국제정치적 함의도 상당하다. 주요국들이 네트워크를 국가 간 경쟁에서 우위를 확보하는 수단으로 활용하는 수준을 넘어, 상대국을 압박하고 배타적 이익을 추구하는 수단으로 활용하기 시작한 것이다. 주요국들이 공세적 네트워크 전략을 추구할 수 있게 된 것은 네트워크 구조의 비대칭성이 존재하기 때문이다. 미중 경쟁은 네트워크의 비대칭성을 활용한 압박 전략을 한 사례이다. 미국이 중국에 대하여 압박과 공세를 가할 수 있는 이유는 미국의 거대 기술 기업들이 GVCs에서 핵심적인 위치를 차지하고 있기 때문이다. 트럼프 행정부는 이러한 위치 권력을 중국을 압박하는 데 활용하고, 중국은 이에 대하여 미국 기술 기업들을 중심으로 형성된 GVCs에 대한 의존도를 낮추는 대응을 할 것이다.

이 글은 GVCs의 변화를 검토함으로써 21세기 네트워크 국가의 성격을 재조명하는 데 목적이 있다. 네트워크 국가는 네트워크 내에서 핵심적인 위치를 확보하여 국가 간 협력을 촉진하는 역할을 하는가 하면, 네트워크 내의 핵심적 위치를 자국의 배타적 국익을 추구하는 수단으로 활용하는 양면성을 보이고 있다. 네트워크 국가는 권력 이동(power shift)과 권력 확산(power diffusion)으로 상징되는 21세기적 현상 속에 도전과 기회에 직면하고 있다(Strange 1996; Guzzini and Neuman 2012; Cooper 2013). 보호무역 강화, 상호의존의 무기화, 자국 우선주의가 도전 요인이라면, 기술 및 산업 능력의 업그레이드, GVCs 내 유리한 위치 확보, 미국과 중국 사이에서 분리되고 있는 공급 사슬 간 연계 가능성 등은 기회 요인이라고 할 수 있다. 다음에서는 도전과 기회에 직면한 네트워크 국가가 추구하는 네트워크 전략을 검토한다.

II. GVCs와 세계 경제의 네트워크화

1. GVCs의 구조적 변화

전후 지속적으로 진행되었던 세계화는 1990년대 신자유주의와 IT 혁명과 결합되면서 한층 가속화되었다. 기업들은 비용을 절감하고 혁신의 동력을 유지하는 데 필요한 최적의 방식을 추구하게 되었고, 그 결과 GVCs가 형성되었다. GVCs가 경제적 효율성의 실현과 리스크 관리에 효과적인 생산 방식으로 인식되었기 때문이다. 이러한 변화는 최종 교역재 중심으로 진행되었던 이전의 세계화와 질적으로 다른 것이었다.

　GVCs는 2000년대 이후 구조적 변화의 과정을 거치고 있다. 우선, 지구적 차원에서 볼 때, GVCs는 중국이 아시아 지역의 허브의 위치에 있고, 미국과 독일은 북미와 유럽의 가치 사슬에서 가장 중요한 허브의 위치를 유지하는 구조적 특징을 보인다. 이는 실질적으로는 GVCs의 지역 중심 경향이 강화되고 있음을 의미한다. 다만, 중국이 전통적 무역 네트워크와 단순 GVCs에서 지역 허브의 위치를 확보한 반면, 미국과 독일이 복합 GVCs에서 허브의 위치를 차지하는 주요 허브 간 차별성이 발견된다. 이러한 구조적 특징은 미국과 독일이 역내에서 상대적으로 고부가가치 생산 부문을 중심으로 허브의 위치를 차지하고 있으나, 중국은 아직까지 고부가가치 생산 부문에서 허브의 위치에 도달하지 못하였다는 의미로 해석될 수 있다(그림 1 참조).

　지역적 차원에서는 아시아 지역의 가치 사슬이 질적·양적 변화의 과정을 거치고 있음을 알 수 있다. 중국 경제가 점진적으로 업그레이드함에 따라 지역 내 GVC 무역(intra-regional GVC trade)이 확대되고,

중저소득 국가들이 순차적으로 역내 생산 네트워크에 통합되면서 아시아 지역 GVCs가 확대되고 있다. 이 과정에서 중국이 지역 가치 사슬의 허브로서 일본을 대체하고, 한국, 일본, 타이완, 기타 아시아 국가들과 생산 연계를 유지하는 구조적 변화가 발생하였다. 중국은 또한 역내 허브로서 역외 허브인 미국 및 독일과 연계되어 있다(그림 1 참조).

GVCs 내에서 중국 기업들이 부가가치가 높은 부문으로 상향 이동하는 과정에서 아시아 경제 네트워크가 확장되고 위계화되는 변화가 발생하고 있다. 약 500억 달러 수준에 달하였던 중국의 대일본 무역 적자의 규모가 2010년 이후 빠른 속도로 감소한 반면, 타이완과 한국과의 무역 적자 규모가 1,000억 달러 규모로 증가한 변화에 주목할 필요가 있다. 이는 역내 GVCs에서 일본의 위치가 상대적으로 퇴조하고, 중국의 위치가 부상하는 변화가 발생하고 있음을 의미한다. 소재와 중간재에 대한 중국의 대일본 의존도가 감소하는 가운데, 중국 중심으로 형성된 GVCs 내에서 한국 및 타이완 기업들과 관계를 확대, 강화하고 있다.

아시아 지역 및 지구적 가치 사슬의 교란이 발생하고, 중장기적으로 GVCs의 재편이 가속화될 가능성이 있다. 아시아 지역의 경우, (전방/후방) 복합 GVCs의 비중이 2000년 38.5%/39.6%에서 2017년 43.9%/46.2%로 증가하였다. 그러나 공급 사슬 측면에서 미국과 중국의 연결성이 지속적으로 약화되는 현상이 이미 발생하고 있고, 미중 무역 전쟁의 장기화는 이러한 추세를 가속화할 수 있다. 미국은 2000년대 초반까지 아시아 국가들에 대하여 공급 허브로서 지위를 유지하였으나, 2008년 글로벌 금융 위기 이후 아시아 GVC 수입품의 공급처로서 위상이 약화되고 있다. 미중 무역 전쟁과 코로나 19의 전 세계적 확산으로 인해 GVCs의 재편이 본격화될 가능성이 있다.

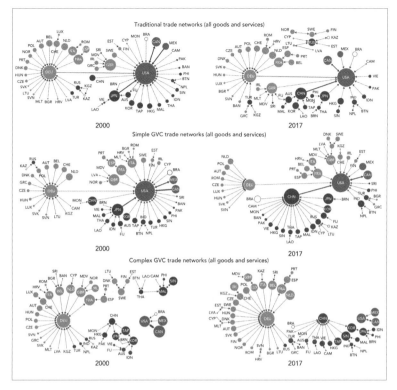

그림 1 GVCs의 변화: 전체

출처: WTO(2019).

2. GVCs 변화의 체제적 영향

세계 경제의 네트워크화가 초래한 체제적 영향 가운데 하나는 지구적
불균형(global imbalance)의 구조화이다. 중국이 본격적으로 무역 흑
자국으로 전환한 시점은 2005년 이후이다. 중국의 무역 흑자는 이후
지속적으로 증가하였으나, 글로벌 금융 위기 직후 2010년까지 감소
하였다. 세계 경제가 글로벌 금융 위기의 여파를 벗어나자 중국의 무
역 흑자 규모가 다시 증가하기 시작하여 2015년까지 이 추세가 유지

되었다. 2019년 기준 중국은 4,219억 달러의 무역 흑자를 기록하였다 ("Merchandise trade balance in China from 2009 to 2019." https://www.statista.com/statistics/263632/trade-balance-of-china/).

지구적 불균형은 GVCs의 구조적 변화와 밀접한 관련이 있다. GVCs의 구조적 변화는 가치 사슬의 복잡도의 증가에서 발견된다. 세계 경제가 글로벌 금융 위기의 충격에서 벗어나고, 제4차 산업혁명으로 인한 디지털 기술의 획기적 진전으로 인해, 다국적기업들이 과거에 비해 훨씬 더 넓은 범위의 복잡도가 높은 GVCs을 형성·관리할 수 있게 되었다. 이러한 현상은 아시아 지역에서 특히 두드러진다. 아시아 지역에 형성된 전방과 후방 복합 GVCs의 비중이 각각 2000년 38.5%와 39.6%에서 2017년 43.9%와 46.2%로 증가하였다. 아시아 지역 내 가치 사슬 내 생산 활동이 최종재의 생산을 위한 단순 가공 및 조립 중심 단계에서 가치 사슬이 세분화·고도화되는 변화를 거치고 있는 것이다.[1]

중국이 GVCs에서 생산과 조립을 담당함에 따라 중국은 최종 소비재 중심으로 교역하는 국가들에 대해 무역 흑자를 유지하고, 에너지와 중간재 중심의 교역을 하는 국가들에 대해서는 무역 적자를 기록하는 삼각 교역 구조가 형성되었다. 무역 불균형이 미중 경제 관계를 넘어 지구적 차원에서 구조화되는 것은 중국이 세계의 공장으로서 역내 국가들로부터 중간재를 수입하여 최종재를 역내 국가뿐 아니라 역외 국가들에게 수출하는 규모가 점차 확대된 결과이다(이승주 2019).

글로벌 금융 위기는 GVCs의 재편을 촉진하는 요인으로 작용하였다. 2010년대 중국은 아시아 지역에 형성된 지구적 가치 사살의 허브

---

1   포괄적·점진적 환태평양경제동반자협정(CPTPP)이 회원국들 가치 사슬에 미치는 영향에 대해서는 Chang and Nguyen(2019) 참조.

로서의 위치를 확보하였다. 이 과정에서 중국이 고부가가치 생산 부문에서 핵심적 위치에 도달한 것은 아니지만, 단순 조립 및 생산을 주로 담당하던 데서 벗어나 가치 사슬 내에서 부가가치가 높은 단계로 상향 이동하였다. 아시아 지역의 다른 개도국들이 가치 사슬에 새롭게 진입함으로써 아시아 지역 가치 사슬의 지리적 범위가 확대되었다. 중국은 이 과정에서 한국, 일본, 타이완, 기타 아시아 국가 등 대다수 역내 국가들과의 생산 연계를 갖는 허브의 위치를 차지하게 되었다. 중국의 상향 이동은 아시아 지역 차원의 가치 사슬의 지리적 확대를 초래하는 한편, 가치 사슬의 허브가 일본에서 중국으로 변화하는 양적·질적 변화를 초래하였다.

이 과정에서 특히 미국과 중국 사이의 무역 불균형이 지속적으로 확대되었다. 2008년 약 2,600억 달러 규모였던 미중 무역 불균형은 이후에도 증가하여 2018년 사상 최대인 4,393억 달러까지 증가하다가, 무역 전쟁이 본격화된 2019년 3,208억 달러로 감소하였다.[2] 미중 무역 불균형의 확대는 양자 경제 관계의 문제를 넘어 GVCs의 재편과 연계되면서 구조화되는 과정을 거치게 되었다. 무역 상대국을 기준으로 할 경우, 2018년 중국의 전체 무역 흑자 4,800억 달러 가운데 대미 무역 흑자가 3/4을 차지하였다. 미중 무역 전쟁의 주요 원인이 된 양국 사이의 무역 불균형이 존재하는 것 자체를 부인하기는 어렵다.

아시아 지역에서 가치 사슬에 참여하는 국가들이 확대되었다는

---

2 다만, 미국은 1992년 이후 한 해의 예외도 없이 중국을 상대로 서비스 무역 흑자를 기록하고 있다. 특히 2008년 이후 미국의 대중국 서비스 무역 흑자 규모가 지속적으로 증가하여, 2018년 미국의 대중국 서비스 무역 흑자의 규모는 1,229억 달러를 기록하였다. 서비스 무역을 포함할 경우, 2018년 미국의 대중국 무역 적자 규모는 3,163억 달러를 기록한 것으로 나타난다. US Census Bureau, Trade in Goods with China, https://www.census.gov/foreign-trade/balance/c5700.html

것은 글로벌 불균형이 미국과 중국의 양자 차원의 문제만이 아니라, 아시아 지역 차원의 문제로 성격이 변화하였음을 시사한다. 미중 무역 불균형은 미중 양자 경제 관계를 넘어 아시아 국가들이 참여하고 있는 역내 가치 사슬의 구조적 변화의 결과이다.[3] 이러한 현상은 GVCs이 발달한 대표적인 산업인 ICT 산업에서 특히 두드러진다. ICT 산업에서 형성, 유지되고 있는 GVCs의 특징은 중국이 역내 국가들과 독일과 노르웨이 등 일부 역외 국가들로부터 중간재를 수입하여 최종재를 미국에 수출하는 구조가 드러난다. 특히, 복합 GVCs에서는 전통적인 부품 공급국인 독일로부터 수입에는 큰 변화가 없는 반면, 중국이 한국, 타이완, 일본 등 역내 국가로부터 소재와 중간재 수입이 증가하였다. 더나아가 중국이 베트남, 싱가포르 등 역내 국가들로부터도 중간재의 수입을 확대하는 현상이 대두되고 있다.

　이 과정에서 ICT 산업에서 형성된 GVCs의 복잡성이 증대되었다. 우선, 글로벌 금융 위기 이전에 비해 참여하는 역내 국가들이 증가함에 따라 행위자 수준에서 GVCs의 복잡성이 현저하게 증대되었다. 또한 GVCs가 확대되는 과정에서 위계적인 구조가 강화되었다. ICT 산업의 경우, 중국이 아시아 지역에서 핵심 허브의 위치를 차지하고, 한국, 일본, 타이완, 말레이시아가 2차 노드를 형성하며, 홍콩, 태국, 브루네이, 라오스, 필리핀 등이 3차 노드의 위치를 차지하는 구조를 형성하고 있다(그림 2 참조).[4]

3　아시아 지역과 북미 및 유럽 지역 사이에 무역의 일방향성이 강화되는 가운데, 공급 측면에서 가치 사슬 간 연계가 약화되고 있다. 이는 아시아의 GVC 수출의 목적지로서 북미 지역과 유럽 지역의 비중이 감소하는 추세라는 점을 감안할 때, 장기적으로 가치 사슬 간 연계가 약화되고 지역 가치 사슬의 자기 완결성이 강화될 가능성이 있음을 의미한다.

4　GVCs의 위계화는 아시아 지역 이외의 다른 지역에서도 나타난다. 북미와 유럽에서는

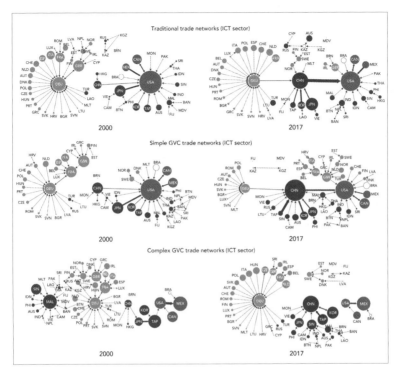

그림 2 ICT demand hub（WTO 2019）

출처: WTO(2019).

행위자 간 위계성이 더욱 강화되어 핵심 허브에서 5차 노드까지 수직적 구조를 형성하
고 있다. 즉, 미국이 핵심 허브, 영국이 2차 노드, 프랑스와 네덜란드가 3차 노드, 스웨
덴, 벨기에, 스페인, 이탈리아, 키프로스 등이 4차 노드, 에스토니아 등은 5차 노드로서
GVCs 내에서 가장 외곽에 위치하고 있다. WTO(2019).

III. 상호의존의 양면성

1. 연결성의 증가와 분리

21세기 상호의존의 무기화가 갖는 차별성은 국가 및 비국가 행위자 사이의 초연결성과 관련이 있다. 물리적 또는 가상 인프라를 통한 연결성역시 비대칭적 상호의존의 수단이 된다. 중국의 일대일로는 대외적으로는 역내 국가들 사이의 연결성을 증진함으로써 경제 통합을 촉진한다는 명분을 내세우고 있지만, 물리적 인프라의 건설을 통한 비대칭적상호의존을 만들어내려는 전략이기도 하다. 중국은 역내 인프라를 건설하는 과정에서 인프라의 네트워크적 구조를 형성할 것이기 때문에, 역내 국가들을 통과·우회하는 것을 결정할 수 있기 때문에 비대칭적상호의존을 창출하게 된다.

연결성의 증가가 정치적 공백 속에서 진행된 것은 아니다. 2008년과 2020년을 비교할 때, 전 세계 SNS 사용자 수는 급격하게 증가하였다. 페이스북은 2020년 25억 명의 이용자를 보유하고, 167개국 가운데 150개국에서 서비스를 제공하고 있다. 이 밖에도 유튜브(YouTube) 20억 명, 왓츠앱(WhatsApp) 20억 명, 페이스북 메신저(Facebook Messenger) 13억 명, 위챗(WeChat) 11억 6500만 명, 인스타그램(Instagram) 10억 명, 틱톡(Douyin/Tik Tok) 8억 명, 큐큐(QQ) 7억 3100만 명, 큐존(QZone) 5억 1700만 명, 시나 웨이보(Sina Weibo) 4억 9700만 명 등 상위 10대 SNS 서비스 사용자 수는 전 세계 인구보다도 많다(https://www.statista.com/statistics/272014/global-social-networks-ranked-by-number-of-users/). 그러나 〈그림 3〉에서 나타나듯이, SNS 사용자의 급증에 따른 연결성 증가에도 불구하고, 세계는

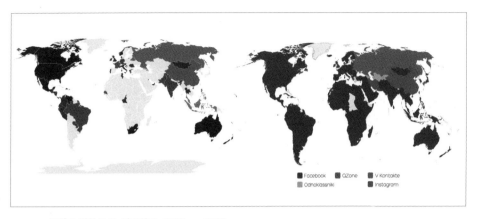

그림 3 세계 SNS 네트워크: 2008 vs. 2020

출처: https://vincos.it/world-map-of-social-networks/

페이스북 서비스가 제공되는 지역과 그렇지 않은 지역으로 양분되어 있다. 잘 알려져 있듯이, 중국에는 페이스북이 아니라 텐센트의 인스턴트 메시지 서비스인 QQ가 사용되고 있다. 이 밖에도 아제르바이잔, 조지아, 키르기스탄, 몰도바, 타지크스탄 등에는 Odnoklassniki가 서비스를 제공하고 있다. 상호의존의 증가와 분리라는 양면적 현상이 공존하고 있는 것이다.

2. 관리된 상호의존: 경쟁과 협력

미중 전략 경쟁이 가속화됨에 따라 상대국을 견제하는 수단 가운데 하나로서 배타적인 그룹 또는 블록을 형성하는 움직임도 확대되고 있다. 미국이 인도태평양 전략을 구체화하면서 중국을 견제하고, 화웨이에 대한 제재 효과를 제고하기 위하여 '파이브 아이즈(Five Eyes)'와의 협력을 강화하는 것은 변형된 상호의존의 무기화라고 할 수 있다. 트럼프 행정부가 미중 무역 전쟁에서 나타나듯이, 양자 차원에서 중국을 상대로 상호의존을 무기화하는 한편, 그 효과를 극대화하기 위하여 주요국들과 파트너십을 강화하고 있다. 이는 전통적인 동맹 정치와는 차이가 있다. 동맹 정치는 안보 위협을 공유하는 국가들이 힘의 균형을 유지하거나 자국에 유리한 구조를 형성하기 위한 시도라고 한다면, 네트워크화된 세계에서 상호의존 무기화의 효과를 제고하기 위해서는 네트워크 내에서 중요한 위치를 점하는 국가들 사이의 협력이 중요하다.

트럼프 행정부가 '경제 번영 네트워크(Economic Prosperity Network)'를 추진하는 것도 이러한 맥락이다. 코로나19는 GVCs의 취약성을 극명하게 보여주는 계기로 작용하였다. 미국 초국적 기업들이 주도, 형성한 GVCs에 상당한 불안정성과 위험이 내재되어 있다는 것은 미중 전략 경쟁을 가속화하고 있는 트럼프 행정부에게 부담으로 작용하고 있다. 최근까지 미국의 다국적기업들은 효율성을 가장 높은 우선순위에 두고 GVCs을 형성, 관리해왔다. GVCs의 전 지구적 차원에서 개방성이 유지될 수 있었던 것은 이 때문이다. 그러나 향후 GVCs에서는 다소의 효율성 저하를 감소하더라도 안정성을 확보하는 것이 중요한 과제도 부상하였다.

이는 '관리된 상호의존'의 시대가 본격화될 것임을 시사한다(Moraes 2018). 관리된 상호의존은 두 가지 의미가 있다. 첫째, 중국과의 상호의존을 적절한 수준에서 관리하는 것이다. 공급 사슬의 분리 또는 디커플링에 대한 논의가 다수 이루어지고 있으나, 미국 정책결정자들도 인정하듯이 미중 공급 사슬의 완전한 분리는 현실적이지도 않고 바람직하지도 않다. 그렇다고 해서 미국과 중국이 현재와 같이 높은 수준의 상호의존을 유지하는 것은 전략 경쟁을 전개하는 데 장애 요인으로 작용할 수 있기 때문에, 고도의 상호의존과 디커플링이라는 양 극단

사이에서 상호의존을 적절하게 관리할 것으로 전망된다.

둘째, 관리된 상호의존은 미중 양국이 상대국과는 적정 수준의 상호의존을 유지하는 가운데, 우호적인 국가들과의 상호의존 수준을 높여나가는 것을 말한다. 코로나19 이후 세계화에 대한 우려가 증가하여 탈세계화(deglobalization)에 대한 논의가 활발하게 진행되고 있다(Haass 2020). 2008년 글로벌 금융 위기 이후 무역 개방성을 기준으로 한 국가 간 상호의존은 감소하는 경향을 보이고 있다. 제2차 세계대전 종전 당시 10.1%에 불과하였던 무역 개방성 지수가 이후 1980년 39.5%까지 지속적으로 상승하였다. 이후에도 신자유주의의 확산에 힘입어 2008년 무역 개방성 지수가 61.1%까지 증가하였다. 그러나 2008년 글로벌 금융 위기 이후 무역 개방성이 점차 감소하는 추세를 보이기 시작하여 2017년 53.5%까지 하락하였다(그림 4 참조). 세계화와 경제 통합에 대한 반발과 미중 전략 경쟁의 가시화가 복합적으로 작용한

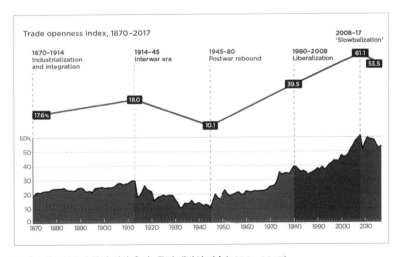

그림 4 상호의존 수준의 변화 추이: 무역 개방성 지수(1800~2017)
출처: Irwin(2020).

결과라고 할 수 있다. 2018년 이후 미중 무역 전쟁이 본격화되고, 코로나19가 전 세계적으로 확산됨에 따라, 공급 사슬의 재편이 가속화될 가능성이 높다는 점에서 무역 개방성이 추가적으로 감소할 가능성이 있다.

한편, 코로나19 이후 미국과 중국은 탈세계화보다는 우방국들과의 상호의존을 강화하는 새로운 형태의 세계화를 추진할 것으로 보인다. 세계화에 대한 반작용이 증대되고 있는 것은 사실이나, 탈세계화는 가능하지 않을 뿐 아니라, 효율성의 감소가 너무도 크다는 점에서 현실적 대안이 되기 어렵다. 미국은 서구 유럽, 일본, 한국, 호주, 인도 등과 협력을 강화하는 반면, 중국은 비서구 국가와의 연대를 강화하는 관리된 세계화를 추구하게 될 것이다. 인도태평양 전략과 일대일로는 관리된 세계화의 단초를 보여주는 지역 수준의 협력 방식이라고 할 수 있다. 관리된 세계화는 공통의 이익뿐 아니라 가치로 결속된 국가들 사이의 세계화라는 점에서 지금까지의 세계화보다 상대적으로 더 안정적일 것으로 기대된다. 관리된 세계화는 차선책인 셈이다.

IV. GVCs와 상호의존의 무기화

1. GVCs와 힘의 행사: 기업 간 관계에서 국가 간 관계로

GVCs의 확대는 세계화의 동학에 커다란 변화를 초래했다. GVCs의 확대로 인해 무역을 중심으로 한 세계화가 투자, 생산, 무역이 유기적으로 연계되는 세계화로 변화하게 되었다. GVCs에 개도국 기업들이 참여하면서 지리적으로 확대하는 현상과 GVCs가 선진국 기함 기업을 중심으로 더욱 위계화되는 심화 현상이 함께 진행되고 있다. 또한 GVCs는 오프쇼어링(off-shoring)을 확산시킴으로써 생산과 무역을 지리적으로 분할하는 결과를 초래하였다. 가치 사슬 분할의 증가는 제조업 분야에서 중간재 무역의 증가로 이어졌는데, 중간재 교역의 규모가 2009년에 이미 연료를 제외한 세계 상품 무역의 50%를 차지하는 것으로 추산되었다(WTO 2011). 과거와 같이 최종재 생산의 비교우위가 아니라 가치 사슬 내의 특정 단계에서 경쟁 우위를 확보하는 국가와 기업이 GVCs에 참여할 수 있게 되었다.

21세기 상호의존의 무기화를 체계적으로 설명하기 위해서는 GVCs를 매개로 힘이 행사되는 메커니즘에 대한 미시적 기반의 이론적 검토가 필요하다. 구체적으로 GVCs의 작동 과정에서 기업들 사이의 힘의 행사가 기업-국가 관계 및 국가 간 관계로 전환되는 메커니즘에 대한 체계적인 검토가 필요하다(Dallas, Ponte and Sturgeon 2019).[5] GVCs의 정치적 성격, 즉 GVCs 내의 주요 행위자들 사이에 힘이 투사되는 메커니즘에 대한 분석을 바탕으로 상호의존의 무기화가 이루어지는 거시적 메커니즘에 대한 체계적인 분석이 가능하다.

GVCs는 기업들이 협력하는 장이기도 하지만, 다양한 방식으로 힘을 행사하는 장이 되기도 한다. GVCs 내에서 기업들이 힘을 행사하는 방식은 대체로 세 가지로 구분된다. 첫째, GVCs 내의 선도 기업과 하청 기업 사이의 협상력(bargaining power)의 차이이다(Gereffi et al. 2005; Ponte and Sturgeon 2014; Sturgeon 2002). GVCs에 참여하는

---

5 행위자를 기준으로 할 경우, GVCs에는 기업 간 거래 관계 또는 국가와 기업뿐 아니라, 비정부기구나 노조 같은 새로운 이해 관계자들이 참여하고 있다는 점에서 양자 관계를 넘어서 다양한 행위자들 사이의 복합적 관계 속에서 힘이 투사되는 방식을 검토할 필요가 있다.

기업들이 개방적 관계를 형성하기도 하지만, 선도 기업들은 궁극적으로 지식의 분산과 확산이 아니라 지식의 집중과 통제를 통해 경쟁 우위를 추구한다. 그런 면에서 GVCs는 2차, 3차 층위에 있는 기업들이 '학습'을 할 수 있는 기술적 수단이 되기도 한다. 이러한 측면에서 전통적인 연구들은 부품 공급자들이 업그레이드하는 과정에서 GVCs의 거버넌스를 변화시키는 것으로 설명해왔다(Sako and Zylberberg 2019).

선도 기업들은 가치 사슬의 특정 단계 또는 모듈에서 생산과 기획을 담당한다. 선도 기업들은 특히 마케팅, 브랜딩, 연구개발, 물류, 공급 사슬 관리 등 핵심 역량에 특화한다. 선도 기업들은 GVCs 내에서 보다 효율적인 지점으로 자본과 노동을 지속적으로 재배치함으로써 생산을 관리하고 혁신 역량을 집중시킬 수 있게 된다. 허브 역할을 하는 기함 기업들은 연구개발과 마케팅 등 핵심 역량을 바탕으로 GVCs에서 부가가치가 높은 단계에 특화하는 한편, 생산 공정을 분리하여 최적 지역에 배치함으로써 GVCs의 효율성을 극대화하는 전략을 추구한다. 이처럼 선도 기업들은 국가 또는 기업들 사이의 불균등을 적극 활용함으로써 GVCs 내에서 더 많은 부가가치를 획득하는 전략을 추구하는 것이다(de Medeiros and Trebat 2017). 선도 기업은 지식의 확산과 이전보다는 집중과 관리를 통해 부가가치를 장악하는 경향이 있다. 선도 기업들이 자원과 정보의 관리를 효과적으로 관리함으로써 2차, 3차 층위 기업들은 주변부에 계속 머물거나, 때로는 대체되기도 한다(Baglioni, Campling and Hanlon 2019). GVCs 내 선도 기업과 2차, 3차 층위의 기업들 사이의 자원과 정보의 비대칭성은 국가 수준에서 네트워크의 비대칭성을 활용하여 상대국을 압박할 수 있는 구조적 요인이 될 수 있다.

둘째, 선도 기업이 GVCs 조직을 주도할 수 있는 능력의 보유 여

부도 힘의 행사에 영향을 미치는 주요 요인이다(Gereffi 1999). GVCs 를 형성·관리하는 선도 기업들은 혁신 네트워크에서 힘의 우위 또는 비대칭적 관계에 기반한 힘의 행사를 하게 된다. 선도 기업들은 '혁신 렌트(innovation rents)'를 실현할 수 있는지 여부에 따라 경쟁 또는 협력 관계를 결정한다. GVCs가 잘 형성되어 있는 제약업의 경우, 선도 기업들은 혁신 렌트를 실현하기 위해 '제네릭 지식 모듈(generic knowledge module)'을 위한 협력을 추구하기도 한다. 선도 기업들 사이에 초국적 협력이 이루어지는 이유는 이 때문이다. 초국적 협력 은 지적재산권을 독점하는 (선도) 기업들이 '혁신 서키트(innovation circuits)'를 연결해야 할 필요성이 증가할 때 발생한다. 이러한 협력은 관리적 통제, 주식 통제, 생산수단 소유 등에 기반한 '구조적 내적 의 존(structural intra-dependence)'이라는 특징을 가지며, '과점적 협력 모델(oligopolistic cooperation model)'이다(Munkirs and Sturgeon 1985).

반면, 가치 사슬의 다양한 단계에서 아웃소싱을 담당하는 기업들 은 혁신 렌트를 공유하기 어렵다(Rikap 2019). 혁신 렌트를 창출하는 기업은 혁신 역량을 지속적으로 확대·강화할 수 있는 반면, 혁신 렌트 에서 배제된 기업은 지속적인 혁신에서 뒤처지게 된다.[6] 높은 단계에 특화하고 더 많은 이익을 실현함으로써 핵심 역량을 지속적으로 업그 레이드할 수 있는 반면, GVCs에서 2차, 3차 층위에 있는 기업들은 가 치 사슬 내에서 상향 이동에 필요한 역량을 축적하는 것이 용이하지 않다(Timmer et al. 2014).[7]

---

6   미국 기업을 대상으로 한 경험적 연구들은 기업 간 수익 격차가 지적재산권의 불균등한 분포와 밀접한 관련이 있음을 밝히고 있다.
7   노동 집약적 생산 단계의 부가가치 창출 능력이 제한적이기 때문에, 자본 집약적 부문에

혁신 렌트는 선도 기업이 GVCs에서 힘의 비대칭성을 유지 또는 확대할 수 있는 수단이 되며, 국가 수준에서 네트워크적 협력과 압박을 선택하는 중요한 기준이 된다. 한 국가가 네트워크의 비대칭성을 활용하여 상대국을 압박할 수 있으나, 그 효과를 극대화하기 위해서는 다른 국가들과의 네트워크적 협력을 필요로 한다(Farrelll and Newman 2019). 이때 네트워크적 협력의 고리가 기업 수준에서는 '혁신 렌트'이며, 국가 수준에서는 이러한 과점적 구조의 유지라고 할 수 있다.

셋째, 혁신 역량을 보유한 기업이 산업 전체의 가치 사슬을 설계한다. 이 과정에서 GVCs는 기업, 노동자, 소비자를 세계 차원에서 연계함으로써 심층 통합을 촉진하였다(Gereffi and Ferdandez-Stark 2011). 이러한 견해에 따르면, 힘이 특정 단계가 아니라 가치 사슬의 연계를 통해 행사된다. 더 나아가 GVCs에서 힘은 '무역-투자-서비스-지적재산권 넥서스('trade-investment-services-intellectual-property nexus')' 속에서 발휘된다(Durand and Milberg 2020). GVCs 기반의 무역과 지적재산권 강화는 서로 상승 작용을 하며, 선도 기업들은 양자의 연계가 강화되는 과정에서 힘을 행사할 수 있게 되는 것이다. 이때 선도 기업들은 GVCs에서 양자적, 강제적, 직접적 힘의 행사보다는 집합적이고 분산적으로 권력을 행사한다. GVCs 활동 과정에서 선도 기업들이 산업 표준, 인증 기준, 모범 관행 등을 주도하면서 행사하는 힘도 이러한 유형에 해당한다(Dallas, Ponte and Sturgeon 2019).[8] 선도 기업들은 중간 교역뿐 아니라 혁신과 지식 등 무형 자산을 GVCs에 배치하는 과정

특화하는 데 성공한 일부 신흥국들이 GVCs 내에서 업그레이드를 할 수 있게 된다.

8 달라스, 폰트, 스터전은 권력의 '전달 메커니즘'과 '행위자 장'을 기준으로, GVCs 내에서 기업들이 행사하는 힘을 협상 권력(bargaining power), 전시 권력(demonstrative power), 제도적 권력(institutional power), 형성적 권력(constitutive power)으로 구분한다(Dallas, Ponte and Sturgeon 2019).

에서 힘을 투사하는 것이다(Baldwin 2016).

종합적으로 GVCs 네트워크 구조의 정점에 있는 선도 기업들은 가치 사슬 내에 포섭, 배제, 참여의 조건에 영향을 미치는 행위, 제도, 규범을 형성하는 데 비대칭적 힘을 행사한다. 거버넌스가 GVCs 진입 여부는 물론, GVCs 내 위치와 부가가치 창출의 조건을 결정짓게 된다(Ponte and Sturgeon 2014). 기업-국가 관계와 관련, GVCs가 국가의 힘과 권위를 약화시키는 것으로 설명해왔다. 선도 기업이 부품 공급 기업에 대하여 '구매 권력(buyer power)'과 같은 사실상의 강제력을 행사할 수 있는데, 구매 권력은 국가의 권력을 축소시키는 작용을 한다(Dallas, Ponte and Sturgeon 2019). GVCs의 형성 및 운영과 관련한 기업-국가 간 관계에 대한 전통적 연구들은 국가가 자국 기업들이 GVCs에 진입하는 것을 지원하는 역할에 초점을 맞추었다. 최근 연구들은 GVCs의 진입을 위한 국가의 지원 여부뿐 아니라, 국가 역할을 유형화함으로써 기업-국가 관계를 다양한 측면에서 설명하고 있다. 국가가 GVCs의 형성과 운영에 있어서 규제자(regulator), 생산자(producer), 구매자(buyer) 등 매우 다양한 역할을 수행함으로써 자국 기업들이 GVCs 내에서 위치를 확보하도록 힘을 행사한다(Horner 2017). 그러나 GVCs 네트워크의 허브 위치를 점하고 있는 선도 기업을 보유하고 있는 국가가 상호의존의 무기화를 위한 힘을 행사하는 새로운 역할을 추구하는 변화가 발생하고 있다. 선도 기업을 보유한 국가들이 부가가치의 대부분을 차지하여 상대국과의 상호의존의 비대칭성을 더욱 확대하고, 생산 과정의 분할을 지속적으로 증가시킴으로써(Krugman 1995; Feenstra 1998) 상대국에 대하여 비대칭적 힘을 행사할 수 있게 된다(Timmer et al. 2014).[9]

2. 세계 경제의 네트워크화와 상호의존의 비대칭성

미소 진영 경쟁으로 세계가 양분되었던 냉전시대와 달리, 2000년대 이후 연결성과 상호의존이 지속적으로 증가해왔다. 세계 각국은 급격하게 진전되는 세계화를 목격하면서 그 혜택을 누리기 위한 경주에 경쟁적으로 뛰어들었다. 정부들은 세율 인하와 규제 개혁으로 다국적기업들이 선호하는 조건을 제공하는 한편, GVCs 내에서 보다 부가가치가 높은 분야로 상향 이동하기 위한 정책을 실행하고 제도를 형성하는 데 주력하였다. 무역, 투자, 생산이 긴밀하게 연결되고, 국가 간 연결성이 증대되었다. 국가 간 연결성의 증가는 개인과 기업이 연결성을 획기적으로 높일 수 있는 환경을 제공하였다. 2020년 기준 세계 인구의 약 80%가 스마트폰을 사용하고 있어, 세계가 사실상 하나의 네트워크로 연결되는 세상이 되었다. 그 결과 선진국과 개도국이 세계화의 혜택을 고루 누릴 수 있는 환경이 조성되고, 세계가 '평평'해진 것처럼 보이기도 하였다(Friedman 2006).

　연결성의 증가가 국가 간 갈등을 완화시키는 결과를 초래한 것은 아니다.[10] 경쟁국에 대한 중상주의적 견제의 역사는 매우 오래된 것이어서, 경제 제재 자체가 새로운 현상은 아니다. 21세기 상호의존의 무기화가 갖는 차별성은 국가 및 비국가 행위자 사이의 초연결성과 관련

9　　1995년에서 2008년 독일의 GVCs에 대한 분석에 따르면, 자본의 부가가치 기여가 29%에서 35%로 증가한 반면, 노동의 부가가치 기여는 71%에서 65%로 감소하였다. 노동의 부가가치 기여를 세분화해서 보면 저숙련 노동의 부가가치 기여는 3% 감소한 반면, 고숙련 노동의 부가가치 기여는 4% 증가하였다(Timmer et al. 2014).

10　경제적 상호의존 수준이 전쟁 확률을 예측하는 데 매우 중요한 요인이기는 하지만, 상호의존의 수준과 전쟁의 발발 사이에 비선형적 관계가 존재한다. '중간 수준'의 경제적 상호의존이 전쟁을 초래할 위험성이 가장 높다는 것이다(Min 2006).

이 있다. 물리적 또는 가상 인프라를 통한 연결성은 비대칭적 상호의존의 수단이 된다. 국가 간 상호의존이 증대한 결과 초래된 세계 경제의 네트워크화가 역설적으로 경제 제재의 효과를 극대화시키는 요인으로 작용하고 있다는 점에서 과거의 경제 제재와 차별화된다.

또한 국내적 차원에서 불확실성의 증대는 심층 통합에 대한 반발을 표면화함으로써 상호의존의 무기화의 국내적 기원이 되었다. 경제 통합이 진전되는 과정에서 리스크가 증가하는 현상은 국가 간 분업의 고도화와 관련이 있다. 경제 통합에 따른 국가 간 분업 또는 특화는 효율성의 증가라는 긍정적 측면이 있으나 경제의 변동성을 확대한다(Rodrik 1998). 대외적 차원의 경제 세계화, 특히 무역과 국내적 차원의 불평등이 동반 증가하는 '무역 유발 불평등(trade-induced inequality)' 현상이 대두되었다.[11]

국가 간 갈등을 완화하는 방화벽으로 작용하였던 상호의존이 21세기 네트워크화된 세계에서는 새로운 유형의 권력으로 부상하고 있다. 네트워크 내에서 비대칭적 관계를 활용하여 상대국을 압박하거나 네트워크 시스템 전체를 교란할 수 있게 된 것이다. 연결성의 증가는 국가 간 갈등을 새로운 방식으로 바꾸었을 뿐이다. 국가들 사이의 연결을 촉진하였던 방식들이 다른 국가들을 압박하는 무기로 사용되고 있으며, 국가들을 분리하는 요인으로 작용하고 있다. 특히 강대국들은 연결성을 무기화함으로써 전 세계 네트워크의 교란시킬 수 있는 역량을 보유하게 되었다. '상호확실교란(mutually assured disruption, MAD)' 시대의 도래이다(Leonard 2016).

---

11 '무역 유발 불평등'(trade-induced inequality)에 대해서는 상당한 이론적, 경험적 분석이 뒷받침되고 있다. 미국의 경우, 무역에 의해 유발된 소득 불평등의 증가는 무역으로 인해 발생하는 이득의 약 20%를 감소시키는 것으로 분석된다(Antras et al. 2016).

연결성이 고도화된 네트워크에서 비대칭적 상호의존 자체가 상대를 압박할 수 있는 힘의 근원이 되는 것이다. 미국과 중국은 네트워크화된 세계에서 연결성의 구축을 공공재로 활용하기보다는 자국의 힘을 투사하고 국익을 극대화하는 수단으로 활용하고 있다. 상호의존의 무기화는 무역, 생산, 금융, 투자 등 다양한 영역의 경제 분야에서 전쟁과 흡사한 양상을 초래하였다. 주요국들은 무역 분쟁, 금융 제재, 가치사슬의 통제 등 다양한 수단을 통하여 자국의 힘을 적극적으로 투사하고 있다. 그러나 문제는 상호의존의 무기화가 자국 경제에 대한 피해를 수반한다는 데 있다. 독일이 러시아 제재에 참여했을 때, 그로 인해 영향을 받은 기업의 비율이 무려 58%에 달한 것으로 나타났다.

미국은 테러와의 전쟁 이후 금융 제재를 통해 경제 제재의 성격을 근본적으로 바꾸어 놓기도 하였다. 상호의존을 무기화하는 것은 비단 미국만은 아니다. 2000년대 이후 EU도 경제적 상호의존을 지정학적 목적으로 위해 활용하는 모습을 보이고 있다. 러시아가 크림 반도를 병합했을 때, EU는 비자 금지, 자산 동결, 기타 경제적 조치들을 취하였다. 또한 EU는 러시아의 주력 분야인 에너지 탐사를 위한 금융 제공의 제한 등 특정 산업 부문을 대상으로 한 경제 제재를 실행하기도 하였다(Leonard 2016). 이 밖에도 외교안보적 목적의 달성을 위해서 경제적 수단을 활용하는 현상은 미중 무역 전쟁 이전에도 중국의 대일본 희토류 금수 조치, 중국의 대한국 경제 제재, 일본의 대한국 수출 통제 조치 등 다수 발견되고 있다. 특히, 아시아 지역에는 GVCs이 광범위하게 형성되어 있는데, 그 네트워크 내의 허브 위치를 활용한 제재가 상호의존을 무기화하는 경로로 활용되고 있다. 일본의 대한국 수출 통제 결정은 GVCs에서 일본 기업의 핵심적 위치를 활용한 것이다. 또한 아시아 지역의 경우, 상호의존의 무기화는 중국의 부상이라는 구조적 변동과도 관계가 있다. 중국이 대다수 아시아 국가들과 비대칭적 상호의존의 관계를 형성하고 있어, 중국의 제재 또는 위협에 대한 취약성이 높기 때문이다. 문제는 상호의존의 무기화가 전염성이 강하기 때문에, 지역 차원의 현상으로 전환될 가능성이 상존한다는 점이다.

트럼프 행정부의 화웨이에 대한 다양한 제재 조치는 세계 경제의 네트워크화를 활용한 새로운 방식의 경제 전쟁이다. 트럼프 행정부는 2019년 5월 19일 화웨이와 68개 계열 기업을 거래 제한 기업 목록에 포함시키는 조치를 단행하였다. 화웨이에 주요 부품과 운영 시스템을 공급하고 있는 구글, 인텔, 퀄컴, 자이링스, 브로드컴 등 미국 기업과의 거래를 제한함으로써 화웨이의 5G 경쟁 계획은 물론 통신 장비 시장에서 화웨이의 영향력 확대에 제동을 걸겠다는 계획인 셈이다. 이는 미국 기업들이 화웨이가 구성한 공급망에서 중요한 위치를 점하고 있기 때문에 가능한 게임이다. 이처럼 세계 경제의 네트워크화는 공급망 내에서 핵심적인 위치를 차지하고 있는 국가가 상대 기업과 정부의 '목을 조를 수 있는 지점(choke point)'을 보유하게 되었다는 의미이기도 하다.

총량적 비대칭성을 활용한 관세 전쟁이 수입 가격의 인상과 상대국의 보복 관세 부과 등 미국 국내정치적으로 상당한 부담을 감수해야 한다. 관세 부과를 중심으로 전개된 무역 전쟁은 상대국에 대한 피해를 입히기도 하지만, 자국 경제에도 부정적인 영향을 미칠 수밖에 없다. 또한 시진핑 정부가 미국산 대두에 보복 관세를 부과하는 결정을 한 데서 극명하게 나타나듯이 미국 국내정치적으로 민감한 산업 분야와 지역의 피해를 감수할 수밖에 없다. 한편, 네트워크의 비대칭성을 활용한 게임은 상대국과 기업에 대한 타격은 극대화화고 자국 기업에 대한 피해를 어느 정도 관리할 수 있다는 점에서 최근 새로운 대안으로 부상하였다. 이 방식은 자국의 피해를 최소화하면서 상대에게 더 큰 영향을 주는 수단을 제공한다는 점에서 관세 전쟁과 본질적으로 다르다.

관세 부과 중심의 무역 전쟁이 상호의존의 총량적 비대칭성을 활용한 게임이라고 한다면, 상대국 또는 기업의 공급망의 교란을 시도하는 것은 GVCs 내의 비대칭성을 활용한 정밀 타격 게임이다. 미중 무역 전쟁은 이 두 가지 요소를 결합함으로써 상호의존의 무기화 효과를 극대화하였다. 트럼프 행정부는 상호의존을 역으로 활용함으로써 국가 간 관계의 일차원성을 극명하게 보여주었다. 세계화의 지속적 진전은 국가 간 상호의존을 심화시켜 왔다.

미중 무역 전쟁 초기 트럼프 행정부의 전략은 비대칭적 상호의존을 활용하는 데 초점이 맞추어졌다. 중국의 산업정책, 미국 기업 기술 탈취, 외국 기업에 대한 차별 등 트럼프 행정부가 중국과 다양한 경제 문제를 해결하는 수단으로서 무역 전쟁을 선택한 것은 역설적으로 미중 무역 불균형이라는 비대칭성을 무기화한 것이었다. 2017년 기준 트럼프 행정부는 약 3,700억 달러에 달하는 대중 무역 적자를 안고 있었기에 이를 중국을 압박하는 수단으로 활용할 수 있었다. 반면, 시진핑 정부는 미국의 관세 부과에 맞서 보복 관세를 부과하는 '팃-포-탯(tit-for-tat)' 전략으로 대응하였으나, 미중 양국의 무역 불균형을 감안하면 '실탄' 부족의 한계를 극복하기 어려웠다. 시진핑 정부가 위안화 절하와 같은 새로운 대응 수단을 모색하는 것도 무역 분야의 비대칭성에서 발생한 구조적 불리함을 다른 방식으로 극복하려는 시도이다.

V. 결론

21세기 세계 경제의 네트워크화는 세계 질서와 국가 전략의 변화를 초래하는 요인으로 대두되었다. GVCs는 세계 경제의 네트워크화를 촉진하는 주 요인이었다. 2000년대 이후 GVCs는 지역 간보다는 지역 내 연결성을 강화하는 변화가 나타났고, 이는 역내 국가들 사이의 위계성이 심화되는 현상을 초래하였다(WTO 2017). 세계 경제 질서의 측면에서 보면, 미국과 중국의 공급 사슬은 2000년대 초반 이후 이미 약화되는 추세를 보이고 있었다. 미중 무역 전쟁은 이러한 구조적 변화를 더욱 가시화하는 요인으로 작용하였다.

주요국들이 네트워크의 활용을 국가 전략에 보다 적극적으로 통합하기 시작한 것은 네트워크의 구조적 변화와 밀접한 관련이 있다. 2000년대에는 주요국들이 주로 네트워크 내 허브 위치를 점유함으로써 국가 간 협력을 촉진하는 네트워크 파워의 행사에 우선순위를 두었다. 2010년대 중국의 본격적인 부상은 네트워크의 구조적 변화와 함께 네트워크 전략의 변화를 촉발하였다. 미국과 중국을 포함한 주요국들이 네트워크 내 허브의 위치를 확보하고자 하는 경쟁이 발생한 것이다. 네트워크 전략의 핵심은 허브 위치를 상대국을 견제하고, 더 나아가 압박 또는 위협을 가하는 데 활용하려는 현실주의적 전략이었다.

그러나 네트워크의 무기화에는 역설이 존재한다. GVCs를 교란하려는 시도는 궁극적으로 가치 사슬의 재편을 촉진하게 될 것이다. 현재의 GVCs는 외교안보적 이유로 교란되지 않을 것이라는 전제를 기반으로 형성·유지되어왔다. 그러나 그 믿음의 뿌리가 흔들리고 있기 때문에, 위험 관리 차원에서 GVCs를 재조정하려는 시도는 기업뿐 아니라 국가 수준에서도 불가피하다. 4차 산업혁명의 진행과 결합될 경우,

GVCs의 재편은 더욱 빠른 속도로 진행될 수 있다. 궁극적으로 상호의 존을 무기화하는 국가는 단기적으로 상대에게 위협을 가하고 피해를 입힐 수 있을지 모르나, 중장기적으로 그로 인한 이득이 자국에게 귀 속되지 않는 역설적 결과에 직면할 수 있다. 특정 국가가 GVCs 내에서 현 시점에서 '최적'의 위치를 갖고 있다는 것이 미래의 '유일'한 위치를 의미하는 것은 아니기 때문이다. 더 나아가 GVCs가 재편될 경우, 핵심 위치를 활용하여 상대국을 위협할 수 있었던 이른바 '관문 장악력'을 스스로 약화시키게 될 수 있다는 점에서 상호의존의 무기화는 역설적 결과를 초래할 수 있다.

참고문헌

이승주. 2010. "노무현 정부의 FTA 정책과 한·미 FTA 추진 과정." 함택영·남궁곤 편. 『한국의
　　외교정책: 역사와 쟁점』. 사회평론: 652-683.
_____. 2019. "미중 무역 전쟁: 트럼프 행정부의 다차원적 복합 게임." 『국제·지역연구』
　　28(4): 1-34.

Antras, Pol. et al. 2016. Globalization, Inequality and Welfare. National Bureau of
　　Economic Research, Working Paper No. 22676.
Baglioni, Elena, Liam Campling and Gerard Hanlon. 2019. "Global value chains
　　as entrepreneurial capture: insights from management theory." Review of
　　International Political Economy.
Baldwin, Richard. 2016. The Great Convergence: Information Technology and the New
　　Globalization. Cambridge, MA: Harvard University Press.
Chang, Pao-Li and Tran Bao Phuong Nguyen. 2019. Global value chains and the
　　CPTPP. Singapore Management University.
Cooper, Andrew. 2013. "Squeezed or revitalised? Middle powers, the G20 and the
　　evolution of global governance." Third World Quarterly 34(6): 963-984.
Copeland, Dale C. 1996. "Economic Interdependence and War: A Theory of Trade
　　Expectations." International Security 20(4): 5-41.
Dallas, Mark P., Stefano Ponte and Timothy J. Sturgeon. 2019. "Power in global value
　　chains." Review of International Political Economy 26(4): 666-669.
de Gortari, Alonso. 2019. Disentangling Global Value Chains. National Bureau of
　　Economic Research Working Paper 25868.
de Medeiros, Carlos Aguiar and Nicholas Trebat. 2017. "Inequality and Income
　　Distribution in Global Value Chains." Journal of Economic Issues 51(2): 401-408.
Durand, Cédric and Wiliiam Milberg. 2020. "Intellectual monopoly in global value
　　chains." Review of International Political Economy 27(2): 404-429.
Farrell, Henry and Abraham L. Newman. 2019. "Weaponized Interdependence: How
　　Global Economic Networks Shape State Coercion." International Security 44(1):
　　42-79.
Feenstra, Robert C. 1998. "Integration of Trade and Disintegration of Production in the
　　Global Economy." Journal of Economic Perspectives 12(4): 31-50.
Friedman, Thomas L. 2005. The World Is Flat: A Brief History of the Twenty-First
　　Century. New York, NY: Farrar, Straus and Giroux.
Gereffi, Gary. 1999. "International trade and industrial upgrading in the apparel

commodity chain." *Journal of International Economics* 48(1): 37 – 70.

Gereffi, Gary and Karina Ferdandez-Stark. 2011. *Global Value Chain Anlaysis: A Primer*. Global Value Chains Center, Duke University.

Gereffi, Gary, Humphrey John. and Timothy Sturgeon. 2005. "The Governance of Global Value Chains." *Review of International Political Economy* 12(1): 78 – 104.

Guzzini, Stefano and Iver B. Neumann eds. 2012. *The Diffusion of Power in Global Governance: International Political Economy meets Foucault*. Palgrave.

Haass, Richard. 2020. "Have we reached peak globalization – and where do we go from here?" May 15. https://www.weforum.org/agenda/2020/05/deglobalization-glovalization-coronavirus-covid19-international-pandemic

Horner, Rory. 2017. "Beyond facilitator? State roles in global value chains and global production networks." Wiley.

Irwin, Douglas A. 2020. "Globalization is in retreat for the first time since the Second World War." Peterson Institute for International Economics.

Katzenstein, Peter J. and Takashi Shiraishi. 1997. *Network Power: Japan and Asia*. Cornell University Press.

Krugman, Paul. 1995. "Growing World Trade: Causes and Consequences." *Brookings Papers on Economic Activity* 26(1): 327-377.

Leonard, Mark. 2016. *Connectivity Wars: Why Migration, Finance, and Trade Are the Geo-Economic Battlegrounds of the Future*. The European Council on Foreign Relations.

Mao, Haiou and Hogler Görg. 2019. Friends like this: The impact of the US-China trade war on global value chains. KCG Working Paper No. 17. Kiel Center for Globalization (KCG).

"Merchandise trade balance in China from 2009 to 2019." https://www.statista.com/statistics/263632/trade-balance-of-china/

Min, Byoung Won. 2006. "Economic Interdependence and War Virtual World Politics and Its Theoretical Implications." *Korean Political Science Review* 40(4): 171-191.

Moraes, Henrique Choer. 2018. "The turn to managed interdependence: a glimpse into the future of international economic law?" https://www.ejiltalk.org/the-turn-to-managed-interdependence-a-glimpse-into-the-future-of-international-economic-law/

Munkirs, John R. and James I. Sturgeon 1985. "Oligopolistic Cooperation: Conceptual and Empirical Evidence of Market Structure Evolution." *Journal of Economic Issues* 19(4): 899-921.

Oneal, John R. and Bruce M. Russet. 1997. "The Classical Liberals Were Right: Democracy, Interdependence, and Conflict, 1950-1985." *International Studies Quarterly* 41(2): 267- 294.

Ponte, Stefano and Timothy Sturgeon 2014. "Explaining governance in global value chains: A modular theory-building effort." *Review of International Political Economy* 21(1): 195-223.

Rikap, Cecilia. 2019. "Asymmetric Power of the Core: Technological Cooperation and Technological Competition in the Transnational Innovation Networks of Big Pharma." *Review of International Political Economy* 26(5): 987-1021.

Rodrik, Dani. 1998. "Why Do More Open Economies Have Bigger Governments?" *Journal of Political Economy* 106(5): 997-1032.

Sako, Mari and Ezequiel Zylberberg. 2019. "Supplier strategy in global value chains: shaping governance and profiting from upgrading." *Socio-Economic Review* 17(3): 587-707.

Strange, Susan. 1996. *The Retreat of the State: The Diffusion of Power in the World Economy.* Cambridge University Press

Sturgeon 2002. "Modular Production Networks. A New American Model of Industrial Organization." *Industrial and Corporate Change* 11(3): 451−96.

Timmer, Marcel et al. 2014. "Slicing Up Global Value Chains." *Journal of Economic Perspectives* 28(2): 99-118.

Timmer, Marcel P., Abdul Azeez Erumban, Bart Los, Robert Stehrer, and Gaaitzen J. de Vries. 2014. "Slicing Up Global Value Chains." *Journal of Economic Perspectives* 28(2): 99-118.

Wagner, R. Harrison. 1996. "Economic Interdependence, Bargaining Power, and Political Influence." *International Organization* 42(3): 461-483.

World Trade Organization. 2011. Trade patterns and global value chains in East Asia: From trade in goods to trade in tasks.

WTO. 2017. Measuring and Analyzing the Impact of GVCs on Economic Development. Global Value Chain Development Report 2017.

_____. 2019. Technological Innovation, Supply Chain Trade, and Workers in a Globalized World. Global Value Chain Development Report 2019.

제9장 　안보와 문화 영역의 국가변환:
　　　　문화네트워크와 미디어 커뮤니케이션,
　　　　디지털외교, 공공외교, 샤프파워

양종민(서울대학교)

I. 서론

근대 국민국가는 21세기 국제정치 무대에서 시험을 치르고 있다. 눈에 보이지 않는 바이러스가 국가의 장벽을 통과하여 국민을 감염시키고 있다. 국가는 많은 방법을 통해 대응하지만, 네트워크적으로 변화무쌍한 바이러스의 유연성을 따라가지 못한다. 바이러스의 위협에 대해 국가들이 서로 협력하여야 한다는 대전제는 잊혀졌다. 국가들은 서로의 방역체계를 비교하여 자신의 우월성을 내세우고, 문제의 근원을 상대방에게서 찾으려는 게임에 몰두한다. 이번 COVID-19 사태는 국민에게 "뉴 노멀"의 생활방식을 강제하면서, 동시에 근대 국민국가에게도 "새로운 변환"의 필요성을 제시한다.

국가 행위자가 다른 비국가 행위자의 등장과 도전에 맞서 제대로 대응하지 못하는 상황은 국제정치 무대에서 전혀 새롭지 않다. 무대에 행위자와 이슈가 많아지는 상황은 세계화로부터 예견되었고 1990년대 국제정치학계에서 소위 "근대 국민주권국가는 생을 다할 것인가"에 대한 논쟁을 일으켰다. 더구나 정보통신혁명과 함께, 4차 산업혁명의 변화는 국제정치 무대를 획기적으로 바꾸고 있다. 그러나 이러한 변화의 소용돌이 속에서도 국가 행위자는 국제정치에서 여전히 주연이다. 국가는 적극적으로 변환을 꾀하고 있다. 근대 국민주권국가 모델에서 미래국가 모델로 변하고 있다. 국민국가를 넘어 네트워크 국가로의 변환[1]은 국가의 운명이라는 거대한 논쟁을 하지 않더라도 쉽게 찾아볼

1　카스텔은 근대 국민주권국가가 더 이상 주권에 기반한 영토성이라는 권력의 근원을 제공하지 못하는 상황을 그리면서 네트워크 사회의 도래와 자주적인 독립체를 넘어 전략적 행위자로서 네트워크 국가의 등장과 함께 네트워크적 설계자(programmer)로의 변환을 제시한다(Castells 2009). 이 글은 유럽통합을 네트워크 국가로의 모델로 보는 카스텔의 주장에 동의하지 않는다. 하지만 국가를 닫힌 노드로 보기보다 열린 네트워크로

수 있다.

안보[2]와 문화 영역은 국가변환의 메커니즘을 볼 수 있는 광범위한 국제정치의 영역이다. 이러한 영역은 네트워크 국가 간 새로운 게임의 장으로 재구성될 수 있다. 우선 국가변환의 차원에서 보면, 근대 국민국가는 배타적으로 가지던 기능과 권한을 적절하게 하위 단위체에 분산하고 이전한다. 대신에 근대 국민국가는 자율적으로 조직된 네트워크를 '관리'한다. 국가는 국가 외부로도 네트워크적으로 변환한다. 경직된 국가의 경계를 넘어 여러 종류의 연결망을 구축하여 성기고 유연한 모습이 된다. 이러한 변환을 통해 근대 국민국가 단위로 해결하기 어려웠던 문제에 효과적으로 대처할 수 있다.

네트워크로의 변환 과정에서 보이는 국가 사이의 관계는 기존 게임의 법칙과는 다른 모습을 통한다. 물론 기존의 물질 자원을 기반으로 하는 근대 국민국가로서의 게임도 그대로 펼쳐진다. 하지만, 지식, 정보, 문화 같은 비물질 자원의 권력 기반이 작동하는 영역이 활성화된다. 국가 간 게임이 훨씬 더 복잡해지는 것이다. 복잡한 게임의 법칙 안에서 다양한 행위자들은 상호작용을 한다. 이러한 상호작용도 마찬가지로 기존의 행동 양식과는 다르게 네트워크적 속성이 배태될 수밖에 없다.

디지털 혁명이 가져온 외교 영역의 변환은 기존 외교 영역에 디지털 기술을 접목하여 효율성을 모색하는 과정에서 시작되었다(Westcott 2006, 2). 변환에 대한 미국 국제정치학계의 관심은 주로 커뮤니케이

서 파악하고자 하는 문제의식, 그리고 국가가 새로운 정황에 적극적으로 적응하고 있다는 주장에는 동의한다.

2 여기에서 말하는 안보는 전통적인 차원의 경성권력, 즉 군사력의 강제와 경제력의 보상으로 주로 움직이는 영역을 의미하지 않는다. 오히려 국가의 행동양식이 네트워크화되면서 새롭게 창발되는 영역(emerging area)으로서의 안보를 의미한다.

선과 국제관계에서 나타나는 혁명적 변화를 기점으로 외교안보, 세계정치의 물적, 지적 변환에 집중되었다(Riodan 2004). 서구의 문제의식은 변화가 중요변수로 작용하여 어떻게 국가 권력론의 한계가 나타나고, 전통 국민국가가 독점하던 영역이 어떻게 변하고 있는지에 집중되고 있다. 반면에, 한국 국제정치학계에서는 한 걸음 더 나아가 중견국이라는 실천적인 문제의식의 층위를 더하고 있다. 이는 한국의 관점에서, 서구보다 더욱 정교하고 복잡한 고민을 기반해야 한다는 어려움을 제기한다.

이 글은 네트워크 국가변환이라는 공통된 주제를 가지고 한국 학계에서 안보와 문화 영역의 국가변환이라는 고민이 어떻게 진행되어 왔는지를 정리하는 데에 그 목적을 가진다. 구체적으로 안보와 문화 영역의 국가변환을 다루는 연구는 크게 네 가지 주제로 나누어 볼 수 있다. 우선 문화네트워크와 미디어 커뮤니케이션에 대한 연구와 디지털외교에 대한 연구를 통해 문화 영역과 전통 외교안보 영역의 네트워크화가 진행됐음을 밝힌다. 공공외교와 샤프파워에 대한 연구들을 통해 네트워크화된 국가가 민간 영역으로 확장되고, 민주국가의 네트워크를 파고드는 권위주의 국가의 무기로서 파워를 그린다. 또한 네트워크 국가 이론으로 서구에서 주로 이용되는 소프트파워와 한국 국제정치학계에서 대안으로 제시하는 매력을 비교한다. 이 글은 지금까지 진행된 연구의 문제점을 파악하고, 앞으로 나아갈 방향을 제시하고자 한다. 중견국의 층위가 더해져야만 하는 한국 국제정치학계는 한국의 "특수"를 구별하는 차원을 넘어, "보편"이라는 이름으로 서구 국제정치학계를 "설득"해야 하는 과제를 가진다.

이 글은 크게 세 부분으로 구성된다. 2절은 지금까지 한국 국제정치학계에서 진행된 문화, 안보 영역에서의 국가변환에 관한 연구를 정리한다. 네 가지의 주요한 주제를 중심으로 네트워크 국가에 대한 논의가 어떻게 진행됐는지를 살펴본다. 3절은 네트워크 국가론으로서 소프트파워와 그 대안인 매력을 비교한다. 4절은 2절과 3절의 논의를 기반으로 네트워크 국가변환에 관한 연구를 평가하고, 앞으로의 방향을 제시하는 것으로 마무리한다.

II. 안보-문화의 국가변환

1. 문화네트워크와 미디어 커뮤니케이션

문화는 네트워크 국가변환이 일어나는 영역 중 하나이다. 문화 영역[3]에서 비국가 행위자가 정치적, 사회적, 문화적 힘을 누리게 되면서 이 행위자들의 네트워크적 속성에 대한 관심이 급증했다. 그러나, 문화 영역은 그동안 국제정치학계에서는 다소 소홀히 다루어졌던 영역이다. 문화 영역은 기존 국제정치 행위자를 기반한 게임으로 잘 설명되지 않았기 때문이다. 따라서 국가변환에 대한 논의에서 가장 멀리 있었다는 점을 먼저 지적할 수 있다.

국가변환에 대한 문화네트워크와 미디어 커뮤니케이션의 연구에서는 우선 영역 자체의 복잡성 증가를 강조한다. 물질 변수를 기반으로 하는 근대 국민국가의 다소 단순한 행동 메커니즘과 달리, 네트워크적

---

3 여기에서 말하는 문화 영역은 디지털 혁명으로 새롭게 창발하는 영역을 의미한다. 이 영역 안에서 우리는 행위자의 네트워크적 속성으로 인해 정치 게임의 법칙 또한 변화하는 모습을 살펴볼 수 있다. 근대 국민국가도 문화 영역에서 하나의 행위자로서 권력을 투사하지만, 다른 행위자들이 주도권을 가지기에 국가 행위자의 적극적인 모습이 다소 보이지 않는다는 점을 강조한다.

속성에 기반한 행위자의 메커니즘이 근대 국민국가의 독점 영역을 침식(erode)하고, 대체(replace)하며, 때로는 조화(harmonize)하는 모습으로 나타난다는 것이다. 물론 이러한 변환이 극단적으로 진행되지는 않는다. 국가 행위자와 비국가 행위자가 문화네트워크와 미디어 커뮤니케이션 영역에서 서로 어우러지면서 변화하고, 혼합을 통해 변형되는 모습이 복잡하게 나타나고 있다. 이러한 네트워크로의 변화는 근대 국민국가에 의해 만들어지지 않고, 비국가 행위자들에 의해 자율적으로 진행된다. 자율적인 비국가 행위자들의 네트워크화는 다시 국가 행위자의 네트워크화를 강제하기도 한다.

우선 문화네트워크의 연구를 살펴보면, 대부분의 연구는 서구 특히 미국에서 선도하는 네트워크로의 변화를 먼저 보고, 문화네트워크의 속성과 문화네트워크 간의 경쟁을 추적한다. 더 나아가 중견국으로서 한국이 처한 현실을 기반으로 독특하게 나타나는 한류 현상에 대한 국제정치적 의미를 그리고 있다. 다음으로 미디어 커뮤니케이션에 관한 연구에서는, 커뮤니케이션 영역에서의 혁명적 변화로 나타난 다중을 중심으로 변환의 모습을 살펴본다. 소셜미디어 공간에서 비국가 행위자는 국가의 외교정책 설정과정에서 적극적으로 의견을 조직하고 구체적 정책을 도출한다. 결과적으로 국내외 청중은 자신의 독자적인 권력 게임을 할 수 있게 되었다는 것이다.

21세기 문화 영역에서 권력게임은 어떻게 이해할 수 있는가? 김상배(2006)는 실리우드를 통해 권력게임을 살펴본다. 실리우드의 형성은 근대 국민국가가 확장하는 소위 문화제국주의로 보아서는 안 된다. 실리우드는 "탈영토적, 탈중심적, 외부의 경계를 가지지 않는 제국"을 반영하며, 문화 영역에서의 네트워크적 변화로 이해할 수 있다(김상배 2006, 6-7). 여기에서 특이한 것은 시장경쟁이라는 대전제를 지키기 위해 독점기업을 규제하는 조절국가적 기제가 나타난다는 것이다. 조절국가는 헐리우드 영화산업의 독립제작자들이 성장할 수 있는 기반을 제공하여 발전을 촉진하는 역할을 했다. 네트워크적으로 변화하는 국가는 집중과 탈집중이 혼합되어 나타난다. 여러 행위자가 수평적으로 위치하면서 여러 링크가 행위자 사이를 연결한다. 하지만 이러한 네트워크는 중심이 존재하지 않는 탈허브형의 모습을 가지지 않는다. 국가 행위자가 네트워크 안에서 집중된 노드의 역할을 하며, 전체 네트워크를 조정한다. 미국 정부는 실리우드 네트워크에서 "기술 개발을 지원하는 지원자"이자 네트워크 안의 게임 법칙을 부과하는 "조정자"인 것이다. 미국형 네트워크 지식국가는 국가 행위자의 이러한 이중적 역할에서 살펴볼 수 있다(김상배 2006, 12-16).

실리우드의 네트워크 지식국가는 세계 문화패권을 생산, 재생산한다. 집중과 탈집중의 혼합으로 만들어지는 지식국가는 외부로 확장될 때 패권적인 모습을 보인다. 전체 네트워크에서 허브에 위치하기 때문이다. 실리우드의 문화콘텐츠는 문화가치와 문화규범을 통해 글로벌 문화를 재구성하는 표준의 메커니즘을 지닌다. 하지만 문화콘텐츠를 전파하면서 표준을 주입하는 문화제국주의로 이해해서는 안 된다. 실리우드를 받아들이는 곳의 가치관과 정체성이 변형되는 소위 네트워크적 변화로 바라보아야 한다. 문화 전파에 대한 거부감이 다소 약하게 나타나기 때문에 네트워크 지식국가의 패권이라기보다 매력의 메커니즘이 작동하고 있는 것으로 이해해야 한다.

이는 공적 권력으로서 근대 국민국가가 그대로 확장된다는 의미가 아니다. 새로운 미디어 커뮤니케이션 문화 공간의 확장으로 인해 "공공의 이익"으로 구성된 우리의 관념이 사유화된다. 더불어 새로운 사고의 공간으로서 실리우드의 문화매력을 통해 현실과 판타지의 경계에서 네트워크화된 권위의 사유화가 동시에 벌어진다. 그래서 실리우드의 문화권력은 문화적 차이를 파괴하지 않는다. 미국의 세계관에 따라 형성되는 모든 것을 큰 틀 안에서 흡수한다. 물론 실리우드가 문화 영역에서 세계적으로 단허브형의 네트워크를 구성하고 있기 때문에, 콘텐츠는 매력의 기제로 작용하지만 노드 간의 위계적 관계는 여전히 전제된다. 다시 말해서 실리우드 네트워크는 실력의 메커니즘이 사라지지 않은 비대칭적 중심의 모습을 가진다고 할 수 있다.

실리우드로 나타나는 미국형 네트워크 지식국가는 문화 분야에서 중국형 네트워크 국가모델과 경쟁한다. 이러한 신흥권력경쟁은 근대 국민국가의 속성에 기인한 자원권력 경쟁이 아니다. 네트워크 국가 간의 경쟁은 표준을 장악하고, 문화 콘텐츠를 통해 매력을 발산하며, 네트워크의 규모의 변수와 체제의 성격으로까지 이어지는 새로운 차원의 게임이다(김상배 2017). 여기에서 네트워크 국가는 국가 행위자와 함께 기업, 개인, 소비자로 이어지는 여러 비국가 행위자가 적극적인 역할을 하는 복합 행위자의 속성을 가진다. 새로운 차원의 경쟁은 근대 국민국가의 세력전이론에서 상정하는 권력이동이나 현실주의에서 보는 제로섬 게임의 양상으로 나타나지 않는다. 미국과 중국을 허브로 가지는 두 개의 네트워크가 공생하면서 경쟁하는 권력구도로 이해해야 하는 것이다(김상배 2014a; 2014b).

한편, 문화 영역에서 한국형 네트워크 국가의 모색은 한류 연구를 중심으로 진행되었다. 한류는 단순히 한국 문화 컨텐츠의 정치경제적 성공으로 바라보아서는 안 된다. 한류를 구성하는 권력의 속성과 함께, 근대 국민국가와 세계질서의 변환의 차원으로 이해해야 한다(김상배 2007). 물론 여기에서도 네트워크의 변수는 중요한 역할을 한다. 탈집중 네트워크의 성격을 가진 한류는 동아시아 문화를 엮어내는 지역적 네트워크의 구축 과정에서 나타난다. 더불어 한류는 실리우드와 중국 문화네트워크가 주도하는 글로벌 문화네트워크의 (지역적) 대항담론으로 자리매김할 수 있다.

이러한 한류 문화네트워크의 주요 동력은 매력이다. 매력은 문화상품과 문화담론, 그리고 이를 설계하고 제작하는 차원이 실력의 강제력으로 나타나지 않는다. 매력은 긍정적인 평가를 기반으로 사람들의 기호와 물질적 조건에 상응하는 모습으로 나타난다. 이러한 차원에서 한류는 20세기 후반 한국이 보여준 산업화에 기반한 경제적 성공을 기반으로 만들어진 문화산업의 실력을 반영한다. 한국 문화산업은 디지털 기술을 빠르게 받아들이면서, 탈집중형의 네트워크로 변화했다. 한국형 발전모델은 한류 문화콘텐츠에 담겨 소비자에게 매력을 발산하고 있는 것이다. 물론 한국형 네트워크 모델이 글로벌 문화네트워크로 자리하기에는 부족한 점이 없지 않다. 글로벌 차원에서 보면 한류는 동아시아의 틈새시장을 공략하기 위해 문화상품에 한국식의 터치를 가한 정도에 불과하다. 다시 말해, 한류는 지속성의 문제를 가지고 있다는 것이다.

네트워크 차원에서 이해하면, 한류는 문화네트워크의 변환의 맥락에서 바라보아야 한다. 한류는 대중문화를 매개하여 지역 문화와의 이종혼합의 모습을 보이고 있기 때문이다. 따라서 한류는 글로벌 문화표준에 대한 대항담론으로 자리매김할 수 있다. 대항 네트워크로서 한류는 미국과 중국을 중심으로 하는 글로벌 문화네트워크에서 탈허브형 네트워크의 모습을 보여준다. 문화네트워크의 확장과 경쟁을 이해하기 위해서, 근대 국민국가의 국가성(nationality)은 국가 단위의 정체성을 넘어선 결절성(nodality)으로 바꾸어 적용할 필요가 있다. 네트워크 국가로의 전화(轉化)와 맞추어 문화 영역은 클러스터로 닫힌 네트워크보다 개방된 네트워크 안에서의 노드를 지향해야 한다. 열린 네트워크에서의 노드는 결절성을 지니는 한류콘텐츠를 통해 매력을 발산할 필요가 있다 하겠다.

소셜미디어 환경은 새롭게 등장한 공간으로서 여러 국제정치 행위자가 정보를 공유하고, 교환하며, 토론하는 장이 되고 있다. 정보 커뮤니케이션 환경 변화는 그동안 수동적인 입장을 견지하던 대중, 또는 다중의 정치적 태도가 자율적으로 형성되고 공유되는 계기를 만들었다. 미디어 커뮤니케이션 영역에 관한 연구는 그동안 근대 국민국가가 원래의 권력 투사를 할 수 없거나 하기 어려운 영역을 중심으로 한다. 이러한 영역은 기존 국가의 속성으로 이해할 수 없고, 네트워크적 속성을 통해야만 해석할 수 있다. 소셜미디어의 공간에서 일반 국민은 근대 국민국가의 외교정책에 수동적으로 반응하는 청중이 아니다. 소셜미디어에서 대중은 정보를 생산하고, 적극적으로 의견을 표출하며, 토론을 통해 정치적 행동을 요구하는 적극적 행위자이다. 대중은 지식 담론의 생산자로서 다중이 되는 것이다. 다중은 커뮤니케이션 네트워크의 속성을 적극적으로 이용한다. 네트워크화된 소셜미디어 공간에서 다중은 진입과 탈퇴가 자유롭다. 다중은 정보를 해석하고, 의심하고, 반박할 수 있는 주체가 되고 있다(송태은 2013).

한국에서 이러한 적극적 대중, 다중은 더욱 두드러지게 나타난다. 중견국으로서 한국은 경성권력의 한계를 가질 수밖에 없다. 이러한 한계를 넘어서기 위해 한국의 다중은 소셜미디어 공간의 커뮤니케이션 네트워크를 통해 국경을 초월한 여론동원을 하고 있다. 이렇게 인터넷과 소셜미디어는 여론을 표출하고 집결시키는 데 효과적인 플랫폼으로 자리매김한다. 커뮤니케이션 네트워크를 통해 개인은 정보를 분별하고, 감정적 반응을 표출할 수 있다. 이러한 공간에서 대중은 외교정책에 대한 관심을 보이고, 때로는 외교정책에 직접 관여할 정도로 중요한 역할을 하고 있다는 것이다(송태은 2017a).

송태은(2015)과 장기영(2018)은 커뮤니케이션 네트워크 환경에서 대중 또는 청중에 대해 비슷하지만 다른 입장을 가진다. 두 연구자 모두 청중을 중요한 정치세력으로 다루고 있다는 점에서 공통점을 지닌다. 하지만 청중이 국가 정책에 영향을 주는 여부와 정도, 대중이 네트워크적으로 동원되는 정도에 대해서는 다르게 파악한다. 송태은은 대중을 보다 적극적인 행위자로 바라본다. 적극적인 행위자로서 대중은 외교정책에 대해 의견을 표출하여 영향력을 행사한다. 반면에, 장기영은 대중을 국민국가의 정책에 대한 관찰자로 이해한다. 인권문제에 대해서 국내청중과 국제청중이 가지는 다른 평판에 따라 미국과 중국이 다르게 정책을 펴는 점을 주목한다.

대중은 소셜미디어를 통해 외교정책에 대해 고급정보와 전문지식을 얻을 수 있다. 대중은 정보와 지식을 활용하여 커뮤니케이션 공간에서 적극적으로 토론에 참여한다. 이렇게 만들어진 집단적 여론은 정치적 태도와 견해로 나타난다. 특히 한국의 소셜미디어 속의 대중은 온라인 네트워크를 통해 외교정책에 대한 목소리를 내고, 세계 여론을 형성하는 수단을 가지고 있다. 이러한 수단을 통해 중견국이 가지는 외교정책수행의 한계를 뛰어넘을 수 있게 된다는 것이다. 중견국으로서 국민국가가 기존 권력경쟁의 게임에서 만들 수 없던 이미지를 대중이 모여 적극적으로 만들고, 이를 온라인 네트워크를 통해 세계 청중으로 투사할 수 있게 되었다. 이러한 대중의 집단지성 전략은 새로운 네트워크적 권력투사의 모습으로 나타나고 있다.

2. 디지털외교

정보화, 디지털화는 그동안 근대 국민국가로 구성되던 국제체제의 성격을 변화시키는 동력으로 작동하고 있다. 사람들이 소통하고 정보를 나누는 방식에 획기적인 변화를 가져온 정보 커뮤니케이션 기술은 정치적, 사회적, 경제적 지평을 변화시키고 있다(Westcott 2006, 3; Adesina 2017, 2). 이렇게 디지털외교에 대한 연구는 디지털 환경 변화가 가져오는 전통적인 외교안보 영역의 변환을 주로 다룬다.

우선 서구의 디지털외교 연구를 보면, 연구자마다 다른 방식으로 디지털외교를 개념화한다. 포터(Potter 2002)는 외교관끼리 그리고 외교당국과 일반 대중이 소통하기 위해 디지털 기술을 사용하는 것을 디지털외교로 본다. 그래서 포터는 인터넷과 모바일 환경, 소셜미디어 채널에서 디지털 네트워크 기술을 이용하는 외교관행에 초점을 맞춘다. 이와 비슷하게 핸슨(Hanson 2012)은 인터넷을 비롯한 정보 커뮤니케이션 기술을 활용해 전통적 외교의 목적을 달성하는 데 도움을 주는 것을 'eDiplomacy'로 개념화한다. 반면에, 홈즈(Holmes 2015)는 디지털 기술을 매개한 외교안보 영역의 변화를 관리하는 전략으로 디지털외교를 보고, 온라인과 오프라인에서 동시에 벌어지는 외교를 강조한다. 또한 매너와 세게브(Manor and Segev 2015)는 국가 행위자가 디지털 환경, 특히 소셜미디어 플랫폼을 이용하여 외교정책의 목표를 달성하고 국가 이미지와 평판을 적극적으로 관리하는 것으로 파악한다.

디지털외교에 대한 여러 개념화에 홀(Hall 1993)이 제시한 '변화의 3단계 틀'을 적용할 수 있다. 다시 말해서, 여러 연구자들은 디지털외교가 기존 전통외교의 기능에서 무엇인가 변화하고 다른 모습을 가지고 있다는 점에는 동의한다. 하지만 그 정도의 차원에서 얼마나 변화한 것인지 제각각 다르게 바라보고 있다는 것이다. 홀에 의하면, 첫 번째 수준은 가장 작은 수준의 변화로 기존 루틴에서 약간의 조정을 더한 것이다. 두 번째 수준의 변화는 정책목표는 그대로지만 이 목표를 달성하는 데에 필요한 수단을 외부 환경에 따라 변화시키는 것이다. 더 나아가 마지막 수준의 변화는 정책결정자의 세계관 변화를 포괄하면서 정책 패러다임과 스타일 모두 변화하는 것을 의미한다. 따라서 가장 변화의 정도가 크며, 행위자가 문제와 해결책을 인식하고 사회적, 경제적, 정치적 맥락에서 자신이 어떻게 행동할지를 정할 때, 그동안 당연하게 여겨지던 것들을 완전히 바꾸는 것을 의미한다.

외교의 정보화, 디지털화를 의미하는 디지털외교는 홀의 첫 번째 수준의 변화로서 생각해 볼 수 있다. 더불어 디지털 환경을 이용해 근대 국민국가 중심틀 안에서 외교방식의 변화를 의미하는 디지털외교는 홀의 두 번째 수준의 변화로 이해할 수 있다. 그리고 뒤에서 볼 한국에서의 디지털외교 연구에서 개념화하는 디지털외교는 홀의 마지막 수준의 변화로 적용해 볼 수 있다. 한국의 디지털외교 연구에서는 근대 국민국가가 지식국가, 네트워크 국가로 변환하는 과정을 중심으로 외교안보 영역의 전반적인 변화를 살펴본다. 이러한 광범위한 변화는 외부 환경의 자극으로 나타나는 특정 행동영역의 변화와 그 결과로 나타나기 때문이다. 예를 들어, 새로운 정보 또는 새로운 행위자가 정책결정환경에 투입되어 정책결정자의 문제인식에 기반한 행위구성에 영향을 주는 모습에서 이러한 완전한 변화의 양상을 살펴볼 수 있다. 네트워크 국가변환은 근대 국민국가의 존재 이유와 가치를 합리화하던 중요한 가정이 대체되는 과정을 동반한다. 네트워크 국가의 디지털외교는 기존 외교당국의 기능이 당연하게 여겨지거나 독점적으로 이루어지지 않도록 하는 기능을 수행한다.

한국학계에서 디지털외교에 대한 연구는 환경변화에 대한 외교안보 대응전략의 모색이라는 문제의식으로부터 시작한다. 그동안 한국은 외교정책을 수립하고 전략을 모색하는 과정에서 디지털화의 문제를 제대로 받아들이지 못했었다. 정보화는 외교업무 과정의 효율성을 높이기 위해 기반구조를 구축하고 시설을 확충하며 네트워크를 개설하는 등의 소위 외교 영역의 디지털화로 나타났다. 외교 영역에서의 디지털화는 단순히 외교업무의 "생산성"을 향상하려는 목적으로만 진행됐다. 그러나 사실 정보화를 비롯한 디지털 환경의 문제는 외교 영역의 적극적 변환과 대응 전략의 필요성을 제기하고 있다. 인터넷은 세계정치의 공간이자 근대 국민국가의 외교 공간으로서 사이버 공간을 창출했다(하영선 편 2001). 새로운 공간에서 외교 지식을 어떻게 활용하느냐에 따라 외교 영역에서의 경쟁력이 달라진다. 다시 말해서 현실 공간을 통해 공식적, 비공식적 채널에 의존했던 전통 외교의 정보 지식 처리 과정이 인터넷과 사이버 공간에서 새롭게 재구성되고 있다는 것이다. 여기에서 인터넷과 사이버 공간은 정보수집의 통로가 될 뿐만 아니라 커뮤니케이션 채널로서 정보와 지식이 만들어지고 확산되는 수단이 된다(김상배 2004).

김상배는 디지털외교를 "정보기술이 창출하는 새로운 환경을 바탕으로, 보다 넓은 영역과 보다 많은 행위자들을 포괄하는 복잡한 모습"을 가지는 영역으로 파악한다(김상배 2004, 171). 이러한 복합 변환은 지식외교와 네트워크외교로 나누어 볼 수 있다. 지식외교의 차원에서, 국가는 디지털 기술을 바탕으로 정보를 처리한다. 국가의 핵심 경쟁력은 외교지식을 생산하고 활용하며 공유하는 과정에서 나온다. 네트워크외교는 이러한 지식외교와 병행된다. 외교지식을 생산하고 활용하며 공유하는 활동이 전통 외교전담 부서에 의해 더 이상 배타적으로 독점될 수 없는 상황이 도래하고 있다. 결과적으로 외교 영역의 변환은 이러한 네트워크적 속성을 가진 혼합 모델로 이루어지고 있다. 정보기술의 발달을 통해 기술, 정보, 지식이 권력 자원으로 새롭게 부상한다. 권력의 중심이 군사와 경제 영역에서 지식 영역으로 옮겨가는 데에 환경의 변화, 새로운 자원의 등장이 중요한 역할을 한다. 이러한 지식변수는 근대 국민국가의 경계 또는 통제를 넘어 자율적으로 움직이지 않는다. 경쟁과 협력이라는 외교 현안에 국가가 적극적으로 대응하는 차원에서 지식변수는 중요하다. 또한 세계질서에서 누가 새로운 게임의 규칙을 정하느냐의 첨예한 경쟁으로 이어진다는 점에서 새로운 지식 권력 자원은 중요하게 다루어져야 한다.

외교 영역의 주된 행위자는 지식의 전문화, 세분화와 함께 확장된다. 전통외교 기능을 독점하여 수행하던 국가 그리고 외교관들이 모든 지식을 다루기 어려운 경우가 많이 발생하고 있다. 근대 국민국가의 전담부서에서 외교 영역을 독점할 수 없는 상황이 도래한 것이다. 따라서 민간부문의 행위자들이 외교 영역에 적극적으로 참여하는 주체의 네트워크화가 진행된다. 이들은 단순 정책홍보를 넘어, 외교정책 논리를 뒷받침하는 콘텐츠를 직접 만들고, 정보를 디지털화해서 공급한다. 지식외교를 중심으로 하는 네트워크 외교는 위계를 가진 집중점이 있는 조직에서 수평적 네트워크형의 조직으로 탈바꿈되고 있다는 점에서도 살펴볼 수 있다. 디지털외교의 네트워크는 뒤에서 언급할 공공외교와도 필연적으로 연결된다.

디지털외교는 "대내적으로 네트워크 외교", "대외적으로 네트워크 국가"와 맥을 같이한다(김상배 2004, 175). 국민국가를 중심으로 하는 근대체제는 세계화, 정보화가 제기하는 복합적인 도전에 직면해서 재조정되고 있다. 영토를 중심으로 하는 국민국가의 국경은 초국가적 자본, 상품, 정보, 기술 등의 흐름으로 인해 유공화(porousness)된다. 이로 인해 근대적 속성에 기반한 국민국가는 전통적 권위를 침식(erode)당하고 있다. 하지만 네트워크 국가는 국민국가의 위기에 유연히 대처할 수 있는 대안으로 나타난다. 여러 개의 중심으로 이루어진 네트워크를 조직하면서 네트워크 국가는 비국가 행위자와 함께 탈집중형 네트워크 모델을 반영한다.

요컨대 디지털외교에 대한 연구는 네트워크, 그리고 네트워크 변환이라는 용어와 개념이 익숙하지 않은 학계에 국제정치의 중심에서부터 변화의 양상을 제시한다. 하지만 네트워크 국가변환이 보이는 중요 주제로서 디지털외교, 지식외교에 대한 연구가 더욱 심화되지 못하고, 학계의 주 관심이 공공외교로 전환되었다. 이는 비단 한국 학계에만 국한된 현상은 아니며, 서구 학계에서도 비슷하게 나타나는 현상이기도 하다. 다시 한번 홀의 논의를 연구에 적용하면, 1단계와 2단계까지 디지털외교라는 주제안에 머무르고 있었다. 하지만, 네트워크 국가변환까지를 다루는 3단계의 변화 수준으로 진행되다보니 연구의 범위차원에서 공공외교의 연구와 겹치면서 상대적으로 디지털외교에 대한연구가 더 진행되지 못했다고 하겠다.

3. 공공외교

어떠한 주제든지 체계적으로 연구를 하기 위해서는 정확한 개념이 먼저 파악되어야 한다. 서구 학계에서도 공공외교에 대한 정의는 다양하다. 몇몇 연구자들은 완결되지 않거나, 문제를 가지는 공공외교의 정의를 사용하기도 한다(Gilboa 2008, 57). 한국 학계에도 마찬가지로 서구의 다양하고 정리되지 않은 정의가 산개해 있다. 하지만 한국 학계의 공공외교 연구는 서구와 다른 점이 하나 발견되는데, 중견국의 문제의식이 접목되어 있다는 것이다.

초기 공공외교 연구는 공공외교의 목표에 대한 일반적 개념화 작업이 진행되었다. 공공외교는 외국 사람들과 직접적으로 커뮤니케이션 하는 것으로서 그들의 생각에 영향을 주어 궁극적으로 타국 정부의 외교정책 결정에 영향을 끼치려는 목표를 가진다(Malone 1985). 이러한 개념화는 공공외교의 메커니즘을 대중과 정부라는 두 단계로 상정한다. 공공외교에 대한 이러한 인식은 "전문가 집단을 넘어서서 대중을 향해 행해지는" 외교의 방식이라는 개념으로 이어진다(조홍식 2013, 193). 외교의 대상을 중심으로 하는 공공외교의 개념은 외교정책의 구축과 실행에 대한 대중의 태도에 영향을 주려는 외교활동이다. 그래서 공공외교는 상호교류와 커뮤니케이션을 중시한다. 공공외교의 대상은 상대국의 대중과 대중이 만드는 여론이다(Cull 2009, 199). 대상을 중심으로 하는 개념은 공공외교의 주체, 즉 누가 공공외교를 하는가라는 문제를 고려하지 않는다는 문제를 가진다. 초기연구가 진행될 시기에 공공외교, 더 나아가 외교라는 행위가 한 나라의 정부만이 할 수 있는 독점적 영역 안에 있었기 때문이다. 따라서 외교 영역에서의 행위자들이 다양화된 현재 상황에서 공공외교에 대한 일반적 개념을 그대로 사용하는 것은 문제가 있다.

반면에, 한국 학계에서는 공공외교의 주체, 방법, 목적을 모두 담은 포괄적 개념화가 시도되었다. 공공외교는 "상대국의 정부가 아니라 상대국의 국민을 대상으로 벌이는 외교"이다. 국제적으로 이루어지는 커뮤니케이션이 중심이다. 이러한 공공외교는 국가 대 국가로 벌어지는 단순 교류와는 다른 모습을 가진다(김상배 2013, 15). 공공외교의 주체에는 여럿이 함께한다는 의미를 담고 있다. 다시 말해서, 공공

외교는 일국 정부가 독점적 지위를 가지고 하는 행위가 아니라 다양한
층위에서 다양한 주체가 함께하는 외교 행위인 것이다. 개방과 참여를
기반으로 상호 간 커뮤니케이션을 통한다. 지적 교감과 감정적 공감을
동반하며, 결과적으로 외교정책에 대한 설득과 동의를 얻으려는 목적
을 가진다. 공공 영역과 민간 영역의 여러 행위자가 상대국의 외교정책
결정에 관련한 여론, 선호, 의견에 직간접적으로 영향을 준다. 이러한
개념은 마케팅 분야에서 발전된 대중관계(Public Relations)를 정부,
정치, 국제관계의 영역으로 확장하면서(Stingner and Coombs 1992,
138), 다양한 행위자 사이의 상호의존이 증가하는 현실을 반영하고 있
다. 그러나 외교의 영역이 정확하게 설정되어 있는지에 대한 문제, 즉
공공관계와 공공외교가 정확하게 구분되지 않는다는 문제가 있다. 한
편, 공공외교 목적을 강조한다는 차원의 개념화로, 공공외교는 자국을
우호적으로 인식하는 타국 정부와 여론이 다양한 외교정책에 대해 자
발적으로 호응하게 하거나, 적어도 반대하지 않게 만드는 것을 목적으
로 한다는 점을 지적하기도 했다(송태은 2017b, 164).

　미국 학계에서 공공외교에 대한 연구는 냉전 시대에 주로 사용되
던 국가에 의한 선전, 선동의 프로그램, 즉 프로파간다의 측면을 강조
한다. 그러면서도 21세기에 나타나는 새로운 공공외교의 연속성과 단
절성을 파악한다. 이러한 차원에서 공공외교는 국가가 주체가 되는 국
제 커뮤니케이션 환경 관리의 일환으로 사용된다. 정보의 비대칭성을
기반으로 하는 일방의 커뮤니케이션 방법을 주로 이용한다. 21세기 공
공외교는 사용매체의 종류나 사용기제의 차원에서 이전의 프로파간다
와 다르지만, 국제적 환경 관리라는 궁극적 목표가 변하지 않았다는 것
이다(Cull 2009, 12).

　새로운 공공외교는 새로운 권력 기제를 통해 수행된다. 새로운 권

력 기제로서 소프트파워 개념은 공공외교 연구에 있어 중요한 이론적 기반을 제공했다. 이러한 차원에서 공공외교는 "한 국가의 소프트파워를 증진하기 위한 노력"이고(Batora 2005, 4), "한 국가가 자신을 세상에 설명하기 위해 하는 모든 활동"을 의미한다(Schneider 2003, 1). 이들은 공공외교를 한 국가 정부나 비국가 행위자가 자국의 소프트파워를 증진하거나 유지하기 위해 하는 모든 행위로 본다. 소프트파워를 구성하는 자원을 이용해 외교 행위로 전환하는 과정으로 이해하기도 한다(Gilboa 2008, 61; 신범식 2013, 302). 공공외교는 소프트파워 기제의 현실화로서 다루어지는 것이다. 그래서 공공외교는 국민의 이익을 증진하고 가치를 높이기 위해 다른 국가의 국민과 직접적인 관계를 맺는 과정이자, 자국의 국가적 목표와 정책을 비롯해 사상, 이상, 제도, 문화에 대한 전반적인 이해를 증진하기 위해 정부가 타국의 대중과 의사소통하는 과정으로 이해할 수 있다(김우상 2013, 337).

한국에서는 21세기 공공외교의 새로운 면을 강조하는 개념화가 시도되었다. 신 공공외교, 또는 공공외교 2.0으로 표현되는 이러한 공공외교는 전통 공공외교가 세계화, 정보화 사회의 흐름 속에서 어떻게 변하고 있는지를 다룬다. 세계화의 속도가 더해지고, 정보화 혁명으로 인해 국제정치에서 비국가 행위자의 비중이 높아졌다. 더불어 국제정치에서 여러 행위자 사이의 상호작용이 많아졌다(배영자 2013, 125). 따라서 국제정치에서 비국가 행위자들이 국가 행위자로부터 "자율성"을 가지는 모습을 외교 영역에서 어떻게 개념화할 수 있을 것인가에 대한 고민에서 출발했다고 할 수 있다. 비국가 행위자의 자율적인 역할이 강조되면서 국가 행위자의 중요성은 상대적으로 줄어드는 모습을 살펴볼 수 있다(Potter 2003; Melissen 2005; Powers and Gilboa 2007). 공공외교는 해외 대중이 자국을 긍정적으로 인식하게 하고, 자국이 도모하는 외교정책에 동조하도록 하여 국익을 자연스럽게 추구하는 것을 목적으로 하는 외교활동이다(송태은 2019a, 108). 그래서 공공외교에서 국가 행위자가 마치 마케팅에서 강조하는 대중 관계의 차원으로 다소 역할과 범위의 차원에서 축소되는 것처럼 보이는 것이다.

그럼에도 국가 행위자는 공공외교에서 중요한 역할을 한다. 김상배(2013)는 외교 영역이 변화하고 있는 가운데에서도 중심성을 가진 네트워크 차원에서 국가 행위자의 역할에 힘을 싣는다. 국가는 공공외교의 추진을 위해 "중심성을 가진 역할을" 하면서 "공익의 담지자로서 허브의 역할"을 하게 되는 것이다(김상배 2013, 18). 이는 행위자로서 네트워크 국가의 역할을 공공외교의 영역에서 보고 있는 것이다. 이러한 차원에서 공공외교는 정부가 "주도"하여 타국 국민의 이해 증진과 인식 변화를 위해 벌이는 외교활동이다. 공공외교에서 비국가 행위자는 "자발적"으로 국가 주도의 외교에 참여하게 되는 것이다(조동준 2019, 254).

이렇게 한국의 공공외교 연구에서는 중견국의 문제의식에서 출발해서 공공외교의 모습을 새롭게 개념화하고자 하는 시도를 엿볼 수 있었다. 하지만 여전히 공공외교가 정확하게 무엇을 지칭하는지 학자마다 강조점이 다르다. 따라서 정확하고 포괄적이면서 일반적인 개념화에까지 다다르지 못하고 있는 점을 지적할 수 있다. 더불어 오래전부터 연구의 지평이 넓어져 왔던 서구의 개념을 그대로 가져와, 한국의 공공외교에 적용하는 사례도 몇몇 찾아볼 수 있었다. 그럼에도 한국적인 문제의식에 기반해서 서구의 공공외교의 개념화가 가지는 문제를 지적하고, 강대국의 공공외교를 그대로 답습하지 않으려는 시도가 한국 학계에서 나타나고 있었음을 높게 평가할 수 있다. 하지만 공공외교의 범위와 방법, 목적 등이 복잡해지고 다양하게 나타나는 현실을 반영하면

서, 중견국이라는 층위가 포함된, 복합, 다면적인 공공외교의 개념화가
아직은 이루어지지 못하고 있다.

4. 샤프파워

문화네트워크, 미디어 커뮤니케이션에 대한 연구에서 비국가 행위자
의 네트워크적 변환이 정치적 영역에서 권력으로 나타나는 바를 주로
다룬다. 디지털외교에서는 디지털 환경 변화를 받아들여 국가 행위자
가 외교안보 영역에서 적극적으로 네트워크적 변환의 모습을 이해한
다. 공공외교의 연구에서는 국가의 네트워크적 변화가 강제적이지 않
은 다른 모습으로 민간 영역에 영향력을 끼치는 양상을 다룬다. 그러나
샤프파워에 대한 연구는 앞의 주제들과는 맥을 달리한다. 샤프파워는
민주주의 국가의 네트워크화에 효율적으로 대처하기 위한 권위주의
국가의 자구책으로 나타난다.

　　샤프파워는 권위주의 국가가 주로 사용하는 미디어 커뮤니케이션
환경에서의 권력 기제를 개념화한 것이다. 샤프파워는 표현의 자유를
망가뜨리고, 커뮤니케이션 관련 조직이나 제도를 무력화하면서 소프
트파워, 스마트파워가 주로 움직이는 정치 환경을 왜곡하기 위한 목적
을 가진다. 이러한 샤프파워를 통해, 권위주의 국가는 그 대상으로 하
는 사회 내 자유로운 커뮤니케이션 활동을 뚫고, 침투하고, 관통하는
활동을 한다. 대상 사회에 존재하는 목표 청중을 혼란스럽게 하는 행위
를 통해 여론을 왜곡하여 결과적으로 자신이 얻고자 하는 바를 이룩한
다(송태은 2019b, 167).

　　지금까지 네트워크는 민주주의 국가의 무기로 생각되었다. 국가
가 네트워크적으로 변하면서 나타나는 개방성이 민주주의 국가의 소

프트파워로 작동하고 민주주의적 삶의 방식을 확산하기 때문이다. 민주주의의 유연한 네트워크는 다소 경직된 권위주의 국가를 뚫고 들어갈 수 있다. 권위주의 국가의 독단과 위선이 자연스레 드러나고 사회 내부로부터 변화가 창발된다. 결과적으로 네트워크를 통해 권위주의 국가의 경직성이 점진적으로 깨지게 되는 것이다. 커뮤니케이션, 디지털 혁명은 개방성을 가진 아키텍처를 생산했고 정치적 영역으로 확산되었다. 이렇게 확산된 아키텍처는 민주국가의 네트워크와 네트워크 안에 흐르는 소프트파워에 적합성을 부여했다(Kalathil and Boas 2003).

샤프파워의 등장은 그동안 하드파워에서 미국을 따라잡지 못하고 있던 권위주의 레짐이 공공외교를 펼치는 데 있어 전반적으로 실패한 상황에 기인한다(송태은 2018). 샤프파워는 이러한 실패를 극복하고자 하는 권위주의 레짐의 효율적 전략이라 할 수 있다. 커뮤니케이션 기술의 확장으로 인해 여론, 정치과정, 민주적 제도가 근대 국민국가의 통제권을 다소 벗어나 자율적으로 만들어질 수 있게 되었다. 하지만 희망적 전망과 달리 자율적, 개방적 네트워크는 정보에 대한 건전성을 보장할 수 없었다. 사람들은 소셜미디어 플랫폼에서 정치적 정보를 얻고, 자신의 의견을 표출하는 소위 지식 다중으로 역할한다. 그러나 건전성이 보장되지 않는 네트워크에서 정보를 감정적으로, 때로는 전략적으로 이용하면 공론장으로서 소셜미디어 플랫폼이 권위주의 레짐에서부터 가공되어 들어오는 허위정보와 가짜뉴스를 통해 훼손될 수 있다. 민주주의 국가의 네트워크는 그 개방성으로 인해 이러한 사이버 심리전에 취약하다. 반면에, 권위주의 국가는 디지털 커뮤니케이션 공간을 주권적으로 인식하여 배타적으로 통제할 수 있어서 유리하다(송태은 2019; Walker, Kalathil, and Ludwig 2020, 130).

이러한 차원에서 샤프파워의 개념은 민주주의 국가의 소프트파워의 기제, 즉 설득과 동의에 기반한 권력 기제와 반대되는 개념으로 이해해 볼 수 있다. 타 국가에 대해 매력을 통해 감동, 감화, 호소하기보다는, 대상 국가의 정치 시스템에 침투해서 제도의 허점을 공격하고 해당 국가의 매력을 의도적으로 저해하는 모습으로 나타나기 때문이다. 민주주의 레짐의 소프트파워를 기반으로 하는 네트워크 국가론적인 확장과 권위주의 레짐의 샤프파워를 기반으로 하는 네트워크 국가론적인 확장은 내러티브 경쟁으로 나타난다. 민주주의 네트워크 국가의 소프트파워와 권위주의 네트워크 국가의 하드파워 사이의 경쟁이 벌어지고 있는 것이다. 이러한 점에서 공공외교와 샤프파워의 전략 커뮤니케이션은 타국 여론에 영향을 끼친다는 점에서 비슷하다. 공공외교는 진실성과 신뢰성을 기반으로 대상의 마음과 생각을 얻어 설득하는 반면, 샤프파워의 일종의 프로파간다는 진실일 필요도, 그렇다고 완벽하게 허위일 필요도 없다. 샤프파워의 목적은 편향된 인식을 대상에게 심어 호도하고, 그럼으로써 자국이 추구하는 전략을 지지하고 원하는 행동을 취하게 하는 것이기 때문이다(송태은 2019a, 173-174).

민주주의 레짐에서도 이러한 샤프파워를 기반으로 한 권위주의 국가의 공격에 당하고만 있지 않다. 송태은에 의하면, 샤프파워의 공격에 대해 미국과 유럽은 서로 다른 모습의 적극적 대응을 보여준다. 미국은 사이버 심리전의 전모를 분석하고 대응할 영역을 포착하고 민간과 공동으로 대응조직을 마련해서 가짜뉴스와 허위정보를 밝혀내는 시스템을 마련하고 있다. 더불어 민간 영역에서는 플랫폼 차원에서 자율적으로 의심스러운 소셜미디어에서의 활동을 찾아낼 수 있는 기술적인 방안을 만들고 있다. 반면에, 유럽은 더욱 국가 중심적인 행보를 보인다. 민간의 자율적 규제에 맡기기보다는 정부가 더욱 앞장서서 규제를 가하고 네트워크에 흐르는 정보의 건전성을 유지하기 위해 애쓰고 있다(송태은 2020, 13). 미국과 유럽의 샤프파워에 대한 대응은 장기적으로 보았을 때, 민주주의 레짐의 오픈 네트워크가 가지는 복원력을 높이기 위한 모습으로 이해해 볼 수 있다. 샤프파워에 의해서 다자주의적인 부분이 약화되고, 개별적으로 나올 수 있는 목소리를 제압하며, 그러한 여론의 책임성을 무력화하고 있으므로, 이에 대응하기 위해서 개방성에서 나올 수 있는 복원력을 함양하고자 하는 것이다 (Walker, Kalathil, and Ludwig 2020, 132-136).

샤프파워의 등장과 체제 간의 경쟁은 문화 영역에서부터 시작된 커뮤니케이션 네트워크가 외교/안보 영역으로까지 확장되고 있음을 보여준다. 전통적 전쟁의 양상이 커뮤니케이션 네트워크를 기반으로 심리전, 비대칭전, 하이브리드전으로 변화하고 있다는 것이다. 이는 국가 행위자와 비국가 행위자가 얽히면서 네트워크 국가의 결절성이 나타나게 되었고 신흥무대의 경쟁으로 이어지면서 전쟁에까지 영향을 주고 있음을 살펴볼 수 있다.

III. 네트워크 국가의 이론: 소프트파워 vs. 매력

네트워크 국가로의 변환을 문화/안보 영역에서 넓게 살펴볼 때, 주로 국제정치학에서 이론적인 배경으로 사용되는 개념은 나이(Joseph Nye)의 소프트파워이다. 국가의 네트워크적 변환을 기존 근대 국민국가의 모습과는 다르게 개념화하려는 시도도 이러한 소프트파워의 부상으로 나타나는 세계정치의 변화와 맥을 같이하고 있다고 할 수 있다. 9·11 테러 이후 미국이 반테러를 명분으로 전쟁을 수행하면서 얻게 된 교훈은 자국의 기존 정책 수행으로 인한 여론의 약화로 인해 더는 힘으로만 밀어붙여서는 안 된다는 것이었다. 오히려 상대방을 설득하고 감동을 주어 내 편으로 만드는 것이 필요한 상황이 되었고, 소프트파워의 개념은 이러한 교훈 속에서 탄생했다(김상배 2013, 12).

소프트파워는 여러모로 변환하는 권력의 모습을 감성적이고 비물질적인 변수를 통해 드러내면서 행위자의 속성이나 행위자가 보유한 자원에 기반한 전통적 권력의 차원을 넘어서 발생하는 권력에 대한 국제정치학의 주의를 환기하고 있다(김상배 2019). 나이에 의하면 소프트파워는 강제나 보상보다는 사람의 마음을 사로잡아 원하는 것을 얻어내는 능력으로서, 국제정치의 특정 행위자가 추구하는 그들의 가치를 기반으로 다른 행위자가 본받아 따르게 하는 능력이다. 그래서 다소 딱딱했던 부시 행정부의 외교정책과 차별화를 시도하려는 오바마 행정부의 부드러운 외교정책, 새로운 공공외교에 대한 기반을 마련한 것으로 평가한다. 결과적으로 소프트파워는 강대국 외교의 이론적 자원을 제공한다(김상배 2013, 19-21).

소프트파워의 효과적인 방법은 상대의 선호를 강제하지 않고 나의 선호에 맞게 바꾸어주는 것이다. 특히 이 부분에서 소프트파워는 공공외교와 연결된다. 공공외교는 자신이 가지는 가치, 믿음, 아이디어 등에 영향받게 하여 상대국 국민의 생각과 마음을 우리의 이익에 맞게 바꾸는 것이다(박종희 2013, 86). 또한, 정부와 비국가 행위자가 자국의 소프트파워를 증진 및 유지하기 위해서 행하는 모든 행위로서 외부로의 소프트파워 기반 외교뿐만 아니라 국가를 구성하는 내부 행위자들에게도 외교 행위를 하는 차원에서의 공공외교를 상정해 볼 수 있다. 다시 말해서 공공외교는 국제정치에서의 국가 외부 행위자와만 하는 것이 아니라 국민외교를 포함한 개념이어야 하고, 그 가운데에 소프트파워라고 하는 권력 기제가 존재한다는 것이다(신범식 2013, 302).

국제정치학에서 소프트파워 이론의 등장은 선풍적이었지만, 여전히 남아 있는 문제가 있었다. 기존 권력 기제였던 하드파워와의 관계가 설정되지 않은 상태로 마치 하드파워를 대체하는 것처럼 쓰일 가능성이 있었다. 소프트파워 이론 자체를 그대로 국가의 네트워크적 기제로의 변환에 대한 이론적 자원으로 사용하기에 큰 무리가 없는 것처럼 보였다. 하지만 이론의 주창자인 나이도 소프트파워의 생성 공식에 대한 그 메커니즘을 설명하지 못했기 때문에 다분히 이미 소프트파워를 가진 강대국의 사용 가능한 자원으로 다시 환류한다는 문제를 가지고 있었다. 공공외교와 엮어서 생각해 보자면, 나이의 소프트파워는 상대 국가 국민의 생각과 마음을 받는 방식이 이성과 양심, 감성의 울림에 기반한 지지와 동의인지, 강제와 유인, 또는 선전에 기반한 홀림인지 구분하지 않는다(박종희 2013, 86).

사실 나이는 국제정치 영역에서 소프트파워의 등장을 중요시하면서도 기존의 하드파워의 중요성을 간과하지 않았다. 나이의 스마트파워 이론은 하드파워와 소프트파워의 양자 관계를 상호 보완관계로 상정하면서 어느 하나만으로는 국제정치에서 파워를 전유하기 어려운 현실을 보여준다. 결과적으로 하드파워와 소프트파워는 서로를 교묘하게 결합해야 한다는 스마트파워의 메커니즘은 국제정치의 장을 제로섬의 공간으로만 파악하는 강대국 외교정치를 반영한 담론인 것이다(김상배 2019, 28). 나이는 스마트파워를 발산하기 위한 작동 메커니즘으로 리더십을 주목한다. 하지만 여기에서도 어떻게 리더십이 하드파워와 소프트파워를 적절하게 섞어야 하는지에 대한 문제에 확실한 답을 주지 않는다. 또한, 소프트파워의 작동 기제를 다시 하드파워의 중요성으로 끌어오면서 결국 국제정치는 강대국 중심의 전통적 파워

게임으로만 풀어야 하는 숙명에 놓이게 된다. 다시 말해서, 소프트파워와 스마트파워는 미국의 이익을 철저히 반영한 국제질서 담론으로서 중·약소국에게 강대국 중심의 파워 게임 구조를 재생산하려는 의도가 담긴 것으로 의심해 볼 수 있다.

　이러한 차원에서 소프트파워 이론을 그대로 적용하는 데에서 나오는 문제를 제기하고, 중견국의 입장에서 대안적 이론을 모색하려는 시도는 높게 평가받아야 한다. 새로운 이론적 모색은 단순히 선진국의 모델을 따라가는 차원을 넘어 중견국인 한국의 실정에 맞는 네트워크 국가의 전략을 모색해야 한다는 필요성에서 시작했다고 볼 수 있다. 한국에서는 중견국의 시각에서 네트워크 국가 권력 기제의 이론적 틀이 필요했다는 것이다(김상배 2013, 14).

　우선, 나이의 소프트파워를 이론적 틀로써 그대로 사용하는 것이 어떠한 문제점이 있는지를 밝힌다. 첫 번째로, 소프트파워론은 합리적인 권력 논의를 회피하면서 권력이 어떻게 생성되는지 그 과정을 은폐한다. 따라서 강대국의 이데올로기로서 작용할 가능성이 크고, 비강대국에게 "하드파워의 열세를 소프트파워의 신장으로 만회할" 수 없게 만든다(김상배 2013, 21-22). 또한, 도구적 효율성의 관점에서만 소프트파워가 구성되어 있으므로, "이미 보유한 것을 어떻게 이용할 것인가"의 차원에서 논의가 전개될 뿐, "어떻게 보유할 것인가"의 문제의식은 들어가 있지 않다는 문제점을 가진다. 그래서 소프트파워론을 비판 없이 수용하는 것은 바람직하지 않다(박종희 2013, 86-87).

　둘째, 소프트파워에 기반한 연구는 행위자들이 지니는 자원이나 단위체가 가지는 속성에 기반한 분석에 치중되어 있다. 다시 말해서, 단위 차원으로만 행위자를 파악하고, 그의 전략을 연구대상으로 삼는다는 문제가 있다는 것이다. 이는 나이의 소프트파워가 바로 "행위자

기반의 개념화이기 때문"이며, 행태주의적 차원에서 행위자를 지나치게 단순화한 오류를 드러낸다(김상배 2013, 28-29). 또한, 소프트파워의 국제정치는 제로섬 게임을 기반으로 하고 있으므로 경쟁의 차원으로 해석할 수밖에 없다. 이를 극복하기 위해 뒤에서 다룰 대안으로서의 매력의 차원으로 살펴보게 될 때, 국제정치는 포지티브섬게임(정합게임)을 설정할 수 있게 된다. 이는 소프트파워 자원에 대한 경쟁에서 부정적 외부성을 줄일 수 있다는 차원에서 의미가 있는 것이다(박종희 2013, 90).

셋째, 소프트파워론은 파워가 도구적 차원에서 어떻게 이용되는가에 머무르는 국제정치에서의 현실주의, 그리고 자유주의 이론과 맥을 같이한다. 이는 파워가 어떻게 가치와 정체성을 형성하는 차원으로 확장될 수 있는지에 대해 침묵한다. 국제정치학에서 구성주의는 국가 행위자들 간의 상호관계나 국제정치 구조에 관한 관심을 넘어 구조와 행위자 간의 상호관계나 행위자 간의 사회적 관계에 더욱 관심이 있다. 공공외교와 관련해서, 구성주의는 집합적 정체성이나 가치가 어떻게 만들어지는지에 대해서 설명할 수 있으며, 일방적 강요나 강압보다는 설득, 동의, 그리고 협력을 중요시한다는 점에서 의미가 있다(배영자 2013, 123-124).

소프트파워에 대한 비판을 기반으로 한국 학계에서는 2000년대 초중반을 거쳐 매력에 대한 논의가 벌어졌다(손열 편 2007; 평화포럼 21 편 2005). 소프트파워의 대안적 이론 틀로서 매력은 도구적으로 소프트파워를 인식하는 것을 벗어나 소통적 합리성에 기반하고 있기 때문에 네트워크 국가의 공공외교와 맞닿아 있는 면이 많다. 매력에 기반한 공공외교는 감동, 동의를 바탕으로 지지를 끌어낼 수 있다(박종희 2013, 88). 중견국의 입장에서 매력은 더욱 유용하다. 매력은 "자원 격차로 인한 권력생산 격차의 문제를 완화할 수 있고, 도구적으로 접근하는 것보다는 상대국의 반발이 없이 장기적이고, 안정적으로 추구"할 수 있어서 더욱 효율적인 공공외교의 기반이 될 수 있다(박종희 2013, 89-90).

매력은 영어로 차밍파워(charming power)다. 당기는 힘(attracting power)으로 해석할 수 있는 소프트파워와 어느 정도 겹치지만, 그렇다고 완전하게 같은 개념으로 볼 수 없다. 매력은 지력을 바탕으로 상대방의 이성에 호소하는 힘(보편적 지적 능력), 지식을 포장하는 차원에서 가공하는 힘(도구적 기예), 문화에 기반해서 상대의 감성에 호소하는 힘, 일하는 방식과 뒷받침하는 제도적 기반, 이러한 것들을 총합하여 보편적인 규범을 제시하는 힘, 그리고 전략적인 교묘함을 통해 활용하는 힘(지혜의 전략)의 여섯 가지 요소를 가진다(김상배 2013, 22-25; 2019, 33-45).

매력은 네트워크를 포함한 개념이다. 다시 말해서 매력은 소프트파워론이 안고 있는 행위자 기반의 개념화, 권력의 속성론적인 측면을 넘어선다. 이는 한국이라는 중견국의 권력론을 모색하기 위한 문제의식에 기인한다고 할 수 있다. 매력은 중견국 차원의 파워 발산 공식을 담고 있기 때문이다. 소프트파워의 발산 공식을 그대로 중견국에 적용하면, 관계적 맥락에서 발산하는 권력을 잡아내지 못한다는 문제가 있다. 따라서 소프트파워의 속성론적 측면을 벗어난 새로운 관점에서의 네트워크적 파워의 발산을 대안으로 제시하고 있는 것이다(김상배 2013, 27-30). 이러한 네트워크 시각에서 바라본 파워의 개념은 세 가지 차원으로 구성된다. 첫째, 주어진 네트워크상에서 노드들을 모아 세를 발휘하는 집합적 권력; 둘째, 네트워크 환경에서 노드가 차지하는 위치에 따라 상호작용의 흐름을 좌우할 수 있는 위치적 권력; 셋째, 네트워크의 아키텍처 작동방식 자체를 설계함으로써 행사되는 설계적 권력이다(김상배 2014b).

이렇게 강대국의 권력론, 소프트파워에 대한 비판으로부터 시작하여 대안으로 매력을 제시하고 매력의 발산 공식으로서 네트워크를 들고 있는 한국 국제정치학계의 권력론 모색은 굉장히 흥미로운 부분이 아닐 수 없다. 하지만 소프트파워가 가지는 이론적 힘을 대체할 수 있을 정도의 학문적 파워를 매력과 네트워크가 발산하는지에 대한 문제는 새로운 개념이 제기된 지 10여 년이 지난 지금 점검해 볼 필요가 있다. 시간이 지나면서, 한국 국제정치학의 연구성과들이 이렇게 제기된 매력과 네트워크 국가론을 기반으로 축적된다면, 이론의 엄밀성과 효율성이 더욱 드러날 수 있을 것으로 판단된다.

IV. 결론을 대신하여: 평가와 앞으로의 과제

앞서 살펴보았듯이, 안보와 문화의 넓은 영역에 걸쳐서 한국 국제정치 학계에서는 네트워크 국가변환에 관한 연구가 폭넓게 진행되었다. 특정한 흐름을 정리해 보자면 이와 같다. 문화네트워크와 미디어 커뮤니케이션은 문화 영역을 중심으로 새로운 행위자들의 등장과 행위자들 사이의 네트워크 차원의 변환 모습을 볼 수 있다. 이러한 전반적인 환경 변화를 구성하는 정보화와 디지털화는 전통 외교안보 영역의 독점적 행위자였던 국가도 변화하게 만들고 있다. 디지털외교의 연구에서는 이러한 국가의 네트워크화가 전통 외교안보 영역에서 어떻게 나타나는지를 주로 다룬다. 더불어, 디지털외교보다 조금 더 확장된 영역으로 공공외교는 국가의 네트워크적 변환으로 나타나는 행위자의 영향력 확장의 모습으로 이해해 볼 수 있다. 마지막으로 샤프파워는 민주주의 레짐의 네트워크가 가지는 취약성을 파고드는 권위주의 레짐의 대응으로 생각할 수 있다.

네트워크 국가 논의에서 확장되고 복잡한 분야로서 문화와 안보 영역은 중요하게 다루어져야 하는 소재임에는 틀림이 없다. 하지만 어떻게 보면 국제정치의 모든 것을 다룬다고 할 수 있을 정도로 넓은 영역이기도 하다. 쉽게 말할 수 있지만, 쉽게 연구하기 어려운 영역이다. 그래서 여기에서는 결론을 대신하여, 앞서 다룬 문화와 안보 영역에서의 국가변환 논의를 중심으로 현재까지의 연구를 평가하고, 드러나는 문제를 짚어보면서, 앞으로의 연구에 대한 방향성을 제시해보고자 한다.

네트워크 국가론의 이슈 영역으로 안보와 문화를 모두 다루기는 쉽지 않다. 그래서 연구의 큰 그림이 먼저 그려져야 한다. 적절한 이론 틀과 함께 연구를 위한 프레임워크가 필요하다는 의미이다. 이론은 의미 있고 적절한 일반화가 이루어져야 한다. 네트워크 국가변환을 다루는 사례 연구는 물론 각각의 사안에 필요한 이론의 요소를 파악하기에 중요하다. 하지만, 개별 사례가 가지는 특이성을 지나치게 강조하게 되어 일반화로 나아가기에 제한적일 수밖에 없다. 네트워크 국가변환에 대한 전체적인 틀이 만들어져 있지 않다면, 각각의 사안을 다루는 연구들은 서로 연결되기 어려울 수도 있다. 같은 단어를 쓰고 있더라도 다른 것을 의미하기도 하고 같은 현상을 인식하고 있더라도 분석의 정도가 다르게 나타나기도 한다. 포괄적이고 통합적인 프레임워크의 부재로 인한 현상이라 할 수 있다. 전체 프레임워크 안에 각 연구가 위치하고, 네트워크 국가론으로 서로 연결될 때, 비로소 연구의 지평, 범위가 결정될 수 있을 것이다. 그러기 위해서 네트워크 국가론에 대한 프레임워크는 국제정치학에 머무를 수는 없다. 다른 학제와의 교류가 필연적이라는 것이다.

더불어, 한국 국제정치학계 내에서도 연구를 통한 토론이 필요하다. 네트워크 국가론의 논의는 전통적인 국제정치학의 국가론에 익숙한 연구자들에게 생소할 수밖에 없다. 네트워크적 성격에 대한 이해가 새로운 생각의 틀, 새로운 언어, 새로운 영역, 새로운 행위자 등을 기반하지 않고서는 어렵기 때문이다. 인식론적, 존재론적 견해가 다른 이들에게 어떠한 사안을 설명하고 설득하기란 당연히 쉬운 일이 아니다. 따라서 이들과 대화, 토론할 수 있는 중간지점을 먼저 설정하는 것이 필요하다. 중견국으로서 한국이 가지는 문제의식에서 출발하여 새로운 국가론을 마련하는 것은 당위적일 수 있다. 하지만 이러한 당위성으로만 설득하기보다는, 그들의 언어로, 그들의 세계관으로 더욱 쉽게 풀어 설명하는 친절함이 필요하다.

네트워크 국가변환은 크게 보아 두 차원으로 벌어진다. 하나는 국가 내부적 차원이다. 영토를 기반으로 하는 근대 국민국가의 조직원리가 새로운 행위자들을 포함하는 보다 수평적이고 복합적인 형태로 변화하고 있다. 다른 하나는 국가 외부적 차원이다. 내부적으로 조직된 네트워크 국가가 외부적으로 세력을 확장해 나간다. 네트워크 국가 간에 서로 경쟁하면서 세계질서가 새롭게 설계된다. 다시 말해서 국가간(international) 정치의 모습에서 망제간(internetwork) 정치의 모습으로 변할 가능성을 보여주고 있다는 것이다. 하지만 지금까지 네트워크 국가론을 다루는 사례 연구들이 이 두 가지 차원 중에 어떠한 것을 중심으로 하는지 다소 정리가 되어 있지 않은 채 혼재해 있다. 네트워크 국가론의 프레임워크 안에서 네트워크 국가변환이 정확하게 정리되어야 한다. 연구의 방향이 설정되기 위해서 선결되어야 하는 문제인 것이다.

네트워크 국가론에서 매력이 나아가야 할 방향은 어디일까? 매력은 이론으로서 엄밀함을 높일 필요가 있다. 소프트파워론의 문제를 제기하면서 보다 중견국 시각이 들어간 새로운 이론 모델을 제시하는 것은 의미가 있는 일이다. 하지만 대안 이론이 기존 이론을 대체하기 위해 넘어야 할 숙제가 산재해 있다. 이 이론이 실제와 매끄럽게 연결되기 위해서 매력이 갖추어야 할 부분이 없지 않다. 우선 기존 소프트파워론과 매력, 네트워크 국가론이 어떻게 엮여 있는지를 규명해야 한다. 새로운 이론이 어디까지 기존 이론과 겹치는지 정확하게 보여주어야 한다. 대안 이론이 기존 이론을 완벽하게 대체하지 못하고 어느 정도 기존 이론의 틀을 따른다면 더욱 이러한 관계 설정이 필요하다.

두 번째로, 매력론을 구성하는 요소들 사이의 관계도 설정되어야 한다. 매력의 요소인 여섯 가지 층위가 어떻게 매력론을 구성하는지 규명해야 한다. 이해하기 쉽게 비유를 들자면, 음식을 만드는 데 필요한 재료는 알고 있다. 하지만 음식에 들어가야 하는 재료의 양을 모르고, 조리법을 자세히 모르는 상태이다. 어떠한 음식이든 모든 재료가 정량으로 들어가야 할 필요는 없다. 모든 재료를 구할 수 없는 상황에서 음식을 만들어야 할 때, 아무것도 할 수 없게 되는 것과 같은 이치다. 매력론의 모든 요소가 동일하게 매력론을 구성하지 않는다면, 어떠한 것이 더욱 중요하고 필요한지를 설명해주어야 한다.

세 번째로 이론적 모델이 설정되어야 한다. 매력과 네트워크 국가론이 학문적으로 널리 쓰이기 위해 학계에서 연구를 통한 토론이 필요하다는 점을 앞서 지적한 바 있다. 연구를 위한 프레임워크는 실질적인 모델 설정에서부터 시작될 수 있다. 모델을 기반으로 사례 연구들이 뒷받침되어야 한다. 연구들을 통해 모델을 가다듬을 수도 있다. 이러한 모델과 실제의 환류 과정이 축적되어야 하나의 이론적 패러다임으로 이어질 수 있다는 것이다.

　마지막으로 이론 자체의 매력, 소프트파워를 발휘해야 한다. 아무리 좋은 이론이라 하더라도 널리 쓰이지 않는다면 이론은 죽은 것이나 다름없다. 더욱 발전할 가능성이 떨어질 수 있다. 이러한 실천적 문제는 한국 국제정치학의 발전을 위해서 필요한 부분이다. 매력, 네트워크론은 이제야 국내 학계에 소개되고 있는 수준이다. 속성론, 소프트파워론의 대안으로 자리 잡아가고 있다. 하지만 매력, 네트워크론이 대안의 지위를 벗어나 중견국 외교의 패러다임으로 이어지지는 못하고 있다. 치열한 고민과 함께 토론을 거칠 필요가 있다는 것이다. 더불어, 매력, 네트워크론의 외연적 확장을 도모해야 한다. 이 글에서 다루었던 한국 국제정치학계에서의 네트워크 국가에 대한 연구들은 전혀 서구에 소개되지 않았다. 물론 번역의 과정에서 올 수 있는 의미의 변형에 대해서도 고민해야 한다. 그럼에도 매력, 네트워크론을 그대로 서구 학계에 매력적으로 소개할 필요가 있다는 것이다. 서구 학계에 매력, 네트워크론을 소개하고, 소프트파워, 스마트파워와 경쟁해 볼 가치가 있다.

참고문헌

김상배. 2004. "지식/네트워크의 국가전략: 외교분야를 중심으로."『국가전략』10(4): 169-
    194.
_____. 2006. "실리우드(Siliwood)의 세계정치: 정보화시대 문화제국과 그 국가전략적
    함의."『국가전략』12(2): 5-34.
_____. 2007. "한류의 매력과 동아시아 문화네트워크." 서울대학교 국제문제연구소 편.
    『세계정치』7: 192-233.
_____. 2013. "중견국 공공외교의 이론: 매력과 네트워크의 시각." 김상배·이승주·배영자 편.
    『중견국의 공공외교』. 서울: 사회평론.
_____. 2014a.『아라크네의 국제정치학: 네트워크 세계정치이론의 도전』. 파주: 한울.
_____. 2014b. "권력변환과 네트워크 권력론."『아라크네의 국제정치학: 네트워크
    세계정치이론의 도전』. 서울: 한울.
_____. 2017. "정보, 문화산업과 미중 신흥권력 경쟁: 할리우드의 변환과 중국영화의 도전."
    『한국정치학회보』51(1): 99-127.
_____. 2019. "공공외교의 이론적 이해." 김상배 외.『지구화시대의 공공외교』. 서울:
    사회평론아카데미.
김상배 편. 2009.『소프트 파워와 21세기 권력: 네트워크 권력론의 모색』. 서울: 한울.
김우상. 2013. "대한민국의 중견국 공공외교."『정치, 정보연구』16(1).
박종희. 2013. "무역과 공공외교: 비(非)전략적 전략." 김상배·이승주·배영자 편.『중견국의
    공공외교』. 서울: 사회평론.
배영자. 2013. "과학기술과 공공외교." 김상배·이승주·배영자 편.『중견국의 공공외교』. 서울:
    사회평론.
손열 편. 2007.『매력으로 엮는 동아시아』. 서울: 지식마당.
송태은. 2013. "소셜 미디어를 통한 다중의 외교정책 논쟁과 집합행동: 커뮤니케이션 환경의
    변화가 대중의 외교정책태도에 미치는 영향."『국제정치논총』3(1): 41-87.
_____. 2015. "영토명칭 논쟁에 대한 대중의 집단지성 전략과 집합행동: 동해표기
    오류시정운동 사례."『세계지역연구논총』33(3): 197-233.
_____. 2017a. "외교정책에 대한 시민의 관심과 정치적 관여: 2008년 美 쇠고기 수입협상과
    2011년 한미 FTA 협상 사례."『세계지역연구논총』35(3): 377-404.
_____. 2017b. "미국 공공외교의 변화와 국제평판: 미국의 세계적 어젠더와 세계여론에 대한
    인식."『국제정치논총』47(4).
_____. 2018. "미국과 중국의 공공외교와 국제평판." 하영선·김상배 편.『신흥무대의 미중
    경쟁: 정보세계정치학의 시각』. 파주: 한울아카데미.
_____. 2019a. "미디어 공공외교와 세계여론." 김상배 외.『지구화시대의 공공외교』. 서울:
    사회평론아카데미.
_____. 2019b. "사이버 심리전의 프로퍼갠더 전술과 권위주의 레짐의 샤프파워."

『국제정치논총』 59(2).
_____. 2020. "사이버 심리전의 진영화와 하이브리드전의 그림자 전쟁 전술." 디지털 안보의
  세계정치(미출판 원고).
신범식. 2013. "한민족 디아스포라와 공공외교: 외국 사례의 시사점과 한국 공공외교의 과제."
  김상배·이승주·배영자 편. 『중견국의 공공외교』. 서울: 사회평론.
장기영. 2018. "국내청중 대(對) 국외청중: 중국 인권문제에 대한 미중 외교 갈등과 전략."
  『아시아리뷰』 7(2): 63-86.
조동준. 2019. "평화외교와 안보공공외교." 김상배 외. 『지구화시대의 공공외교』. 서울:
  사회평론아카데미.
조홍식. 2013. "중견국 공공외교의 인프라와 한계: 프랑스의 매력적 권력."
  김상배·이승주·배영자 편. 『중견국의 공공외교』. 서울: 사회평론.
평화포럼21 편. 2005. 『매력국가 만들기: 소프트 파워의 미래전략』. 서울: 21세기평화재단
  평화연구소.
하영선 편. 2001. 『사이버공간의 세계정치: 베스트 사이트 1000 해제』. 서울: 이슈투데이.

Adesina, Olubukola S. 2017. "Foreign policy in an era of digital diplomacy." *Cogent
  Social Sciences* 3(1).
Batora, Jozef. 2005. "Public-diplomacy in Small and Medium-Sized States: Norway and
  Canada." *Discussion Papers in Diplomacy*. Netherlands Institutes of International
  Relations 'Clingendael'.
Castells, Manuel. 2009. *Commulation Power*. Oxford, UK: Oxford University Press.
Cull, Nicholas J. 2009. *Public Relations: Lessons from the past*. Los Angeles: Figueroa
  Press.
Gilboa, Eytan. 2008. "Searching for a Theory of Public Diplomacy." *ANNALS*, 616,
  March.
Hall, Peter A. 1993. "Policy Paradigms, Social Learning, and the State: The Case of
  Economic Policymaking in Britain." *Comparative Politics* 25(3): 275 – 296.
Hanson, Fergus. 2012. "Baked in and wired: eDiplomacy@State." Foreign Policy Paper
  Series no. 30. Washington, D.C.: Brookings Institution.
Holmes, Marcus. 2015. "The future of digital diplomacy." in Corneliu Bjola and Marcus
  Holmes. eds. *Digital Diplomacy: Theory and Practice*. New York, NY: Routledge.
Kalathil, Shanthi and Taylor C. Boas. 2003. *Open Networks, Closed Regimes: The Impact
  of the Internet on Authoritarian Rule*. Washington, D.C.: Carnegie Endowment.
Malone, Gifford. 1985. "Managing public diplomacy." *Washington Quarterly* 8(3): 199-
  213.
Manor, Ilan and Elad Segev. 2015. "America's selfie: How the U.S. portrays itself on
  its social media accounts." in *Corneliu Bjola and Marcus Holmes*. eds. Digital
  Diplomacy: Theory and Practice. New York, NY: Routledge.
Melissen, Jan. 2005. "The new public diplomacy: Between theory and practice." in

Melissen Jan ed. *The new public diplomacy*. New York, NY: Palgrave Macmillan.

Potter, Evan H. 2002. *Cyber-diplomacy: Managing foreign policy in the twenty-first century*. Ontario: McGill-Queen's Press.

_____. 2003. "Canada and the new public diplomacy." *International Journal: Canada's Journal of Global Policy Analysis* 58 (1): 43-64.

Powers, Shawn and Eytan Gilboa. 2007. "The public diplomacy of Al Jazeera." in Philip Seib. ed. *News media and the new Middle East*. New York, NY: Palgrave Macmillan.

Riodan, Shaun. 2004. "Dialogue-based public diplomacy: A new foreign policy paradigm?" in Jan Melissen. ed. *The new public diplomacy*. New York, NY: Palgrave Macmillan.

Schneider, Cynthia P. 2003. *Diplomacy that Works: 'Best Practices' in Cultural Diplomacy*. Washington DC: Center for Arts and Culture.

Stigner, Benno and Timothy Coombs. 1992. "Public relations and public diplomacy: Comceptual divergence." *Public Relations Review* 18(2).

Walker, Christopher, Shanti Kalathil and Jessica Ludwig. 2020. "The Cutting Edge of Sharp Power." *Journal of Democracy* 31(1).

Westcott, Nicholas. 2006. "Digital Diplomacy: The Impact of the Internet on International Relations." *Research Report 16*. Oxford: Oxford Research Institute.

지은이

김상배 서울대학교 정치외교학부 교수
미국 인디애나대학교 정치학 박사
2018, 『버추얼 창과 그물망 방패: 사이버 안보의 세계정치와 한국』(파주: 한울아카데미)
2014, 『아라크네의 국제정치학: 네트워크 세계정치이론의 도전』(파주: 한울아카데미)

표광민 서울대학교 국제문제연구소 선임연구원
독일 베를린 자유대학교(Free University of Berlin) 정치학 박사
2019, 〈〈정치의 귀환〉의 구조: 세계와 국가 사이의 대립에 관하여," 『국제정치논총』
2018, "주권의 정치와 대화의 정치: 슈미트와 아렌트의 정치사상적 비교를 중심으로," 『철학과 현상학 연구』

박성우 서울대학교 정치외교학부 교수
University of Chicago 정치학 박사
2020, "레오 스트라우스의 플라톤주의," 『정치사상연구』
2018, "플라톤 정치철학과 아테네 제국," 『21세기정치학회보』

차태서 성균관대학교 정치외교학과 조교수
미국 존스홉킨스대학교(Johns Hopkins University) 정치학 박사
2020, "Whither North Korea? Competing Historical Analogies and the Lessons of the Soviet Case," *The Korean Journal of Defense Analysis.*
2020, "Is Anybody Still a Globalist? Rereading the Trajectory of US Grand Strategy and the End of the Transnational Moment," *Globalizations.*

김준석 가톨릭대학교 국제학부 부교수
미국 시카고대학교 정치학 박사
2020, "30년전쟁의 역사사회학,"『21세기정치학회보』
2018,『국제정치의 탄생』(성남: 북코리아)

이정환 서울대학교 정치외교학부 부교수
미국 캘리포니아주립대학교(UC Berkeley) 정치학 박사
2020, "미일 안보동맹의 강화와 일본 국내정치,"『일본공간』
2019, "아베 정권 역사정책의 변용: 아베담화와 국제주의,"『아시아리뷰』

윤정현 과학기술정책연구원(STEPI) 혁신성장정책연구본부 선임연구원
서울대학교 외교학 박사
2020, "신흥안보 위험과 네트워크 거버넌스,"『한국정치학회보』
2019, "인공지능과 블록체인의 도입이 사이버 안보의 공수 비대칭 구도에 갖는 의
    미,"『국제정치논총』

이승주 중앙대학교 정치국제학과 교수
미국 캘리포니아 버클리대 정치학 박사
2020, "탈냉전 이후 세계화: 심층 통합, 보호주의, 그리고 민주주의의 위기,"『한국과
    국제정치』
2018, *The Political Economy of Change and Continuity in Korea: Twenty Years
    after the Crisis* (Cham: Springer)

양종민 서울대학교 국제문제연구소 선임연구원
University of Florida 정치학 박사
2020, "군-산-대학-연구소 네트워크: 게임의 밀리테인먼트(Militainment),"『국제정
    치논총』
2020, "문화산업의 신흥권력경쟁: 게임산업의 미·중 경쟁,"『국제·지역연구』